高等院校财经类专业系列教材

经济学基础

（第三版）

主　编　刘文清　赖文燕
副主编　卢慧芳　蔡影妮　吴娉娉

微信扫描
获取配套资源

南京大学出版社

内容提要

本书从适应远程开放教育及高职教材改革需要出发，以全面反映当代经济理论最新内容，用实际案例解决抽象的理论问题为主要特色，是一种“讲、读、研、用、练”一体化的教材。教材内容分成微观经济学的内容，主要包括供给与需求、均衡价格、弹性价格与收益、消费者行为、生产者行为、厂商均衡、成本与收益、生产要素收入分配与社会分配、市场失灵与政府行为等；宏观经济学的内容，主要包括国民收入核算、国民收入及其决定、经济周期与经济增长、失业与通货膨胀、宏观经济政策、开放经济理论和对外经济政策等。

本书内容新颖，通俗易懂，案例贴近学生，生动有趣，注重理论联系实际，各章附有视频课堂（见二维码）、增值阅读（见二维码）、思考与练习、案例分析（见二维码）、实践与操作。以相关链接和案例研究的方式穿插与所介绍原理相关的案例和故事，以便扩展视野，增强学生的学习兴趣，加深对理论知识的理解。

本书主要作为开放大学、高等院校、高职高专院校财经类、管理类专业学习经济学基础理论的教学用书，也可作为本科院校非财经类专业学生普及经济知识的教材，以及作为从事经济管理的企事业工作人员和广大社会读者的参考资料。

图书在版编目(CIP)数据

经济学基础 / 刘文清，赖文燕主编. —3 版. —南京：南京大学出版社，2022.7(2023.3 重印)
ISBN 978-7-305-25554-0

Ⅰ. ①经… Ⅱ. ①刘… ②赖… Ⅲ. ①经济学 Ⅳ. ①F0

中国版本图书馆 CIP 数据核字(2022)第 051275 号

出版发行 南京大学出版社
社　　址 南京市汉口路 22 号　　邮　　编 210093
出 版 人 金鑫荣

书　　名 经济学基础
主　　编 刘文清　赖文燕
责任编辑 武　坦　　编辑热线 025-83592315

照　　排 南京开卷文化传媒有限公司
印　　刷 常州市武进第三印刷有限公司
开　　本 787×1092　1/16 开　印张 20.25　字数 531 千
版　　次 2022 年 7 月第 3 版　2023 年 3 月第 3 次印刷
ISBN 978-7-305-25554-0
定　　价 53.00 元

网　　址：http://www.njupco.com
官方微博：http://weibo.com/njupco
微信服务号：njuyuexue
销售咨询热线：(025)83594756

前 言

经济学不仅仅回答现实经济生活中可能出现的问题，更为重要的是它为人们认识和研究现实经济问题提供了一个分析方法。通过这一课程的学习，学生们可以快速地接受和领会经济学基础知识，提高认识问题、分析问题和解决问题的能力。然而，经济学本身的学科性质决定了经济学课程理论性强、教学要求高、教学中学生理解困难等特点，目前众多的经济学课程教材都没有很好的应对之策。有的教科书虽体系完整、论述严密，却晦涩难懂；有的教科书虽通俗浅显，读后却难以一窥西方经济学的奥秘。而且，国内教科书多采用传统的、学究似的论述方法，既枯燥乏味，又远离丰富的社会实践，大大影响了读者的学习兴趣和学习效果。为了适应学生们的学习需要，培养与经济发展要求相适应的人才，我们根据开放教育和高等职业教育特点以及人才培养模式要求，结合编者多年的教学经验编写了本书。

本书从适应开放教育和高等职业教学改革需要出发，以全面反映当代经济理论最新内容，用实际案例解决抽象的理论问题为主要特色，努力从方法和形式上有所突破和创新，力求探索一种“讲、读、研、用、练”一体化的教材模式，以尽可能适应翻转课堂、强调能力和能动性的新型教学方式的需要。与同类型的其他教材相比较，本书力求突出以下几个特点。

1. 定位明确

本书是根据开放教育和高职教育的特点，以理论必需、够用为原则，以培养学生应用能力为目的，在学生掌握最基本的经济学理论的基础上，着力培养学生应用经济学的基本知识和基本原理去分析解决实际问题的能力，以满足社会经济发展和经济运行对应用型人才的需求。

2. 通俗实用

我们从实际出发探讨经济理论，重点放在市场机制运行的基本原理和规律上，语言深入浅出，努力把深奥的经济学理论通俗易懂地介绍给读者。在编写过程中运用了大量案例、图形、表格、实例等说明问题，同时为了便于读者理解，在本书编写内容中穿插了大量的小常识和小故事，以“相关链接”的方式引入基本概念和基本原理，使读者于不知不觉之中迅速深入理论的核心部分。文字论述深入浅出，数学解释简明扼要，从而激发学生对经济学的浓厚兴趣。

3. 内容新颖

采用新颖的教材编写体例，设计若干工具性栏目，如趣味阅读、相关链接、案例研究、增值阅读、本章小结、思考与练习、案例分析、实践与操作等，充分体现本书的特色：将需要掌握的知识点进行最大限度的精炼，利用各种工具性栏目加强对经济学理论精髓的理解和把握，真正实现“必需、够用”意义上的编写原则。在教材内容上，我们注重课程思政，力图反映当代经济学的最新进展，吸收和反映本学科新的研究成果，力求做到内容新颖，重点突出，概念准确，简明扼要。

4. 结构合理

为了培养学生的实际应用能力，全书各章均从案例分析入手，导出相关理论知识，并注重案例与相关理论知识的有机结合。每章结尾均附有思考与练习和实践与操作题，便于学生进行自我测评，提高学生应用相关知识解决实际问题的能力。本书全面系统地介绍市场经济运行的一般规律,以及市场机制调节经济实现资源合理配置的基本方式,包括微观经济学和宏观经济学的内容,体现了经济学理论体系的完整结构。

本书在中山大学、华南理工大学等多名高校经济学教授、博导,广东十大经济风云人物杨涛董事长及行业专家叶卫东指导下编写,由刘文清、赖文燕担任主编,卢慧芳、蔡影妮、吴娉娉担任副主编,全书由刘文清、赖文燕设计框架、拟定编写提纲。编者具体分工如下(排名不分先后):刘文清、赖文燕编写第一、二章,赖文燕、关沁晖编写第三章,蔡影妮、黄爱兰编写第四、五章,张玲、卢慧芳编写第六、十一章,吴娉娉、陈关其编写第七、八章,方桂萍编写第九章,卢慧芳、蔡国栋编写第十章,郑祖军、邹伟编写第十二、十三章,蔡国栋、邹伟编写第十四章,蔡国栋、赖文燕编写第十五章。本书是集纸质教材、视频资源(请扫描每章前面的二维码)、电子书为一体的融媒体教材,为了方便教学,配套有 PPT 电子课件和参考答案。最后,由刘文清、赖文燕对全书进行统稿、定稿。

本书融入了编者多年的教学经验和成果,并参阅了我国经济学界学者们的专著、教材等,特附参考文献于后,谨对作者表示感谢!由于编者水平有限,加之时间仓促,不妥之处在所难免,敬请读者批评斧正。

编　者

2022 年 6 月

目 录

第一篇 经济总论

第二篇 企业决策

第三篇　市场经济

第四篇　国家实力提升

第五篇　宏观调控

第一篇　经济总论

第一章　导　言

请扫描二维码
观看视频

学习目标

1. 知识目标:经济学的含义;经济学的研究对象;宏观经济学与微观经济学;实证方法与规范方法。

2. 能力目标:理解与应用经济学的稀缺性、选择、机会成本、生产可能性曲线;正确区别宏观经济学与微观经济学;正确运用实证方法与规范方法。

趣味阅读

渔夫和金鱼的故事

从前有个老头儿和他的老太婆住在蓝色的大海边,他们住在一所破旧的泥棚里,整整有三十又三年。有一天,老头儿在海里捕到一条美丽的金鱼,金鱼竟然像人一样开口说话了:“老爷爷,您放了我吧,我会给您贵重的报酬。”老头儿吃了一惊,他从来没有听说过鱼会讲话。他把金鱼放回大海,对她说:“我不要你的报偿,你游回蓝蓝的大海吧。”老头儿回到家,告诉老太婆金鱼的事情。老太婆指着老头儿就骂:“你这老东西! 你哪怕要只木盆也好,我们那只已经破得不像样了!”老头儿重新回到海边,找来金鱼说:“鱼娘娘,我的老太婆想要一只新的木盆。”金鱼爽快地答应了。老头儿回到家,老太婆骂得更厉害:“傻瓜! 你就知道木盆。你再到金鱼那儿去,向她要座木房子!”老头儿只好又走向大海,大海翻动起来。老头儿找来金鱼说:“鱼娘娘,老太婆还想要座木房子。”金鱼又答应了。不管后来老太婆是要当贵妇人还是女皇,金鱼都答应了她的要求。但是老太婆还是不满意,想要金鱼当她的仆人,她要当海上的女霸王。金鱼听后一句话也不说,只是一转身,便游到深深的大海里去了。老头儿只好回到家里,眼前还是那间破泥棚,她的老太婆坐在门槛上,她前面还是那只破木盆。

(资料来源:https://www.bilibili.com/read/cv9722520/)

经济学启示:无论是一个木盆,还是黑貂皮坎肩和金银珠宝,人类每一天都在消耗着各种各样的资源,有价格的,没价格的。这些资源的消耗满足着人类各种各样的欲望。然而,资源真的能够装满人心吗? 人类的欲望是无穷无尽的,旧的欲望满足了,新的欲望就会产生,而资源却并非取之不尽、用之不竭的。所以,相对于人类无穷的欲望而言,资源总是稀缺的。在现实中,正是由于资源稀缺性的存在,才产生了经济学。

第一节　经济学概述

一、经济与经济学

(一) 经济的概念

[相关链接 1-1]

经济的起源

“经济”一词最先出自古希腊思想家色诺芬的《经济论》一书,意为“管理一个家庭的人”。在中国古汉语中,经济一词有“经邦和济民”“经国和济世”之意,是“经世济民”等词的综合和简化,含有“治国平天下”的意思。“经”“济”两字最早见于《周易》,“经”“济”两字连用最早见于隋《文中子·礼乐篇》的“经济之道”。宋史《王安石传论》称王安石“以文章节行高一世,而尤以道德经济为己任”。明代冯梦琦编有《经济类编》一书。清代名著《红楼梦》第五回中有“从今后,万万解释,改悔前情,留意于孔孟之间,委身于经济之道”。从历代相关资料来看,经济涉及的内容不但包括国家理财、管理等经济活动,还包括国家如何处理政治、法律、教育、军事等方面问题。包括在“经世济民”一词内的“经济”二字,很早就从中国传到日本。

(资料来源:https://www.docin.com/p-444672391.html)

“经济”这个词来源于希腊语,意为“管理一个家庭的人”。乍一看,经济的这个起源似乎有点奇特。但事实上,家庭和经济有着许多共同之处。一个家庭面临着许多决策,它必须决定哪些家庭成员去做什么,以及作为回报,每个家庭成员能得到什么:谁做晚饭?谁洗衣服?谁在晚餐时能多得到一块甜点?谁有权选择看什么电视节目?和家庭一样,一个社会也面临着许多决策。一个社会必须决定需要做哪些工作和由谁做这些工作。社会需要一些人种粮食,另一些人做衣服,还有一些人设计电脑软件。一旦社会分配人们去做各种工作,它还应该分配他们生产的物品与劳务量。社会必须决定谁将吃鱼子酱而谁将吃土豆,还必须决定谁将开保时捷跑车而谁将坐公共汽车。

人们要生存,就必须有维持生活的物质资料,要有饭吃,有衣穿,有房住等;否则,人们就无法生存下去。而要取得这些生活资料,就必须进行生产。因此,物质资料的生产是人类社会生存和发展的基础。生产就是劳动者按照预期的目的,运用劳动资料加工于劳动对象,改变劳动对象的形状、性质或地理位置,使其适合于人们需要的过程。例如,工人把棉花纺成纱,用纱织成布;把地下埋藏的煤炭开采出来,把铁矿石冶炼成钢铁;把黏土烧成砖,用砖建成房屋等,这些活动都是生产活动。劳动者的劳动、劳动资料和劳动对象这三个要素是人们从事物质资料生产的基本条件,随着社会生产和劳动过程的发展,在这些基本要素的基础上又逐渐加入了某些新要素,如科学技术、经营管理、经济信息等。

生产总是社会的生产，社会是人与人的联合，完全孤立于社会的个人生产是不存在的。从一个社会的经济运行过程去考察，**经济是指人们生产、交换、分配、消费活动的总和，它们构成这个社会存在和发展的基础**。所谓"总和"是说，生产、交换、分配、消费是人类社会一切生产活动中不可或缺的基本因素，它们是相互依存、相互影响、相互制约的辩证统一体。其中，生产是决定一切的，生产决定交换、分配、消费；反过来，交换、分配、消费又影响、制约、规定了生产的性质、规模和趋势。它们相互统一、综合平衡，才有可能保持经济的正常运行。

（二）经济学的概念

［**相关链接 1-2**］

经济学的历史起源

古希腊在经济思想方面的主要贡献有色诺芬的《经济论》，柏拉图的社会分工论和亚里士多德关于商品交换与货币的学说。色诺芬的《经济论》，论述奴隶主如何管理家庭农庄，如何使具有使用价值的财富得以增加。色诺芬十分重视农业，认为农业是希腊自由民的最好职业，这对古罗马的经济思想和以后法国重农学派都有影响。柏拉图在《理想国》一书中从人性论、从国家组织原理，以及从使用价值的生产三个方面考察社会分工的必要性，认为分工是出于人性和经济生活所必需的一种自然现象。这个社会分工学说，纵然旨在为他设想的奴隶主理想国提供理论根据，但对当时的社会经济结构提出了一个理论分析。这种分析与中国古代管仲的"四民分业"论和孟轲的农耕与百业、劳心与劳力的"通功易事，以羡补不足"的理论，基本上是一致的。亚里士多德在《政治学》与《伦理学》两书中有关经济思想方面的贡献，不仅在于他指出了每种物品都有两种用途，一是供直接使用，一是供与其他物品相交换，而且说明了商品交换的历史发展和货币作为交换媒介的职能，指出货币对一切商品起着一种等同关系即等价关系的作用，从而成为最早分析商品价值形态和货币性质的学者。但是，他对追求货币财富的商业资本和高利贷资本都从公正原则出发持否定态度。

古罗马的经济思想，部分见于几位著名思想家［如大加图（公元前 234—前 149）、瓦罗（公元前 116—前 27）等人］的著作中。

19 世纪末期，随着资产阶级经济学研究对象的演变，即更倾向于对经济现象的论证，而不注重国家政策的分析，有些经济学家改变了政治经济学这个名称。英国经济学家 W. S. 杰文斯在他的《政治经济学理论》1879 年第二版序言中，明确提出应当用"经济学"代替"政治经济学"，认为单一词比双合词更为简单明确；去掉"政治"一词，也更符合于学科研究的对象和主旨。1890 年 A.马歇尔出版了他的《经济学原理》，从书名上改变了长期使用的政治经济学这一学科名称。到 20 世纪，在西方国家，经济学这一名称就逐渐代替了政治经济学。

（资料来源：http://www. lzjjdc. com/k/gudaixiladejingjitezheng/）

迄今为止，人类社会进行物质资料生产的经济活动，大约已有 200 万年的历史。在经济活动中对资源有效利用问题的探索也经历了 2000 多年的时间，最终成为一门独立的经济学科，而这则是近几百年的事情。经济学是什么？如何给其下一个简短的定义？不同经济学家对经济学给出了不同的定义。例如，卡尔·马克思认为，经济学研究的是人与人之间与生产和交换有关的种种活动，即物质利益关系（或生产关系）。亚当·斯密认为，经济学分析经济总体的运动——价格、产量和失业的趋势。一旦理解了这些现象,经济学还帮助政府判定能够影响总体经济的政策。保罗·A.萨缪尔森认为,经济学是研究人和社会如何进行选择、使用可以有其他途径的稀缺的资源以便生产各种商品,并在现在或将来把商品分配给社会的各个成员或集团以供消费之用。弗里德曼认为,经济学是一门研究在日常生活事务中过活、活动和思考的人们的学问,但它主要是研究在人的日常生活事务方面最有力、最坚决地影响人类行为的那些动机。林毅夫认为,经济学的本质实际上是研究人们在面临选择的时候怎么做选择的科学。

其他经济学的定义有:研究国民经济中的价格、产量和失业的变动趋势,从而为政府制定政策提供依据;研究关于物品的生产和交换的那些活动;是选择的科学,研究如何选择使用有限的资源生产商品和分配;研究国际贸易原因、利益和设置贸易壁垒的效应;研究货币、银行、资本和财富等。关于经济学的定义真是众说纷纭,若把上述各类定义进行归纳提炼,可以给经济学下这样一个定义:**经济学是研究市场经济制度下,如何将稀缺资源进行合理配置与利用的科学**。

二、经济学的研究对象

自古以来,人类社会就为经济问题所困扰,生存与发展始终是各个社会所关心的热门话题。经济失衡、贫富对立、失业、通货膨胀、经济停滞、国际经济冲突等,是各国所面临的难题。透过各种表面现象,人类经济问题的根源在于资源的有限性。因此,如何合理地配置和利用有限的资源,就成为人类社会永恒的问题。简单地说,**经济学的研究对象就是基于稀缺性假设条件下如何实现有限资源的最佳配置**。要了解经济学,先要了解人类社会面临的一个永恒问题——稀缺性。

(一)欲望与稀缺性

1. 欲望

人自从有生命开始就要消耗物质,就有需求,从胎儿到老年,一刻也没有停止过,任何人也没有例外过。**欲望是指人们的需要,它是一种因缺少而不满足的感觉以及寻求满足的愿望**。人类欲望的满足是相对的,原有的欲望得到满足以后,会产生新的、更高层次的欲望,因此,欲望又是无限的。按照美国学者马斯洛的需要层次理论,人的需要(欲望)可以分为以下五个层次:① 基本生理需要;② 安全需要;③ 社交需要;④ 尊重需要;⑤ 自我实现需要。马斯洛的需要层次理论告诉我们,人的需要是多种多样、多层次的,它由低到高,永无止境,当前一种需要得到满足或部分满足以后,又会产生后一种需要。

人们发现,欲望简直是一个魔鬼,我们永远无法满足它。例如,食物只为了充饥,却从野果、米饭到山珍海味;衣服只为了御寒,却从树叶、麻布到绸缎;房子只为了避风雨,却从茅棚、瓦房到高楼大厦再到别墅。成语“贪得无厌”“欲壑难平”说的就是人的欲望难以得到充分满足。欲望是人之常情,它之所以给我们带来“问题”,是因为我们不能随时把这些东西都买下来以满足它。退一步说,即使能得到这些物品,你也会发现这个采购单还在不断地加长。从远古时代到电子化、信息化的今天,没有一个时代、一个国家的需要是充分得到满足了的。正是由于人们这种欲望的多层次性和难以满足性,导致了人们欲望的无限性。

2. 稀缺性

人的欲望要用各种物质产品(或劳务)来满足,物质产品(或劳务)要用各种资源来生产。

资源再多也是一个既定的量，任何一个既定的量与无限性相比，总是不足的，即具有稀缺性。值得注意的是，经济学所讲的稀缺性是相对的。**稀缺性是指相对于人类的无穷欲望而言，经济物品及生产这些经济物品的资源总是不足的**。

但是，这种稀缺性的存在又是绝对的，因为它存在于人类社会的各个历史时期，存在于世界各地。所以，稀缺性是人类社会永恒的问题，只要有人类社会，就会有稀缺。在原始社会中，很多人没有足够的食物，而封建社会中很多农民没有足够的土地。从现实中来看，近年来我国出现了“电荒”和“油荒”，很多非洲国家的国民得不到足够的食物和就业岗位，而有些欧盟国家由于人口老龄化，面临着劳动力供给不足的困境。可见，无论是早期的原始社会还是当今的发达社会，无论是贫穷的非洲还是富裕的欧美，无论是富可敌国的比尔·盖茨还是一贫如洗的阿富汗难民，都面对稀缺性，无非稀缺的内容不同而已。所以，稀缺性是人类社会永恒的问题，只要有人类社会，就会有稀缺性。经济学正产生于稀缺性的存在。

经济学要解决的主要矛盾是人们欲望的无限性与资源的稀缺性之间的矛盾。经济学的精髓之一在于承认稀缺性是现实存在的，并探究一个社会如何进行组织才能最有效地利用其资源。这一点，可以说是经济学伟大而独特的贡献。

［相关链接 1-3］

南水北调工程

我国幅员辽阔，地大物博，在这片黄土地上生长着无数的珍宝，矿产、名贵药材、稀有植物、动物数不胜数，堪称钟灵毓秀之地。但是，我国的水资源分布却十分两极化，长江就像是一条泾渭分明的分割线，将南北两地隔开。长江以南，水资源丰富到每到梅雨季节，几乎是年年发大水，反观长江以北的黄淮地区几乎是年年干旱，真是涝的涝死，旱的旱死，在华夏大地往复循环着一幕幕悲喜剧。南水北调项目，字面意思就是将南方多余的水，抽调到北方，缓解北方人民缺水困境，这样一来既解决了南方的洪灾，也缓解了北方的旱灾，可谓是两全其美。但是，这个工程并非是纸面上说的那么简单，这其中牵扯到抽水线路的规划、水流输送道具、各个省市送水量等一系列问题。从 1952 年提出南水北调概念之后，经过几十年的研讨、规划、实地勘测，国家终于制定了一份南水北调规划书，依照“四横三纵”的总体方针，开始进行世界水利史上的最大规模调水工作。按照规划一共设有三条线路，中线、东线、西线分别与长江、黄、淮、海四大河流相连，缓解北方地区缺水困境。整体规划中牵涉到 4.38 亿人口，调水 448 亿立方米，三条线路总长 4 350 千米，横跨大半个中国，耗费资金超过 2 500 亿元，是新中国的一只“吞金兽”，却也是北方人民的杨枝甘露。南水北调工程自 1952 年提出以来，经历七十多年的风雨磨砺，如今正在绽放出璀璨光彩，成为国家的又一擎天支柱。

南水北调工程，是与三峡工程等量齐观的大国工程，一口干净的水源滋润了无数北方儿女干涸的心田，让干旱、贫穷、死亡这三座大山离开了人民。无数崭新的城市在北方拔地而起，摩登高楼、科技大厦比比皆是，创造了城市化奇迹，是人民心中的国之“巨人”。

（资料来源：https://www.163.com/dy/article/GKVPFG1H0552E2LQ.html? f=post2020_dy_recommends）

（二）选择、机会成本和生产可能性曲线

1. 选择

稀缺性决定了每一个社会和个人都必须做出选择。如何用有限的但有多种用途的物品去满足无限的但有轻重缓急之分的人的欲望呢？这就是人类经济生活所面临的首要问题，要解决这个问题，就必须进行选择。欲望有轻重缓急之分，同一种资源又可以满足不同的欲望。**选择就是用有限的资源去满足什么欲望的决策，或者说如何使用有限资源的决策。**

［案例研究1－1］

七色花

一位老太婆送给珍妮一朵七色花。她说："只要撕下一片花瓣扔出去，你想要什么都能得到。"珍妮用第一片花瓣得到了一串面包圈，用第二片花瓣修复了一只被她打碎的花瓶。因为男孩子不带珍妮玩"到北极"的游戏，她撕下第三、第四片花瓣，真的冒险去北极旅行了一趟。她撕下第五片花瓣，说："让天下所有的玩具都归我。"话音刚落，玩具像潮水般涌来，不一会儿就淹没了整个房间。珍妮吓坏了，赶快撕下第六片花瓣，让所有的玩具都回到原来的商店。

珍妮想，七色花只剩下最后一片了，我一定要好好珍惜它。珍妮想和维嘉玩捉迷藏的游戏，维嘉拄着拐杖叹了一口气，说："我是一个跛子。"珍妮撕下最后一片花瓣，大声说："让维嘉扔掉拐杖吧！"维嘉立刻成了健康的孩子，高高兴兴地与珍妮玩了起来。

从故事《七色花》中，我们可以理解到什么是选择以及选择与物品(资源)数量之间的依存关系。故事中，七色花只有七片花瓣，用去一片就少一片，而珍妮需要的东西成千上万。因此，珍妮只能从中选择七样当时她最感兴趣的东西。而且，随着花瓣的减少，珍妮的选择变得越来越慎重，越来越意义重大。剩下最后一片花瓣时，珍妮做出了最有意义的选择——让小男孩维嘉恢复健康。

(资料来源：卡达耶夫.七色花.语文(第五册)，北京师范大学出版社)

从欲望的无限性和资源的稀缺性中产生了选择问题，即如何利用现有资源去生产物品和服务以更有效地满足人类的欲望。它一般包括以下四个方面：① 如何利用现有的经济资源；② 如何利用有限的时间；③ 如何选择满足欲望的方式；④ 在必要时如何牺牲某些欲望来满足另一些欲望。为此，微观经济学试图解决的问题是：① 生产什么；② 如何生产；③ 为谁生产。这三个问题被认为是人类社会共有的基本经济问题，经济学正是为了解决这些问题而产生的。

由此可见，选择是把满足欲望的目标与达到目标付出的代价联系起来权衡比较。经济学就是研究人类在面临资源稀缺性的约束条件下，为了最大限度地满足需求而配置资源的选择行为，探讨稀缺资源的有效配置原则，或者说选择的一般规律。从这个意义上说，经济学也可称为"选择比较经济学"。

选择与我们每一个人、每一个家庭乃至社会经济都有着不可分割的联系。一个家庭必须要考虑每一个家庭成员都去做什么，同时每个人又能得到什么，如每天早上起床后你是选择梦特娇牌子的上衣，还是登喜路牌子的T恤；早餐后是邀朋友去逛书店，还是去学校……每天你所遇到的这些需要抉择的问题，都是让你进行资源分配的经济活动。和家庭一样，一个社会同样也面临着许多决策，一个社会必须决定将要做哪些工作及谁该去做这些工作。社会需要一些人种田、一些人经商、一些人做教师、一些人做学生。当社会分配人们去做各种工作时，还应该分配给他们生产的物品和劳务量。

2. 机会成本

“有得必有失”，通常而言，**在稀缺性的世界中选择一种东西意味着要放弃其他东西。这被放弃的东西(物品或劳务)的价值，经济学家称为机会成本**。它是直接由选择问题引申出来的一个经济学概念，所以有的经济学家把机会成本称为“选择成本”。经济资源的稀缺性决定了整个社会的经济物品是个定量，这意味着，为了进行这种产品的生产必须放弃别种产品的生产。例如，我们把一块土地用作高尔夫球场时，必须放弃这块土地所能生产的粮食。为修建高尔夫球场所放弃的粮食就是做出修建高尔夫球场这项选择的机会成本。在经济学中，如果一项资源可以用于多种用途，那么该资源被用于某一种特定用途的机会成本是由该选择所放弃的其他最优用途的代价来衡量的。即一项资源被用于一种产品生产时的机会成本，是指这一资源用在其他用途上可以得到的最高价值。例如，如果一个专业管理人员在煤矿劳动的年薪是1万美元，而在机关工作的工资是0.8万美元。那么，他选择放弃工作而就读于一所免费社会大学的机会成本就是1万美元。

当资源有不同的用途时，选择就是要权衡这些不同用途所带来的好处与成本。这样，经济问题的解决就被归结为如何使得选择的机会成本达到最低。经济学正是围绕着如何解决这个基本经济问题展开讨论的。

[案例研究1－2]

比尔·盖茨的选择

一开始比尔·盖茨进入哈佛大学的时候，学习的专业是法律，但是他对计算机兴趣浓厚，而对法律一直没有兴趣。19岁时，小盖茨就有了一个想法，那就是创办自己的软件公司，但那时他还没有完成哈佛大学的学业。到底是继续读书拿到哈佛大学的学位证书，还是马上离开学校着手开办自己的软件公司呢？经过反复的权衡之后，他毅然决定放弃学业，离开学校开办公司。后来的结果众所周知，在1999年美国《福布斯》杂志的世界富豪评选中，比尔·盖茨以净资产850亿美元登上了榜首。这足以证明当初比尔·盖茨选择的正确性。后来，比尔·盖茨回到母校参加募捐活动时，被记者问到是否愿意继续回哈佛上学，比尔·盖茨微微一笑，却没有做出任何回答。显而易见，比尔·盖茨已经不愿意为了哈佛的学位证书而放弃自己已有的事业。

(资料来源：https://max.book118.com/html/2019/0702/5002121034002102.shtm)

3. 生产可能性曲线

我们可以用生产可能性曲线的概念来说明稀缺性、选择和机会成本。

[案例研究1－3]

大炮与黄油

经济学家们经常爱谈论“大炮与黄油”问题。“大炮”代表军用品，是保卫一个国家的国防所必不可少的；“黄油”代表民用品，是提高一国国民生活水平所必需的。“大炮与黄油”的问题也就是一个社会如何配置自己稀缺资源的问题。

任何一个国家都希望有无限多的大炮与黄油，这就是欲望的无限性。但任何一个社会用于生产大炮与黄油的资源总是有限的,这就是社会所面临的稀缺性。因此,任何一个社会都要决定生产多少大炮与黄油。这就是社会所面临的选择问题。做出选择并不是无代价的。在资源既定的情况下,多生产一单位大炮,就要少生产若干单位黄油。为多生产一单位大炮所放弃的黄油数量就是生产大炮的机会成本。"大炮与黄油"问题概括了经济学的内容。

各个社会都要解决"大炮与黄油"问题。纳粹德国时代,希特勒叫嚣"要大炮不要黄油",实行国民经济军事化。战后,苏联为了实现霸权与美国对抗,把有限的资源用于大炮——军事装备与火箭等,这就使人民生活水平低下,长期缺乏黄油——匈牙利经济学家科尔奈称之为"短缺经济"。"二战"中,美国作为"民主的兵工厂"(当时美国总统罗斯福的名言),向反法西斯国家提供武器,也把相当多的资源用于生产"大炮"。大炮增加,黄油减少,因此,美国战时对许多物品实行管制。无论出于什么目的而更多地生产大炮,都要求经济的集中决策——希特勒的法西斯独裁,苏联的计划经济,或者美国的战时经济管制。这些体制都可以集中资源不计成本地达到某种目的——法西斯德国的侵略,苏联的霸权,以及美国的反法西斯。但代价是黄油减少,人民生活水平下降。

在正常的经济中,政府与市场共同决定大炮与黄油的生产,以使社会福利达到最大。整个经济学都是在解决"大炮与黄油"问题。你在学习中可以经常想想所学的内容与这一问题有什么关系,或者说如何有助于更好地解决"大炮与黄油"问题。

(资料来源:http://www.doc88.com/p-709224235008.html)

假定一个社会用全部资源生产两种物品:大炮与黄油。如果只生产大炮可以生产10万门,只生产黄油可以生产4万吨。在这两种极端的可能性之间,还存在着大炮与黄油的不同数量组合。假设这个社会在决定大炮与黄油的生产时,提出了A、B、C、D、E五种组合方式,则可以做出表1-1。

表1-1　生产可能性表

可能性	大炮(万门)	黄油(万吨)
A	10	0
B	9	1
C	7	2
D	4	3
E	0	4

根据表1-1,我们可以做出图1-1。在图1-1中,**连接A、B、C、D、E点的AE线是在资源既定的条件下所能达到的大炮与黄油最大产量的组合,被称为生产可能性曲线或生产可能性边界**。AE线还表明了,多生产一单位大炮要放弃多少单位黄油,或者相反,多生产一单位黄油要放弃多少单位大炮,因此,AE线又被称为生产转换线。生产可能性曲线是在资源既定的条件下所能达到的两种物品最大产量的组合。

从图1-2中还可以看出,在生产可能性曲线内部的商品组合点表示以现有的生产能力能够实现,但并不是最大数量的组合,即资源没有得到充分利用;在曲线上的商品组合点表示社会已经处于最大的生产状态，增加任何一种商品都必然会减少另外一种商品的数量；在曲线以外的商品组合点表示以现有的生产能力是没有办法实现的。可见，生产可能性曲线反映了资源稀缺对社会可以提供商品数量的限制。

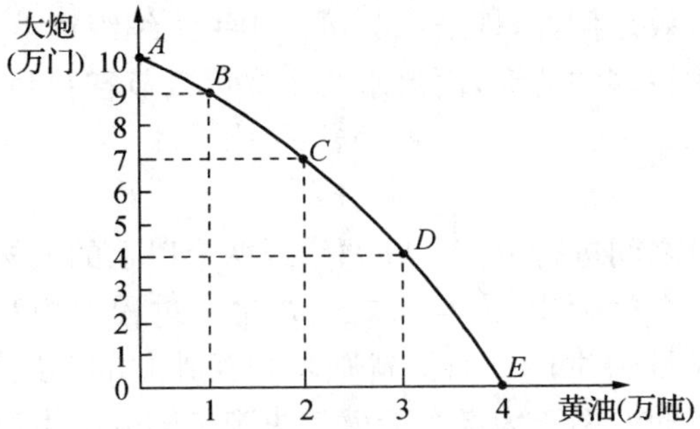

图 1-1 社会的生产可能性曲线

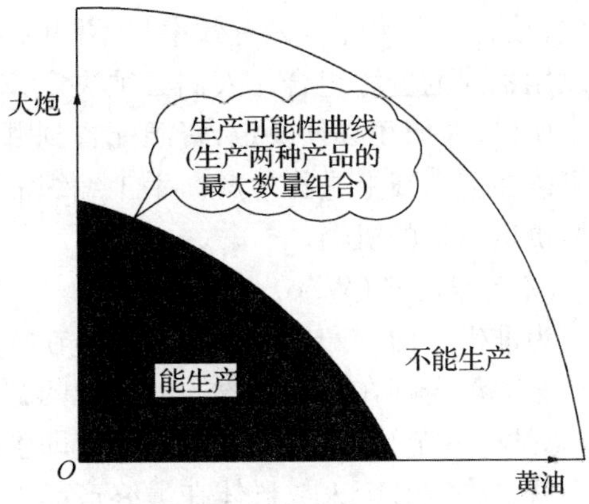

图 1-2 生产可能性曲线与资源的稀缺性

生产可能性曲线说明了稀缺性、选择和机会成本这三个重要概念。

人的欲望是无限的，用来满足这种欲望的大炮与黄油也应该是无限的。但由于资源有限，这个社会不能生产无限的大炮与黄油，这就表明社会存在稀缺性。生产可能性曲线之外是无法实现的产量组合，这就表明稀缺性的存在。

在存在稀缺性的情况下，人们必须做出生产多少大炮与黄油的决策。这就是我们所面临的选择问题。生产可能性曲线上的所有点都是人们所做出的选择。

在资源既定时，多生产 1 门大炮就要少生产若干吨黄油，或者说为了多得到 1 吨黄油就要放弃若干门大炮。所放弃的若干门大炮正是得到 1 吨黄油的机会成本。例如，从 A 点到 B 点，为了多生产 1 万吨黄油（从零增加到 1 万吨）就必须放弃 1 万门大炮（从 10 万门减少为 9 万门）。所放弃的 1 万门大炮就是生产 1 万吨黄油的机会成本。

三、经济学的两大基本问题

（一）资源配置问题

资源配置问题是经济学两大组成部分之一——微观经济学研究的问题。同一物品或资源有多种用途，人类的欲望也是多种多样的，这就导致了经济活动中的选择问题。所谓“选择”，就是指如何利用现有资源去生产经济物品，以更好地满足人类的欲望。人类进行选择的过程也就是资源配置的过程。社会面临的选择问题，也是经济学需要回答的第一个基本问题，可以归结为以下三个基本问题。

1. 生产什么（What）

生产什么即社会利用总量为既定的生产资源生产哪些产品，产量有多大。这是一个任何社会都必须回答的问题，即使只有一个人生活在一个孤岛上的社会也是如此。由于资源有限，社会不可能同时生产出满足人们全部需要的商品和劳务。用于生产某种产品的资源多一些，用于生产另一种产品的资源就会少一些。人们必须做出抉择：用多少资源生产某一种产品，用多少资源生产其他的产品。在有关大炮和黄油的例子中,社会必须决定是生产大炮还是生产黄油或者两种产品各生产多少。

2. 如何生产(How)

资源稀缺性的存在,使社会始终面临如何组织生产的问题,也就是决定资本和劳动的合理构成,从而使资源配置最有效率。不同的生产方法和资源组合是可以相互替代的,同样的产品可以用不同的资源组合。人们必须决定:对于多种资源,如何进行有效组合,才能提高经济效率。所以,人们还必须决定,资源配置到哪里最有效。例如,棉纺织品可以用手工编织机生产,也可以在流水线上进行生产。手工编织需要使用较多的劳动,而流水线生产可以节省劳动,但需要价格昂贵的机器。

3. 为谁生产(Who)

为谁生产即生产出来的产品怎样在社会成员之间进行分配。在两个或两个以上的人构成的社会中都会存在产品或收入的分配问题。在一个社会中,人与人之间在生产过程中相互联系,总是在一定社会形式下进行劳动,即生产总是社会生产。而消费则是相互独立的。这样,社会就要决定每个人或群体在最终产品中所获得的份额。为谁生产就是决定怎样分配生产成果,如何在社会成员中进行产品分配,根据什么原则、采用什么机制进行分配,分配的数量界限是如何把握等。

生产什么、如何生产和为谁生产的问题,是现代社会面临的最基本的问题,从而也就成为以资源配置为研究对象的微观经济学首要解决的问题。

(二)资源利用问题

资源利用问题是经济学两大组成部分之一——宏观经济学研究的问题。一个社会既定的生产资源总量是否被充分利用以及如何得到了充分利用,是经济学需要回答的第二个基本问题。在现实中,人类社会往往面临这样一种矛盾:一方面资源是稀缺的,另一方面稀缺的资源还得不到充分利用。它包括以下三个方面:

(1) 为什么资源得不到充分利用?即大炮与黄油的产量达不到生产可能性线上的各点。其主要原因是什么,是经济萧条、体制低效,还是社会动荡?通过什么手段可以消除失业以及资本与土地的闲置?换句话来说,也就是如何能使稀缺的资源得到充分利用,如何使大炮与黄油的产量达到最大。现实中最典型的表现就是大量失业的存在,经济学研究这种现象出现的原因及其对策,这就是一般所说的“充分就业”问题。

(2) 经济水平为什么会波动?如何实现经济持续稳定的增长?在资源既定的情况下,为什么产量有时高有时低,即尽管资源没变,但大炮与黄油的产量为什么不能始终保持在生产可能性线上。这也就是经济中为什么会有周期性波动。与此相关的是,如何用既定的资源生产出更多的大炮与黄油,即实现经济增长。这就是一般所说的“经济波动与经济增长”问题。

(3) 现代经济社会中,在解决失业、通货膨胀等问题方面有什么办法?现代社会是一个以货币为交换媒介的商品社会,货币购买力的变动对资源配置与利用所引起的各种问题的解决都影响甚大。这样,解决这些问题就必然涉及货币购买力的变动问题。这也就是一般所说的“通货膨胀(或通货紧缩)”问题。

在现代社会经济中,上述资源配置与利用问题是一切经济制度所共有的问题。经济学是为解决资源稀缺性问题而产生的,由以上可以看出,稀缺性不仅引起了资源配置问题,而且还引起了资源利用问题。经济学研究的是一个社会如何利用稀缺的资源以生产有价值的物品和劳务，并将它们在不同的人中间进行分配，使整个社会得到最大满足。

四、经济学与经济制度

尽管各个社会都存在稀缺性，但解决稀缺性的方法并不同。换句话来说，在不同的社会中，资源配置与资源利用问题的解决方法是不同的。**经济制度就是一个社会做出选择的方式，或者说解决资源配置与资源利用的方式**。人类社会的各种经济活动都是在一定的经济制度下进行的。经济学家十分重视经济制度的作用。

当前世界上解决资源配置与资源利用的经济制度基本有两种。一种是市场经济制度，即通过市场上价格的调节来决定生产什么，如何生产与为谁生产。就两种功效基本一致的产品而言，哪一种产品的价格高就生产哪一种，用什么方法生产价格低就用什么方法生产，谁为生产出来的产品支付的价格高就为谁生产。资源的充分利用依靠价格的调节与刺激和政府宏观调控来实现。另一种是计划经济制度，即通过中央计划来决定生产什么，如何生产与为谁生产。也就是说，用既定的资源生产大炮还是生产黄油，用什么方法生产大炮与黄油，生产出来的大炮与黄油分配给谁都由中央计划来安排。资源的充分利用也依靠计划来实现。

市场经济与计划经济的差别主要在三个基本经济问题上。第一，决策机制不同。在市场经济下，选择的决策由参与经济的千千万万个个人和企业分散地独立做出；在计划经济下，选择的决策由至高无上的中央计划机构集中地做出。第二，协调机制不同。市场经济下，由价格来协调千百万人的决策，使这些决策一致；计划经济是个金字塔式的等级体系，用自上而下的命令来贯彻决策，保证决策的协调。第三，激励机制不同。市场经济的激励以个人物质利益为中心，强调“小河有水大河满”；计划经济的激励以集体主义的精神为中心，强调“大河没水小河干”。

从20世纪总体经济状况来看，市场经济优于计划经济。可以说，经济上成功的国家都采取了市场经济制度，而采取计划经济的国家无一成功者。正由于这一原因，20世纪80年代之后，原来采取计划经济的国家纷纷转向市场经济。市场经济是组织经济活动的一种好方式已成为绝大多数人的共识。但市场经济并非完美无缺。因此，还需要政府用各种干预手段来纠正市场经济的缺点。经济学家把这种**以市场调节为基础，又有政府适当干预的经济制度称为混合经济**。混合经济绝不是市场经济和计划经济的结合，而是对市场经济的改进。因此，混合经济又称为现代市场经济，以区别于只有市场调节，没有政府干预的古典市场经济。

第二节 经济学的主要内容

[相关链接1-4]

微观经济学与宏观经济学名称的由来

在20世纪30年代之前，并没有微观经济学与宏观经济学的说法。我们一般把英国古典经济学家亚当·斯密作为现代经济学的奠基者，他的主要代表作是《国民财富性质和原因的研究》（简称《国富论》）。从斯密开始的古典经济学既研究经济增长、经济周期这类我们今天称之为宏观经济学的内容,又研究价格、价值、成本、收入分配这类我们称之为微观经济学的内容。换言之,在经济学形成的相当一段时期中,经济学并没有微观与宏观的区分。

从19世纪70年代的边际革命之后,经济学的研究从生产转向需求,直至20世纪30年代之前,研究的中心是资源配置,即我们今天所说的微观经济学,这一时期的经济学称为新古典经济学。到19世纪末英国经济学家马歇尔的《经济学原理》出版时,今天所说的微观经济学体系已经基本形成,但是并没有微观经济学这个名称。

在凯恩斯之前,经济学家也研究过经济增长、经济周期这类宏观经济问题。但现代宏观经济学是在凯恩斯1936年发表《通论》之后才形成的,不过提出微观经济学与宏观经济学这两个名称的并不是凯恩斯。凯恩斯也没有把自己的理论体系称为宏观经济学。

第一次使用微观经济学和宏观经济学这两个名词的是荷兰统计局一位并不知名的经济学家P.迪·沃尔夫。他在1941年的一篇文章中写道,"微观经济解释所指的是一个人或家庭……的关系。宏观经济解释产生于与个人或家庭组成的大集团(社会阶层、民族等)……相应的关系。"沃尔夫的解释已接近于我们今天对微观经济学和宏观经济学的理解。美国经济学家萨缪尔森在1948年出版的《经济学》中把这两种理论构建在一个经济学体系之内,这成为至今为止几乎所有初级教科书的标准模式。

(资料来源:http://blog.163.com/he_ad/blog/static/28958654200901112O7449/)

一、微观经济学

微观经济学(Microeconomics)与宏观经济学对称,是现代西方经济学的一个构成部分。"微观"的英文为"micro",来源于希腊语,原意是"小"。**所谓微观经济学是以市场中单个家庭、厂商的经济行为为研究对象,通过研究单个经济单位的经济行为及相应的经济变量数值的决定,来说明社会资源配置的问题**。一般把研究家庭和企业如何进行经济决策,如何在市场上进行交易的经济学称为微观经济学。

(一)微观经济学的基本假设前提

1. 理性人

理性人就是亚当·斯密在《国富论》中所说的"经济人",指参与经济活动的每一个人都是利己的,其经济行为都是完全合乎理性的,他们自觉地按利益最大化的原则行事。

2. 完全信息

完全信息指参与经济活动的每一个人对自己所必需的信息都能够完全并且及时地掌握;指单个经济单位可以免费、快速、准确地获得各种市场信息。

3. 市场出清

市场出清指价格能调节资源配置和利用,使整个社会达到充分就业的供求均衡状态。

这些假设虽然并不完全符合现实,但经济分析必须以此为前提,否则就无法获得结论。

(二)微观经济学的主要内容

1. 价格理论

研究商品的价格如何决定,以及价格如何调节整个经济的运行,这一部分是微观经济学的中心,其他内容都围绕这一中心展开。

2. 消费者行为理论

研究消费者如何把有限的收入分配到各种物品的消费上而实现效用最大化，这部分是对决定价格的重要因素——“需求”的进一步解释。

3. 生产者行为理论

研究生产者如何把有限的资源用于各种物品的生产而实现利润最大化，这部分是对决定价格的另一个重要因素——“供给”的进一步解释。

4. 厂商均衡理论（市场结构理论）

研究企业在不同结构市场上的行为与市场均衡。如果说均衡价格理论研究完全竞争市场上的价格决定问题，这一部分就是研究不同市场上的价格决定问题。

5. 分配理论（生产要素的价格理论）

研究产品按照什么原则分配给社会各利益集团，即工资、利息、地租与利润如何决定，这部分主要说明为谁生产的问题。

6. 市场失灵理论

由于公共物品、外部性、垄断与信息不对称，价格调节并不总是能实现资源最优配置，这就称为市场失灵。解决市场失灵就需要政府的微观经济政策。

二、宏观经济学

“宏观”的英文为“macro”，来源于希腊语，原意是“大”。“宏观经济学”这个术语，最早是挪威经济学家弗里希于1933年在《动态经济学中的传播问题与推动问题》一文（伦敦，1933）中提出的。作为与“微观经济学”相对称的术语在教科书中被首先使用，则是在美国肯尼斯·博尔丁的《经济分析》一书中（纽约，1948）。现代西方宏观经济学的创立以1936年凯恩斯的名著《就业、利息和货币通论》（以下简称《通论》）的出版为标志。**所谓宏观经济学是以整个国民经济为研究对象，通过研究经济总量的决定及其变化，来说明社会资源的充分利用问题。**

（一）宏观经济学的基本假设前提

1. 市场机制是不完善的

20世纪30年代空前严重的经济大危机使经济学家意识到，如果只靠市场经济的自发调节，经济就无法解决失业等问题，无法自行度过危机，就会在资源稀缺的同时产生资源的浪费。稀缺性不仅要求使资源得到恰当的配置，而且还要使资源得到充分利用。要做到这一点，仅仅靠市场机制的作用是不够的。

2. 政府有能力调节经济，弥补市场机制的不足

人类不仅能利用市场机制，而且还能在遵从基本经济规律的前提下，对经济进行调节，这就是政府的作用，政府可以观察与研究经济运行的规律，并采取适当的手段进行调节。整个宏观经济学就是建立在对政府调节经济能力信任的基础之上的。

（二）宏观经济学研究的主要问题

1. 国民收入理论

国民收入是衡量一国经济资源利用情况和整个国民经济状况的基本指标，国民收入决定理论就是要从总需求和总供给的角度出发，分析国民收入决定及其变动的规律。这是宏观经济学的核心内容。

2. 失业与通货膨胀理论

研究失业的种类和统计，阐述通货膨胀形成的原因、对社会的影响，以及如何治理通货膨胀，等等。宏观经济学把失业与通货膨胀和 GDP 联系起来，分析其原因及其相互关系，以便找出解决这两个问题的途径。

3. 经济周期理论

研究经济周期的不同特征，并对周期波动的原因进行解释。

4. 经济增长理论

研究经济增长的源泉、劳动人口的增长和人均劳动生产率的增长。

5. 开放经济理论

现实的经济都是开放型的经济，开放经济理论要分析一国国民收入的决定与变动如何影响别国，以及如何受到别国的影响，同时也要分析开放经济下一国经济的调节问题。

6. 宏观经济政策

宏观经济政策主要包括财政政策和货币政策。财政政策由政府的税收政策和支出政策组成。货币政策是指在中央银行的控制下决定和调整一个国家的货币供给增长速度。

三、微观经济学与宏观经济学的区别和联系

（一）微观经济学与宏观经济学的区别

1. 研究对象不同

微观经济学的研究对象是单个经济单位，如家庭、厂商等。正如美国经济学家 J. 亨德逊所说:“居民户和厂商这种单个单位的最优化行为奠定了微观经济学的基础”，而宏观经济学的研究对象则是整个经济，研究整个经济的运行方式与规律，从总量上分析经济问题。正如萨缪尔森所说，宏观经济学是“根据产量、收入、价格水平和失业来分析整个经济行为”。美国经济学家 E. 夏皮罗则强调了“宏观经济学考察国民经济作为一个整体的功能”。

2. 解决的问题不同

微观经济学要解决的是资源配置问题，即生产什么、如何生产和为谁生产的问题，以实现个体效益的最大化。宏观经济学则把资源配置作为既定的前提，研究社会范围内的资源利用问题，以实现社会福利的最大化。

3. 研究方法不同

微观经济学的研究方法是个量分析，即研究经济变量的单项数值如何决定。而宏观经济学的研究方法则是总量分析，即对能够反映整个经济运行情况的经济变量的决定、变动及其相互关系进行分析。因此，宏观经济学又称为“总量经济学”。

4. 基本假设不同

微观经济学的基本假设是理性人、完全信息和市场出清，认为“看不见的手”能自由调节实现资源配置的最优化。宏观经济学则假定市场机制是不完善的，政府有能力调节经济，通过“看得见的手”纠正市场机制的缺陷。

5. 中心理论不同

微观经济学的中心理论是价格理论。在市场经济中，家庭和企业的行为要受价格的支配，生产什么，如何生产和为谁生产都由价格决定。价格像一只看不见的手，调节着整个社会的经济活动，通过价格的调节，社会资源的配置实现了最优化。微观经济学正是要说明价格如何使

资源配置达到最优化。宏观经济学的中心理论则是国民收入决定理论。宏观经济学把国民收入(国内生产总值)作为最基本的总量,以国民收入的决定为中心来研究资源利用问题,分析整个国民经济的运行。国民收入决定理论被称为宏观经济学的核心,其他理论则是运用这一理论来解释整体经济中的各种问题,宏观经济政策则是这种理论的运用。

(二) 微观经济学和宏观经济学的联系

微观经济学和宏观经济学在研究角度、解决的问题等方面都有不同,但它们又是相互补充的。

1. 微观经济学与宏观经济学是互为补充的

微观经济学是在资源总量既定的条件下研究各种资源的最优配置,而宏观经济学则是在配置方式既定的条件下研究这些资源总量的决定问题。这就是说,微观经济学与宏观经济学研究对方假定不变的东西。可以做一个恰当的比喻:微观经济学要考察森林中的一棵树,它只看树木不看森林;宏观经济学则考察由若干树木构成的森林,它只看森林而不看树木。从这一意义上说,微观经济学与宏观经济学不是互相排斥的,而是互相补充的,它们共同组成经济学的基本原理。

2. 微观经济学是宏观经济学的基础

从整个经济系统的构成来看,整体是由个体构成的,整体是个体表现的综合。宏观经济中的消费是单个消费者消费选择的结果,而投资也同样来源于单个厂商的选择。从理论分析的角度来看,对单个经济单位的分析可以推广到整个经济。整体经济是单个经济单位的总和,微观经济学应该成为宏观经济学的基础。

3. 微观经济学与宏观经济学的研究方法都是实证分析

微观经济学与宏观经济学只是从不同角度对经济现象进行的分析,采用的都是实证分析方法,即都把社会经济制度作为既定的,不涉及制度因素对经济的影响,从而与制度经济学区分开来。这种不涉及制度问题,只分析具体问题的方法就是实证分析。从这种意义上看,微观经济学与宏观经济学都属于实证经济学的范围。

由此可见,微观经济规律与宏观经济规律既有联系又有区别。正是由于二者之间存在相互联系又存在某些差异,不仅使得微观经济学和宏观经济学共同构成了西方经济学的整体,而且也使得有关二者之间关系的争论成为西方经济学的一大理论热点。

[**相关链接 1-5**]

经济学的两个领域

一般来说,经济学理论体系被分为微观经济学和宏观经济学两个领域。对于同一个问题的解释,如对于实际工资下降所产生的效应,微观经济学和宏观经济学给出的回答可能是截然不同的。这是什么原因造成的呢?

从微观经济学角度看,实际工资(货币工资除以价格水平)下降,意味着劳动力成本下降,企业家在组织生产时就会多用人,即采用劳动密集型生产方法,从而会使就业增加。例如,当劳动力价格十分低的时候,采用人海战术挖水库,比使用大型挖土机更能节省成本。

从宏观经济学的角度看,实际工资下降会使失业增加。这是因为实际工资下降会使人们的消费减少,当产品卖不出去时,企业就会减产和裁员。

结论相反并不说明某一结论是错误的，因为两者的假设条件不同。在微观经济学中，只考虑一个企业实际工资下降，其隐含前提是社会实际工资不变。所以条件不同，自然会导致结论不同。

(资料来源：吴志清，黄忠林. 经济学基础. 机械工业出版社，2012)

第三节 经济学的研究方法

每门科学都有自己的研究方法，经济学自然也不例外。这也就是说，经济学要运用一定的方法来研究稀缺性所引起的资源配置与资源利用问题。具体来说，对这些问题既可以用实证的方法进行分析，也可以用规范的方法进行分析。用实证方法来分析经济问题称为实证经济学，而用规范方法来分析经济问题称为规范经济学。

一、实证方法与规范方法

(一) 实证方法

实证方法研究经济问题时超脱价值判断，只研究经济本身的内在规律，并根据这些规律，分析和预测人们经济行为的效果。它要回答"是什么"的问题。

在实证方法的定义中都涉及价值判断这个概念。什么是价值判断呢?《简明帕氏新经济学辞典》的解释是："价值判断可被定义为对所认定的客观效力的赞成或不赞成的判断。"由此可见，价值判断就是指对经济事物社会价值的判断，即对某一经济事物是好还是坏的判断。价值判断大而言之可以指一种社会经济制度的好坏，小而言之指某一具体事物的好坏。价值判断属于社会伦理学范畴，具有强烈的主观性与阶级性。实证方法为了使经济学具有客观科学性，就要避开价值判断问题。

实证方法在分析经济问题和建立经济理论时，撇开对社会经济活动的价值判断，只研究经济活动中各种经济现象间的相互联系，运用"大胆假设小心求证，在求证中检验假设"的方法，在做出与经济行为有关的假定前提下，分析和预测人们经济行为的后果。实证方法所力图说明和回答的问题是：① 经济现象是什么，经济事物的现状如何；② 有几种可供选择的决策和方案；③ 如果选择了某种方案，将会带来什么后果。它不回答是不是应该做出这样的选择的问题，即它企图超脱和排斥价值判断，实证方法所研究的内容具有客观性，它与自然科学一样，都是说明客观事物是怎样的实证科学。

(二) 规范方法

规范方法是以一定的价值判断作为出发点和基础，提出行为标准，并以此作为处理经济问题和制定经济政策的依据，探讨如何才能符合这种标准的理论和政策。简而言之，规范方法是研究经济活动的价值判断标准的科学。规范方法要判断某一具体经济事物的好坏，则从一定的价值判断出发来研究问题。规范方法研究和回答的经济问题是：① 经济活动应该是什么，或社会面临的经济问题应该怎样解决；② 什么方案是好的，什么方案是不好的；③ 采用某种方案是否应该，是否合理，为什么要做出这样的选择。

规范方法涉及经济行为和经济政策对人们福利的影响和评价问题，涉及是非善恶、合理与否问题，与伦理学、道德学相似，具有根据某种原则规范人们行为的性质。由于人们的立场、观点、伦理和道德观念不同，对同一经济事物、经济政策、经济问题会有迥然不同的意见和价值判断。对于应该做什么，应该怎么办的问题，不同的经济学家可能会有完全不同的结论。

（三）实证方法与规范方法的区别与联系

1. 实证方法与规范方法的区别

（1）实证方法为了使经济学具有客观科学性，就要避开价值判断问题；而规范方法要判断某一具体经济事物的好坏，则从一定的价值判断出发来研究问题。是否以一定的价值判断为依据，是实证方法与规范方法的重要区别之一。

（2）实证方法与规范方法要解决的问题不同。实证方法要解决"是什么"的问题，即要确认事实本身，研究经济本身的客观规律与内在逻辑，分析经济变量之间的关系，并用于进行分析与预测。规范方法要解决"应该是什么"的问题，即要说明事物本身是好还是坏，是否符合某种价值判断，或者对社会有什么意义。

（3）实证方法研究经济问题所得出的结论具有客观性，可以根据事实来进行检验，也不会以人们的意志为转移。规范方法研究经济问题所得出的结论要受到不同价值观的影响，没有客观性。处于不同阶级地位，具有不同价值判断标准的人，对同一事物的好坏做出截然相反的评价，谁是谁非没有什么绝对标准，从而也就无法进行检验。

2. 实证方法与规范方法的联系

实证方法与规范方法研究经济问题尽管有上述三点差异，但它们也并不是绝对互相排斥的。规范方法要以实证方法为基础，而实证方法也离不开规范方法的指导。一般来说，越是具体的问题，实证的成分越多；而越是高层次、带有决策性的问题，越具有规范性。

实证经济学与规范经济学所强调的是用不同的方法来研究经济问题。用实证的方法研究就是实证经济学，用规范的方法研究就是规范经济学。这种划分与强调研究对象的微观经济学与宏观经济学的划分不同。如前所述，微观经济学与宏观经济学都是用实证的方法进行研究，因此，都属于实证经济学。

在西方经济学的发展中，早期强调从规范的角度来分析经济问题。19 世纪中期以后，则逐渐强调实证的方法。许多经济学家都认为，经济学的实证化是经济学科学化的唯一途径。只有使经济学实证化，才能使之成为像物理学、化学一样的真正科学。应该说，直至目前为止，实证经济学仍然是西方经济学中的主流。但也有许多经济学家认识到，经济学并不能完全等同于物理学、化学这些自然科学，它也无法完全摆脱规范问题，即无法回避价值判断。因此，应该在经济学中把实证的方法与规范的方法结合起来。这一看法是很有道理的。

[案例研究 1-4]

收入分配差距拉大

当前人们议论较多的是收入分配差距拉大的问题。经济学家可以用实证方法或规范方法来研究这一问题，但分析的角度不同，要解决的问题也不同。收入分配包括两个不同的问题。一个是引起收入分配差距拉大的原因是什么，即收入分配与造成这种分配状况的因素之间的关系。这种关系是客观存在的。二是对这种收入分配现状的看法与评价,即收入分配差距拉大是一件好事还是一件坏事。这两个问题就要用不同的方法去研究。

我们用实证方法研究收入分配时要认识其本身的规律。这时我们排斥价值判断,即不管收入分配差距拉大是一件好事还是一件坏事,只研究收入分配差距拉大与引起这种现象的原因之间的关系。例如,我们研究受教育程度与收入之间的关系,从中可以得出受教育程度与收入同方向变动的结论。这一结论可以根据统计资料或其他有关证据来证明。如果证明这一结论是正确的,它就是客观的,不以人的意志为转移。无论你对收入分配差距拉大有什么看法,都不影响这一结论。这时的研究就与自然科学一样,分析所观察到的现象,从中得出结论,并加以验证。这也是研究一切科学的实证方法。

我们用规范方法研究收入分配时要判断哪一种收入分配状况是理想的,或者说收入应该如何分配。这时我们要把一定的价值判断作为前提——是效率优先,还是平等优先;是强调过程的公平,还是强调结果的公平。由于所依据的价值判断不同,规范方法研究收入分配问题所得出的结论也不同。如果强调效率优先,就会得出收入分配差距拉大是一件好事的结论;如果强调平等优先,就会得出收入分配差距拉大是一件坏事的结论。收入分配差距拉大本身既有好的影响,也有不利的影响,哪种结论正确没有客观标准,也没法进行验证,永远也不会得出客观而一致的结论。

[资料来源:张俊山.关于当前我国收入分配理论研究的若干问题思考.经济学家,2012(12)]

二、经济模型

经济模型也是一种分析经济问题的方法,是指用来描述同研究的对象有关的经济变量之间的依存关系的理论结构。简单地说,经济模型就是用变量的函数关系来说明经济理论,是经济理论的简单表达。经济模型可以用文字说明,也可用代数方程式和几何图形的形式来表达。

(一) 经济模型的内容

一般的经济模型通常包括四部分:定义、假设、假说、预测。

1. 定义

定义是指对经济模型所包括的各种变量给出明确的定义。经济变量一般包括四类:一是内生变量和外生变量。**内生变量是由模型本身决定并要加以说明的变量,由经济体系内存因素决定的未知变量。外生变量是由经济体系外或模型之外因素决定的已知变量**。二是存量与流量。按决定变量的时间维度差异来划分,变量可分为存量和流量。**存量是指某一时点所测定变量的值,流量是指一定时期内所测定变量的值**。三是自变量和因变量。**自变量是由模型外的力量决定、自己可以变化的量。因变量由模型决定的经济变量,或被决定的变量**。四是常数与参数。**常数是一个不变的量,与变量相连的常数叫系数。参数是可以变化的常数**。

2. 假设

假设是建立经济模型的前提条件,或者指某一种理论成立或运用的条件。任何一种理论都是相对的、有条件的,因此,假设在理论分析中非常重要,甚至可以说不存在没有假设的理论和规律。例如，需求规律就是在假定消费者的收入、偏好，其他商品价格不变的前提条件下，来研究商品需求量与商品价格之间的相互关系的，如果没有或离开这些假设条件，需求量与商品价格成反比这一需求规律便不能成立。

3. 假说

假说是在一定假设条件下，运用定义去说明变量之间的关系，提出未被证明的理论。假说在理论形成中有着重要的作用。一是可以使研究目标明确；二是为建立科学的理论铺路架桥；三是把研究引向深入并开拓新领域。假说不是空想的而是源于实际的。假说是构建经济模型的关键与核心部分。

4. 预测

预测是根据假说提出的对经济现象和经济事物未来发展趋势的看法，是根据假说所推导的结论。预测在经济模型建立中的作用和意义，一是应用，经济模型的应用是通过预测而实现的；二是检验，观察预测与实际情况的符合程度，验证经济模型的正误。

（二）经济模型的形成

我们可以根据图 1－3 来说明一种经济模型是如何形成的。

图 1－3 说明了在形成一种经济模型时，首先要对所研究的经济变量确定定义，并提出一些假设条件。然后，根据这些定义与假设提出一种假说。根据这种假说可以提出对未来的预测。最后，用事实来验证这一预测是否正确。如果预测是正确的，这一假说就是正确的理论；如果预测是不正确的，这种假说就是错误的，要被放弃，或进行修改。本书中所讲的许多理论都是用这种方法形成的。这就是实证分析方法。

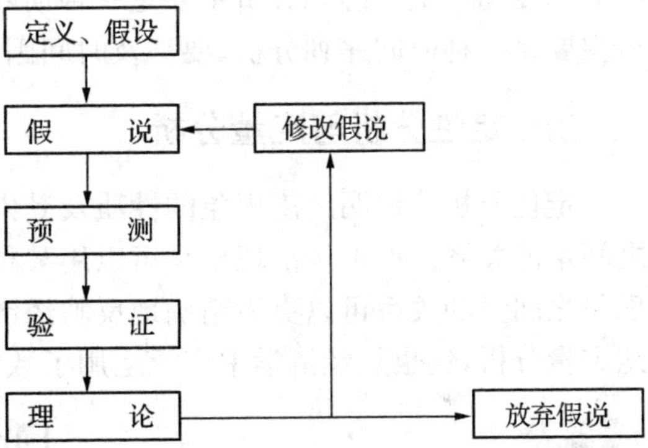

图 1－3　经济模型的形成

三、均衡分析与非均衡分析

英国经济学家马歇尔把均衡这一概念引入经济学中，主要指经济中各种对立的、变动着的力量处于一种力量相当、相对静止、不再变动的境界。均衡又分为局部均衡与一般均衡。局部均衡分析是假定在其他条件不变的情况下来分析某一时间、某一市场的某种商品（或生产要素）供给与需求达到均衡时的价格决定。一般均衡分析在分析某种商品的价格决定时，则在各种商品和生产要素的供给、需求、价格相互影响的条件下，分析所有商品和生产要素的供给和需求同时达到均衡时，所有商品的价格如何被决定。一般均衡分析是关于整个经济体系的价格和产量结构的一种研究方法，是一种比较周到和全面的分析方法。但由于一般均衡分析涉及市场或经济活动的方方面面，而这些又是错综复杂和瞬息万变的，使得这种分析实际上非常复杂和耗费时间。所以在西方经济学中，大多采用局部均衡分析。

非均衡是与均衡相对而言的。非均衡理论强调预期的不确定性，这实际上是暗含着这样一个前提，即在现实经济生活中，信息是不完备的，搜集信息是要花费成本的，在这种情况下，行为人的交易不可能完全是均衡的交易，非均衡现象是不可避免的。非均衡理论打破了几百年来统治着经济学界的均衡观。现实世界中存在着不确定性，时间序列中的经济运行总是相互发生作用,行为人搜集信息是需要花费成本的,在均衡价格达成以前,交易也是可以实现的。而均衡理论却将上述现实情况通过大量的假定抽象掉。非均衡分析采用动态分析方法所研究的是实现某个均衡的过程以及均衡变动的过程,而在这些过程中所呈现出来的,正是一个个连续的非均衡状态。

四、静态分析和动态分析

静态分析是对经济运行的一种短期分析,在经济分析中把注意力集中于均衡位置的研究,旨在说明在一定经济条件下,什么是经济变量的均衡状态以及经济变量达到均衡状态所具备的条件。动态分析是对经济运行的一种长期分析,其实质是探讨非均衡状态下的变动和调整,旨在说明经济体系中各种变量的运动过程及变化动因。动态分析常常被用来研究经济增长和经济周期波动等方面的课题。

静态分析和动态分析的基本区别在于,前者不考虑时间因素,而后者考虑时间因素。换句话来说,静态分析考察一定时期内各种变量之间的相互关系,而动态分析考察各种变量在不同时期的变动情况。静态分析主要是一种横断面分析,不涉及时间因素所引起的变动,而动态分析主要是一种时间序列分析,要涉及时间因素所引起的变动。

五、定性分析与定量分析

定性分析是说明经济现象的性质及其内在规定性与规律性。定量分析则是分析经济现象之间量的关系。许多经济现象是可以用某种标准来衡量的,可以表示为一定的数量,各种经济现象之间量的关系可以更为精确地反映经济运行的内在规律。因此,实证经济分析中特别注意定量分析,这也是经济学中广泛运用了数学工具的重要原因。

增值阅读

本章小结

经济学就是专门研究物质的有限性与人欲望的无限性之间关系的一门学问,是研究人类行为及如何将有限或者稀缺资源进行合理配置的社会科学。根据经济学理论研究解决的问题不同,经济学从总体上可以分为微观经济学和宏观经济学两大部分。前者研究资源配置问题,后者研究资源利用问题。经济学的基本研究方法有实证分析法和规范分析法。

(1) 经济学研究的基本前提是人类欲望的无限性和资源的有限性,经济学就是要找到最大限度缓解两者矛盾的方法。

(2) 任何一种资源都有可供选择的用途。资源的有限性决定了我们必须在几种不同的产品中做出选择,而选择就会有机会成本。在资源稀缺的世界中选择一种东西意味着要放弃其他东西,这个被放弃的东西的价值就是机会成本。

(3) 生产可能性曲线是指一个社会用其全部资源和技术所能生产的各种产品和劳务的最

大产量组合点的曲线。生产可能性曲线可以说明四个概念:① 边界曲线向下倾斜意味着机会成本。② 处于生产可能性曲线上的任何一个组合点都是现有资源可以支持的产量组合。③ 边界以外无法达到的组合意味着资源的有限性。④ 处于生产可能性曲线内的任何一点都表示出现了资源闲置。

(4) 经济学的两大基本问题:资源配置问题和资源利用问题。资源配置的主要问题是:① 生产什么和生产多少;② 如何生产;③ 为谁生产,即如何分配。资源利用的主要问题是:① 为什么资源得不到充分利用;② 解决失业、通货膨胀有什么办法;③ 如何实现经济持续稳定地增长。

(5) 微观经济学研究家庭与企业的决策,宏观经济学研究整体经济运行规律,它们是经济学中既有差别又不可分割的两个组成部分。

(6) 经济学按照分析的性质可以分为实证经济学和规范经济学。实证经济学主要回答"是什么"这类问题,实证的论述是以事实为依据的,它的正确与否可以通过对事实的检验来判定。规范经济学主要回答"应该是什么"这类问题,具有强烈的主观色彩,对同一个事物将存在不同的规范论述,它的正确与否不能通过事实的检验来判断。

思考与练习

一、选择题

1. 经济学上说的稀缺性是指(　　)。

A. 资源的绝对数量的有限性

B. 欲望的无限性

C. 相对于人类社会的无穷欲望而言,资源总是不足的

D. 欲望的相对有限性

2. 稀缺性的存在意味着(　　)。

A. 必须做出选择

B. 人们的生活水平会不断下降

C. 一个人不应该把今天能买到的东西留到明天来买

D. 需要用政府计划来配置资源

3. 微观经济学要解决的问题是(　　)。

A. 资源配置　　B. 资源利用

C. 单个经济单位的经济行为　　D. 价格理论

4. 宏观经济学中心理论是(　　)。

A. 失业与通货膨胀理论　　B. 经济周期与经济增长理论

C. 价格理论　　D. 国民收入决定理论

5. 位于生产可能性曲线以内的任何一点表示(　　)。

A. 资源没有得到充分利用　　B. 资源得到了充分利用

C. 可以利用的资源有限　　D. 这一组合在现有资源条件下无法实现

6. 学校里一块新停车场的机会成本是(　　)。

A. 由此引发的所有费用

B. 由用于其他用途产生的最大价值决定

C. 由用于建造停车场的机器设备的折旧大小决定

D. 由在停车场停车所需的费用来决定

7. (　　)属于微观经济学所考察的问题。

A. 一个厂商的产出水平

B. 失业率的上升或下降

C. 联邦货物税的高税率对货物销售的影响

D. 预算赤字对价格水平的影响

8. 经济学研究方法中的实证方法是(　　)。

A. 研究如何做出评价

B. 对做出评价没有帮助

C. 主要研究“是什么”的问题

D. 主要研究“应该是什么”的问题

9. 下列说法中属于实证表述的是(　　)。

A. 目前的社会救济金太少

B. 医生挣的钱比工人多

C. 男女应同工同酬

D. 降低失业比抑制通货膨胀更重要

10. 经济学研究方法中的规范方法是(　　)。

A. 描述经济如何运行　　B. 研究“是什么”的问题

C. 研究“应该是什么”的问题　　D. 预测行动结果

二、判断题

1. 如果社会不存在稀缺性,也就不会产生经济学。(　　)

2. 因为资源是稀缺的,所以产量是既定的,永远无法增加。(　　)

3. 生产什么、如何生产和为谁生产,这三个问题被称为资源利用问题。(　　)

4. 在不同的经济体制下,资源配置和利用问题的解决方法是不同的。(　　)

5. 经济学根据其研究范畴不同,可分为微观经济学和宏观经济学。(　　)

6. 微观经济学要解决的问题是资源利用,宏观经济学要解决的问题是资源配置。(　　)

7. 微观经济学的中心理论是价格理论,宏观经济学的中心理论是国民收入决定理论。(　　)

8. 微观经济学的基本假设是市场失灵。(　　)

9. 微观经济学和宏观经济学是相互补充的。(　　)

10. “物价高一些好还是低一些好”的命题属于实证经济学问题。(　　)

三、思考题

1. 举例说明什么是稀缺性。

2. 说明微观经济学的研究对象及其要解决的基本问题。

3. 当你选择上学时,你是如何考虑的? 为什么要用机会成本来衡量你上学的成本?

4. 什么是微观经济学,什么是宏观经济学,两者各有哪些基本内容?

5. 微观经济学和宏观经济学的联系与区别是什么?

6. 经济学的基本研究方法有哪些?

案例分析

实践与操作

一、实践题

1. 对全班同学期末考试成绩进行调研，并采用实证分析法和规范分析法对成绩进行分析。

2. 走访一家企业，了解这个企业面临哪些经济问题，涉及哪些经济概念。

3. 经济学中经常以《鲁滨孙漂流记》中的水手鲁滨孙为例，他一个人漂流到孤岛上不得不考虑管理由他自己构成的经济。据记载，鲁滨孙每天要用 10 个小时来采集椰子和捕鱼。你能据此画出说明鲁滨孙的生产可能性曲线吗？请用这一曲线说明鲁滨孙面临的经济问题。

二、综合实训

实践名称：微观经济学和宏观经济学的区别。

1. 目的任务

通过本部分实训，能够进一步明晰微观经济学和宏观经济学的区别；上网查阅有关资料，指出哪些经济现象属于微观经济学的范畴，哪些经济现象属于宏观经济学的范畴。

2. 实践内容

(1) 微观经济学和宏观经济学的区别。

(2) 上网查阅有关日常生活中经济行为的资料。

(3) 上网查阅有关宏观经济现象的资料。

(4) 分别举例说明哪些经济现象属于微观经济学的范畴，哪些经济现象属于宏观经济学的范畴。

3. 实训方式

校园网、案例。

第二章　需求、供给与均衡价格

请扫描二维码
观看视频

学习目标

1. 知识目标：需求的概念、影响需求的因素，供给的概念、影响供给的因素；需求量和需求的变动，供给量和供给的变动；均衡价格。

2. 能力目标：认识影响需求的各种因素；正确运用需求定理和供给定理；了解均衡价格的形成及其应用。

趣味阅读

哈利卖报

在美国的某一地区，有两个报童在卖同一份报纸，不用说，两人是竞争对手。第一个报童叫吉米。吉米很勤奋，每天沿街叫卖，嗓门也响亮，可每天卖出的报纸并不是很多，而且还有减少的趋势。第二个报童叫哈利，哈利肯动脑子，除沿街叫卖外，他还每天坚持去一些固定场所，先给大家分发报纸，过一会再来收钱。地方越跑越熟，报纸卖出去的也越来越多，当然，也有些损耗，但很小。渐渐地，哈利的报纸卖得更多，吉米则每况愈下，不得不另谋生路。

（资料来源：https://www.sohu.com/a/439890034_167160）

经济学启示：哈利的生意为什么会越做越好呢？如果用经济学的原理去分析，就可以领悟其中的奥妙了。首先，哈利去的“一些固定场所”，那里聚集的一定是一批有经济支付能力、相对稳定的、有一定文化的读报人。这就是要着重分析“需求”。其次，先发报纸再收钱，这是一种适应市场、抢占先机的巧妙的营销手法。只要遵循一定的规律，掌握其中的技巧，成功自然是水到渠成之事。这个规律，就是我们要讲到的需求、供给以及供求定理。历史学家和哲学家托马斯·卡莱尔曾经说过：“训练经济学家很容易，只要教会一只鹦鹉说供给和需求就可以了。”可见，供给和需求在经济学中的重要地位。

第一节　需求理论

一、需求、需求表、需求曲线

（一）需求

需求是指消费者（家庭）在某一特定时期内，在各种可能的价格水平下愿意而且能够购买的该商品的数量。

在上述有关需求的定义中，有两个方面值得注意：

(1) 需求是购买欲望和购买能力的统一，缺少任何一个条件都不能成为需求。所以，需求也可以说是家庭根据其欲望和购买能力所决定的计划的购买量。

(2) 消费者对一种商品的需求并不是一次市场购买行为或者说是某一个购买量，而是针对一系列可能的价格而论的。

在自由的、不受控制的市场经济条件下，消费者对商品的需求是特定市场条件下消费者自愿的选择，不是被迫进行的决策。作为消费者，你或许会抱怨冬天里的西红柿价格太高，但你要购买的西红柿的数量却是你充分考虑家庭需要之后，根据这一价格选择的最优数量。此外，消费者对商品的需求是有购买能力的意愿。比如，目前对于一个普通家庭而言，拥有一辆跑车仍然是一个梦。当你说如果我要有一辆车该多好时，这并不意味着你对该辆车有了需求。为了明确起见，通常把对应于某一特定价格水平下消费者愿意并且能够购买的商品数量称为该消费者在这一价格下的需求量。

[**案例研究 2-1**]

睡帽和汽车

鸦片战争以后，英国商人为打开中国这个广阔的市场而欣喜若狂。当时英国棉纺织业中心曼彻斯特的商人估计，中国有 4 亿人，假如有 1 亿人晚上戴睡帽，每人每年仅用两顶，整个曼彻斯特的棉纺厂日夜加班也不够，何况还要做衣服呢！于是，他们把大量洋布运到中国。结果与他们的梦想相反，中国人没有戴睡帽的习惯，衣服也用自产的丝绸或土布，洋布根本卖不出去。

1999 年 6 月的上海车展是在上海少有的漫长雨季中进行的，参观者人头攒动，但看的多，买的少。在私人汽车最大的市场北京，作为晴雨表的北方汽车交易市场，该年上半年的销售量只相当于上一年同期的 1/3。尽管当年全国轿车产量可达 75 万辆，但一季度销售量不过 11.7 万辆。面对这种局面，汽车厂家一片哀鸣。

睡帽的故事说明有支付能力但没有购买欲望不能算是需求；汽车的故事说明有购买欲望但没有支付能力也不能称为需求。

(资料来源：梁小民. 西方经济学. 中央广播电视大学出版社，2003)

(二) 需求表

我们可以用一个例子来表述需求这个概念。例如，在 2009 年第一季度时的某地市场上，当西红柿的价格为每千克 3.6 元时，需求量为 200 千克；当价格为每千克 3.8 元时，需求量为 150 千克；当价格为每千克 4.0 元时，需求量为 100 千克；当价格为每千克 4.2 元时，需求量为 80 千克；当价格为每千克 4.4 元时，需求量为 50 千克；等等。根据这些具体数字，我们可以做出表 2-1。

表 2-1　需求表

	价格(元/千克)	需求量(千克)
a	3.6	200
b	3.8	150
c	4.0	100

续 表

	价格(元/千克)	需求量(千克)
d	4.2	80
e	4.4	50

这个**表示某种商品**(上例中的西红柿)**的价格与需求量之间关系的表就是需求表**。

(三) 需求曲线

根据表 2-1 我们可以做出图 2-1。

在图 2-1 中,横轴 OQ 代表需求量,纵轴 OP 代表价格,D 即需求曲线。**需求曲线是根据需求表画出的,是表示某种商品价格与需求量之间关系的曲线,向右下方倾斜**。

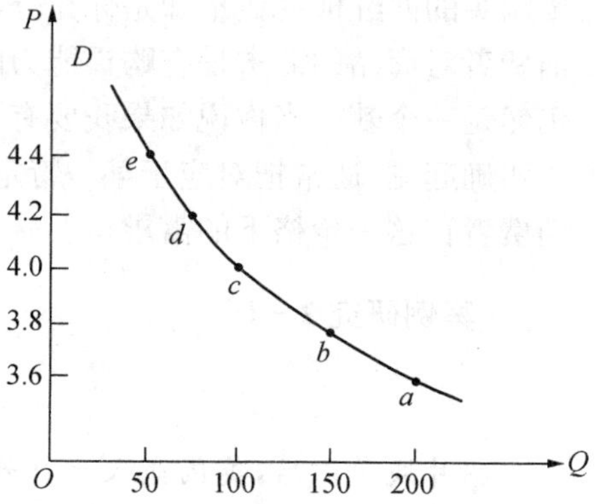

图 2-1 需求曲线

二、影响需求的因素与需求函数

(一) 影响需求的因素

影响需求的因素多种多样,概括起来主要有以下几种。

1. 该商品本身的价格

某种商品价格高,人们买不起,即购买能力小,也不愿意购买,需求量少。相反,某种商品价格低,人们买得起,即购买能力大,也愿意购买,需求量大。一般来说,一种商品的当前价格越高,该商品的需求数量就越小;反过来,该商品的当前价格越低,其需求数量就越大。

2. 相关商品的价格

某种商品的需求量不仅取决于自身的价格,而且还取决于其他商品的价格。这种影响可以分为两种情形进行分析:

(1) 互补品。**如果两种商品相互补充,共同满足消费者的同一种需要,则称这两种商品为互补品**。两种商品必须配合使用,才能正常发挥作用。商品甲的互补品乙是指这样一种商品:在使用商品甲时也必须使用它,如网球与网球拍、钢笔与墨水、录音机与磁带、香烟与打火机。对于互补关系商品,即当一种商品价格上升时,对另一种商品的需求就下降;反之,当一种商品价格下降时,对另一种商品的需求就增加。例如,汽油的价格提高了,消费者就会减少对汽油的购买量,并相应减少了对汽车的购买量;录音机价格上升,需求减少,对磁带的需求也会减少。

(2) 替代品。**替代品是指可以互相代替来满足同一种欲望的两种商品**,它们之间是可以相互替代的。商品甲的替代品乙是指这样一种商品:它与商品甲都可以用于满足相同的或相似的需要,如羊肉与牛肉、面粉与大米、公路与铁路。这种替代关系的商品,当一种商品价格上升时,对另一种商品的需求上升。例如,羊肉价格上升,人们少吃羊肉,必然多吃牛肉。反之,当一种商品价格下降时,另一种商品的需求就减少。

由上述分析可知,互补商品之间价格与需求呈反方向变动,因为,它们共同满足一种欲望,它们之间是互补的。替代商品之间价格与需求呈同方向变动,因为,它们可以互相替代来满足同一种需求。

［**案例研究 2－2**］

汽油价格与小型节能汽车的需求

1973 年，爆发了世界第一次石油危机，美国原油价格上涨了 4 倍，最高达到每桶近 12 美元；1979 年又经历了第二次石油危机，当时原油价格上涨了 2 倍，最高达到每桶 37 美元。石油是汽油的生产原料，石油危机使得汽油价格大幅上涨，美国汽车销量急剧下降，25 万名产业工人失业，福特、克莱斯勒等大汽车公司面临生存危机，汽车业遭受重创，由此陷入萧条。

与此同时，在能源日渐紧缺的 20 世纪 70 年代，日本汽车厂商的能源危机感使他们在节能方面不断探索，日本小型轿车开始大行其道，出口量骤增。丰田、日产等公司迅速成为世界级的汽车厂商。1980 年，日本汽车总产量达到 1 104 万辆，超过美国成为世界上最大的汽车生产出口国。

既然公司和住宅之间的距离不可能缩短，人们只好放弃自己的大中型旧车，在购置新车的时候选择较小型的节能车，这样每加仑汽油就可以多跑一段距离。于是小型节能汽车的销售持续攀升，而大中型汽车的市场竞争力明显下降。

（资料来源：石应峰. 经济学基础. 人民邮电出版社，2012）

3. 收入

收入水平决定消费者的购买能力，对需求有重要的影响，这是不言而喻的。一个家庭或一个消费者的收入是其在一定时期内所得到的工资、薪金、利息、租金等项目的总和。对于想要的商品而言，消费者的收入决定了其支付能力。通常，对于不同的商品而言，消费者收入水平的高低对商品需求量产生不同的影响，消费者的收入增加并不导致其对商品的需求量必然增加，这取决于该商品是正常商品还是低档商品。

所谓正常商品，是指随着消费者收入水平的提高而需求量增加的商品。我们消费的大多数商品或劳务都是正常商品，收入越高，消费者越倾向于增加这些商品的需求量。

不过，并不是所有的商品都是正常商品，对另外一些商品而言，**当消费者的收入水平提高时，需求量不仅不会增加，反而减少，这类商品就称为低档商品或者生活必需品，又称为吉芬商品。**

［**相关链接 2－1**］

吉芬商品

在美国亚利桑那州的一处旅游胜地，新开了一家售卖印第安饰品的珠宝店。由于正值旅游旺季，珠宝店里总是顾客盈门，各种价格高昂的银饰、宝石首饰都卖得很好。唯独一批光泽莹润、价格低廉的绿松石总是无人问津。为了尽快脱手，老板试了很多方法，如把绿松石摆在最显眼的地方、让店员进行强力推销等。

然而，所有这一切都徒劳无功。在一次到外地进货之前，不胜其烦的老板决定亏本处理掉这批绿松石。在出行前她给店员留下一张纸条："所有绿松石珠宝，价格乘二分之一。"等她进货归来，那批绿松石全部售罄。店员兴奋地告诉她，自从提价以后，那批绿松石成了店里的招牌货。"提价？"老板瞪大了眼睛。原来，粗心的店员把纸条中的"乘二分之一"看成了"乘二"。

吉芬现象是市场经济中的一种反常现象,是需求规律中的例外,但也是一种客观存在的现象,是人们无法回避的。在特定的环境条件下,吉芬现象总是会以不同的形式出现。在当年的爱尔兰,人们越高越买是在贫困中为了维持生存的一种不得已的选择。在非常灾难时期,人们越高越买是出于一种恐慌心理,害怕以后价格会涨得更高。而一些首饰、服装、礼品等,人们越高越买则是为了显示自己的身价,提升自己的社会地位。

(资料来源:https://www.sohu.com/a/284940058_120071616)

4. 消费者偏好

偏好是消费者对商品的喜好程度。消费者对不同商品的偏好程度决定了他们的购买意愿。消费者的偏好取决于个人生理与心理的欲望,也取决于社会消费时尚,并且受到传统或宗教的因素的影响。偏好在消费者的市场行为中表现出来,它决定了消费者对商品的需求程度。很显然,在相同的价格水平下,消费者的偏好越强烈,需求量就越大;反之,需求量就越小。即消费者的偏好与需求量之间呈同方向变动。例如,就服装而言,年轻女性喜欢色彩鲜艳的服装,而中老年人则更喜欢穿着显得庄重的服装。消费者对某种商品的偏好发生了变化,也会影响商品的购买量。例如,某女士受同伴的熏陶对化妆品的兴趣增强了,即使化妆品的价格保持不变,她也会比过去多购买一些。

5. 预期

预期是消费者根据现有的条件对未来状况做出的估计。既然商品的价格、消费者的收入、其他商品的价格等因素影响到消费者的需求量,那么消费者对这些因素的预期也将会影响购买意愿,从而影响需求。一般而言,消费者如果预期未来收入水平上升,商品价格上升,则会增加现在的需求。比如,抢购某种商品在很大程度上是预期该商品价格会上扬;反之,如果预期未来收入水平下降,商品价格水平下降,则会减少现在的需求。例如,当我们决定是否购买一辆汽车时,恐怕不仅要看现有收入是否能够购买得起,而且要考虑未来能否养得起。后一种考虑就是预期收入影响汽车需求量的例证。

以上主要是从个人的角度分析影响需求的因素。如果分析某种商品的社会需求还应该考虑政策、人口数量等因素。

[**案例研究 2-3**]

食盐抢购风波

2011 年 3 月 11 日,日本东北部海域发生里氏 9.0 级地震并引发海啸。地震造成日本福岛第一核电站 1~4 号机组发生核泄漏事故,地震引发的海啸影响到太平洋沿岸的大部分地区。有人预期海域受核泄漏污染将导致食盐涨价,一时间在我国各地形成了食盐抢购风潮。武汉市场上也出现部分超市门店食盐断货、各大中型超市出现排队抢购食盐的现象。据 2011 年 3 月 23 日武汉晚报记者成熔兴及实习生袁敏报道,一位在武汉的兰州籍男子竟一次性抢购食盐达 6.5 吨,一些商店趁机将食盐提价出售。

食盐是人们日常生活中的必需品,人人不可缺少,且无其他替代品。在我国,食盐是国家垄断专营产品,实行政府定价。面对抢购风潮,政府各级职能部门紧急组织专门人员,严查盐价,严打哄抬物价、囤积居奇等价格违法行为,一场波及全国的食盐抢购风潮迅速得以平息。

[资料来源:王俊宁. 动物在灾区徘徊. 中国科学报,2014-06-27(18)]

（二）需求函数

综上所述，一种商品的需求量不仅仅取决于该商品的价格，它可以看成是所有影响该商品需求量因素的一个函数。如果把影响需求的各种因素作为自变量，把需求作为因变量，则可以**用函数关系来表示影响需求的因素与需求之间的关系，这种函数称为需求函数**。以 D 代表某种商品的需求，P_A 代表商品本身的价格，P_B 代表相关商品的价格，Y 代表收入，T 代表消费者嗜好，P_E 代表消费者价格预期，Y_E 代表消费者收入预期，则需求函数可以写为：

$$D = f(P_A, P_B, Y, T, P_E, Y_E)$$

假设其他条件不变，只考虑需求量与价格之间的关系，把商品本身的价格作为影响需求的唯一因素，以 P 代表价格，就可以把需求函数写为：

$$D = f(P)$$

三、需求定理

从需求表和需求曲线中可以看出，某种商品的需求量与其价格是呈反方向变动的。这种现象普遍存在，被称为需求定理。在理解价格的决定时，需求定理是很重要的。

需求定理是说明商品本身价格与其需求量之间关系的理论。其基本内容是：在其他条件不变的情况下，一种商品的需求量与其本身价格之间呈反方向变动。当商品的价格上升时，消费者对该商品的需求数量就会减少；反之，当商品的价格下降时，消费者对该商品的需求数量就会增加。

在理解需求定理时要注意以下两点：

(1) 所谓“其他条件不变”是指除了商品本身的价格之外，其他影响需求的因素都不变。离开了这一前提，需求定理就无法成立。这就是说，需求定理是在假定影响需求的其他因素不变的前提下，研究商品本身价格与需求量之间的关系。例如，如果收入在增加，商品本身的价格与需求量就不一定呈反方向变动。

(2) 需求定理指的是一般商品的规律，但这一定理也有例外。

① 某些炫耀性商品。例如，珠宝、项链、豪华型轿车之类，是用来显示人的社会身份的奢侈品。其价格越高，则代表其拥有者的身价越高；如果价格下降，则不能再代表这种社会地位与身份。因此，该类商品的价格越高需求量反而越大。

② 某些珍贵、稀罕性商品。例如，古董、古画、珍邮之类珍品，其价格往往是其珍贵、稀有特性的显示。其价格越高代表这种物品越稀有、越珍贵。因此，该类商品的价格越高需求量反而越大。

③ 某些低档商品。在特定条件下，当价格下跌时，需求会减少；而价格上涨时，需求反而增加。最著名的是以英国人吉芬而得名的“吉芬商品”。

④ 某些带有投机性的商品。例如，证券、黄金市场上就常有这种情况。这种情况下的需求曲线可能呈现不规则状态。

[**相关链接 2-2**]

凡勃伦效应

凡勃伦效应是指消费者对一种商品需求的程度因其标价较高而不是较低而增加。它反映了人们进行挥霍性消费的心理愿望。商品价格定得越高,越能受到消费者的青睐。商品价格越高消费者反而越愿意购买的消费倾向,最早由美国经济学家凡勃伦注意到,因此被命名为"凡勃伦效应"。

款式、皮质差不多的一双皮鞋,在普通的鞋店卖80元,进入大商场的柜台,就要卖到几百元,却总有人愿意买。1.66万元的眼镜架、6.88万元的纪念表、168万元的顶级钢琴,这些近乎"天价"的商品,往往也能在市场上走俏。其实,消费者购买这类商品的目的并不仅仅是为了获得直接的物质满足和享受,更大程度上是为了获得心理上的满足。这就出现了一种奇特的经济现象,即一些商品价格定得越高,就越能受到消费者的青睐。

由于某些商品对别人具有炫耀性的效果,如购买高级轿车显示地位的高贵,收集名画显示雅致的爱好等,这类商品的价格定得越高,需求者反而越愿意购买,因为只有商品的高价,才能显示出购买者的富有和地位。这种消费随着社会发展有增长的趋势。由于消费者可能是想要通过使用价格高昂、优质的产品来引人注目,具有一定的炫耀性,因而这种现象又被称为"炫耀性消费"。

(资料来源:https://baike.baidu.com/item/%E5%87%A1%E5%8B%83%E4%BC%A6%E6%95%88%E5%BA%94/10857931)

经济学并不是简单地描述某种现象,而是要解释某种现象背后的原因。那么,一种商品的需求量为什么与价格反方向变动呢?经济学家用替代效应和收入效应来解释这一点。

替代效应指的是,消费者减少对其他类似商品的购买而增加对该商品的购买。例如,猪肉和牛肉是可以相互替代的。一旦牛肉降价了,消费者就会少买猪肉而多买牛肉。这也就是说,如果某种商品价格上涨了,而其他商品的价格没变,那么,其他商品的相对价格下降了,消费者就要用其他商品来代替这种商品,从而对这种商品的需求就减少了。这种某种商品价格上升而引起的其他商品对这种商品的取代就是替代效应。

收入效应指的是,高价格意味着消费者的实际收入下降,故商品消费量会相应减少。这也就是说,如果某种商品价格上涨了,而消费者的货币收入并没有变,那么,消费者的实际收入就减少了,从而对这种商品的需求也就减少了。例如,如果衣服的价格上升而消费者的货币收入不变,则消费者实际收入减少,对衣服的需求量必然减少。这种某种商品价格上升而引起实际收入减少与需求量减少就是收入效应。

替代效应强调一种商品价格变动对其他商品相对价格水平的影响;收入效应强调一种商品价格变动对实际收入水平的影响。需求定理所表明的商品价格与需求量反方向变动的关系正是这两种效应共同作用的结果。

四、需求量的变动与需求的变动

(一) 需求量的变动

需求量是指在某一特定价格水平时,家庭计划购买的量。例如,之前所举的例子中,当西红柿价格为每千克4元时,家庭计划购买100千克,这个100千克就是需求量。在需求曲线图中,需求量是需求曲线上的一个点。我们所说的西红柿为每千克4元时,需求量为100千克就是图2-1中的c点。

需求量的变动,指的是在影响需求的其他因素(如消费者的收入、偏好、替代品和互补品的

价格等）一定的条件下，由于商品自身价格变化引起的需求量的变化。例如，西红柿价格下降了，家庭计划购买的西红柿量多了，这就是需求量增加了。

从需求曲线图（见图 2－2）上看，商品价格的变动（自变量）所引起的需求量的变动（因变量）表现为同一条需求曲线上的点的移动。在图 2－2 中，当价格由 P_0 上升为 P_1 时，需求量从 Q_0 减少到 Q_1，在需求曲线 D 上则是从 b 点向上方移动到 a 点。当价格由 P_0 下降到 P_2 时，需求量从 Q_0 增加到 Q_2，在需求曲线 D 上则是从 b 点向下方移动到 c 点。可见，在同一条需求曲线上，向上方移动是需求量减少，向下方移动是需求量增加。

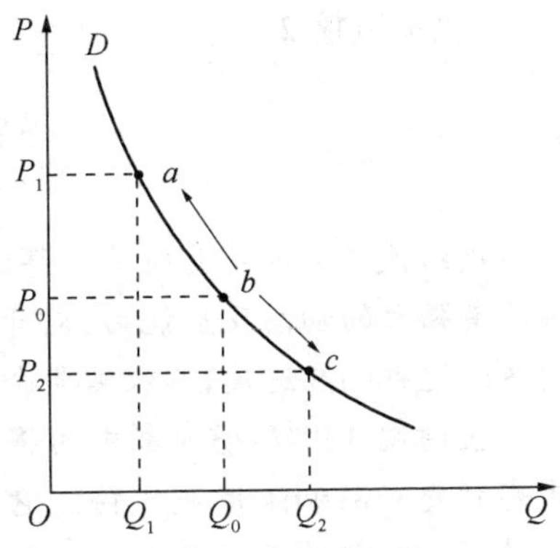

图 2－2　需求量的变动

（二）需求的变动

需求是指在不同价格水平时的不同需求量的总称。例如，西红柿每千克 3.6 元时需求量为 200 千克，3.8 元时为 150 千克，4 元时为 100 千克……这种不同价格相对应的不同需求量总称为需求。在需求曲线图中，需求是指整个需求曲线。

需求的变动是指商品本身价格不变的情况下，其他因素变动所引起的需求的变动。例如，家庭收入增加了，家庭计划购买的西红柿多了，这就是需求增加了。从需求曲线图（见图 2－3）看，需求的变动表现为整个需求曲线的移动（线移动）。价格未发生变化，只是由于收入、相关商品价格、人口、预期、偏好、国家政策的变化，引起需求曲线向左下方或右上方移动。在图 2－3 中，在同样的价格水平上（P_0），当需求曲线 D_0 向右上方平行移动到 D_2 时，则表明需求增加；当需求曲线 D_0 向左下方平行移动到 D_1 时，则表明需求下降。

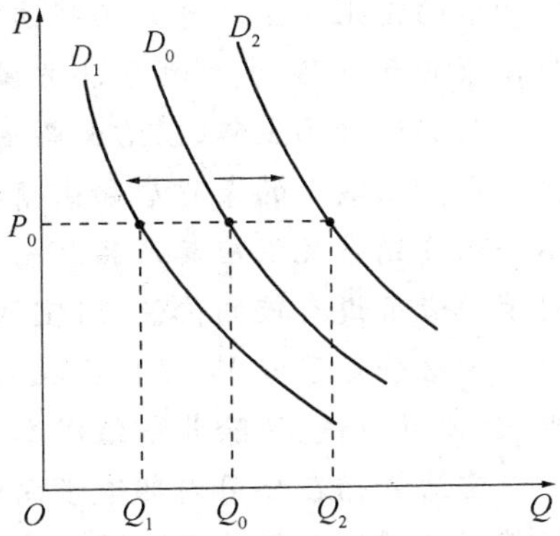

图 2－3　需求的变动

（三）需求量的变动与需求的变动的区别

把握需求与需求量的不同，是理解经济学在这一节内容的关键。二者的区别主要表现在以下几个方面。

1. 假设条件不同，价格变与不变

需求量的变动是分析在其他因素不变时，物品本身价格变动所引起的需求量的变动；需求的变动是分析物品本身的价格为既定时，其他因素变动引起的需求量的变动。这两种变动分析的假设前提与所要分析的问题不同。

2. 曲线变动不同

在图形上，需求量的变动，其实就是同一条需求曲线上点的移动；而需求的变化则表现为需求曲线本身位置的平行移动。需求量的变动是沿着同一条需求曲线向左上方移动是需求量减少，向右下方移动是需求量增加。需求的变动是整个需求曲线向右上方移动是需求增加，向左下方移动是需求减少。

[相关链接 2－3]

宝洁如何“网住”消费者需求?

——从 8 周到 72 小时

网络使用户的消费行为变得迅速而复杂。企业不但要对这种变化保持高度的洞察力,还必须具有强大的动态反应能力,对千变万化的用户行为做出迅速甚至实时地响应才能留住客户。要达到这种响应速度,不仅需要企业自身的努力,还需要渠道伙伴和企业员工的共同努力。

宝洁向 130 多个国家中的将近 50 亿消费者销售着大约 250 个品牌,包括帮宝适纸尿裤、潘婷护发产品和汰渍洗衣粉。它在 80 多个国家设立了办事处,其 106 000 名员工在 2001 年创造了 392 亿美元的收入。

要在竞争高度激烈的消费品行业中领先,就要求宝洁能摸准全球消费者的脉搏。从芝加哥到阿拉斯加,从布鲁塞尔到北京,宝洁的产品开发人员和销售人员必须要比竞争对手更了解消费者的需求。宝洁也必须将这些需求与创新力量相衔接,帮助他们迅速地生产出可满足客户需求的新产品,找到新解决方案。

为加速产品上市,宝洁面临着一个供应链挑战:高效地与在全球销售其产品的数千家零售商联系。从最小的杂货店和街角商店到大型超市和会员商店,宝洁需要通过遍布全球、成熟度不一的分销系统供应其产品。而在这个过程中,宝洁必须严格关注成本的管理,以便能使产品对消费者来说有较高价值,对宝洁来说能获得较高利润。

宝洁确定了以 Web 和互联网为标志的新数字战略,涉及业务运营的所有方面:了解消费者、优化供应链、消除非增值成本并提高员工效率。

宝洁开始在公司内部逐步向电子化发展,让所有员工与网络相连,提供自助服务应用,包括范围广泛的电子员工应用——在线福利登记、薪金管理、股权使用等。公司还实施了“快速学习”战略,这一知识管理解决方案可在一个中央位置存储关键信息,让员工能方便地访问这些知识,做出更明智的决策,并使项目得以更快完成。“我们是为了实现业务成效而使用技术,获得更低的成本、更快的决策制定和更为高效的机构。”Power 说,“在网络员工领域,我们应用实施的成本比前两年降低了 20%。而在供应链方面,我们相信可将库存的天数减少一半。”宝洁实施了以上措施之后取得了很好的成效。

这些具体成效包括基于网络的理念测试和消费者讨论,过去占用 8 周时间,现在只需不到 72 小时,可靠性相同或更高,且成本大大降低了;供应链改进带来了更优服务、更高技率和更低零售商成本;网络员工服务已在部署的头两年将运行成本降低了 20%。

(资料来源:https://www.docin.com/p－312254536.html)

第二节　供给理论

一、供给、供给表、供给曲线

(一) 供给

供给是指生产者在一定时期内各个价格水平下愿意出售并且能够提供的商品的数量。供给应具备两个必要条件：一是生产者对于商品必须得有出售意愿，二是生产者对于商品必须得有供应能力。

供给是供给欲望与供给能力的统一。供给能力中包括新生产的产品与过去的存货。供给是商品的供给，它取决于生产。同样，也可以说供给是企业计划提供的商品量。

供给分为个人供给和市场供给。所谓个人供给，就是指单个生产者在各个价格水平下愿意出售并且能够提供的商品的数量。而市场供给是指市场中所有的生产者在各个价格下愿意出售并且能够提供的商品的数量总和。

同时，我们还必须明确，供给不同于需求，区别主要在于：① 主体不同。需求的主体主要是指消费者的需求；供给的主体主要是指生产者的意愿。② 目的不同。需求的目的主要是消费者追求效用最大化，而供给的目的则主要是生产者追求利润最大化。③ 影响需求和影响供给的因素不同。

（二）供给表

供给表是指一定时期，每一价格水平下生产者愿意向市场上提供的某种商品的数量表格。我们仍用前面西红柿的例子来表述供给这个概念。例如，在 2009 年第一季度，当西红柿的价格为每千克 3.6 元时，供给量为 50 千克；当价格为每千克 3.8 元时，供给量为 80 千克；当价格为每千克 4.0 元时，供给量为 100 千克；当价格为每千克 4.2 元时，供给量为 150 千克；当价格为每千克 4.4 元时，供给量为 200 千克；等等。根据这些具体数字，我们可以做出表 2-2。

表 2-2　供给表

	价格(元/千克)	供给量(千克)
a	3.6	50
b	3.8	80
c	4.0	100
d	4.2	150
e	4.4	200

这个**表示某种商品(西红柿)的价格与供给量之间关系的表就是供给表**。供给表实际上是用数字表格的形式来表述供给这个概念。

（三）供给曲线

根据表 2-2 我们可以做出图 2-4。

在图 2-4 中，横轴 OQ 代表供给量，纵轴 OP 代表价格，S 即供给曲线。**供给曲线是根据供给表画出的，表示某种商品价格与供给量之间关系的曲线**，向右上方倾斜。供给曲线实际上是用图形的形式来表述供给这个概念。图 2-4 表明价格与供给量同方向变动，即价格上升，供给量增加；反之，下降。

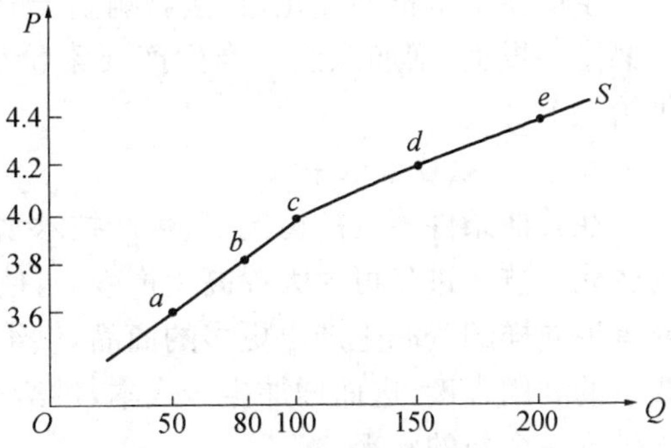

图 2-4　供给曲线

二、影响供给的因素与供给函数

(一)影响供给的因素

生产者在一定的时间内愿意并且能够提供什么样的商品,主要受下列因素影响。

1. 商品本身的价格

在其他条件不变的情况下,商品的价格越高,生产者愿意供给的数量就越大;反之,商品的价格越低,生产者愿意供给的数量就越小。商品价格提高,就意味着生产这种商品会给生产者带来更多利润,因而会吸引生产者去投资,增加这种商品的供给。商品价格下降,生产者就会由于利润减少而削减生产,从而减少这种商品的供给。

2. 相关商品的价格

两种互补商品之间,甲商品价格下跌会减少乙商品的供给。两种替代商品之间,甲商品价格下跌会使乙商品的供给增加,反之减少。例如,一块地可种小麦也可以种苞米,苞米价格下跌,农民会不种苞米而种小麦,使小麦的供给曲线右移。

[**相关链接 2-4**]

药品"降价死"的尴尬

近年来,为了让百姓得到更多的实惠,国家多次实行统一药品降价,涉及的药品种类十分丰富,价格降幅明显。

2007 年 1 月 26 日,354 种药品的最高零售价格平均降幅 20%,最大降幅 85%;2007 年 4 月 16 日,188 种中成药最高零售价格降价,幅度最大的为 52%;2009 年 10 月 22 日,1 058 种药品价格平均降幅 12%左右;2011 年 3 月 28 日,162 个品种价格平均降低 21%;2011 年 9 月 1 日,82 个品种价格平均降低 14%。然而,细心的消费者不难发现,那些价廉物美的"老药"渐渐地难觅踪影,遭遇了降价后下架即"降价死"的尴尬,取而代之的同类药品价格要比"老药"贵出 7~8 倍。

(资料来源:国家发展和改革委员会网站相关文件. http://www.sdpc.gov.cn/zfdj/jggg/yaopin/default.htm)

3. 生产要素的价格

生产要素价格的变化,直接影响生产成本,最终影响利润。当生产要素价格下降时,生产者愿意多投资,增加供给。当生产要素价格上升时,生产成本会增加,生产者将削减投资和供给。

4. 生产的技术水平

在其他条件不变的情况下,生产技术水平的变化会引起商品成本的变化,进而引起供给量的变化。技术进步可大大提高生产效率,使企业有可能在给定资源条件下更便宜地生产商品,或者说同样的资源生产出更多的商品,供给量就会增加;反之,生产技术水平低,降低了对生产要素的利用程度,进而增加生产成本,供给量就会减少。新材料、新能源的发明和利用,可将供给带到一个新的水平。

[案例研究 2-4]

新技术与新产品

现实生活中，我们能够观察到许多商品，如电视机、空调、冰箱、计算机、计算器、手机、电子表等，近十多年来，销售量成倍上升，但价格却一直在下降。为什么这些商品的质量越来越好，价格却越来越低？主要原因是生产这些产品的成本在不断下降。那么，为什么生产这些产品的成本会不断下降呢？那是因为这些行业都是技术进步很快的行业，而技术进步可以降低产品生产的成本。

以袖珍计算器为例，在 20 世纪 70 年代初，它还是高科技产品，生产成本很高，价格很贵，数量也很少。到了 80 年代，它已经变成了成熟产品，技术进步使其成本大幅度下降，相应的产量增加，价格也下降。到了 90 年代以后，袖珍计算器已经被当作工艺简单的小玩意，一款精巧而实用的计算器，已经能够非常廉价地购买到。

再以手机为例，在中国，1994 年拥有一款体积庞大的“大哥大”，是财富和身份的象征。当时一款现在看来非常笨拙的移动电话，价格高达 2 万元，是绝对的奢侈品！能够买得起这样手机的人寥寥无几。然而，二十年之后的今天，当我们走在大街上时，满目看到的都是挂着、拿着手机的人，对于许多人来说，手机已经成为一种生活的必需品。手机的外观越来越小巧，造型越来越漂亮，手机的功能越来越丰富，但手机的价格越来越低。同时款式层出不穷，更新换代十分迅速。一款新推出的手机价格 5 000 元，但是，半年后的价格可能已经下降到 2 000 元。如果你不在乎手机款式，几百元就可以买到一款不错的手机。所有这些现象的背后，就是日益更新的电子技术和信息技术。是新技术的不断应用导致了手机的质量不断提高，数量不断增加，价格不断下降。

（资料来源：https://www.lddoc.cn/d-1569529.html）

5. 生产者的目标

在经济学中，一般假定生产者的最主要目标是获得最大利润，即以耗费最小的成本赚取最大的收益。如果生产者的目标是产量最大或销售收入最大，或者如果生产者还有其他政治或社会道德目标，如市场占有率、政治及名誉等目标，影响这些目标的一个或多个因素发生变动，供给就会有所变化。

6. 生产者的预期

商品的供给量与生产者的预期价格负相关，当生产者预期某产品的未来价格上涨时，就会囤积这种商品，从而减少这种商品的当前供给量；当生产者预期某产品的未来价格将下降时，必然大量抛售，增加这种商品的当前供给量。

其他如自然条件、社会条件和政府政策等也会影响供给。影响供给的因素要比影响需求的因素复杂得多，在研究具体问题时还要具体分析。

[案例研究 2-5]

“入世”前后进口农产品比较

我国“入世”前，对美国、日本、东南亚和欧盟等国家和地区进口的牛肉、水果等农产品，征收30%～45%的优惠关税。尽管超市商场的顾客熙熙攘攘,但进口农产品少有人问津。货架上摆放的进口水果几乎都要十几元、几十元,甚至上百元1千克,大大超过了普通消费者的消费水平。这是因为进口水果的包装成本、关税较高,所以卖价也较高,销售情况并不乐观。

"入世"后,带"洋"字的农产品褪下了这层高贵的光环。"入世"后减让关税,国外农产品价格至少下降20%～30%,2004年平均税率由21.2%降至17%左右。因此,进口农产品的价格至少下降四至七成,中国老百姓可以买到更便宜的国外农产品。

我国农业面对进口农产品的竞争和挑战,既有优势,也有隐忧。从有利条件看,加入WTO,国外对我国农产品出口歧视的做法将大大减少,一些比较有优势的农产品会在出口量上增加。由于引进国外先进的塑料大棚等技术,如今我们可以在冬天吃到夏天的西瓜。对先进技术高位嫁接,大大提高了我国农产品的竞争地位。从不利条件看,我国水果市场、农产品市场呈现相对过剩的局面,农民卖不了,市民吃不完,种植者已经出现砍树的行为等。

从经济学的分析来看,针对以上情况,至少可以提出如下问题:无论是国内还是国外市场,农产品均受到价格因素的影响和制约;农产品价格的竞争同样取决于高科技、市场需求、成本等因素的影响;国外农产品大量进入中国市场,是因为中国市场的农产品价位高,有利可图,而不是为了让国民享受"福利待遇"。

(资料来源:http://www.sohu.com)

(二) 供给函数

如果把影响供给的各种因素作为自变量,把供给作为因变量,则可以**用函数关系来表示影响供给的因素与供给之间的关系,这种函数称为供给函数**。以S代表供给,P_A代表商品本身的价格,P_B代表相关商品的价格,F代表生产要素的价格,T代表技术,A代表生产者的目标,P_E代表价格预期,则供给函数可以写为:

$$S = f(P_A, P_B, F, T, A, P_E)$$

假设其他条件不变,只考虑供给量与价格之间的关系,把商品本身的价格作为影响供给的唯一因素,以P代表价格,就可以把供给函数写为:

$$S = f(P)$$

三、供给定理

如同需求定理一样,通过大量的调查研究与论证,可以发现供给量与商品价格之间的关系(即供给定理):在其他条件不变的情况下,商品的供给量与价格呈同方向变动的关系,即商品的价格越高,供给量越大;商品的价格越低,供给量越小。

在理解供给定理时,也同样要注意"在其他条件不变的情况下"这个假设前提。这也就是说,供给定理是在假定影响供给的其他因素不变的前提下,研究商品本身价格与供给量之间的关系。离开了这一前提,供给定理就无法成立。例如,当技术进步时,即使某种商品价格下降,供给量也会增加。供给定理也有例外,但例外的具体内容又与需求规律不同。供给定理的例外有两种情况:

(1) 劳动力的供给。当工资(劳动的价格)增加时,劳动的供给会随着工资的增加而增长;

但当工资增加到一定程度时，如果工资继续增加，劳动的供给不仅不会增长，反而会减少，称为“向后弯曲的供给曲线”。劳动供给之所以呈以上形状，是因为随着工资率(每小时工资水平)的进一步提高，劳动者仅用较少的工作时间就可以获得原先需要较多工作时间才能获得的维持基本开支所需的工资收入。当工资上升到一定水平后，劳动者对货币的需求并不迫切了，而对闲暇、娱乐、旅游更感兴趣，即使工资再上升，劳动的供给量也不会增加，甚至可能减少。这时，他在闲暇与工作之间更倾向于前者。

(2) 土地的供给(以及一些特殊物品古董、古画、名贵邮票等，如毕加索、凡·高这些已故名画家的作品)。

它是固定的，不随价格变动而变动，所以供给曲线是一条垂线。

同需求定理的例外情况一样，供给定理的例外商品只占极小的一部分，因此，供给定理同样不会因此而遭到破坏。

[**案例研究 2－6**]

羊角椒

河北鸡泽县生产的羊角椒，以皮薄肉厚、色红味香而名扬天下。因价格较高，种植羊角椒使全县人均收入有了大幅度提高。县政府决定推广种植，全县 1/4 的土地都种上了羊角椒。第二年，羊角椒喜获丰收，羊角椒的价格却突然下跌。最后，甚至价格再低都无人问津了，鸡泽县经济损失惨重。第三年，全县羊角椒种植面积大大压缩。令人意想不到的是，该年很多羊角椒产区大幅度减产，羊角椒价格扶摇直上，却仍旧供不应求。对此，鸡泽县的农民追悔莫及。

故事《羊角椒》就生动地描述了供给定理在经济生活中的作用。羊角椒价格上扬，鸡泽县的农民为了增加羊角椒的供给量，扩大了羊角椒的耕种面积，把很多原来用于种植其他农作物的土地、人力等资源都转移到羊角椒生产上来。第二年羊角椒价格下跌，该县农民为了减少羊角椒的供给量，又大大缩小了羊角椒的生产规模，把大量资源从羊角椒生产上抽走。

(资料来源：https://wenku.baidu.com/view/8171e12405a1b0717fd5360cba1aa81145318f29.html)

四、供给量的变动与供给的变动

类似于以上关于需求量的变动和需求的变动区分，下面我们来区分供给量的变动和供给的变动这两个概念。供给量的变动和供给的变动是两个相互联系、相互区别的概念。

(一) 供给量的变动

供给量是指在某一特定价格水平时，企业愿意或计划供给的商品量。例如，当西红柿的价格为每千克 4 元时，企业计划供给 100 千克，这个 100 千克就是供给量。在供给曲线图中，供给量是供给曲线上的一点。

供给量的变动，指的是在影响供给的其他因素(如生产技术、生产要素的价格等)保持不变的条件下，商品本身价格的变动所引起的供给量的增加或减少。例如，西红柿价格上升了，企

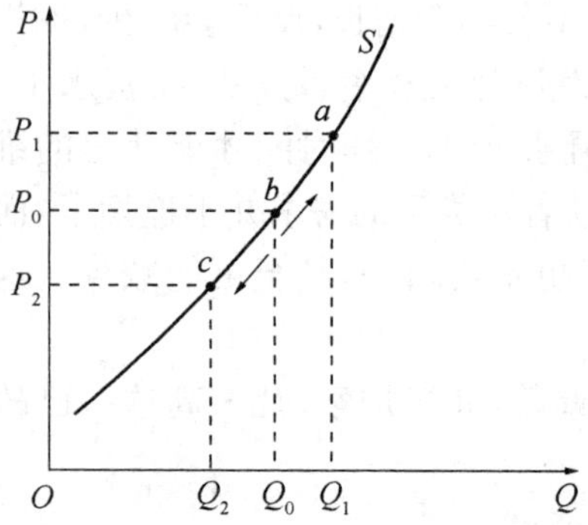

图 2-5　供给量的变动

业计划供给的西红柿量多了,这就是供给量增加了。它表现为供给曲线上点的移动,简称点变动。

在图 2-5 中,在供给曲线 S 上,当价格由 P_0 上升为 P_1 时,供给量从 Q_0 增加到 Q_1,在供给曲线 S 上则是从 b 点向上方移动到 a 点。当价格由 P_0 下降为 P_2 时,供给量从 Q_0 减少到 Q_2,在供给曲线 S 上则是从 b 点向下方移动到 c 点。可见,在同一条供给曲线上,向上方移动是供给量增加,向下方移动是供给量减少。

(二) 供给的变动

供给是指在不同价格水平时的不同供给量的总称。例如,西红柿每千克 3.6 元时,供给量为 50 千克,3.8 元时供给量为 80 千克,4 元时为 100 千克……这种不同价格相对应的不同供给量总称为供给。在供给曲线图中,供给是指整个供给曲线。

供给的变动是指商品本身价格不变的情况下,其他因素(技术、成本、预期、相关商品价格和政策等)变动,所引起的供给的变动。供给的变动表现为供给曲线的平行移动。

如图 2-6 所示,价格 P_0 不变,由于其他因素变动(如生产要素价格变动)而引起的供给曲线的移动是供给的变动。例如,生产要素价格下降了,在同样的价格水平 P_0 时,企业所得到的利润增加,从而产量增加,供给从 Q_0 增加到 Q_1,则供给曲线由 S_0 移动到 S_1。生产要素价格上升了,在同样的价格水平 P_0 时,企业所得到的利润减少,从而产量减少,供给从 Q_0 减少到 Q_2,则供给曲线由 S_0 移动到 S_2。可见,供给曲线向左方移动是供给减少,供给曲线向右方移动是供给增加。

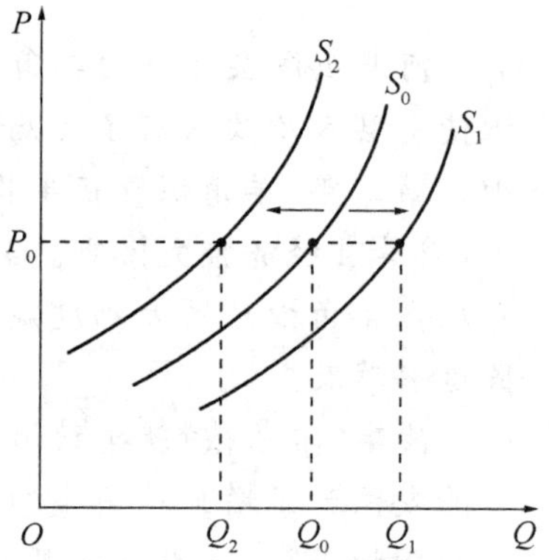

图 2-6　供给的变动

(三) 供给量的变动与供给的变动的区别

在经济学的分析中,我们同样要严格区分供给的变化和供给量的变化。二者的区别主要表现在以下两点。

1. 假设条件不同,价格变与不变

供给量的变动表现为其他因素不变的情况下,价格变化带来的供给量的变化;供给的变动表现为价格不变的情况下,其他因素变化带来的供给量的变化。

2. 曲线变动不同

在供给曲线图上,供给量的变动表现为同一条供给曲线上点的移动,供给的变动表现为供给曲线的移动。供给量的变动,就是指当其他因素不变时,在一条供给曲线上供给量随价格变化而发生变化,其实就是在一条供给曲线上点的移动。供给的变化,就是指商品价格不变,而影响供给的其他因素(如生产技术水平、生产要素价格等)发生变化,则生产者供应商品的能力或意愿发生变化,表现为供给曲线本身位置的平行移动。

第三节　均衡价格及其应用

［**案例研究 2－7**］

不同歌手门票差别之谜

门票价格也就是歌手劳务的价格。在经济学中，劳务是一种无形的物品，其定价规律也与有形的物品一样。

我们在现实中一定会注意到，美声唱法歌手演唱的门票便宜——即使是“大腕”如迪里拜尔者也不过180元，但通俗唱法歌手演唱的门票昂贵——像张惠妹则已达600元以上。

用演唱这种劳务中所包含的劳动量恐怕无法解释这种差别。提供某种劳务的劳动量包括为此而用的培训时间与提供劳务所耗的活劳动。美声唱法是一种复杂劳动，需要长期专业培训，演唱也颇费力。与此相比，通俗歌手的劳动要简单一点。这就是说，同样一场演唱会，美声唱法包含的劳动量要大于通俗唱法。看来劳动量的差别并不能解释门票如此高昂的差别。

其实，如果用经济学原理去分析，通俗歌手的高收入以及门票价格居高不下，甚至有继续上涨的趋势，主要还是由演出市场的供求关系决定的。美声唱法是阳春白雪的高雅艺术，能欣赏它的是少数音乐修养高的观众。通俗唱法是下里巴人的大众艺术，能欣赏它的人很多，尤其是人数众多的青少年对它爱得发狂。这就是说，当美声唱法歌手与通俗唱法歌手相当(供给相同)时，由于通俗唱法的需求远远大于美声唱法，门票就自然高多了。我们还会注意到，由于通俗歌手收入丰厚，许多人都担当这种歌手，随着出名通俗歌手的增加，其门票也在下降。但由于能成为“大腕”者仍然不多，供给增加有限，而歌迷对这些大腕的需求不减，“大腕”的门票仍然相当高，他们的收入依然丰厚。

(资料来源：http://jingji.100xuexi.com/view/userup/20130111/6ff951cd－c86f－44ae－92fb－0d3f9ac3ef72.html)

在前节分析需求和供给时，我们讨论了价格对需求和供给的影响，进而提出了需求定理、供给定理。事实上，需求和供给反过来也决定和影响价格，本节将着重分析和回答：供求怎样影响和决定价格，均衡价格的产生和变动，由此给出供求定理。

一、供求决定价格

当我们考察价格是由什么因素决定时，我们会发现，供给和需求相互作用决定价格，即价格由供求决定。需求与供给是市场中两种既相互依存又相互制约的力量，它们对市场价格的决定和影响是不同的，主要有以下两种情况。

(一) 供小于求，价格上升

供给量小于需求量，当一种商品或劳务的供给不能满足市场的需求时，供求不均衡导致价格上升。

在经济生活中，某种物品短缺导致价格上涨，有以下几种常见的现象：

(1) 遇到水灾、旱灾等自然灾害。例如，一场特大洪水，冲毁了农田，严重影响了农业生产,水稻产量锐减,市场上大米供应不足,就会导致大米价格上涨。

(2) 政治动乱、社会灾难、流行性传染病暴发,都有可能导致某种物品供应不足,从而导致价格变动,甚至影响价格的剧烈变动。例如,2003 年春季在我国部分地区发生的突如其来的“非典”疫情,一时间板蓝根冲剂供货奇缺,短期内价格翻了几倍,甚至十几倍,“非典”过后,价格又急剧回落。

(3) 一种技术含量高、性能优越的新产品问世,受到市场的欢迎,但供货不足,此时,新产品的价格往往居高不下。例如,我国手机市场、彩电市场等高科技产品层出不穷,都曾先后出现过以上情况。

(二) 供大于求,价格下降

在现实的经济生活中,当一种商品或劳务的供给大于市场的需求时,某种物品过剩导致价格下降,有以下几种常见的现象:

(1) 一种新的产品问世,往往包含更多的高科技,或其性能、质量等更具有竞争力,这样就会冲击和影响原有的产品,市场需求减少,产品积压,库存增多。例如,随着手机市场的扩展,曾经风靡一时的“BP”机市场日益萎缩,产品过剩,价格下跌,直至退出市场。

(2) 从 19 世纪初开始,每隔若干年,在资本主义国家就要爆发一次经济危机。经济危机是指资本主义经济发展过程中周期性爆发的生产过剩的危机。危机爆发时,产品大量积压,大批工厂减产或停工,金融企业倒闭,失业人口剧增,价格下跌,大批的商品被销毁,整个社会经济生活一片混乱。这种现象是生产过剩在社会经济生活各个方面的表现。

(3) 遇到风调雨顺的好年景,农业获得大丰收,也往往出现农产品过剩、价格下跌的现象,这就是经济学中的所谓“丰收悖论”,丰产不丰收。

二、均衡价格及其形成

(一) 均衡价格和均衡数量

一般意义上讲的均衡(**Equilibrium**)**指的是,经济中的相关变量相互作用、相互制约,最终达到相对静止的一种状态**,在均衡的状态下,不存在改变当前状态的内部因素。例如,天平两端的物品的重量相等,就会出现一种平衡。竞技运动中的拔河竞赛,从动态来看,如果双方力量不均,就会有你来我往之争;从静态分析来看,当双方出现势均力敌之时,便会出现一个平衡点,双方僵持不下。

就某个商品市场而言,均衡就是市场价格使得该商品的供给量和需求量恰好相等的状态,即消费者正好买到该价格下愿意购买的商品数量,生产者也正好卖出该价格下自己愿意售出的商品数量。在这样的均衡状态下,消费者和生产者都不愿意改变价格、消费量或产量。这种均衡状态又被称为市场出清。

当商品市场供给和需求双方力量相互作用达到均衡状态时,即市场上供给量恰好等于需求量时,此时的市场价格就称为均衡价格,又称市场出清价格。**在均衡价格水平下,市场供给量与市场需求量相等,这时的需求量和供给量称作均衡数量**。均衡价格和均衡数量反映在几何图形上,称为均衡点,一般用 E 表示。实际上,均衡点就是需求曲线和供给曲线的交点。仍以前文西红柿为例,在图 2-7 中,横轴代表数量(需求量与供给量),纵轴代表价格(需求价格与供给价格)。D 为需求曲线,S 为供给曲线。D 与 S 相交于 E,这就决定了均衡价格为每千克4元，均衡数量为100千克。

所以，市场上的价格最终是由需求和供给两种情况相反的力量共同作用的结果，只有将需求和供给两者结合起来，才能说明一种商品价格的决定。

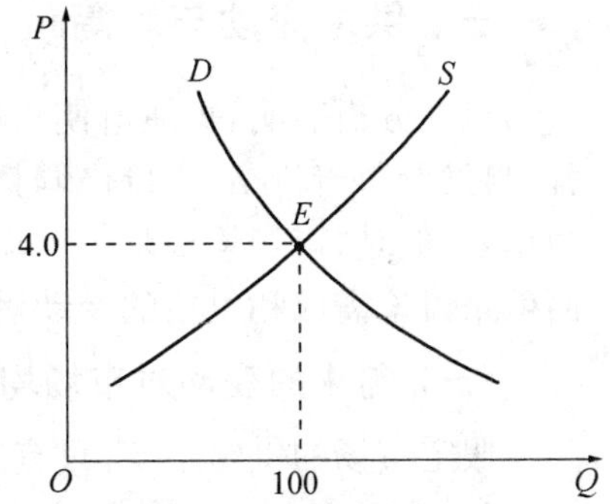

图2-7　均衡价格的决定

（二）均衡价格的形成

均衡价格的形成过程是价格决定的过程，它是通过市场上供求双方的竞争过程自发形成的。市场均衡是指需求和供给在某一价格水平下出现相互一致或平衡的状态。

生产者希望以高价出售商品，消费者希望以低价购买商品。所以，在大多数情况下，需求量与供给量是不相等的，或者供大于求，或者供不应求。均衡价格的形成与竞争是分不开的。当某种商品供不应求时，会出现买者的竞争，买者竞相抬价，使卖者处于有利的位置，结果商品价格上升；当某种商品供过于求时，会出现卖者的竞争，卖者竞相削价，使买者处于优势，结果商品市场价格下降。供给与需求相互作用最终会使商品的需求量和供给量在某一价格上正好相等，这时既没有过剩（供过于求），也没有短缺（供不应求），市场正好出清，从而形成了均衡价格。经济学上讲的"价格决定"，一般是指由于供给量和需求量的相互作用最终使供求不均衡得以消除，使价格不再波动而处于一种相对静止、不再变动的状态。

需要强调的是，均衡价格形成（即价格的决定）完全是自发的，如果有外力的干预（如垄断力量的存在或国家的干预），那么，这种价格就不是均衡价格。

我们可以用表2-3来说明均衡价格形成的过程。

如图2-8所示，我们可以假设，在市场上有一个叫价者，他先报出每千克西红柿的价格为4.2元，这时需求量为80千克，而供给量为150千克，供给量大于需求量，西红柿卖不出去，必然降价。他再报出每千克西红柿3.8元，这时需求量为150千克，而供给量为80千克，需求量大于供给量，必然提价。叫价者多次报价之后，最终会叫到每千克4元，这时需求量为100千克，供给量为100千克，供求相等，于是就得出均衡价格为4元，均衡数量为100千克。换而言之，市场上自发地进行的竞争过程就决定了西红柿的价格为每千克4元。这是供求双方都可以接受的价格，也就是均衡价格。

表2-3　均衡价格形成表

供给量（千克）	价格（元/千克）	需求量（千克）
50	3.6	200
80	3.8	150
100	4.0	100
150	4.2	80
200	4.4	50

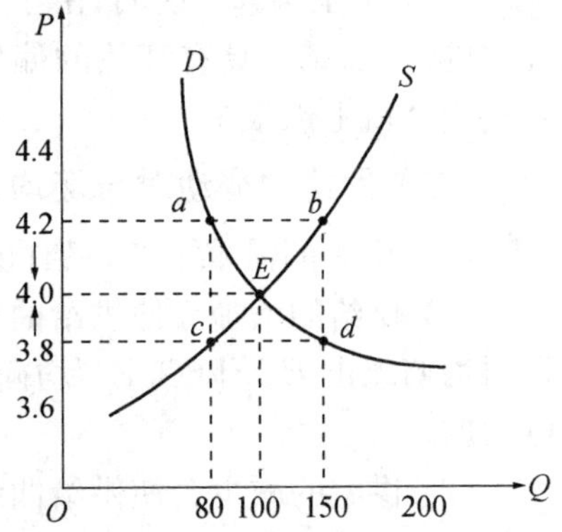

图2-8　均衡价格的形成

三、供求变动与均衡

以上分析表明:短缺迫使价格上升,过剩迫使价格下降。供给与需求相长相消的变动过程,自发调节着价格,当价格调整到买卖双方都能接受时,于是均衡价格出现(市场均衡和均衡数量)。但是,市场均衡是一个动态的过程,需求和供给的变动都会影响市场均衡的变化。下面就来讨论需求和供给的变动对市场均衡的影响。

(一) 需求的变动对市场均衡的影响

假定市场的供给不变,只有需求变动(见图 2-9)。

(1) 需求的增加会使需求曲线向右移动(D_0 到 D_1),同时均衡点由 E_0 上升到 E_1,均衡价格 P 与均衡数量 Q 都会增加。

(2) 需求的减少会使需求曲线向左移动(D_0 到 D_2),同时均衡点由 E_0 下降到 E_2,均衡价格 P 与均衡数量 Q 都会减少。

因此,当供给不变的时候,需求的增加会导致均衡价格和均衡数量的增加;需求的减少会导致均衡价格和均衡数量的减少。

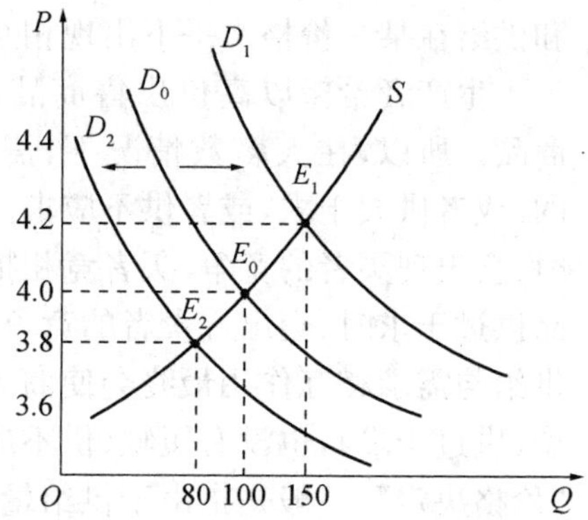

图 2-9 需求变动对均衡价格的影响

[**案例研究 2-8**]

洛阳纸贵

晋代左思作《齐都赋》一年始成。复以十年之久,作《三都赋》。在其舍中院内,以及茅厕皆置纸笔,偶得佳句,当即录之。自认所学不多,便求为宫禁藏书郎。其赋成后,仍未获士人青睐。左思自认其作不逊于汉时班固与张衡,恐一人之褒贬而遭埋没。便请文学家张华过目,张华阅后,咸认为佳作,可媲美班张之文。复请教当时名士皇甫谧,谧观后欣然为之作序,自此名声大噪。由于都城洛阳权贵之家,皆争相传抄《三都赋》,遂使纸价上扬,为此而贵。

(资料来源:晋书·文苑·左思传)

案例"洛阳纸贵"说明,由于当时的洛阳人争相传抄左思的《三都赋》,具有狂热的偏好,故需求很大,纸张的价格当然就上涨很多。

(二) 供给的变动对市场均衡的影响

假定市场的需求不变,只有供给变动(见图2-10)。

(1) 供给的增加会使供给曲线向右移动(S_0 到 S_1),同时均衡点由 E_0 下降到 E_1,均衡价格 P 减少,均衡数量 Q 增加。

(2) 供给的减少会使供给曲线向左移动(S_0 到 S_2),同时均衡点由 E_0 上升到 E_2,均衡价格 P 增加,均衡数量 Q 减少。

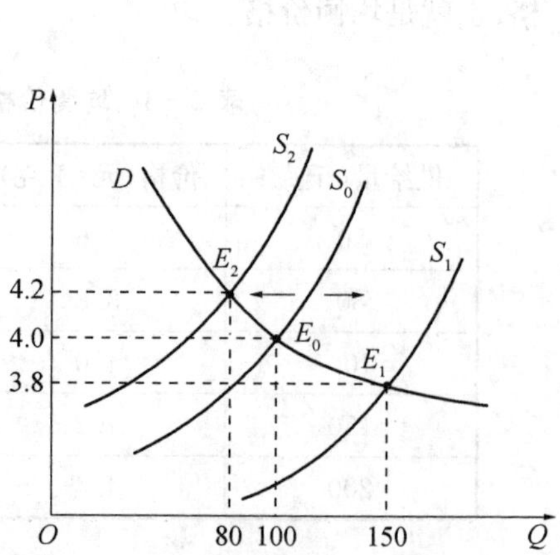

图 2-10 供给变动时均衡价格的影响

因此，当需求不变的时候，供给的增加会导致均衡价格的降低和均衡数量的增加；供给的减少会导致均衡价格的上涨和均衡数量的减少。

［**案例研究 2－9**］

逆潮流的白圭

战国时代，有位商人名叫白圭。白圭的经营方法与众不同，总是逆潮流而行。有一次，别的商人都在一窝蜂地抛售棉花，拼命地大减价。白圭却拼命地买进棉花，甚至花钱租地方存放棉花。卖完棉花，别的商人都抢着购进皮毛，白圭却打开仓库，把库存的皮毛一下子卖得净光。没有几天，有消息说今年棉花严重歉收，商人们心急火燎地到处寻找棉花。白圭高价卖出全部库存的棉花，发了一笔大财。又过了一段时间，由于某种原因，满街的皮毛突然卖不出去了，价格降得越来越低，其他商人后悔不迭、血本无归。

（资料来源：司马迁．史记）

案例“逆潮流的白圭”描述了一个绝不盲从、对市场具有预见性的商人形象。其他商人拼命抛售棉花，使棉花供给大增、价格下跌，白圭趁机低价大量收购棉花。后棉花歉收，意味着供给大幅度减少，棉花价格自然大幅度上扬，白圭卖出库存的棉花，因此而发了一笔财。当其他商人拼命收购皮毛时，皮毛需求大增，皮毛价格必然上升，白圭抛出皮毛当然是有利可图的。后来皮毛突然卖不出去了，表明需求大大下降，与此同时其他商人手中的皮毛却大大增加，即供给大大上升。因此，皮毛价格大跌，其他商人血本无归。

（三）供求定理

通过以上两个方面的分析可得出以下的结论（供求定理）：在其他条件不变的情况下，需求变动分别引起均衡价格和均衡产量的同方向变动；供给变动分别引起均衡价格的反向变动和均衡产量的同方向变动。

供求定理是我们运用供求关系分析经济现象的重要工具。这个工具看起来简单，却能够说明许多问题。

［**相关链接 2－5**］

猪肉价格中的供求定理

2019 年，我国猪肉市场受到非洲猪瘟疫情、地方环保禁限养等因素的影响，全国猪肉价格整体呈上升趋势。3 月份开始，猪肉价格开始走高并持续上涨，8 月起，猪肉价格增速加大，持续至 11 月份。在扩大猪肉进口、促进生猪生产等一系列国家扶持政策落实之后，全国生猪生产和猪肉供应能力逐渐恢复，猪肉价格才开始出现回落。

事实上，猪肉是一种缺乏弹性的商品，即消费者对猪肉价格变化反应并不敏感，未来消费者对猪肉的需求不会发生太大波动，未来猪肉价格变化趋势主要取决于猪肉供给。由于非洲猪瘟在国内蔓延，国内生猪的供给不断减少，扼制疾病的传染只能够从源头做起，减少对国外生猪的进口量，这场疾病的肆虐在很大程度上减少了国内生猪的供给量。经济过热，物价上涨，国内猪肉养殖成本不断提高，尤其是对生猪养殖散户而言，成本增加更甚。在这种情形下，许多养猪规模小的养殖散户也都纷纷放弃生猪养殖，转向求职市场或其他市场，使得生猪供给急剧下降。

由价格决定理论可知,市场中任何一种商品的供求双方关系决定了其在市场中的交易价格,当商品的供需相等时,该商品达到均衡状态,求得均衡价格。猪肉也是市场中的一种商品,它的均衡价格也由猪肉供求双方决定。当猪肉的供给增加时,其均衡价格会发生反方向变动,而均衡产量同方向变动;当猪肉的需求增加时,均衡价格和均衡产量均会同方向变动,这便是猪肉价格中的供求定理。

(资料来源:http://www.lunwenstudy.com/weiguanjj/159464.html)

四、价格在经济中的调节作用

价格是市场调节经济运行的功能和方式,一方面通过市场价格的波动自发调节商品的供求,使供求趋于一致;另一方面通过供求关系的变化自动引发价格的变动,使之趋向于稳定的均衡价格。价格如何调节经济运行的呢?

当市场上某种商品的供给大于需求时,这种商品会出现供给过剩,供给过剩说明资源配置不合理。供给大于需求的情况会使该商品的价格下降。这样,一方面刺激了消费,增加了对该商品的需求;另一方面又抑制了生产,减少了对该商品的供给。价格的这种下降,最终必将使该商品的供求相等,从而资源得到合理配置。同理,当某种商品供给小于需求时,也会通过价格的上升而使供求相等。价格的这一调节过程,是在市场经济中每日每时进行的。价格把各个独立的消费者与生产者的活动联系在一起,并协调他们的活动,从而使整个经济和谐而正常地运行。

价格作为“看不见的手”来调节经济,以三个重要的假设为前提条件。第一,人是理性的。这就是说,人是经济人,每个人都自觉地追求自己的个人利益最大化。第二,市场是完全竞争的。这就是说,市场上的任何一方都没有垄断力量,无法控制市场,从而价格可以完全由市场供求决定。第三,信息是完全的。这就是说,市场上的任何一方都可以免费得到做出决策所需要的信息,任何一方都无法利用信息优势欺骗对方。在具备这些条件的情况下,价格自发调节使市场实现供求相等的市场出清。

怎样看待市场机制,即价格杠杆的调节作用,历来有两种相互对立的主张:一种主张认为,市场是万能的,应当允许价格机制自动调节经济运行,使市场供给和产业结构的调整符合消费者的需求,各种资源得到有效配置。另一种主张认为,价格机制不是万能的,当市场中出现某种因素(如垄断)时,价格就会受到人为控制。在特殊情况下,政府也可以干预价格机制,以实现一定的经济目标。

五、均衡价格理论的应用

供求关系变化引起的价格波动,不利于生产的稳定;而供求严重失衡时,不利于社会稳定。在大多数国家里,市场几乎很少能免受政府的干预,政府从经济发展和社会政治等方面的需要出发,常借助于价格政策干预市场,调整供求关系。下面,我们将运用均衡价格理论来分析政府干预的一种常见形式:限制价格和支持价格。

(一)限制价格

政府为了限制某些生活必需品的价格上涨而规定的这些产品的最高价格,称为限制价格

（又称价格上限）。限制价格一定低于均衡价格。如果说支持价格是保障生产者利益，那么限制价格则是保护消费者利益，这样做的目的是为了稳定经济，如稳定生活必需品的价格和供给。

在实行限制价格时，市场上必然出现供给量小于需求量，该商品市场将出现供给不足。可以用图 2－11 来分析限制价格时的供给不足。

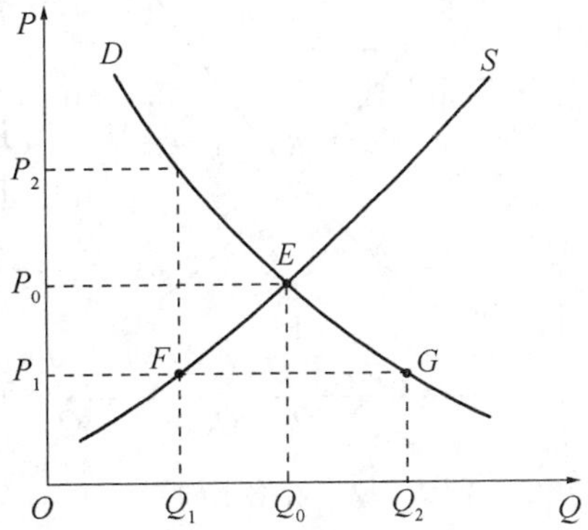

图 2－11　价格上限

从图 2－11 中可以看出，这些产品由供求所决定的均衡价格为 OP_0，均衡数量为 OQ_0，政府规定了价格上限为 OP_1，$OP_1 < OP_0$，即价格上限一定低于均衡价格。这时需求量为 OQ_2，供给量为 OQ_1，$OQ_2 > OQ_1$，产品供给不足，$OQ_2 - OQ_1 = Q_1Q_2$ 为供给不足的部分。

限制价格一般会在供给不足的特殊时期予以运用。限制价格有利于实现社会平等，保证社会的安定。但是，实行限制价格，可能产生如下一系列后果：① 价格水平低，不利于刺激生产，从而使产品长期存在短缺现象。既然最高限价低于当时的均衡价格，消费者的需求量必然超过生产者愿意供给的数量，因而发生短缺现象。② 价格水平低，不利于抑制需求，从而会在资源缺乏的同时又造成资源的严重浪费。③ 限制价格之下所实行的配给制会产生黑市交易，导致社会风气败坏、贪污腐败等一系列负面影响。商品短缺现象，必然造成消费者抢购，为了解决这个问题，政府不得不按照人头发票，实行定量供应。

实行最高限价，价格机制会受到妨碍，不能发挥其应有的调节生产和消费的作用，致使短缺问题长期不能解决，而且往往愈演愈烈。所以，作为一种应急措施，最高限价对于控制物价会有一定效果，但如长期使用，则弊多利少，因而有必要选择适当时机予以解冻。

[**相关链接 2－6**]

春运的难题

春节是我国传统的团圆节日，自 20 世纪 80 年代以来，伴随着改革开放的进程，民工潮兴起及高校扩招，春节期间运输部门压力骤增，为应对一年一度的客运高峰，运输部门出台了专门的春节运输安排，即春运。它的时间是以春节为界，节前 15 天，节后 25 天，共计 40 天。

在我国，约 98%的民众选择乘坐火车与汽车的出行方式。而在长途运输中，铁路运输因票价低、运行平稳、安全性强而更具优越性。面对巨大的市场需求，有限的运力使得春运期间的火车票“一票难求”，“黄牛党”即“票贩子”应运而生。为缓解春运的压力，铁道部曾推行春运期间火车票涨价方案，结果以失败而告终；2012 年，铁道部又推出了火车票实名制，重招整治“黄牛党”，“一票难求”的局面仍未得到明显的缓解。

（资料来源：https://max.book118.com/html/2019/0616/7056156123002033.shtm）

（二）支持价格

政府为了支持某一行业生产而制定的该行业产品最低必须达到的价格称为支持价格（又称价格下限）。支持价格一定高于均衡价格。支持价格通常用于农业部门，农业丰收，谷贱伤农。在经济发展过程中,由于农产品需求的增长落后于其他商品,农产品均衡价格的上升速度将慢于其他商品,如果任其自然发展,农民的收入将下降,农业的发展可能受到损害。为了扶持农业的发展,政府常对农产品实行支持价格,试图提高价格,来达到政府调节市场的目的。政府规定最低价格,但需求不变,供过于求,过剩部分,通常由政府收购,建立库存或出口。最低限价一旦取消,市场价格将会迅速下降,回复到原有的均衡价格水平。

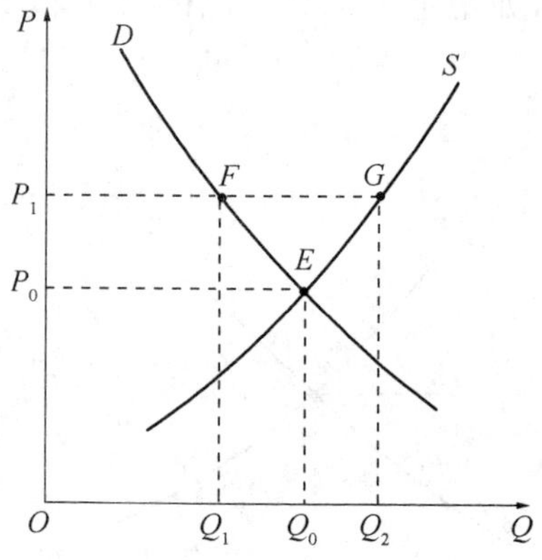

图 2-12　价格下限

在实行价格下限时,市场上必然出现供给大于需求的供给过剩状况。可以用图 2-12 来分析支持价格时的供给过剩。

从图 2-12 中可以看出,该行业产品由供求所决定的均衡价格为 OP_0,均衡数量为 OQ_0,政府为支持该行业生产而规定的价格下限为 OP_1,$OP_1>OP_0$,即价格下限一定高于均衡价格。这时,需求量为 OQ_1,供给量为 OQ_2,$OQ_2>OQ_1$,即供给量大于需求量,$OQ_2-OQ_1=Q_1Q_2$ 为供给过剩部分。

通过分析,可以发现支持价格的优点在于:可以保护行业的发展,调整经济结构,使该行业能够迅速地发展,以及减少经济波动对该行业的影响。一般而言,当农产品过剩的时候,政府一般会启用支持价格来保证农民的积极性。

但是,支持价格同样存在弊端:高于均衡价格的支持价格会导致供给过剩,处理过剩产品会给国家财政带来沉重的负担。同时,如果政策选择不当还会错误地保护不良产业,浪费资源。

[**相关链接 2-7**]

中国粮食保护价政策及其后果

我国的粮食保护价政策是伴随着粮食供求形势的变化和粮食流通体制的市场化改革而出台并不断发展的。经过 80 年代中期、90 年代初期粮食流通体制改革的两次反复,政府逐步认识到在中国人多地少的小规模生产条件下,放开市场,粮食具有生产下降或价格快速上涨的可能。为了稳定粮食生产,国家于 1994 年、1996 年两次大幅度提高粮食收购价格,以调动农民生产积极性。应该说这两次提价对稳定和发展粮食生产起到了积极作用,但由于提价幅度过大,不仅使国内粮食价格由原来低于国际市场转为高于国际市场,基本丧失国际竞争力,也使国内粮食生产与流通陷入恶性循环:政府高价收购—粮食丰收—市场粮价走低—保护价收购—库存猛增—顺价销售困难—粮食陈化、低价处理—压低市场粮价—保护价收购,粮食供求严重失衡。

为了保护农民的种粮积极性,从 1997 年开始国家实施以保护价敞开收购农民余粮的政策。由于保护价政策扭曲了市场供求信息及 1998 年以后的宏观经济疲软导致粮食生产比较效益相对提高,使粮食供求进一步失衡,市场粮价持续低迷,国有粮食企业仓容及政府财政补贴均不堪重负。1999 年仓储的粮食超过 2 000 亿千克,粮食库存总成本高达 2 000 多亿元,保护价格政策成为财政赤字的一个重要原因。为此国务院在 1999 年 5 月中旬召开全国粮食流通体制改革工作会议,决定从 2000 年起适当缩小按保护价敞开收购的范围,促使农民调整粮食种植结构、发展优质粮食生产。这一决定的出台标志着中国的粮食保护价政策由此走上“选择保护”之路。

应该说“选择保护”比全部保护要前进了，然而这种保护价政策本身由于不符合市场经济规律，在市场体制下尤其是在开放的市场之下，其效果仍然是有限的，其政策成本是巨大的，其负面影响是深远的。

（资料来源：https://www.docin.com/p-664148877.html）

增值阅读

本章小结

本章主要介绍了需求、供给、均衡价格的相关概念和理论。通过需求和供给分析了市场均衡及需求、供给的变动对市场均衡数量和均衡价格的影响。

(1) 价格是影响需求因素中最重要的因素。经济学上用需求表、需求曲线、需求定理等概念工具说明需求与价格的关系。需求定理是在其他条件不变的情况下，价格变化引起需求量反方向变化。

(2) 影响需求的因素主要包括商品本身的价格、相关商品的价格、收入、消费者偏好、政府的政策、消费者的预期等，这些因素变动引起需求在不同方向和不同程度上变动。经济学上把价格变化引起的商品或服务需求数量的变化称为“需求量的变动”或“沿曲线上的点移动”(点移动)，把非价格因素变动引起的需求变动称为“需求的变动”或“需求曲线的线变动”(线移动)。线移动的前提是假定价格水平不变。

(3) 价格与供给。经济学上用供给表、供给曲线、供给定理等概念工具说明供给与价格的关系。供给定理是在其他条件不变的情况下，价格变化引起供给量同方向变动。

(4) 影响供给的因素包括商品本身的价格、相关商品的价格、生产要素的价格、生产者的目标、技术进步、生产者的预期等。

(5) 经济学上把价格变化引起的供给量变动称为“供给量的变动”或“沿曲线上的点移动”(点移动)，把非价格因素变动引起的供给变动称为“供给的变动”或“供给曲线的线变动”(线移动)。线移动的前提是假定价格水平不变。

(6) 需求曲线与供给曲线相交决定了均衡(市场均衡)。当供不应求或供过于求时，价格都会波动，直至供求两种力量达到均衡状态。均衡时的价格和产量分别称为“均衡价格”和“均衡数量”。

(7) 需求或供给的变动会引起均衡价格与均衡数量的变动。经济学家用供求定理概括了这种变动的规律。

(8) 从经济的角度看，政府采用支持价格和限制价格干预价格的自发变动是不好的，现实中许多国家采用这些政策主要出于政治或社会考虑。

思考与练习

一、选择题

1. 当羽毛球拍的价格下降时,对羽毛球的需求将(　　)。

A. 减少　　B. 不变

C. 增加　　D. 视具体情况而定

2. 假如生产某种商品所需原料的价格上升了,这种商品的(　　)。

A. 需求曲线将向左移动　　B. 供给曲线将向左移动

C. 供给曲线将向右移动　　D. 需求曲线将向左移动

3. 均衡价格随着(　　)。

A. 需求和供给的增加而上升　　B. 需求的减少和供给的增加而上升

C. 需求和供给的减少而上升　　D. 需求的增加和供给的减少而上升

4. 保持所有其他因素不变,某种商品的价格下降,将导致(　　)。

A. 需求增加　　B. 需求减少

C. 需求量增加　　D. 需求量减少

5. 消费者预期某物品未来价格要上升,则当前对于该物品的需求会(　　)。

A. 减少　　B. 增加

C. 不变　　D. 上述三种情况都可能

6. 所有下列因素中除(　　)以外都会使需求曲线移动。

A. 消费者收入变化　　B. 商品本身价格下降

C. 其他有关商品价格下降　　D. 消费者偏好变化

7. 某种商品的供给曲线向右上方倾斜,如果该种商品的一种互补品的价格上升则会引起(　　)。

A. 均衡数量增加,均衡价格上升　　B. 均衡数量增加,均衡价格下降

C. 均衡数量减少,均衡价格上升　　D. 均衡数量减少,均衡价格下降

8. 根据供求定理,供给的变动引起(　　)。

A. 均衡价格和均衡数量同方向变动

B. 均衡价格和均衡数量反方向变动

C. 均衡价格反方向变动,均衡数量同方向变动

D. 均衡价格同方向变动,均衡数量反方向变动

9.(　　)表明存在着价格上限。

A. 尽管现在供给短缺,但生产者正在迅速增加供给

B. 供给短缺,但生产者不愿意增加生产

C. 供求平衡

D. 消费者的需求得到了完全满足

10.(　　)表明存在着价格下限。

A. 尽管现在供给过剩,但生产者仍在增加供给

B. 由于供给过剩,消费者已不愿意购买

C. 供求平衡

D. 生产者的产品全卖了出去

二、判断题

1. 需求就是家庭在某一特定时期内，在每一价格水平时愿意购买的商品量。（ ）

2. 需求是购买欲望与购买能力的统一；供给是供给欲望与供给能力的统一。（ ）

3. 替代效应使价格上升的商品需求量增加。（ ）

4. 重视学习外语引起更多消费者购买随身听和复读机，这称为需求增加。（ ）

5. 一场台风摧毁了某地区的荔枝树，市场上的荔枝少了，这称为供给量减少。（ ）

6. 苹果价格下降引起人们购买的橘子减少。在图上表现为需求曲线向左方移动。（ ）

7. 并不是所有商品的供给量都随价格的上升而增加。（ ）

8. 假定其他条件不变，某种商品价格的变化将导致它的供给量变化，但不会引起供给的变化。（ ）

9. 生产技术提高所引起的某种商品产量的增加称为供给量的增加。（ ）

10. 支持价格是政府规定的某一商品的最高价格。（ ）

三、思考题

1. 影响需求的因素有哪些？

2. 影响供给的因素有哪些？

3. 请区分需求量的变动与需求的变动。

4. 请区分供给变动和供给量的变动。

5. 在下列情况下，VCD影碟机的市场需求或需求量会发生什么变化，并解释其原因。

（1）电影院票价从10元下降为5元。

（2）政府加大了对盗版影碟的打击力度，盗版碟几乎没有了。

（3）生产影碟机核心部件的工厂发生大火，半年内无法恢复生产。

（4）生产影碟机的技术发生了突破性进步。

6. 有些地方规定电影票价最高不得超过25元，最低不得低于10元。你认为这种做法会引起什么后果？这种做法有利于还是有害于电影事业的发展？

7. 根据供给定理，价格下降供给量减少。但在现实中为什么当电脑价格下降时，供给量却增加了？

8. 医生告诉人们多吃鸡蛋有利于健康，许多长寿老人在电视上说自己长寿是因为坚持每天吃两个鸡蛋。这对鸡蛋和猪肉市场分别有什么影响，为什么？

9. 目前许多城市严重缺水，经济学家主张提高水价。从经济学的观点看，你认为这种观点是否正确，为什么？

案例分析

实践与操作

一、实践题

1. 结合当地实际情况,就某一产品市场进行调研,说明供给和需求对这一产品市场价格的影响,并分析其市场走势。

2. 分小组了解我国现在农产品实行的政策,指出小组讨论这种政策有什么利弊,并提出建议。

3. 调研一种商品,当收入增加和该商品价格下降时会使该商品的需求情况发生什么变化。从经济分析的角度看,收入增加和商品本身价格下降引起的商品需求(或需求量)的变动有什么不同?

二、综合实训

实践名称:价格理论的应用。

1. 目的任务

通过本部分实训,能够认知供求定理;上网查阅支持价格与限制价格的资料;结合实际情况进行运用。

2. 实践内容

(1) 供求定理对市场的影响。

(2) 上网查阅支持价格与限制价格的资料。

3. 实训方式

校外调研、讨论、案例。

第三章　弹性理论

请扫描二维码
观看视频

学习目标

1. 知识目标：需求价格弹性的含义与计算；需求弹性的分类；决定商品需求弹性的因素；其他弹性理论。

2. 能力目标：认识需求价格弹性；正确理解与运用需求弹性与总收益之间关系；了解弹性理论的应用。

趣味阅读

王老板的疑惑

王老板经营了一家书店，主营中小学教辅书及侦探小说。逢书店降价时，侦探小说热卖，而对促进教辅的销量效果不佳。某年受纸张原材料上涨的影响，书本定价提升。老板发现：侦探小说一下无人问津，但是教辅书的销量并未受到影响。他做了一个统计，当价格下降10%时，侦探小说的销量增加了30%；同样，当价格上升10%时，侦探小说的销量减少了30%。而对于教辅书，价格变动10%只会带来1%的销量变动。王老板百思不得其解，同样是书本，为什么市场反应如此不同呢？

（资料来源：https://www.docin.com/p-1783601323.html）

经济学启示：王老板的侦探小说和教辅书都降价了，为什么销量变动不一样呢？我们前面所学习的需求与供给理论只是定性地说明了当价格发生变化时需求和供给的变化方向，而没有说明其变化数量。本章我们将学习弹性理论，对此做出定量的说明。

第一节　需求价格弹性

通过上一章的学习，我们知道需求量、供给量随着价格变化而发生相应变化的方向，但是不知道究竟发生了多大程度的变化。比如，西红柿和小轿车的价格都上涨了20%，消费者对两种商品需求量的变化幅度肯定是不同的。前者的需求量不会有太大的变化，而后者的需求量变化很大。弹性理论对此要做出定量的说明。弹性的种类有很多，包括需求价格弹性、供给弹性、收入弹性、交叉弹性等，其中最重要的是需求价格弹性。

一、需求价格弹性的含义

[相关链接 3-1]

奇妙的弹性——经济中的弹性理论

老王卖瓜,每个瓜 1 元,每天可以卖出 100 个,得 100 元。他看到生意不错,于是决定涨价,每个瓜卖 1.1 元。他想,这么一来,每个瓜都能多赚 0.1 元,每天不就能多赚 10 元了吗?可是老王的老婆却说,这么一来,每天来买瓜的人就会少很多,一天卖不到 100 个瓜了。老王一想,也对。于是,老王很想知道涨价以后,每天他能卖掉多少瓜。如果每天能卖 91 个瓜以上,他得的钱就超过 100 元,涨价是有利可图的;如果每天卖不到 90 个瓜,他得的钱就少于 100 元,当然就不能涨价了。那么,他卖的瓜到底能不能超过 91 个呢?这就要看瓜的"需求价格弹性"如何了。

(资料来源:https://max.book118.com/html/2017/0508/105222560.shtm)

说起弹性这个词,大家都不会陌生。最先认识这个词是在物理学中,弹性指物体对外部力量的反应程度。例如,工业中广泛应用的弹簧,在外力作用下,会变形弯曲,外力作用消失后随时可以回到原来的形状,这就是弹簧的弹性。经济学中的弹性是由阿尔弗莱德·马歇尔提出的,是指一个变量相对于另一个变量发生的一定比例的改变的属性,或者说弹性反映了一个变量对另外一个变量变动反应的敏感程度。弹性的概念可以应用在所有具有因果关系的变量之间。

需求价格弹性又称为需求弹性,是指当所有其他影响买者与卖者计划的因素都不变时,一种商品需求量对其价格变动做出反应的程度。反应程度的指标是需求价格弹性系数(E_d),它是需求量变动百分比除以价格变动百分比。

$$需求价格弹性系数=\frac{需求量变动百分比}{价格变动百分比}$$

如果以 E_d 代表需求价格的弹性系数,以 $\frac{\Delta Q}{Q}$ 代表需求量变动的比率,以 $\frac{\Delta P}{P}$ 代表价格变动的比率,则需求价格弹性系数的一般公式就是:

$$E_d=\frac{\Delta Q/Q}{\Delta P/P}=\frac{\Delta Q}{\Delta P}\cdot\frac{P}{Q}$$

例如,某种商品的价格变动 10%时,需求量增加 20%。这就是说,价格变动 10%引起需求量变动 20%,所以,根据公式,这种商品的需求价格弹性系数为 2。

理解需求弹性的概念需要把握以下几个方面:

(1) 在需求量与价格两个变量中,价格是自变量,需求量是因变量。所以,需求弹性是价格变动所引起的需求量变动的程度,或者说需求量变动对价格变动的反应程度。

(2) 需求弹性系数是价格变动的比率与需求量变动的比率的比,而不是价格变动的绝对量与需求量变动的绝对量的比。

(3) 弹性系数的数值可以为正值,也可以为负值。对于任何一种正常商品来说,需求弹性都是负数(价格变化与需求量变化方向相反)。但在实际运用中,为了计算和分析方便,一般取其绝对值。

(4) 同一条需求曲线上不同点的弹性系数大小并不相同。这是由于曲线上每点的价格及需求量不同所造成的。

二、需求价格弹性的计算

我们计算某种商品的需求价格弹性时一般也是计算需求曲线上某一段的弹性。我们用图 3－1 说明需求弹性的计算。

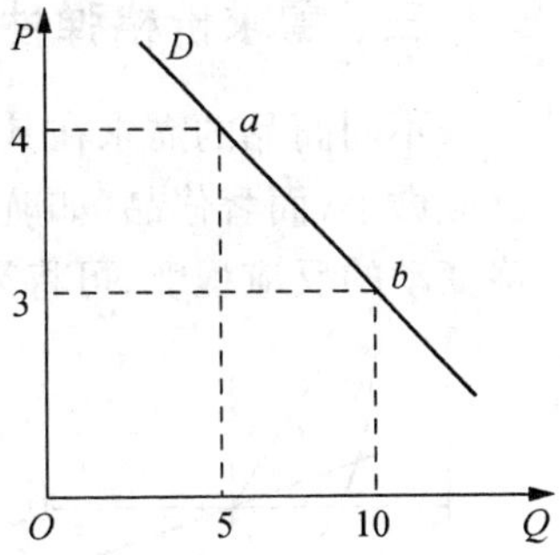

图 3－1

从图 3－1 中可以看出,当某种商品价格从 4 元下降为 3 元时,需求量从 5 单位增加到 10 单位。因此,需求价格弹性系数计算如下:

$$需求价格弹性系数 = \frac{(10-5)/5}{(3-4)/4} = 4$$

如果换一个角度,这个图上表示的变动也可以说成当某种商品价格从 3 元上升到 4 元时,需求量从 10 单位减少到 5 单位。因此,需求价格弹性系数计算如下:

$$需求价格弹性系数 = \frac{(5-10)/10}{(4-3)/3} = 1.5$$

这两种计算结果是不一致的。实际上,从需求曲线上 a 点到 b 点,价格的变动与需求量的变动是相同的,但根据需求价格弹性公式,价格下降与价格上升时计算出的弹性系数却不相同。这是因为计算价格变动和需求量变动时所用的分母不一致,计算出的变动百分比就不一样。为了克服这种不一致,我们计算需求弹性系数时,用变动前与变动后的价格与需求量的值的平均数作为分母。这时,以 P_1 代表变动前的价格,P_2 代表变动后的价格,Q_1 代表变动前的需求量,Q_2 代表变动后的需求量,需求价格弹性系数的计算公式就是:

$$E_d = \frac{\dfrac{\Delta Q}{(Q_1+Q_2)/2}}{\dfrac{\Delta P}{(P_1+P_2)/2}}$$

这时,图 3－1 中需求曲线上 a 到 b 之间的需求价格弹性系数计算如下:

$$需求价格弹性系数 = \frac{\dfrac{(5-10)}{(5+10)/2}}{\dfrac{(4-3)}{(4+3)/2}} = \frac{\dfrac{10}{15}}{\dfrac{1}{3.5}} = 2.33$$

这就是说,这种商品无论价格上升或下降,需求价格弹性系数都是 2.33。

这种计算需求价格弹性的方法称为中点法。用这种方法计算出的**需求曲线上 a 到 b 之间的需求价格弹性称为弧弹性**。

[**案例研究 3－1**]

医疗保健定价

很多发展中国家都提供医疗保健补贴,并向消费者收取一部分费用用以弥补部分医疗服务的成本。如果一个国家提高医疗服务定价,这对穷困家庭和富有家庭有何影响? 在非洲的象牙海岸,穷困家庭对医疗服务的需求价格弹性系数为 0.47,而富有家庭为 0.29。这意味着如果医疗服务的定价上升10%,将使穷困家庭享受的医疗服务减少4.7%,而富有家庭则减少2.9%。在秘鲁,穷困家庭和富有家庭之间需求弹性系数的差距更大:分别为0.67和0.03。因此,由于穷人对价格更为敏感,当价格上升时,他们获得的医疗服务将有更大的减少。

(资料来源:石应峰.经济学基础.人民邮电出版社,2012)

三、需求价格弹性的分类

不同商品的需求在其弹性上是有差异的。必需品(如食品)的需求量通常对于价格变动的反应微小;而奢侈品(如航空旅行)则常常具有很高的价格敏感性。根据商品的需求量对其价格变动的反应程度,可将需求价格弹性区分为五种情况。

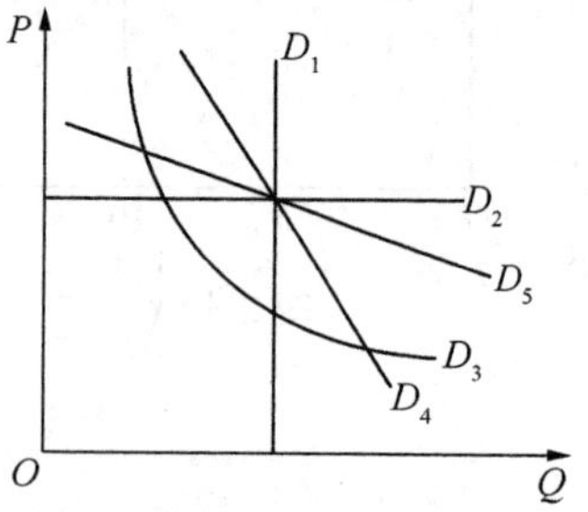

图3-2 不同需求弹性的需求曲线

(一)需求完全无弹性

需求完全无弹性,即$E_d=0$,如图3-2中的D_1。需求对价格是完全无弹性的,表明需求量对价格没有任何反应,价格下降,需求一点也不增加;价格上升,需求量一点也不减少。其需求曲线为一条垂直于横轴的直线。此类商品在现实生活中比较少见,较为接近的例子是丧葬用品以及特效药品,一般来说,这类用品不会因降价而增加需求,也不会因提价而减少需求。

(二)需求完全有弹性

需求完全有弹性,即$E_d\to\infty$,如图3-2中的D_2。在这种情况下,当价格为既定时,需求量是无限的。表明在既定价格下,需求量可以任意变化,此时的需求曲线是一条与横轴平行的线。例如,银行以一固定价格收购黄金,无论有多少黄金都可以按这一价格收购,银行对黄金的需求是无限的。战争年代,政府在给定的价格下对军火的需求是无限的。

(三)单位需求弹性

单位需求弹性,即$E_d=1$,如图3-2中的D_3。在这种情况下,需求量变动的比率与价格变动的比率相等,这时的需求曲线是一条正双曲线。单位需求弹性是一种理论状态,在现实生活中很难找到弹性系数恰好等于1的商品。

以上三种情况都是需求弹性的特例,在现实生活中是很少见的,常见的是以下两种。

(四)需求缺乏弹性

需求缺乏弹性,即$1>E_d>0$,如图3-2中的D_4。在这种情况下,需求量变动的比率小于价格变动的比率,此时的需求曲线是一条比较陡峭的线。需求对价格缺乏弹性,也就是需求量对价格的变动反应较为迟钝,价格有一个较大的变动,需求量有一个较小的变动。生活必需品,如粮、油等大多属此类型。

(五)需求富有弹性

需求富有弹性,即$E_d>1$,如图3-2中的D_5。在这种情况下,需求量变动的比率大于价格变动的比率,此时的需求曲线是一条比较平坦的线。需求对价格富有弹性,也就是需求量对价格的变动反应是灵敏的,价格有一个较小的变动,需求量有一个较大的变动。奢侈品和价格昂贵的享受性劳务多属于这类商品。

以上的 E_d 均为取绝对值以后的值。

我们可以用表 3－1 来概括需求弹性的分类。

表 3－1　不同商品需求价格弹性分类表

分　类	含　义	实　例	数　值	图　形
完全无弹性	无论价格如何变化,需求量都不变	胰岛素等	$E_d=0$	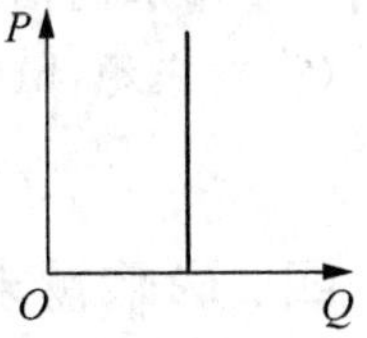
缺乏弹性	需求量变化幅度小于价格变化的幅度	粮食、农产品、教科书等必需品	$O<E_d<1$	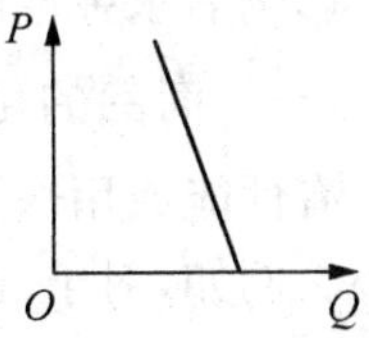
单位弹性	需求量变化幅度等于价格变化的幅度	报纸等	$E_d=1$	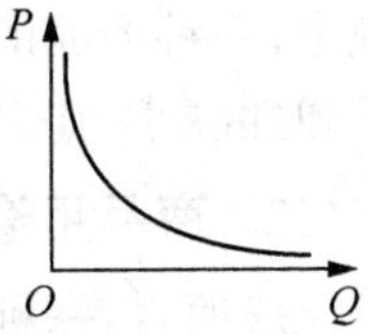
富有弹性	需求量变化幅度大于价格变化的幅度	汽车、旅游、保健品等奢侈品	$1<E_d<\infty$	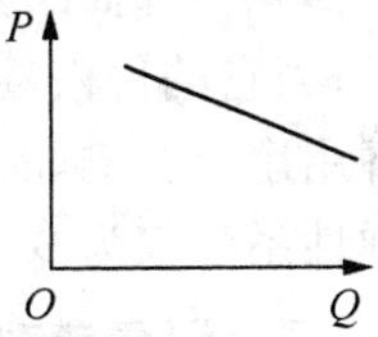
完全有弹性	当价格为既定时,需求量无限	货币等	$E_d\to\infty$	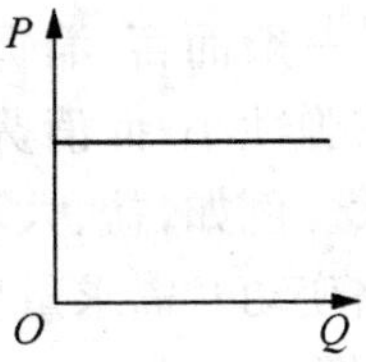

[案例研究 3－2]

2004 年,广东的荔枝出现了大丰收,全省荔枝产量创历史最高纪录,达到了将近 100 万吨。然而,伴随着大量荔枝的上市,价格越来越低,价格最低时甚至一公斤不到一元钱,果农因此大受伤害,甚至不再采摘荔枝进行销售,任其烂在田间地头。2009 年江南几省橘子大丰收,可每公斤价格仅 0.4 元。2011 年北京、河北、山东等地蔬菜迎来了大丰收,但随之而来的却是蔬菜价格的一路狂跌,山东省的大白菜价格狂跌至 6 分钱一斤,而 2010 年大白菜收购价为每公斤 0.7～0.8 元。山西省吕梁市岚县的土豆往年的收购价能达到 2.3 元,而 2011 年每公斤 0.8 元都乏人问津,很多农民种菜的成本几乎都收不回来,大量农户陷入困境。

为什么农民在丰年反而会遭受损失？因为作为生活必需品的粮食，人们对其的需求通常不受价格的影响，也就是说粮食的需求量对价格的变化不是很敏感，缺乏弹性。农民的收入取决于农产品的产量和价格。由于粮食的需求曲线缺乏弹性，粮价变动时，对粮食的需求会相应变动，但变动得不多。当遇上丰收年，农产品的丰收使得供给曲线向右平移，与需求曲线形成新的均衡价格和均衡产量，由于需求曲线缺乏弹性，粮食均衡价格的下降幅度往往大于粮食的均衡产量增加的幅度，使农民会面临增产不增收的窘境。

（资料来源：https://blog.csdn.net/EHorizen/article/details/109407082）

四、影响需求弹性的因素

影响需求弹性的因素是很多的，其中主要有以下几个。

（一）商品的可替代性

有性能或用途上类似的可替代商品，需求价格弹性就大；没有可替代商品，需求价格弹性就小。例如，对于食盐来说，没有很好的可替代品，所以，食盐价格的变化所引起的需求量的变化几乎等于零，它的需求弹性是极其小的；而黄瓜有大量的替代产品，需求价格弹性就大。一般说来，一种商品的替代品越多，可替代程度越高，其需求弹性就越大，如可乐与雪碧；反之，则需求弹性越小，如名人字画。

（二）商品用途的广泛性

一般而言，一种商品的用途越多，其需求弹性就越大；相反，用途越少，它的需求弹性就越小。如果一种商品具有多种用途，当它价格较高时，消费者只购买较少的数量用于最重要的用途上；当它的价格逐步下降时，消费者的购买量就会逐渐增加，将商品越来越多地用于其他的各种用途上。例如，在美国，电力的需求弹性系数是1.2，这就与其用途广泛相关；而小麦的需求弹性系数仅为0.08，就与其用途少有关。

（三）消费者对商品的需求强度

一般而言，消费者对生活必需品的需要程度高且比较稳定，受价格变化的影响较小，因而需求弹性小；而消费者对奢侈品的需要程度低且不稳定，受价格变化的影响较大，因而需求弹性大。例如，盐、大米是生活必需品，价格变动时需求量变动很小；珠宝、时装、旅游是奢侈品，价格变动时需求量变动很大。据测算，在美国，糖、公共交通、服装、食品的需求价格弹性系数分别为0.3、0.4、0.6、0.4；家具、小汽车的需求价格弹性系数分别为1.2、2.1。

（四）商品的消费支出在总支出中所占的比重

支出比重小的商品需求价格弹性小，支出比重大的商品需求价格弹性大。如果所占的比例小，价格变动对需求量的影响就小，其需求弹性也小，如食盐、报纸、肥皂等商品。如果所占的比例大，价格变动对需求量的影响就大，其需求弹性也大，如汽车、住房等。

（五）商品的耐用程度

使用时间长的耐用消费品需求弹性大，如电视、汽车；使用时间短的非耐用消费品需求弹性小，如报纸。例如，在美国，电冰箱、汽车这类耐用消费品的需求弹性系数在1.2～2.1之间，而报纸杂志这种看完就无用的印刷品需求弹性系数仅是0.1。

第二节　其他弹性

一、需求收入弹性

需求量的变动不仅取决于价格，还取决于收入。**需求收入弹性又称收入弹性，指收入变动的比率所引起的需求量变动的比率，即需求量对收入变动的反应程度**。需求收入弹性是建立在消费者的收入量和商品的需求量之间关系上的一个弹性概念，它也是一个在经济学中被广泛运用的弹性概念。它的一般公式为：

$$需求收入弹性=\frac{某商品的需求量的变动率}{消费者收入量的变动率}$$

如果某种商品的需求收入弹性系数是正值，即 $E_m>0$，表示随着收入水平的提高，消费者对此种商品的需求量随之增加，该商品即称为正常品。正常品的需求收入弹性系数可等于1，大于1(奢侈品)，或小于1(必需品)，它们也分别称为单位弹性、富有弹性和缺乏弹性。如果某种商品的需求收入弹性是负值，即 $E_m<0$，表示随着收入水平的提高，消费者对此种商品的需求量反而下降，该商品即称为低档产品。那些低档的日用消费品，就可能具有负的收入弹性，因为随着人们收入水平的提高，人们会更多地购买高档的消费品取而代之。

在需求的收入弹性的基础上，如果具体地研究消费者的收入量的变动和用于购买食物的支出量的变动之间的关系，就可以得到食物支出的收入弹性。西方经济学中的恩格尔系数指出：在一个家庭或在一个国家中，食物支出在收入中所占的比例随着收入的增加而减少。用弹性概念来表述恩格尔系数可以是：对于一个家庭或一个国家来说，富裕程度越高，则食物支出的收入弹性就越小；反之，则越大。

[**相关链接 3－2**]

恩格尔系数

恩格尔系数(Engel's Coefficient)是食品支出总额占个人消费支出总额的比重。19世纪德国统计学家恩格尔根据统计资料，对消费结构的变化得出一个规律：一个家庭收入越少，家庭收入中(或总支出中)用来购买食物的支出所占的比例就越大。随着家庭收入的增加，家庭收入中(或总支出中)用来购买食物的支出比例则会下降。推而广之，一个国家越穷，每个国民的平均收入中(或平均支出中)用于购买食物的支出所占比例就越大，随着国家越来越富裕，这个比例呈下降趋势。

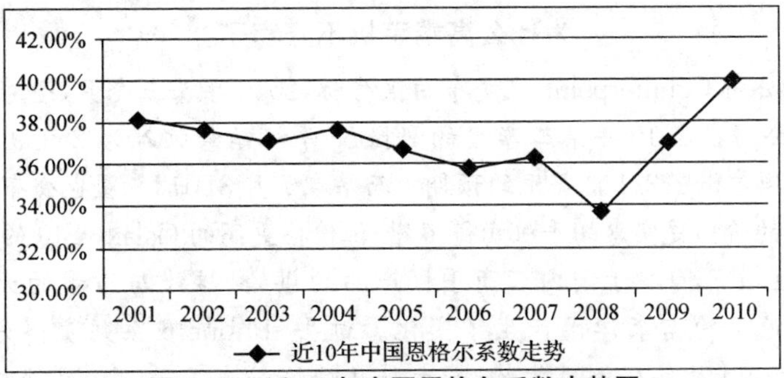

图 3－3　近 10 年中国恩格尔系数走势图

国际上常常用恩格尔系数来衡量一个国家和地区人民生活水平的状况。简单地说,一个家庭或国家的恩格尔系数越小,就说明这个家庭或国家经济越富裕;反之,如果这个家庭或国家的恩格尔系数越大,就说明这个家庭或国家的经济越困难。根据联合国粮农组织提出的标准,恩格尔系数在59%以上为贫困,50%~59%为温饱,40%~50%为小康,30%~40%为富裕,低于30%为最富裕。

(资料来源:http://baike.baidu.com/view/28093.htm)

二、需求的交叉弹性

在市场上,商品与商品之间或多或少具有一定的联系,一种商品的需求不仅受它本身价格的影响,往往还受相关商品价格变动的影响。这样,这一商品价格的变动会与另一种商品需求量的变动产生交叉影响。**需求的交叉弹性是指一种商品的需求量对另一种商品价格变动的反应程度**。其弹性系数等于一种商品需求量变动的百分率与另一种商品价格变动的百分率之比。用公式表示为:

$$\text{需求的交叉弹性系数} = \frac{\text{一种商品需求量变动的百分比}}{\text{另一种商品价格变动的百分比}}$$

需求的交叉弹性系数可以是正,也可以是负,它取决于两种商品的相关性质。经济学上所讲的交叉关系主要是商品之间的替代和互补的关系。当一些商品是互相替代的物品时,有关的其他商品的价格提高,会使这一种商品需求量增加,反之则减少。例如,茶叶和咖啡,橘子和苹果等,这些商品之间的功能可以互相代替,其交叉弹性系数就是正值。一般来说,两种商品之间的功能替代性越强,需求交叉弹性系数的值就越大。当商品间是互补关系时,有关的其他商品价格的提高,会使这一商品的需求量下降。比如照相机和胶卷,录音机和磁带等之间是功能互补性商品,它们之间的需求交叉弹性系数就是负值。一般情况下,功能互补性越强的商品交叉弹性系数的绝对值越大。

需求的交叉弹性对商品经营者来说是一个十分重要的概念。在一个替代性较强的商品市场,一方一旦提高自身商品的价格,那么就必然会失去较大的市场份额。因此,在一个替代品较强的商品市场,商品经营者要扩大其市场份额,可采取在降低成本的基础上降低商品的价格这一方法来实现;也可采用新技术生产出功能、质量、外观胜人一筹的产品,使其他商品无法替代,来扩大其销售量。

[相关链接3-3]

为什么高端手机不好卖了?

科技市场研究公司Counterpoint就发布的报告称,2019年头三个月,全球高端智能手机市场萎缩了8%。苹果公司在2019年第二季度的iPhone手机销售收入为259.9亿美元(约合1 794亿元人民币),低于华尔街263.1亿美元的预期。而早在7月31日,三星也公布了第二季度财报,包括A系列设备在内的价格更实惠的手机卖得不错,但价格更高的Galaxy S10的表现并不好。

之所以如此,主要原因在于国内厂商手机产品的供给、性能与质量的大幅提升,性能过剩变得普遍,导致消费者的需求弹性产生了变化。过去iPhone 6系列卖得好,是因为当时iOS的流畅性对比Android具备压倒性优势,而大屏又恰恰补齐了Android换机用户的短板,在当时来看,iPhone的需求弹性大,在市场上具备不可替代性。但在今天iOS相比Android的流畅性与稳定性已经不再具备足够大的差距,国产旗舰性能与系统体验大幅提升,这意味着手机市场已经有许多相近的iPhone替代品,那么手机这种商品的需求价格弹性就大。因为一旦这种商品价格上涨,甚至是微小的上涨,消费者往往会舍弃这种商品,而去选购它的替代品,从而引起需求量的变化。

(资料来源:https://36kr.com/p/1724159442945)

三、供给价格弹性

(一) 供给价格弹性的含义

对需求弹性的论述也适应于供给弹性。供给弹性包括供给价格弹性、供给交叉弹性和供给收入弹性等。这里考察的是供给价格弹性,通常称为供给弹性。

供给弹性表示在一定时期内一种商品的供给量对价格变动的反应程度。它是商品的供给量变动率与价格变动率之比。在通常情况下,商品的供给量和商品的价格是呈同方向变动的,供给价格弹性系数为正值。其计算公式为:

$$\text{供给价格弹性系数} = \frac{\text{供给量变动百分比}}{\text{价格变动百分比}}$$

可以容易看出,供给的价格弹性的定义与需求的价格弹性的定义是类似的。唯一的区别在于:对于供给而言,数量对价格的反应是正的,而对需求而言,其反应是负的。

(二) 供给价格弹性的分类

1. 供给完全无弹性

假设供给量固定不变,不论市价如何只能全部出售,这便是供给完全无弹性或供给曲线为垂直线的情况。

2. 供给有无限弹性

价格的微小下降会使供给量降低到零,而价格的微小上升会导致无穷大的供给量。此时,供给量变化的百分比与价格变动的百分比的比率非常大,从而形成了水平供给曲线,这便是供给有无限弹性的极端情况。

3. 供给单位弹性

供给价格弹性系数等于1时,称为供给单位弹性,表明供给量的变动幅度等于价格的变动幅度。

4. 供给富有弹性

供给价格弹性系数大于1时,称为供给富有弹性,表明供给量变动的幅度大于价格的变动幅度。

5. 供给缺乏弹性

供给价格弹性系数小于1时,称为供给缺乏弹性,表明供给量的变动幅度小于价格的变动幅度。

(三) 影响供给弹性的因素

1. 生产技术类型

一般而言,生产技术越复杂、越先进,固定资本占用越大,生产周期就相对越长,供给弹性越小。生产规模大的资本密集型企业,因受设计能力和专业设备的制约,其生产规模较难变动,调整的周期较长,因而其产品的供给弹性小。因为在价格下降时,这类生产要素不能迅速、方便地转移。反之,在一定时期内,容易生产的产品,当价格变动时其产量的变动速度快,供给弹性大,如纺织行业,微小的价格上升,就会引起产量大幅度的增加。轻纺工业固定资产比重小,一般规模也小,相对易于调整,故弹性大一些。

2. 时间长短

当商品的价格发生变化,生产者对供给量进行调整需要一定时间,时间越短,供给弹性越小;时间越长,供给弹性越大。在瞬时市场上,供给来自现有存货,无法改变产量,因而供给完全无弹性;就短期而言,生产者虽然可以增加产量,但不能增加生产规模,供给缺乏弹性;在长期内,生产者可以通过调整生产规模改变产量,供给弹性很大。

3. 生产成本随产量变化的情况

就生产成本而言,如果产量增加只引起边际成本的轻微上升,则意味着产商的供给曲线比较平坦,供给弹性较大。相反,如果产量增加引起边际成本大幅上升,则意味着产商供给曲线比较陡峭,供给弹性较小。

4. 产品生产周期的长短

在一定时期内,对于生产周期较短的产品,产商可以根据市场价格变化及时调整产量,供给弹性较大。相反,生产周期长的产品供给弹性往往较小。

供给弹性作为一种衡量和考察供给量与价格变动之间的数量关系的工具,它的实际用处是,通过它可以分析生产的实际情况,断定哪种生产最为有利,以决定生产什么、生产多少和如何生产的问题。

[**相关链接 3-4**]

为什么石油输出国组织不能保持石油的高价格?

OPEC——简称"欧佩克"。1960 年 9 月由石油输出国成立石油输出国组织——欧佩克,在通过消除有害的、不必要的价格波动,确保国际石油市场上石油价格的稳定,保证各成员国在任何情况下都能获得稳定的石油收入,并为石油消费国提供足够、经济、长期的石油供应。其目标是协调和统一各成员国的石油政策,并确定以最适宜的手段来维护它们各自和共同的利益。但是,从 20 世纪 70 年代到 20 世纪末石油的总体价格并没有由 OPEC 来控制。

在过去的几十年间,对世界经济最具有破坏性的许多事件都源于石油市场。在 20 世纪 70 年代,石油输出国组织(OPEC)的成员国决定提高世界石油价格,以增加他们的收入。这些国家通过共同减少它们提供的石油产量而实现了这个目标。从 1973 年到 1974 年,石油价格在原有的基础上上涨了 50%以上。几年之后,它们又故伎重施,从 1979 年到 1981 年,石油价格几乎翻了一番。

但是,OPEC 发现要维持高价格是很困难的。从 1982 年到 1985 年,石油的价格一直以每年 10%的速度逐步下降。不满与混乱很快蔓延到 OPEC 各国。1986 年,OPEC 成员国之间的合作完全破裂了,石油价格猛跌了 45%。1990 年,石油价格又回到 1970 年的水平,并且在 20 世纪 90 年代的大部分时间内保持在这一水平上。(我们要区分在 21 世纪的前十年时间中,石油价格有一次疯长,但是主要的推动力不是 OPEC 的供给限制形成的,而是世界需求的增加

造成的，这种需求部分来自巨大且迅速增长的第三世界经济，尤其以我国为代表的大型经济体迅速增长）

20 世纪 70 年代和 80 年代 OPEC 的这个事件表明市场的供给和需求在短时间与长时间的状况是不同的，供给与需求在短时间内缺乏弹性，而在长时间内就富有弹性。在短时间内，石油的供给和需求都是较为缺乏弹性的。供给缺乏弹性是因为已知的石油贮藏量和石油开采能力不能迅速改变；需求缺乏弹性是因为购买习惯不会立即对价格做出反应。这就导致了市场上的石油供给与需求之间突然失衡。

而长期的情况就不同了，在长期中，OPEC 以外的石油生产者对高价格的反应是加强石油勘探并建立新的开采能力，以增加出口。消费者的反应是更为节俭，如少开私家车、多乘坐公共交通工具出行，用新型节油汽车来代替老式耗油的汽车等。因此，长期供给更富有弹性。

（资料来源：韩娜. 经济学基础. 中国经济出版社，2013）

第三节　弹性理论的运用

对于许多经济应用来说，进行需求价格弹性的数量估算是十分重要的。例如，一位汽车制造商想知道安装昂贵的污染控制设备所引起的汽车价格上升对汽车销量的影响；一所学院需要了解较高的学费对学生人数的影响；一位出版商需要计算图书价格上升对其销量的影响。这些都需要对需求价格弹性进行估算。

某种商品的价格变动时，其需求弹性的大小与价格变动所引起的出售该商品而所得到的总收益的变动情况密切相关，这是因为总收益等于销售量（需求量）乘以价格。可从下列公式中得到说明：

$$TR = P \times Q$$

式中，TR 为总收益，Q 为与需求量相一致的销售量，P 为单位价格。从公式可知，总收益取决于价格和需求量。所以，需求价格弹性发生变化，必然会引起总收益发生变动。

不同商品的需求弹性不同，价格变动引起的销售量的变动不同，从而总收益的变动也就不同。

一、需求富有弹性的商品需求价格弹性与总收益之间的关系

不同物品的价格弹性，或对价格的敏感程度差别很大，当一种物品价格弹性很高时，我们称这种物品是“富有弹性”的，这意味着该物品的需求量对价格变动反应很强烈。如意大利时装等奢侈品的价格上升时，我们就可以用其他物品来代替它们。对于需求富有弹性的商品（$E_d>1$），该商品的价格下降导致销售量（需求量）增加的幅度大于价格下降的幅度，总收益会增加；该商品的价格上升时，销售量（需求量）减少的幅度大于价格上升的幅度，总收益会减少。

例如，假定电脑的需求富有弹性系数 $E_d=2.5$，每台电脑的价格为 5 000 元，销售量为 200 台，这时总收益为：5 000×200＝1 000 000（元）。

如果每台电视机的价格从 5 000 元下降到 4 000 元，下降幅度为 20%。由于 $E_d=2.5$，所以销售量增加 50%，销售量便会增加到 300 台。这时总收益为：4 000×300＝1 200 000（元）。

两者比较，后者每台电脑的价格虽然下降了，但总收益却增加了 200 000 元。反过来看，如果

电脑的价格提高 20%,那么销售量会减少 50%。这时总收益为:6 000×100=600 000(元)。

两者比较,虽然后者每台电脑的价格提高了,但总收益却减少了 400 000 元。

通过上述分析,可得出这样一个结论:一般来说,某商品的需求是富有弹性的,则价格与总收益呈反方向变动,即价格上升,总收益减少;价格下降,总收益增加。这个结论可以解释“薄利多销”这类现象。

可用图 3-4 来说明这一点。在图 3-4 中,D 是某种需求富有弹性商品的需求曲线。当价格为 OC 时,销售量为 OF,总收益为 $OFAC$;当价格为 OE 时,销售量为 OG,总收益为 $OGBE$。由图上可以看出,当价格由 OC 降为 OE 时,$OGBE-OFAC>0$,总收益增加;当价格由 OE 上升为 OC 时,$OFAC-OGBE<0$,总收益减少。

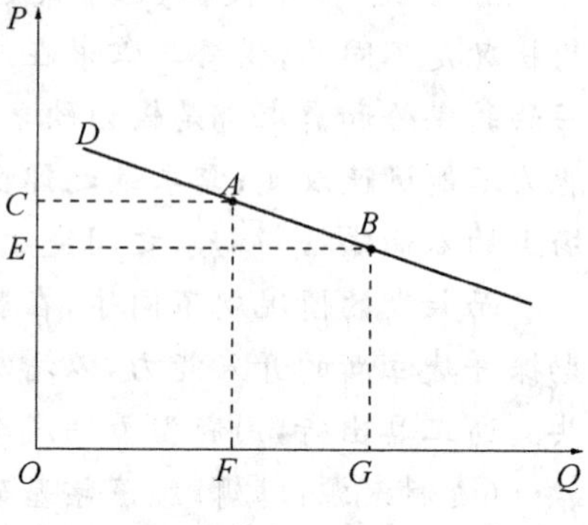

图 3-4 需求富有弹性与总收益

[**案例研究 3-3**]

机 票

美国航空公司同一航班的机票往往按价格的高低分为好几种,并不统一制定价格,而且规定给了折扣的低价票必须到周六晚上之后才能拿到,以及最后的时刻通常不提供折扣。这是为什么?

一般说来乘客可基本分为两大类:一类是商务人员,一类是闲适游客。机票对于他们的价格弹性是不同的。商务人员往往缺乏弹性,闲适人员往往富有弹性。对于美国航空公司来说,弄清乘客的需求弹性相当于每年可带来数十亿美元的收益。理想的情况下,航空公司希望向商务人员要求尽可能高的票价,而向闲适的游客提供足够低的票价以填补飞机上的空座。航空公司通过对其不同乘客采取“价格歧视”的措施,利用不同价格弹性来增加总收益,追求利润最大化。至于到周六晚上之后才能拿到折扣票可以使急于回家度周末的商务人员望而却步,不得不买高价票回家。而最后的时刻通常不提供折扣是因为许多商务往来事先并未计划,而是为了处理意外的危机,这是一种缺乏弹性的情况。

二、需求缺乏弹性的商品需求价格弹性与总收益之间的关系

当一种物品的价格弹性很低时,我们称这种物品是“缺乏弹性的”,也就是说该物品的需求量对价格变动反应微弱。食品、燃料、鞋及药品等必需品一般缺乏弹性。这些物品是生活所必需的,即使价格上升也很难舍弃。对于需求缺乏弹性的商品($E_d<1$),该商品的价格下降导致销售量(需求量)增加的幅度小于价格下降的幅度,总收益会减少;该商品价格上升时,销售量(需求量)减少的幅度小于价格上升的幅度,总收益会增加。

以农产品为例,假定某农产品是需求缺乏弹性的,$E_d=0.5$。价格为 2 元,销售量为1 000千克,这时总收益为:2×1 000=2 000(元)。

如果某农产品的价格从 2 元下降到 1.8 元,下降幅度为 10%。由于 $E_d=0.5$,所以销售量增加 5%,销售量便会增加到 1 050 千克。这时总收益为:1.8×1 050=1 890(元)。

两者比较,后者价格下降了,总收益却减少了:1 890-2 000=-110(元)。反过来看,如果

某农产品的价格提高 10%，那么销售量会减少 5%。这时总收益为：2.2×950＝2 090(元)。

两者比较，虽然后者的价格提高了，但总收益却增加了：2 090－2 000＝90(元)。

通过上述分析，可得出这样一个结论：一般来说，某商品的需求是缺乏弹性的，则价格与总收益呈同方向变动，即价格上升，总收益增加；价格下降，总收益减少。这个结论可以解释“谷贱伤农”这类现象。

可用图 3－5 来说明这一点。在图 3－5 中，D 是某种需求缺乏弹性商品的需求曲线。当价格为 OC 时，销售量为 OF，总收益为 $OFAC$；当价格为 OE 时，销售量为 OG，总收益为 $OGBE$，由图上可以看出，当价格由 OC 降为 OE 时，$OGBE-OFAC<0$，总收益减少；当价格由 OE 上升为 OC 时，$OFAC-OGBE>0$，总收益增加。

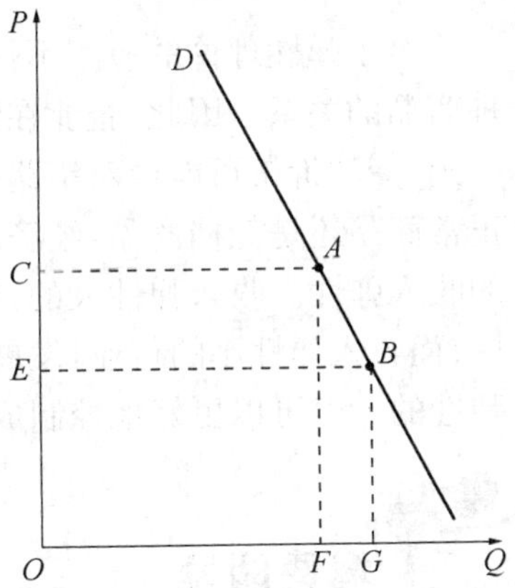

图 3－5　需求缺乏弹性与总收益

［**相关链接 3－5**］

需求弹性理论与美国的农业

“谷贱伤农”是中国流传已久的一句成语，它描述了在丰收年份，农民收入反而减少的现象。这一现象可用弹性理论加以说明。随着科学技术的进步，农业生产的技术含量越来越高。例如，通过运用拖拉机、联合收割机和摘棉机来实现机械化；肥料、灌溉、精心育种和新型杂交种子等方面的进展等。这一方面大幅度地降低了对农业劳动力的需求(一百年前，一半的美国人生活和工作在农场。今天这个数字已下降到 3%)，另一方面极大地提高了农业生产率(统计资料表明，美国农业生产率的增长步伐比大多数行业要快)。生产率的快速增长，大幅度地增加了供给。供给的快速增长超过了需求的有限增长，从而导致农产品价格下跌。1951—1990 年，相对于总体价格水平而言，美国农作物价格下降了 67%；同时，由于需求缺乏弹性，随价格下降农业收入减少。

农民对收入下降的反应往往是寻求政府给予经济资助。长期以来，与其他国家一样，美国政府采取了多重措施来帮助农民。例如，通过价格支持提高了农产品的价格；通过关税和配额限制进口；按产量直接给农民以补贴。在政府支援农业的方案中，争议最多的是要求农民限制产量。如果美国农业部要求农民比上年减少 20%玉米耕种面积，这将引起玉米的需求曲线向左上方移动。由于食物需求缺乏弹性，限制种植不仅提高了玉米和其他农作物的价格，而且增加了农民的总收入和利润。当然，消费者在限制种植和较高的农产品价格中遭受了损失，正如水灾或旱灾造成粮食稀缺的情形一样，当通过闲置生产性农业资源达到支持农民的目的时，这是社会必须付出的代价。

(资料来源：曼昆.经济学原理.梁小民，译.北京大学出版社，2006)

需求弹性与总收益之间的关系对我们理解许多经济现象和做出经济决策具有指导意义。在商业竞争中，可根据不同商品需求价格弹性的大小，分别做出不同的定价决策：对于需求富有弹性的商品，适当降价可使总收益上升；对于需求缺乏弹性的商品，适当提价可使总收益上升。由此也可以看出，经济学是一门实用的科学，与我们日常生活密切相关。

三、弹性理论的其他应用

对于弹性理论的应用不仅仅局限于需求价格弹性的应用。需求交叉弹性系数可以判断两种商品的关系。因此,企业在制定产品价格时,会先考虑到替代品和互补品之间的相互影响;否则,变动价格可能会对销路和利润产生不良后果。根据收入弹性系数可以分辨一种商品是正常商品还是低档商品,经济决策时,要规划各经济部门发展速度,就要首先考察各经济部门的收入弹性。收入弹性大的行业,由于需求量增长要快于国民收入增长,因此,发展速度应快些;而收入弹性小的行业,发展速度应当慢些。供给弹性的作用不亚于需求弹性,通过对供给弹性的考察可以更好地控制成本进而提高收益。

增值阅读

本章小结

弹性理论的内容有很多,包括需求的价格弹性、供给弹性、收入弹性、交叉弹性等,其中最重要的是需求的价格弹性,尤其是它的运用。

(1) 需求价格弹性(需求弹性)是需求量对价格变动的反应程度,其弹性系数为需求量变动百分比与价格变动百分比之比。

(2) 需求弹性可以分为需求无弹性、需求无限弹性、需求单位弹性、需求富有弹性和需求缺乏弹性。其中最常见的是需求缺乏弹性和需求富有弹性。需求缺乏弹性是弹性系数小于1,即需求量变动的百分比小于价格变动的百分比。需求富有弹性是弹性系数大于1,即需求量变动的百分比大于价格变动的百分比。

(3) 不同商品需求弹性大小不同,这主要取决于对不同商品的需求强度、替代品多少、商品用途广泛性、商品的耐用程度、在支出中所占比例等因素。

(4) 需求收入弹性指需求量对收入变动的反应程度,其弹性系数是需求量变动百分比与收入变动百分比之比。需求交叉弹性指一种商品的需求量对另一种商品价格变动的反应程度,其弹性系数是一种商品需求量变动百分比与另一种商品价格变动百分比之比。供给弹性指供给量对价格变动的反应程度,其弹性系数是供给量变动百分比与价格变动百分比之比。

(5) 需求富有弹性的商品价格下降总收益增加,价格上升总收益减少。需求缺乏弹性的商品价格下降总收益减少,价格上升总收益增加。

思考与练习

一、选择题

1. 计算需求弹性的弹性系数的一般公式是(　　)。

A. 需求量与价格之比

B. 需求量变动的百分比除以价格变动的百分比
C. 需求量变动的绝对值除以价格变动的绝对值
D. 价格变动的百分比除以需求量变动的百分比

2. 某种商品的价格变动10%,需求量变动20%,则它的弹性系数为(　　)。
A. 10%　　B. 30%　　C. 1/2　　D. 2

3. 如果一种商品的需求价格弹性系数为2,价格由1元上升到1.02元会导致需求量(　　)。
A. 增加4%　　B. 增加2%　　C. 减少4%　　D. 减少2%

4. 如果一种商品的需求价格弹性系数为0.5,价格由1元上升到1.04元会导致需求量(　　)。
A. 增加4%　　B. 增加2%　　C. 减少4%　　D. 减少2%

5. 如果需求的价格弹性系数为1/3,价格上升30%时,需求量将(　　)。
A. 增加10%　　B. 减少10%　　C. 增加90%　　D. 减少90%

6. 如果一种商品的价格上升时,需求量完全没有下降,那么该商品的需求(　　)。
A. 完全有弹性　　B. 完全无弹性　　C. 富有弹性　　D. 缺乏弹性

7. 如果一种商品的价格变动5%,需求量因此变动5%.那么该商品的需求(　　)。
A. 富有弹性　　B. 缺乏弹性　　C. 无弹性　　D. 单位弹性

8. 如果(　　),我们就说一种商品的需求缺乏弹性。
A. 需求量变化百分比大于价格变化百分比
B. 需求量变化百分比小于价格变化百分比
C. 需求变化大于价格变化
D. 价格变化大于需求变化

9. 如果一种商品的需求缺乏弹性,其弹性系数(　　)。
A. 大于1　　B. 大于0小于1　　C. 等于1　　D. 为0

10. 如果一种商品的需求缺乏弹性,商品价格上升5%将使(　　)。
A. 需求量的增加超过5%　　B. 需求量的增加小于5%
C. 需求量的减少超过5%　　D. 需求量的减少小于5%

二、判断题

1. 同一条线性需求曲线上不同点的弹性系数是不同的。(　　)
2. 需求的价格弹性为零意味着需求曲线是一条水平线。(　　)
3. 当某种产品的价格上升8%,而需求量减少7%时,该产品是需求富有弹性的。(　　)
4. 某种物品越是易于被替代,其需求也就越缺乏弹性。(　　)
5. 如果对食盐的支出在家庭支出中只占一个极小的比例,那么对食盐的需求就是缺乏弹性的。(　　)
6. 各种药品(包括营养补品)的需求弹性都是相同的。(　　)
7. 恩格尔系数是耐用品支出与食物支出之比。(　　)
8. 卖者提高价格肯定能增加总收益。(　　)
9. 农产品的需求一般来说缺乏弹性,这意味着当农产品的价格上升时,农民的总收益将增加。(　　)

10. 只有需求富有弹性的商品才能薄利多销。 ( )

三、思考题

1. 简要说明需求价格弹性有哪些类型。

2. 影响需求价格弹性的因素有哪些?

3. 根据需求弹性理论解释“薄利多销”和“谷贱伤农”这两句话的含义。

4. 农业科学家开发了一种高产水稻,这对农民来说是一件好事,还是一件坏事,为什么?

5. 某年大自然对农业格外恩惠,寒冷的冬季冻死了所有的害虫,适于播种的春季早早到来,没有发生恶性霜冻,喜雨滋润了成长中的秧苗,阳光灿烂的十月使得收割顺利并得以运往市场。年终时,琼斯一家愉快地坐下来计算一年的收入,但却大吃一惊:好年景和大丰收反而降低了他们及其他农民的收入。琼斯百思不得其解,你能告诉他原因吗?

6. 世界上大部分咖啡产自巴西,零摄氏度以下的气候不时地毁坏巴西的咖啡树。1975年的7月,当时一场严霜毁掉了巴西1976—1977年的绝大部分的咖啡收成。在纽约,一磅咖啡的现金价格从1975年的68美分涨至1976年的1.25美元,又涨至1977年的2.70美元。然而冻害后价格暴涨往往时间很短,一年后价格开始下跌,三四年后,又回到冻害前的水平。请问咖啡价格为什么会出现如此波动?

四、计算题

1. 某种商品的需求弹性系数为1.5,当它降价8%时,需求量会增加多少?

2. 某种商品在价格由8元下降为6元时,需求量由20单位增加为30单位。用中点法计算这种商品的需求弹性,并说明属于哪一种需求弹性。

3. 某商品的需求价格弹性系数为0.15,现价格为1.2元,试问该商品的价格上涨多少元才能使其消费量减少10%?

案例分析

实践与操作

一、实践题

1. 结合当地实际情况,分别找富有需求弹性的商品和缺乏需求弹性的商品(如小说类书和中小学教科书)各一种进行调研,说明价格变动对需求量的影响程度。

2. 分小组了解化妆品和药品市场,小组讨论为什么化妆品可以薄利多销而药品却不行,是不是所有的药品都不能薄利多销,原因是什么。

二、综合实训

实践名称:需求价格弹性理论的应用。

1. 目的任务

通过本部分实训,能够认知需求价格弹性理论;上网查阅需求价格弹性与总收益之间关系的资料;结合实际情况进行运用。

2. 实践内容

(1) 需求富有弹性($E_d>1$)的商品需求价格弹性与总收益之间的关系,找现实中的例子进行运算,并加以分析说明。

(2) 需求缺乏弹性($E_d<1$)的商品需求价格弹性与总收益之间的关系,找现实中的例子进行运算,并加以分析说明。

3. 实训方式

校外调研、讨论、上网查阅资料。

第二篇　企业决策

第四章　消费者行为

请扫描二维码
观看视频

学习目标

1. 知识目标：效用和边际效用；边际效用递减规律；无差异曲线、消费可能线；消费者均衡及其条件。

2. 能力目标：用图形说明和分析消费行为均衡；应用边际效用递减规律解释生活中的相关现象；理解实现消费效用最大化的条件。

趣味阅读

好汤最多喝三碗

杰米扬准备了一大锅鱼汤，请朋友老福卡前来品尝。

“请啊，老朋友，请吃啊！这个鱼汤是特别为你预备的。”杰米扬知道老福卡最爱喝鱼汤。果然，老福卡喝得津津有味。“再来一碗！”杰米扬可不是小气鬼，他是热心肠，而且很好客。“不，亲爱的朋友，吃不下了！我已经吃得塞到喉咙眼了。”老福卡回答。“没关系，才一小盆，总吃得下去的。味道的确好，喝这样的鱼汤也是口福呀！”“可我已经吃过三碗了！”“嗨，何必算那么清楚呢？哦，你的胃口太差劲！凭良心说，这汤真香，真稠，在盆子里凝结起来，简直跟琥珀一样。请啊，老朋友，替我吃完它！只吃半盆，吃吧！”杰米扬大声喊来自己的妻子，“珍妮，你来敬客，客人会领你的情的。”

杰米扬就这样热情地款待老福卡，不让他休息，不让他停止，一个劲儿地劝他吃。老福卡的脸上大汗如注，勉强又吃了一碗，并装作津津有味的样子，其实却实在吃不下了。“这样的朋友我才喜欢，那些吃东西挑剔的贵人们，我想想就觉得可气。”杰米扬嚷道：“真痛快！好，再来一碗吧！”奇怪的是，老福卡虽然很喜欢喝鱼汤，却马上站起身来，赶紧拿起帽子、腰带和手杖，用全力跑回家去了。

从此，老福卡再也不上杰米扬的门了。

（资料来源：https://www.sohu.com/a/455419413_120351601）

经济学启示：这则寓言说的其实是“边际效用递减”的现象，又被称为“边际收益递减”。

“边际效用”是指消费者在一定时间内每增加(减少)一个单位物品的消费量所获得效用,也就是所引起的总效用的增(减)量。在经济学中,效用是指商品满足人的欲望的能力,或者说,效用是指消费者在消费商品时所感受到的满足程度。而边际效用递减,指的是在一定时间内,在其他商品的消费数量保持不变的条件下,随着消费者对某种商品消费量的增加,消费者从该商品连续增加的每一消费单位中所得到的效用增量即边际效用是递减的。

第一节　效用与效用理论

每个消费者都面临这样的问题:怎样才能用口袋中有限的货币买最多自己所喜欢的东西以达到最大的满足?我们到商场购物时,也会发现不同消费者购物车里的东西是明显不同的。为什么张三会把番茄、牛奶和面包放在他的手推车里,而李四会把馒头、水饺和汽水放进去呢?为什么李四不买商场正在打特价的石榴和方便面呢?下面我们就来研究决定消费者行为选择的因素。我们对消费者行为的解释从偏好与效用这两个概念开始。

一、偏好

偏好是决定消费者行为的重要因素,**消费者的偏好表示为对一种物品或几种物品组合的排序**。例如,购买食品能满足充饥的欲望,那么到底是买红薯还是买面包呢?这就取决于消费者的偏好。如果说消费者对食物的排序是红薯排在面包的前面,那就表示消费者对红薯的偏好大于面包。偏好受社会、心理状况、文化、收入等多方面的影响,俗话说“萝卜青菜,各有所爱”,偏好因人而异。在现实生活中,我们也常发现,有些人爱喝啤酒,有些人只喝可乐;有些人喜欢摇滚音乐,有些人只喜欢轻柔的轻音乐。每个人的偏好不同,感受不同,对效用的评价也不一样,自己喜欢的东西肯定多吃多拿,自己不喜欢的东西则避而远之。

二、效用

效用是消费者从消费某种物品中所得到的满足程度。消费者消费某种物品获得的满足程度高就是效用大;反之,消费某种物品获得的满足程度低就是效用小。例如,衣服的效用在于能满足人们御寒、装饰等的需要;电影的效用在于能满足人们娱乐的需要等。如果消费者从消费某种物品中感受到痛苦,则是负效用。效用具有主观性和相对性。

(一) 主观性

效用和欲望一样都是消费者的一种心里感觉,对不同的人而言,同样的物品所带来的效用是不同的。例如,一支香烟对吸烟者来说可以有很大的效用,而对不吸烟者来说,则可能毫无效用,甚至有负效用。徐悲鸿的“八骏图”可以给艺术家提供很大的主观效用,但在不懂画的人看来,除了可以用来遮挡墙上的裂纹外没什么好处。由此看来,效用的大小取决于每个人的主观评价,而且效用很难量化。

(二) 相对性

效用纯粹是一种心理感受,随时随地都会发生变化。相同的人在不同的时间对同一件商品所感受到的效用也可能会发生变化。例如,电风扇夏天效用大,冬天却没有用,甚至会带来负效用。

[案例研究4-1]

地主和长工

从前,某地闹起了水灾,洪水吞没了土地和房屋。人们纷纷爬上山顶和大树,想要逃脱这场灾难。在一棵大树上,地主和长工聚在了一起。地主紧紧地抱着一盒金子,警惕地注视着长工的一举一动,害怕长工会趁机把金子抢走。长工则提着一篮玉米面饼子,呆呆地看着滔滔大水。除了这篮饼子,长工已一无所有。几天过去了,四处仍然是白茫茫的一片。长工饿了就吃几口饼子,地主饿了却只有看着金子发呆。地主舍不得用金子去换饼子,长工也不愿白白地把饼子送给地主。又几天过去了,大水悄悄退走了。长工高兴地爬到树下,地主却静静地躺着,永远地留在大树上了。

(资料来源:http://www.hoolee8.com/thread-58609-1-1.html)

从上面案例可以看出,平时,黄金比玉米面饼子要贵重得多,而在被洪水围困的两人世界中,生存处于第一位,这时只有食物才是最珍贵的。这个故事告诉我们,人们对某种物品所感觉到的满足程度是会改变的,在不同的时间和地点对同一个事物的主观感受是不同的。

三、效用理论

既然效用是用来表示消费者在消费商品时所感受到的满足程度,那么不同物品的效用是不是可以比较呢?在西方经济学中,先后出现过两种衡量效用大小的理论,这就是基数效用理论和序数效用理论。

(一)基数效用论

基数效用论认为效用的大小是可以衡量和加总的,效用的大小可以用1、2、3等基数词来表示。例如,消费者喝一杯咖啡的效用为20个单位,一块面包的效用为12个单位,那么这个消费者消费这两种物品得到的总效用就是32个单位。根据这个理论,可以用具体数字来研究消费者效用最大化的问题。基数效用论采用边际效用分析法来分析消费者的行为。后来,西方经济学家认为基数效用论过于牵强,因为人们根本无法确定效用计数单位的标准,谁也说不清一杯咖啡的20个单位效用究竟来自何处。于是,就又产生了序数效用理论。

(二)序数效用论

序数是指事物之间前后、高低排序,比如第一、第二、第三、第四等。序数效用论的基本观点是:效用仅是次序概念,而不是数量概念。在分析商品效用时,无须确定其商品的具体效用是多少,只需用序数(如第一、第二、第三等)来说明各个商品的效用大小,并以此作为消费者选择商品的根据。例如,一个消费者对看电影的兴趣要比看球赛的兴趣大得多,那么,对这个消费者而言,看电影的效用就大于看球赛的效用。序数效用论可通过无差异曲线进行分析比较。

不管是基数效用论还是序数效用论,它们分析方法的目的、对象和结论都是一致的。两者在分析方法上的最主要区别是:基数效用论采用了效用可计量的假定;而序数效用论分析时认为效用不可计量,只能是按高低、前后排顺序的假定。序数效用论的分析方法避免了使用基数效用分析所导致的计算上的困难。

［案例研究4－2］

“子非鱼，安知鱼之乐”新解

中国古代哲学家庄子与惠子在一个桥上游玩，庄子看见鱼自由地游来游去，感叹说：“儵鱼出游从容，是鱼之乐也。”惠子反驳说：“子非鱼，安知鱼之乐？”……这段对话讲庄子善辩。但从现代经济学的角度看，我们可以把这段话作为对鱼儿快乐与否的判断。

如果鱼有感觉，它也要追求效用最大化。它在水中自由地游来游去是迫于求生不得而为之，还是在享受，只有鱼自己才能判断。效用或满足是一种心里感觉，只有自己能做出判断。所以，应该说惠子说得对，你又不是鱼，怎么能知道鱼快乐还是不快乐呢？

消费者行为理论强调的是从个人出发来判断效用，正如要鱼儿自己判断自由地游来游去是否快乐一样。个人的感觉是研究消费者行为的出发点。当然，由于人的行为有共同之处，人对满足程度的判断表现为他的消费行为，所以，这种心理感觉仍是可以研究的，有共同的规律可循。这正是消费者行为理论的意义。

第二节　边际效用分析与消费者均衡

基数效用论采用的是边际效用分析法。基数效用理论中最常用的两个概念是总效用和边际效用。边际效用递减规律贯穿于基数效用理论，是基数效用论者分析消费者行为的基础。

一、总效用和边际效用

总效用(Total Utility,TU)是指消费者在某一特定时间内从商品全部消费中获得的满足感的量，也就是各单位商品效用的和。假定消费者对一种商品的消费数量为Q，则总效用函数为：

$$TU = f(Q)$$

边际效用(Marginal Utility,MU)是指消费者在一定时间内每增加(减少)一单位物品的消费量所引起的总效用的增(减)量，即每增加一单位物品消费所获得的效用。或者我们可以认为，边际效用是指所消费物品之一定数量中最后增加的那个单位提供的效用。边际效用函数可表示为：

$$MU = \frac{\Delta TU}{\Delta Q}$$

式中，MU为边际效用，ΔTU为总效用的增加量，ΔQ是这种商品的增加量。

我们可以用苹果的消费为例说明，表4－1中用数据表示了这个消费者在消费从1至7个苹果中所感受到的总效用和边际效用的变化。此消费者在消费第一个苹果时，他所感受到的效用为10个单位，再吃一个苹果时，总效用是18个单位。从消费一个苹果到两个苹果，数量增加了一个单位，效用从10个单位增加到18个单位，此时的边际效用为8个效用单位。

表 4 - 1　总效用与边际效用

消费数量(Q)	总效用(TU)	边际效用(MU)
0	0	0
1	10	10
2	18	8
3	25	7
4	30	5
5	30	0
6	25	−5

我们可以根据表 4 - 1 中苹果的例子绘制出图 4 - 1,以解释总效用与边际效用的关系。从图 4 - 1 中我们可以看出,横轴代表商品的数量,纵轴代表商品的总效用和边际效用,TU 线和 MU 线分别代表总效用曲线和边际效用曲线。总效用曲线的变动趋势是先递增后递减;边际效用曲线的变动趋势是递减的。二者的关系是:MU 为正值时,TU 线呈上升趋势;MU 为零时,TU 线达到最高点;MU 为负值时,TU 线呈下降趋势。也就是说,当 $MU>0$ 时,TU 上升;当 $MU<0$ 时,TU 下降;当 $MU=0$ 时,TU 达到最大。

我们把这两种效用放在同一个图上表示,如图 4 - 2 所示,就能更好地显示总效用与边际效用的关系。

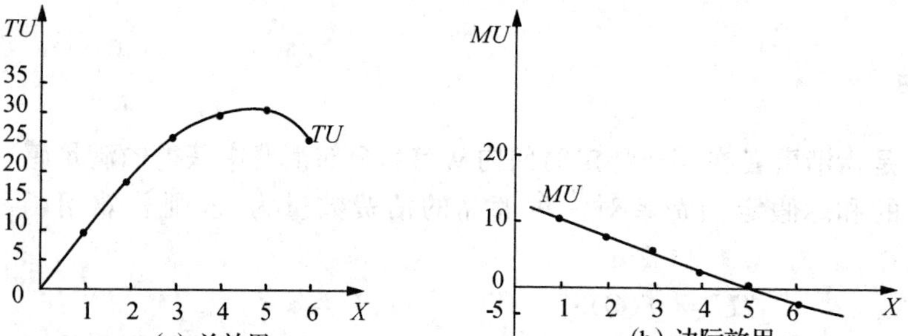

(a) 总效用　(b) 边际效用

图 4 - 1　总效用与边际效用

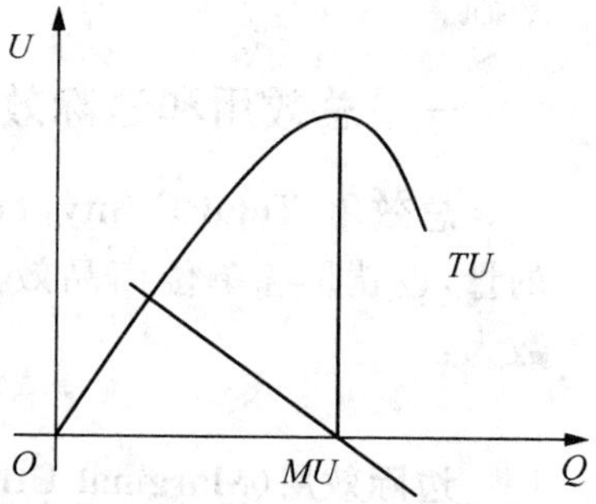

图 4 - 2　总效用与边际效用的关系

二、边际效用递减规律

观察人们的行为和心理,可以发现一个规律性现象:当我们越来越多地消费一种物品时,获得的额外(边际)满足程度会下降。例如,一个饭量较大的人吃馒头,当他非常饿时,吃第一个馒头觉得最香,最好吃,效用很大;再吃第二个馒头觉得也不错,好吃,效用也不小;吃第三个馒头时已经快饱了,觉得馒头也就那么回事吧,效用开始变小了;吃第四个馒头时,吃不吃都无所谓,效用等于 0;如果再吃第五个馒头,就会肚子发胀,消化不良,产生负效用(带来痛苦)。

从表 4 - 1 和图 4 - 1 中我们也可以看到这样一种情况:总效用先逐渐地递增然后递减;边际效用一直递减。这种情况普遍存在于一切物品的消费中,我们称之为边际效用递减规律。

边际效用递减规律可以表述如下：**随着一个人所消费的某种物品数量的增加，其总效用虽然相应增加，但物品的边际效用随所消费物品的数量的增加而有递减的趋势。**

当边际效用为零或负数，总效用就不再增加以至减少。所谓边际效用为零或者负数，表示消费者此时对消费产品不再感到满足反而会引起痛苦和损害。正如爱吃苹果的人不会在同一时间内无限量地吃下去，因为他会发现，第二个苹果的味道总不如第一个好，而第三个苹果又不如第二个苹果味道好，最后一个苹果的味道是最差的。

为什么边际效用会递减呢？我们可以通过以下两个方面进行解释：

一是生理或心理的原因。消费一种物品的数量越多，即某种刺激的反复，使人心理上的满足或心理上的反应减少，从而满足程度减少。

二是物品本身用途的多样性。每一种物品都有多种用途，这些用途的重要性不同。消费者总是先把物品用于最重要的用途，而后用于次要的用途。当他有若干这种物品时，把第一单位用于最重要的用途，其边际效用就大，把第二单位用于次重要的用途，其边际效用就小了。以此顺序用下去，用途越来越不重要，边际效用就递减了。例如，在仅有少量水的情况下（如在沙漠或航海中），人们十分珍惜地饮用，以维持生命，水的边际效用很大。随着水量增加，除满足饮用外，还可以用来洗脸、洗澡和洗衣，水的重要性相对降低，边际效用相应减小。

总之，边际效用递减规律是西方经济学在研究消费者行为时用来解释需求规律（定理）的一种理论观点。根据边际效用递减规律，消费者在对某商品的最初消费中所获得的效用最大，其欲望最强，消费者愿意付出较高的价格。随着消费数量的递增，边际效用在递减，获得的效用在递减，消费者愿意付出的价格越来越低。当然，它的有效性要以假定人们消费行为的决策是符合理性为其必要前提的。

[**案例研究 4－3**]

吃三个面包的感觉

美国总统罗斯福连任三届后，曾有记者问他有何感想，总统一言不发，只是拿出一块三明治面包让记者吃，这位记者不明白总统的用意，又不便问，只好吃了。接着总统拿出第二块，记者还是勉强吃了。紧接着总统拿出第三块，记者为了不撑破肚皮，赶紧婉言谢绝。这时罗斯福总统微微一笑："现在你知道我连任三届总统的滋味了吧。"

（资料来源：https://www.docin.com/p－263508378.html）

这个故事揭示了经济学中的一个重要的原理：边际效用递减规律。随着记者消费面包数量的增加，每个面包带来的满足感是越来越小的，即边际效用是递减的。再比如，水是非常宝贵的，没有水，人们就会死亡，但是你连续喝超过了你能饮用的数量时，那么多余的水就没有什么用途了，再喝边际效用几乎为零，或是在零以下。现在生活富裕了，我们都有体验——"天天吃着山珍海味也吃不出当年饺子的香味"。这就是边际效用递减规律。

三、消费者均衡

任何一个消费者在消费的时候都必须面对一个事实：无限的欲望和囊中羞涩的货币之间的矛盾。如何才能用有限的收入去换取最大程度的满足呢？理性的消费者必须在有限的客观条件下实现欲望、效用的最大化,此时消费者获得最大限量的满足,被称为消费者均衡。

(一) 消费者均衡的含义

所谓消费者均衡,就是指消费者将其全部收入用于消费时,获得商品和劳务的最大总效用。在这种状态下,消费者感到心满意足,不再去寻找其他选择方式,故称之为“均衡”。

为了简化在研究消费者均衡的时候遇到的问题,我们常常有如下的假定:

(1) 消费者的嗜好或偏好既定,即消费者对各种消费品的效用和边际效用是已知和既定的;

(2) 消费者决定买进各种消费品的价格是已知和既定的;

(3) 消费者的货币收入是既定的,其收入全部用来购买相应的产品。

(二) 消费者均衡的条件

消费者获得最大效用(即达到消费者均衡)的条件是:他所购买的各种商品的边际效用与该商品的价格成比例,即消费者每一单位货币所获得的边际效用都相等。其经济含义是:消费者收入一定时,多购买某种商品,就会少购买其他商品。根据边际效用递减规律,多购买的商品边际效用下降,少购买的商品边际效用上升。要想达到消费者均衡,消费者就必须调整他所购买的各种商品的数量,使每种商品的边际效用和价格之间的比例都相等。

我们可以用数学方法表示消费者均衡的原则,问题将变得更加简洁明了。

假设消费者的收入为 M 时,消费者购买并消费 X 与 Y 两种物品,X 与 Y 的价格为 P_X 与 P_Y,所购买的 X 与 Y 为 Q_X 与 Q_Y,X 与 Y 所带来的边际效用为 MU_X 与 MU_Y,每 1 单位货币的边际效用为 MU_m。这样,可以把消费者均衡的条件写为:

$$P_X \cdot Q_X + P_Y \cdot Q_Y = M \tag{1}$$

$$\frac{MU_X}{P_X} = \frac{MU_Y}{P_Y} = MU_m \tag{2}$$

上述(1) 式是限制条件,说明收入是既定的,购买 X 与 Y 物品的支出不能超过收入,也不能小于收入。超过收入的购买是无法实现的,而小于收入的购买也达不到既定收入时的效用最大化。(2) 式是消费者均衡的条件,即所购买的 X 与 Y 物品带来的边际效用与其价格之比相等。

如果所消费的不是两种物品,而是多种物品,设各种物品的价格为 $P_1, P_2, P_3, \cdots, P_n$,购买量为 $Q_1, Q_2, Q_3, \cdots, Q_n$,各种物品的边际效用为 $MU_1, MU_2, MU_3, \cdots, MU_n$,则可以把消费者均衡的条件写为:

$$P_1 \cdot Q_1 + P_2 \cdot Q_2 + P_3 \cdot Q_3 + \cdots + P_n \cdot Q_n = M \tag{3}$$

$$\frac{MU_1}{P_1} = \frac{MU_2}{P_2} = \frac{MU_3}{P_3} = \cdots = \frac{MU_n}{P_n} = MU_m \tag{4}$$

我们以一个生活中的事例来分析。假如某人现在有 10 元钱(收入),去一家小饭店喝啤酒、吃烤鸭。如何才能用这 10 元取得消费的最大效用,达到消费者均衡呢? 为了方便计算,假定啤酒的和烤鸭的单位价格分别为 1 元和 2 元。表 4 - 2 简单地给出了这些数据。其中 2a 栏表示他从每一单位连续增加的啤酒中所得到的边际效用量,3a 栏表示他从每一单位连续增加的烤鸭中所得到的边际效用量。为了使不同价格上他的额外效用具有可比性,边际效用必须放到每 1 元支出的基础上,如表中的 2b 和 3b 栏。

表 4-2 两种商品的效用组合

1. 产品的单位	2. 啤酒:单位价格 1 元		3. 烤鸭:单位价格 2 元	
	a. 边际效用(单位)	b. 每 1 元的边际效用(MU/价格)	a. 边际效用(单位)	b. 每 1 元的边际效用(MU/价格)
第 1 单位	10	10	24	12
第 2 单位	8	8	20	10
第 3 单位	7	7	18	9
第 4 单位	6	6	16	8
第 5 单位	5	5	12	6
第 6 单位	4	4	6	3
第 7 单位	3	3	4	2

通过对表 4-2 的观察,可以得知:应该先花 2 元购买 1 单位的烤鸭,因为每 1 元的单位效用是 12,比啤酒的 10 要高。接下来会发现购买第 2 单位的烤鸭和购买第 1 单位的啤酒没有差别,因为两者的边际效用都是 10。于是两种产品分别买 1 单位,此时花在最后 1 元所产生的边际效用相等,但是还没获得最大效用,因为只花了 5 元,还有 5 元没用完。

于是我们再分析,会发现应该再花 2 元购买第 3 单位的烤鸭,因为这时烤鸭的边际效用为 9,而第 2 单位啤酒的边际效用只有 8。接着我们发现在第 2 单位的啤酒和第 4 单位的烤鸭之间又没区别了,因为两者的边际效用都为 8,于是又各买了 1 单位,此时花在每个产品上的最后 1 元产生了相同的边际效用,而且刚好花完了 10 元。

可见,达到效用最大化的商品组合是 2 单位的啤酒和 4 单位的烤鸭,通过这样组合,10 元的消费得到了最大的效用。同时,消费者的收入恰好用完。我们说这时消费者达到了消费者均衡。

[**案例研究 4-4**]

钻石和木碗

一个穷人家徒四壁,只得头顶着一只旧木碗四处流浪。一天,穷人上一只渔船去帮工。不幸的是,渔船在航行中遇到了特大风浪,船上的人几乎都淹死了,穷人抱着一根大木头,才幸免于难。穷人被海水冲到一个小岛上,岛上的酋长看见穷人头顶的木碗,感到非常新奇,便用一大口袋最好的钻石换走了木碗,派人把穷人送回了家。一个富翁听到了穷人的奇遇,心中暗想,一只木碗都能换回这么多宝贝,如果我送去很多可口的食物,该换回多少宝贝啊!于是,富翁装了满满一船山珍海味和美酒,找到了穷人去过的小岛。酋长接受了富人送来的礼物,品尝之后赞不绝口,声称要送给他最珍贵的东西。富人心中暗自得意。一抬头,富人猛然看见酋长双手捧着的“珍贵礼物”,不由得愣住了:它居然就是穷人用过的那只旧木碗!

故事《钻石和木碗》提出了一个问题:商品的价格究竟是由什么因素决定的呢? 为什么非常珍贵的钻石,在某个海岛上却受到了轻视,其价值甚至远远比不上一个木碗?

从消费者均衡原则中可以看到,在获得最大效用时,消费者购买的各种商品的边际效用与价格成正比关系,即边际效用越大价格越高,边际效用越小价格越低。于是,西方经济学家得出了商品的价值或价格取决于商品的边际效用大小的结论。按照这种观点,数量多的商品因其边际效用小,消费者只愿出低价,数量少的商品因其边际效用大,消费者愿意花高价购买。一般情况下,钻石极其稀少,木碗比比皆是,故钻石的价格远远高于木碗。但在这个故事中,由于这个岛上钻石数量多,木碗却从未见过,因此岛上的木碗的价格或价值远远高于钻石。

第三节　无差异曲线分析与消费者均衡

西方经济学家中有些人反对基数效用理论,认为效用是无法计量的,只能用序数来表示效用的大小。序数效用论者主要使用无差异曲线分析方法来考察消费者行为,并在此基础上推导出消费者需求曲线。

一、无差异曲线及其特点

(一) 无差异曲线

无差异曲线(Indifference Curve)是用来表示两种不同商品的不同数量的组合给消费者所带来的效用完全相同的一条曲线。表示消费者在一定偏好、一定技术条件和一定资源条件下选择商品时,对不同组合商品的满足程度是没有区别的。由于消费者对这些不同的组合偏好相同(同样喜爱,满足程度相同),因此无差异曲线又叫“效用等高线”。无差异曲线一般用字母 U 表示。

假设现在某消费者将其全部收入用来购买两类商品 X_1 和 X_2,两种商品的数量可任意搭配,但任一种的组合方式都给他带来同样大的满足。表 4－3 列出了 X_1 和 X_2 的四种组合,还可以列出许多种组合,这些组合所代表的效用都是相等的,因此此表称为无差异表。

表 4－3　某消费者的无差异表

商品组合	X_1	X_2
A	1	10
B	2	6
C	3	4
D	4	2.5

根据无差异表的数据,可以做出相应的无差异曲线图,如图 4－3 所示。

在图中,横轴表示 X_1 商品的数量,纵轴表示 X_2 商品的数量,U 为无差异曲线,线上任一点 X_1 和 X_2 商品的数量组合给消费者带来的总效用都是相等的。

（二）无差异曲线的特点

无差异曲线图的特征，如图 4-4 所示。

(1) 无差异曲线是一条向右下方倾斜的曲线，其斜率为负值。这就表明，在收入与价格既定的条件下，消费者为了得到相同的总效用，在增加一种商品的消费时，必须减少另一种商品的消费。两种商品不能同时增加或减少。

(2) 在同一平面图上可以有无数条无差异曲线。同一条无差异曲线代表相同的效用，不同的无差异曲线代表不同的效用。离原点越远的无差异曲线，所代表的效用越大；离原点越近的无差异曲线，所代表的效用越小。

(3) 在同一平面图上，任意两条无差异曲线不能相交，因为在交点上两条无差异曲线代表了相同的效用，与第二个特征相矛盾。

(4) 无差异曲线是一条凸向原点的线。这是由边际替代率递减所决定的。

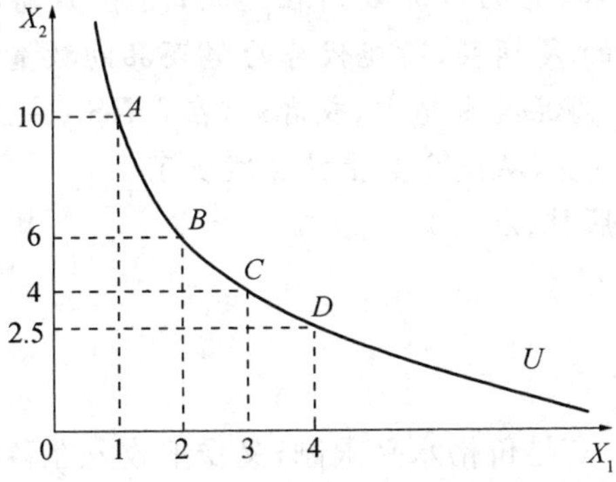

图 4-3　无差异曲线图

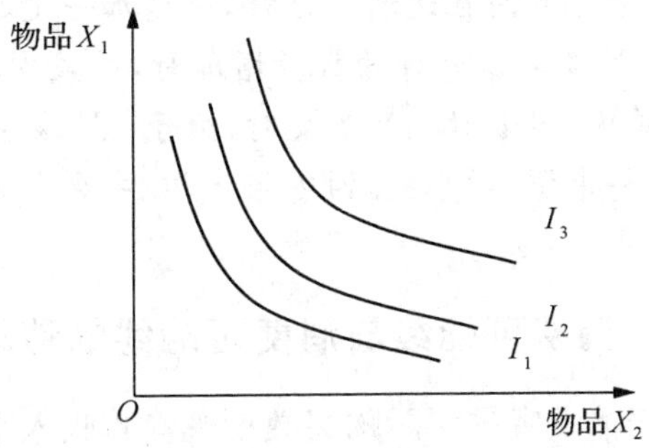

图 4-4　无差异曲线图的特征

[相关链接 4-1]

边际替代率递减规律

在无差异曲线分析中，以边际替代率代替了边际效用，以边际替代率递减规律代替了边际效用递减规律。

1. 边际替代率

边际替代率是消费者在保持相同的效用时减少的一种商品的消费量与增加的另一种商品的消费量之比。以 ΔX 代表 X 商品的增加量，ΔY 代表 Y 商品的减少量，MRS_{XY} 代表以 X 商品代替 Y 商品的边际替代率，则边际替代率的公式是：

$$MRS_{XY} = \Delta Y / \Delta X$$

例如，增加 2 单位 X 商品，减少 1 个单位 Y 商品，则以 X 商品代替 Y 商品的边际替代率为 0.5。应该注意的是，在保持效用相同时，增加一种商品要减少另一种商品。因此，边际替代率应该是负值。无差异曲线的斜率就是边际替代率，无差异曲线向右下方倾斜就表明边际替代率为负值。但为了方便起见我们一般用其绝对值。

2. 边际替代率递减规律

我们首先来计算下表中以 X 商品代替 Y 商品的边际替代率。

边际替代率表

变动情况	ΔX	ΔY	MRS_{XY}
a—b	5	12	2.4
b—c	5	5	1
c—d	5	3	0.6
d—e	5	2	0.4
e—f	5	1	0.2

在表中，ΔX 是 X 商品的增加量，ΔY 是 Y 商品的减少量，MRS_{XY}应该是负值。边际替代率递减是指边际替代率的绝对值在减少，从表中可以看出，MRS_{XY}从 2.4 一直下降到 0.2。这种情况存在于任何两种商品的替代中，称为边际替代率递减规律。

边际替代率递减的原因是，随着 X 商品的增加，它的边际效用在递减；随着 Y 商品的减少，它的边际效用在递增。这样，每增加一定数量的 X 商品，所能代替的 Y 商品的数量就越来越少，即 X 商品以同样的数量增加时，所减少的 Y 商品越来越少，或者说，在 $MRS_{XY}=\Delta Y/\Delta X$ 这个公式中，当分母 ΔX 不变时，分子 ΔY 在不断减少，从而分数值就在减少了。

(资料来源：梁小民. 西方经济学. 中央电大出版社，2008)

二、消费可能线与消费可能线的移动

由于消费者的实际购买数量既受其收入水平、商品价格水平限制，又受把收入在各种商品之间进行分配等因素的制约，所以，可以借助消费可能线进一步分析消费者的行为。

(一) 消费可能线

消费可能线(Consumption Possibility Line)是一条表明在消费者收入与商品价格既定的条件下，消费者所能购买到的两种商品数量最大组合的线，也叫作预算线或等支出线。它表明了消费者消费行为的限制条件。即购买物品所花的钱不能大于收入，也不能小于收入。因为大于收入是无法实现的，小于收入则无法实现效用最大化。这个限制条件可以写为：

$$M = P_X \cdot Q_X + P_Y \cdot Q_Y$$

上式也可以写为：

$$Q_Y = \frac{M}{P_Y} - \frac{P_X}{P_Y} \cdot Q_X$$

这是一个直线方程式，其斜率为$-\frac{P_X}{P_Y}$。根据预算方程，就可以绘出可能线。

例如，某消费者周收入 80 元，食物价格是每单位 1 元，衣服价格是每单位 2 元。他用 80 元每周所能购买的食物和衣服的不同的组合如表 4-4 所示。

表 4-4 市场篮子和消费可能线

市场篮子	食物单位(X)	衣服单位(Y)	总支出(元)
A	0	40	80
B	20	30	80

续　表

市场篮子	食物单位(X)	衣服单位(Y)	总支出(元)
C	40	20	80
D	60	10	80
E	80	0	80

根据表4-4中的数据，以食物为横轴，衣服为纵轴，可做出消费可能线，如图4-5所示。

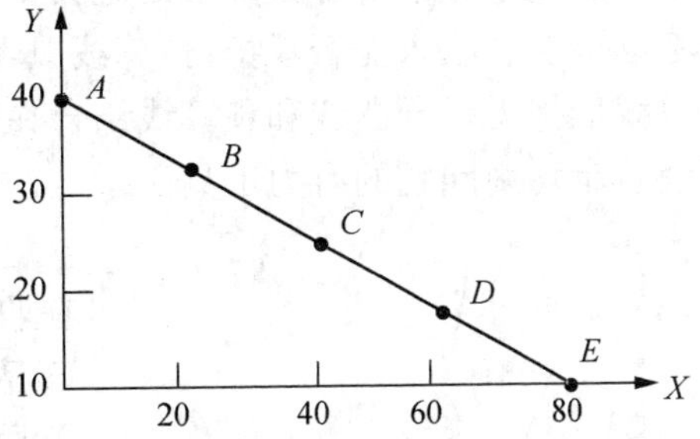

图4-5　消费可能线

在图4-5中，连接A、B、C、D、E几点的直线就是可能线。可能线上的任何一点都是在收入与价格既定的条件下，能购买到的商品的最大数量的组合。可能线外的消费组合超出了消费者的消费能力，是不可能实现的；而可能线之内的消费组合没有超出消费者的消费能力，是可以实现的。

（二）消费可能线的移动

消费者的收入或商品价格变化时，会引起可能线的变动。可能线的变动有以下两种原因。

1. 消费者的收入变化引起可能线的变动

两种商品价格不变，消费者的收入变化时，会引起可能线的截距发生变化，使可能线发生平移。如图4-6所示，消费者的收入增加，则使可能线AB向右平移至A′B′；消费者的收入减少，则使可能线AB向左平移至A″B″。两种商品价格和消费者的收入同比例同方向变化时，可能线不变。

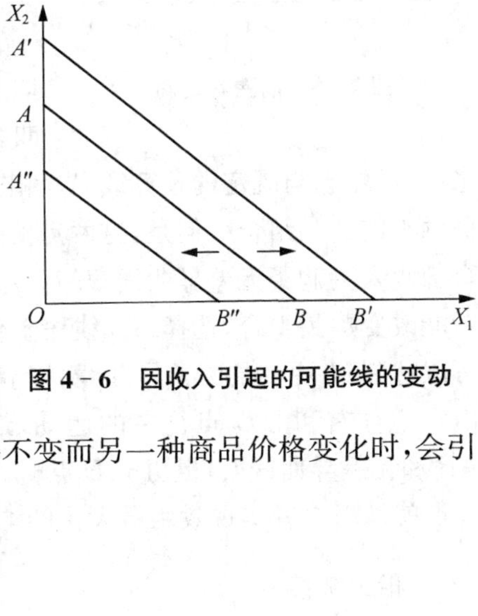

图4-6　因收入引起的可能线的变动

2. 商品价格的变化引起可能线的变动

消费者的收入不变，两种商品价格同比例同方向变化时，会引起可能线的截距发生变化，使可能线发生平移。如图4-7所示，当消费者的收入不变，一种商品价格不变而另一种商品价格变化时，会引起可能线的斜率及相应截距发生变化。

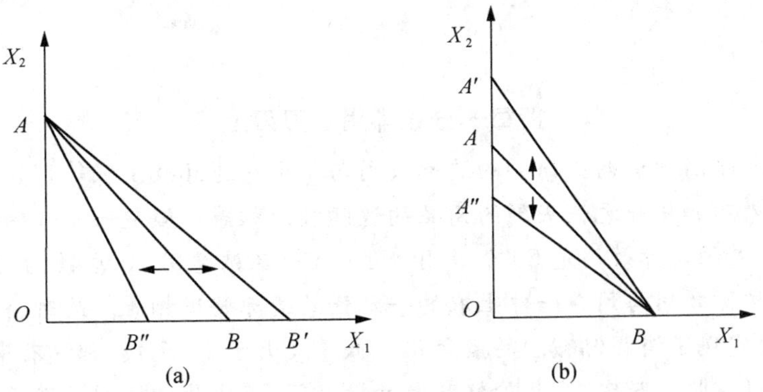

图4-7　商品价格变化引起可能线的变动

如图 4－7(a)所示,商品 1 的价格下降,则使可能线 AB 移至 AB';商品 1 的价格提高,则使可能线 AB 移至 AB''。在图 4－7(b)中,商品 2 的价格下降和提高,分别使可能线 AB 移至 $A'B$ 和 $A''B$。

三、消费者均衡

从无差异曲线和预算线的定义中不难看出,无差异曲线只考虑所购买商品效用的大小,不考虑消费者收入能否承担;预算线只考虑消费者收入多少,不考虑所购买商品效用的大小。所以我们把无差异曲线和预算线结合在一起进行研究时,就能兼顾到收入和效用,使之成为讨论消费者均衡问题的有力工具。

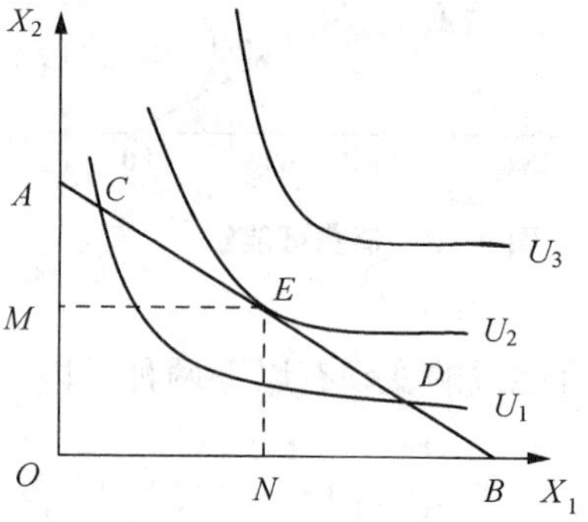

图 4－8　消费者均衡

一个消费者关于任何两种商品的无差异曲线有无数条;在收入和商品价格既定的条件下,一个消费者关于任何两种商品的预算线只有一条。只有既定的预算线与其中一条无差异曲线相切时,在切点处消费者才实现了效用最大化,该切点就是消费者实现效用最大化的均衡点。可以用图 4－8 来说明这一点。

为什么只有切点 E 点才是消费者效用最大化的均衡点呢?因为就无差异曲线 U_3 来说,虽然它代表的效用水平高于无差异曲线 U_2,但它与既定的预算线 AB 既无交点又无切点。这说明消费者在既定的收入水平下无法实现无差异曲线 U_3 上的任何一点的商品组合的购买。就无差异曲线 U_1 来说,虽然它与既定的预算线 AB 相交于 C、D 两点,这表明消费者利用现有收入可以购买 C、D 两点的商品组合。但是,这两点的效用水平低于无差异曲线 U_2,因此,理性的消费者不会用全部收入去购买无差异曲线 U_1 上 C、D 两点的商品组合。事实上,就 C 点和 D 点来说,若消费者能改变购买组合,选择 AB 线段上位于 C 点右边或 D 点左边的任何一点的商品组合,则都可以达到 U_1 更高的无差异曲线,以获得比 C 点和 D 点更大的效用水平。这种沿着 AB 线段由 C 点往右和由 D 点往左的运动,最后必定在 E 点达到均衡。显然,只有当既定的预算线 AB 和无差异曲线 U_2 相切于 E 点时,消费者才在既定的预算约束条件下获得最大的满足。故 E 点就是消费者实现效用最大化的均衡点。

[相关链接 4－2]

把每一分钱都用在刀刃上

消费者均衡就是消费者购买商品的边际效用与货币的边际效用相等。这就是说消费者的每一元钱的边际效用和用一元钱买到的商品的边际效用相等。假定一元钱的边际效用是 5 个效用单位,一件上衣的边际效用是 50 个效用单位,消费者愿意用 10 元钱购买这件上衣,因为这时的一元钱的边际效用与用在一件上衣的一元钱的边际效用相等。此时消费者实现了消费者均衡,也可以说实现了消费(满足)的最大化。低于或大于 10 元钱,都没有实现消费者均衡。我们可以简单地说在收入既定、商品价格既定的情况下,花钱最少得到的满足程度最大就实现了消费者均衡。

第四节　消费者行为理论及其运用

一、消费者剩余

每当我们在逛街的时候，看到特别适合自己的东西，即使这个商品的价格比较高也许都愿意买下。如果这个时候突然看到标签的价格原来比想象中的要低，就会觉得非常愉快。例如，你非常喜欢一套运动服，原本打算即使500元也愿意买，但是后来发现标价是380元，你会说“哇！太实惠了！”你的意思是“我喜欢这套衣服，还不到我最高预期价格，只需要380元而不是500元”。那么，你会很愉快地认为自己省了120元。我们就说你从中得到了120元的消费者剩余。

消费者剩余是指消费者从商品中得到的满足程度超过了他实际付出的价格部分，或者说消费者剩余是消费者愿意为一种物品支付的数量减去消费者为此实际支付的数量。

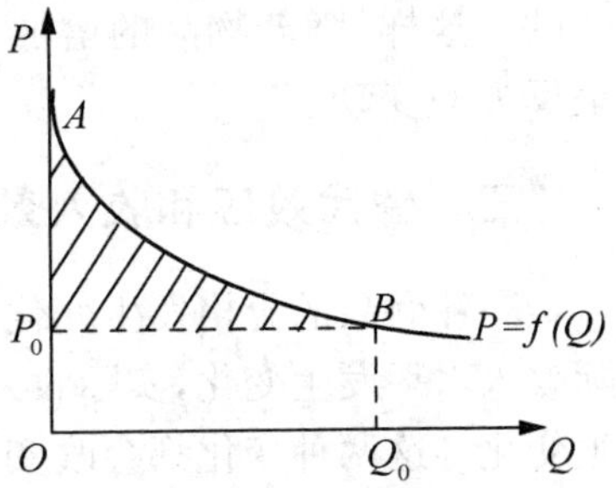

图4-9　消费者剩余

消费者剩余可以用几何图形来表示。简单地说，消费者剩余可以用消费者需求曲线以下、市场价格线之上的面积来表示，如图4-9中阴影部分面积所示。假定该商品的市场价格为P_0，消费者的购买量为Q_0。那么，根据消费者剩余的定义，我们可以推断，产量在0到Q_0区间时需求曲线以下的面积表示消费者为购买Q_0数量的商品所愿意支付的总数量，即相当于图中的面积$OABQ_0$；而实际支付的总数量等于市场价格P_0乘以购买量Q_0，即相当于图中的矩形面积OP_0BQ_0。这两块面积的差额即图中的阴影部分面积，就是消费者剩余。

应该注意的是，消费者剩余是一种心理现象，消费者在购买过程中并未真正得到实在的利益，只不过他在心理上认为得到了。但是，也有其实际意义，如果你买到了一件物美价廉的商品，大大低于你暗地里给它估算的价格，你一定会觉得非常满意。商家有时将此作为一种促销手段，先将价格（故意）定得很高，然后打折，报出一个比原价低很多的价格。因为当差价越大，你心理上的感觉就越好，购买欲望就越强。

［**相关链接4-3**］

千金买邻

在南北朝的时候，有一个叫吕僧珍的人，居住在广陵地区。他为人正直，很有智谋和胆略，受到了人们的尊敬和爱戴，名声很好。有一个名叫宋季雅的官员，被罢官以后，由于仰慕吕僧珍的人品，特意买下了吕僧珍宅子旁边的一栋普通房子，与吕僧珍为邻。

一天，吕僧珍问宋季雅：“你花了多少钱买这栋房子？”宋季雅回答说：“1 100金”。吕僧珍听了大吃一惊：“怎么这么贵啊？”宋季雅笑着回答说：“我用100金买房子，用1 000金买个好邻居！”这就是人们常说的“千金买邻”的典故。1 100金的价钱买一幢普通的房子，一般人不会做出如此选择，但是宋季雅认为很值得，因为其中的1 000金是专门用来买邻的。

（资料来源：https://www.jianshu.com/p/24e80a725caa）

二、消费者行为与需求定理

某种物品的需求量取决于价格,并与价格反方向变动,这是我们以前讲过的需求定理。学习了消费者理论,我们可以用这一理论来解释需求定理。

消费者愿意支付的价格取决于他以这种价格所获得的物品能带来的效用大小,即消费者所愿意付出的货币表示了他用货币所购买的物品的效用。在研究消费者行为时,有一个很重要的假设,就是货币的边际效用是不变的。只有货币的边际效用是不变的,才能用货币的边际效用去衡量其他物品的效用。

消费者为购买一定量的某物品所愿意付出的货币价格取决于他从这一定量物品中所获得的效用,效用大,愿意付出的价格高;效用小,愿意付出的价格低。随着消费者购买的某物品数量的增加,该物品给消费者所带来的边际效用是递减的,而货币的边际效用是不变的。这样,随着物品的增加,消费者所愿付出的价格也在下降。因此,需求量与价格必然呈反方向变动。

三、替代效应和收入效应

一种商品的价格发生变化后,将同时对商品的需求量产生两种影响:一种是使消费者的实际收入水平发生变化,实际收入水平变化会引起效用水平的变化;另一种是商品的相对价格发生变化。这两种变化都会改变消费者对该种商品的需求量。总效应表示一种商品价格变化所引起的需求量的总变化,总效应=替代效应+收入效应。

(一) 替代效应

替代效应是指在商品相对价格发生变化,而消费者实际收入不变情况下,导致商品之间的相互替代,从而引起该种商品需求量发生相应变动。比如,在猪肉涨价后,鸡蛋价格不变,鸡蛋就显得相对便宜很多,那么消费者会增加鸡蛋的购买而减少猪肉的购买。如图 4-10 所示,消费者把收入用于购买 X 和 Y 两种商品,如果 X 商品价格下降,消费者可以减少 Y 的购买量而增加 X 的购买量,用增加的 X 来代替减少的 Y,从而使总效用不变。因此,替代效应发生后,消费预算线发生变化,均衡点在同一条无差异曲线上移动,由 E_1 变化到 E_2。

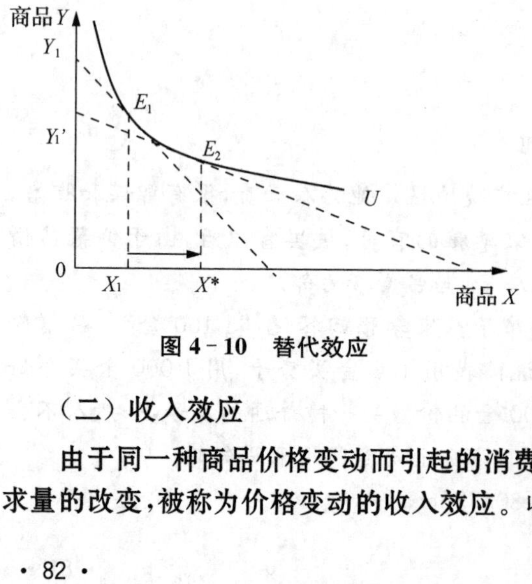

图 4-10 替代效应

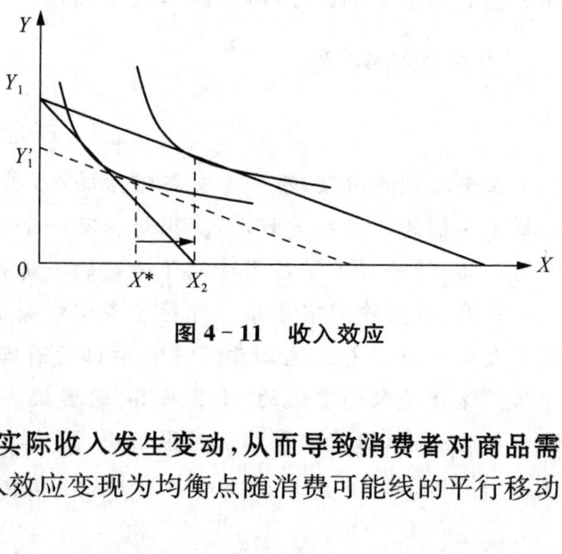

图 4-11 收入效应

(二) 收入效应

由于同一种商品价格变动而引起的消费者实际收入发生变动,从而导致消费者对商品需求量的改变,被称为价格变动的收入效应。收入效应变现为均衡点随消费可能线的平行移动而在不同的无差异曲线上的移动。现在假定 X 商品的价格下降，在购买原来数量的 Y 商品之后，家庭的收入将有所剩余。X 商品价格的下降等于增加了这个家庭的实际收入，这剩余的收入可以用来购买 X 商品，也可以用来购买 Y 商品。因此，消费预算线将向右平移，无差异曲线也移动，如图 4-11 所示。

四、消费者的其他决策

消费者的收入来自他所提供的生产要素，他们的收入除了消费之外还有一部分用来投资或储蓄，这些决策也与消费者决策一样影响消费者的效用。

（一）消费与储蓄决策

家庭在获得收入之后，要把收入分为消费和储蓄两部分。把多少收入用于消费，把多少用于储蓄，取决于目标效用最大化。

如果家庭把收入用于现在购买物品以获得效用，则是现期消费。如果家庭把收入用于储蓄，以便将来再消费，这就是未来消费。这种未来的消费就是储蓄。未来消费是为了将来获得效用。所以，消费与储蓄决策取决于消费者一生的效用最大化。

决定消费者储蓄决策的是利率。消费者面对消费 1 元钱还是储蓄 1 元钱时，他要考虑的一个问题是，现在消费 1 元钱带来的效用与储蓄 1 元钱加上利息在未来所带来的效用比较。如果将来的效用大，就会放弃消费，进行储蓄。因此，消费者储蓄的决策最终由利率决定。

（二）劳动供给决策

家庭所拥有的时间是有限的，每个人一天最多有 24 小时，劳动供给决策就是把其中的多少时间用于劳动。一个人把多少时间用于工作，把多少时间用于闲暇，取决于工资，比如说，每小时工作工资是多少。工资的变动通过替代效应和收入效应来影响劳动供给。闲暇是没有收入的，享受闲暇就必须放弃工作所能得到的工资——所放弃的工资就是闲暇的机会成本。替代效应指工资增加引起的工作对闲暇的替代。因此，随着工资的增加，替代效应使劳动供给增加。另一方面，随着工资增加，人们的收入增加，对闲暇的需求也增加。增加闲暇必定减少劳动时间，收入效应使劳动供给随工资增加而减少。

随着工资增加引起的替代效应和收入效应对劳动供给起着相反的作用。如果替代效应大于收入效应，则随着工资增加，劳动供给增加。如果收入效应大于替代效应，则随着工资增加，劳动供给减少。工资作为劳动的价格决定了劳动供给决策。

（三）闲暇与时间的配置

我们必须合理做好自己的时间预算，正如对货币要进行预算一样。假定在完成所有的学习和工作后，你一天有 3 小时的自由时间，那么，你分配时间的最佳方法应该是什么呢？消费者选择的一般法则是：当你花费在每一种活动上的最后一分钟的边际效用相等，你就能最佳地利用你的时间。

例如，你想要在有限的时间内最大限度提高各门功课的成绩，你应该在每一门功课上花费相同的时间吗？当然不是的。如果花费在英语上的最后一分钟产生的边际知识量大于经济学，那么，把学习时间从经济学转移到英语上面，直到花费在每门功课上的最后一分钟所产生的知识增量相等。那么，我们认为你的时间就安排得最好，你的知识总量就会提高。

(四)投资决策

把收入中消费之后的钱存入银行,称为储蓄;如果用来购买股票或债券,则称为投资。投资有多种形式,包括购买股票与债券的金融资产投资;购买房地产、艺术品等实物投资;用于教育支出的人力资本投资等。

决定人们采取什么投资形式的是每种形式的未来收益率。在现实中,由于风险的不确定性,人们不会只投资于某一种形式,即不把鸡蛋放在同一个篮子里。这就是说要对风险与收益不同的资产进行组合,以使投资的预期未来收益率最大。

增值阅读

本章小结

效用就是消费者通过消费某种商品或服务所能获得的满足程度。消费者从自己的偏好出发消费物品,满足欲望而获得效用。效用是一种心里感觉,每个人偏好不同,消费同种物品所产生的效用也不同。用效用观点分析消费者行为的方法称为效用分析法。效用分析理论分为基数效用论和序数效用论。

(1) 基数效用论采用边际效用分析法分析消费者行为,认为效用可以计量并加总求和。序数效用论认为效用无法计量和加总,只能排序。

(2) 总效用是消费一定量某物品而得到的满足程度。边际效用是某物品的消费量增加一单位所增加的满足程度。消费者的目的是实现效用最大化。在收入与价格既定的情况下,消费者效用最大化的条件是消费者所消费的两种物品的边际效用与价格之比相等。

(3) 总效用曲线的变动趋势是先递增后递减,边际效用曲线的变动趋势是递减的,当$MU=0$时,TU达到最大。当边际效用递减到等于零以至变为负数时,总效用相应地达到最大后逐渐减少,这种现象称为边际效用递减规律。

(4) 消费者均衡的条件包括消费预算限制条件和消费者均衡的实现条件。达到消费者均衡时,该消费者所购买的各种商品的边际效用与该商品的价格成比例,即消费者每一单位货币所获得的边际效用都相等。

(5) 无差异曲线是两种商品的不同数量的组合给消费者所带来的效用完全相同的一条曲线。消费可能线是在消费者收入与商品价格一定的条件下,消费者所能购买到的两种商品数量最大组合的线。当无差异曲线与消费可能线相切时,消费者消费的两种物品组合实现了效用最大化。

(6) 消费者愿意支付的价格与在市场上实际支付的价格之差成为消费者剩余。

思考与练习

一、选择题

1. “萝卜青菜，各有所爱”体现了效用的（　　）。

A. 主观性　B. 相对性　C. 同一性　D. 客观性

2. 总效用曲线达到最高点时，（　　）。

A. 边际效用曲线达到最大点　B. 边际效用为零

C. 边际效用为正　D. 边际效用为负

3. 如果消费者取得的货币效用大于所购入的商品效用，那么他会（　　）。

A. 继续购买商品　B. 停止购买商品

C. 退掉已购入的商品　D. 观望

4. 根据边际效用递减规律，数量的增加会引起消费者需求的降低，企业为了克服商品销售量的下降，最可能采取的措施是（　　）。

A. 多做广告　B. 降低成本　C. 产品不断创新　D. 促销

5. 一个消费者愿意为第一杯啤酒消费 11 元，为第二杯支付 7 元，为第三杯支付 4 元，为第四杯支付 2 元。如果每杯啤酒的价格为 2 元，则此消费者消费这四杯啤酒得到的消费者剩余是（　　）元。

A. 25　B. 15　C. 16　D. 18

6. 已知商品 X 的价格为 1.5 元，商品 Y 的价格为 1 元，如果消费者从这两种商品得到最大效用的时候，商品 Y 的边际效用是 30，那么商品 X 的边际效用应该是（　　）。

A. 20　B. 30　C. 45　D. 40

7. 某人消费苹果和香蕉。假定他的收入增加了一倍，苹果与香蕉的价格也上升了一倍。那么，他的预算线将（　　）。

A. 仍然不变　B. 向外移动，但斜率不变

C. 向外移动，但更陡峭了　D. 向外移动，但更平坦了

8. 消费者均衡是研究消费者在既定收入条件下，如何实现（　　）。

A. 欲望最大化　B. 偏好最大化　C. 效用最大化　D. 利润最大化

9. 消费者剩余是消费者（　　）。

A. 实际所得　B. 主观感觉

C. 消费剩余的部分　D. 消费过剩的商品

10. 根据无差异曲线分析，消费者在（　　）实现了均衡。

A. 无差异曲线与消费可能线的相切之点

B. 无差异曲线与消费可能线的相交之点

C. 离原点最远的无差异曲线上的任何一点

D. 离原点最近的消费可能线上的任何一点

二、判断题

1. 同样商品的效用因人、因地、因时的不同而不同。（　　）

2. 假定其他条件不变,消费者从每单位商品中得到的效用随此商品数量的增加而增加。( )

3. 只要商品的数量在增加,消费者得到的总效用就一定增加。( )

4. 如果消费者从每一种商品中得到的总效用与它们的价格之比分别相等,他将获得最大效用。( )

5. 两条无差异曲线的交叉点所表示的商品组合,对同一个消费者来说具有不同的效用。( )

6. 只要总效用是正数,边际效用就不可能是负数。( )

7. 在均衡的条件下,消费者对每单位商品所支付的货币的效用等于他所购买的商品的边际效用。( )

8. 消费者剩余是商品价格与价值之间的差额。( )

9. 徐悲鸿的《八骏图》给艺术鉴赏家提供的效用更体现了效用的相对性而非主观性。( )

10. 偏好取决于消费者的收入和物品的价格。( )

三、思考题

1. 简要说明总效用与边际效用之间的关系。

2. 用基数效用论说明消费者均衡的条件。

3. 基数效用论和序数效用论的基本观点是什么?它们各采用何种分析方法?

4. 无差异曲线的特征是什么?

5. 用无差异曲线和消费可能线说明如何实现消费者均衡。

6. 小王准备花 9 000 元买一把 Ibanez RG3120F 电吉他。到了琴行,他发现只有 Ibanez RG2620 电吉他了,于是花了 6 000 元买下。请问:这中间的差价 3 000 元是消费者剩余吗?如果是,请说出理由;如果不是,请指出什么才算是消费者剩余。

7. 在炎热的夏天,当你吃第一根雪糕时感觉最好,吃得越多感觉越不好,如果一次吃十几根就会遭受痛苦。请用所学的原理解释这种现象。

8. 200 多年前,亚当·斯密在《国富论》中提出了价值悖论(The Paradox of Value):“水与钻石的价值之谜”——没有什么能比水更有用,然而水很少能交换到任何东西。相反,钻石几乎没有任何用处,但却经常可以交换到大量的其他物品。该怎样合理地对价值悖论做出合理的解释?(提示:商品的价值或价格由边际效用而不是总效用决定;商品相对稀缺性,由供给决定,影响价格)

四、计算题

1. 根据下表计算:

面包的消费量	总效用	边际效用
1	20	20
2	30	
3		

(1) 消费第二个面包时的边际效用是多少?

(2) 消费三个面包的总效用是多少?

2. 假设某消费者收入为 120 元，X 物品价格为 10 元，Y 物品价格为 15 元，请画出该消费者的消费可能线。

3. 假设某消费者的均衡如右图所示。其中，横轴 OX_1、纵轴 OX_2 分别表示商品 1 和商品 2 的数量，线段 AB 为消费者的预算线，曲线 I 为消费者的无差异曲线，E 点为均衡点。已知商品 1 的价格 $P_1=3$ 元。

(1) 求消费者的收入；

(2) 求商品 2 的价格 P_2；

(3) 写出预算线方程。

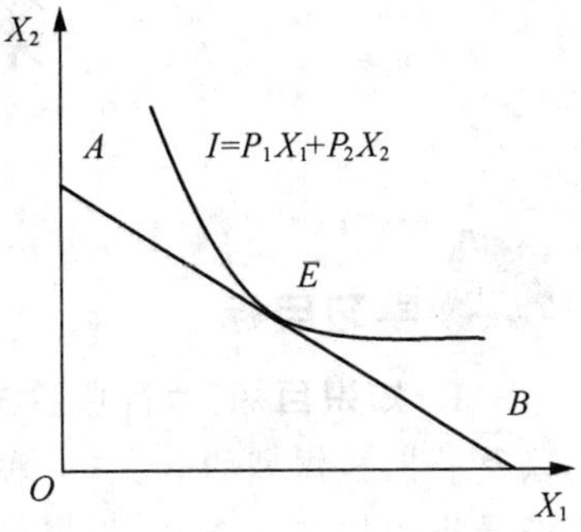

案例分析

实践与操作

一、实践题

参观各大商场，了解各大商场是如何利用消费者剩余的原理促进销售的。

二、综合实训

实践名称：设计缓解水源不足的方案。

1. 目的任务

进一步复习边际效用原理，能应用经济学相关原理解释生活中相关现象。

2. 实践内容

我国许多大城市由于水源不足，自来水供应紧张。根据边际效用递减原理，设计一种方案供政府来缓解和消除这个问题，并回答：这种措施对消费者剩余有何影响？对生产资源的配置有何有利或不利的行为？

3. 实训方式

查找相关资料，以小组为单位讨论，每人写一份方案上交。

第五章　生产者行为

请扫描二维码
观看视频

学习目标

1. 知识目标：边际收益递减规律；总产量、边际产量和平均产量的关系；生产及生产函数，以及长期和短期的含义；一种生产要素的最适投入和两种生产要素的最适组合；等成本线和等产量线的特点和含义；规模经济的概念和适度规模。

2. 能力目标：运用边际收益递减规律确定规模经济；运用等成本线和等产量线分析两种生产要素的最适组合；掌握确定生产要素投入的合理投入区间的方法；理解实现生产者均衡的条件。

趣味阅读

小熊种地

冬天过去了，睡了一冬的小熊从树洞里爬出来说："今年，可不能像去年那样懒，我可得干点儿什么，再也不能一无所获了。"于是，小熊在自家门前的土地上种上了菠菜，然后喜滋滋地等着它长大。一天，它看到山羊在菜园里施肥，小熊想：我得赶快回家给菠菜施肥，让它长得比山羊家的更快。一番浇水、施肥之后，菠菜果然长得更大更绿，小熊非常高兴。从此以后，小熊每天都给菠菜浇水、施肥，可是没过多久菠菜却枯死了。

经济学启示：这个故事反映的就是边际收益递减规律。边际收益递减规律之所以会发生，是由于参与生产过程的各种生产要素之间存在着一个最优组合比例。如果符合这个比例，所有的生产要素都能发挥出它们之间的最大效率。而且越是接近于这个比例，生产要素的效率就越高；越是偏离这个比例，生产要素的效率就越低。在没有达到最优组合比例之前，可变生产要素相对于固定生产要素太少，增加可变生产要素可以使它们的效率得到更加充分的发挥。但是，达到最优组合后，再增加生产要素反而会产生画蛇添足的效果。

第一节　生产与生产函数

在西方经济学中，生产者称为厂商。在生产理论中，厂商的目的是实现利润最大化，即在既定的产量下实现成本最小，或在既定的成本下达到产量最大。

生产的主体是厂商，厂商又称为生产者或企业，是指使用生产要素自主从事商品或服务生产的单位。在现实中，厂商从组织形式上可以划分为业主制企业、合伙制企业和公司制企业。无论厂商采取哪种形式，都是以获取最大限度的利润作为其经营决策的目标。

一、生产与生产要素

（一）生产

生产是指投入各种不同的生产要素以制成产品的过程，也就是把投入转化为产出的过程。从西方经济学的角度看，一切能够创造或增加效用的人类活动都是生产。例如，粮食可供人们充饥，理发可以起到美容的作用，这些活动都能为人类增加效用，因而都是生产的一种。

值得一提的是，同样一项活动，在某种情况下可能是生产，在另一种情况下可能不是生产。关键在于，这项活动是否参与了交换，是否赚取了收入。例如，为自己娱乐拉小提琴不是生产，去街头演奏谋生就是生产；为自己修自行车不是生产，去自行车维修铺修车就是生产。

（二）生产要素

生产要素是指生产过程中所使用的各种资源。例如，面包店使用的生产要素包括工人的劳动、面粉、糖等原材料，以及投资在烤炉、搅拌器上的资本和其他一些设备，通过面包店老板的管理和协调，最终生产出面包和蛋糕。**生产要素具体可分为四类，即劳动、资本、土地和企业家才能。**

劳动是指劳动者所提供的服务，可以分为脑力劳动与体力劳动。资本是指生产中所使用的资金。资本有两种形式：无形的人力资本与有形的物质资本。前者指体现在劳动者身上的身体、文化、技术状态，后者指厂房、设备、原料等资本品。在生产理论中，指的是后一种物质资本。土地是指生产中所使用的各种自然资源，是在自然界所存在的，如土地、水、自然状态的矿藏、森林等。企业家才能指企业家对整个生产过程的组织与管理工作。

二、生产函数

（一）生产函数

生产过程中的投入要素以及最终产出之间存在着一定的依存关系，这种关系可以用生产函数来描述。**生产函数是指在一定技术水平之下，生产要素的数量与某种组合和它所能生产出来的最大产量之间依存关系的函数。**

以 Q 代表总产量，L、K、N、E 分别代表劳动、资本、土地、企业家才能这四种生产要素，则生产函数的一般形式为：

$$Q = f(L, K, N, E)$$

在分析生产要素与产量的关系时，一般把土地作为固定的生产要素，而企业家才能却难以估算。因此，生产函数又可以写为：

$$Q = f(L, K)$$

这一函数式表明，在一定技术水平时，生产 Q 的产量，需要一定数量劳动与资本的组合。同样，生产函数也表明，在劳动与资本的数量与组合为已知时，也就可以推算出最大的产量。

［**相关链接 5－1**］

柯布-道格拉斯生产函数

20 世纪 30 年代初，美国经济学家 P. 道格拉斯与 C. 柯布根据美国 1899—1922 年的工业生产统计资料，得出了这一时期美国的生产函数为：

$$Q = AL^{\alpha}K^{1-\alpha}$$

这就是经济学中著名的“柯布-道格拉斯生产函数”。在这个生产函数中,A 与 α 为常数,其中:$1>\alpha>0$。A 代表既定的技术水平,K、L 分别代表资本与劳动,K 和 L 相互替代又不完全替代。在这一生产函数中,当劳动量与资本量增加 λ 倍时,产量也增加 λ 倍,则为:

$$A(\lambda L)^{\alpha}\cdot(\lambda K)^{1-\alpha} = \lambda AL^{\alpha}K^{1-\alpha} = \lambda Q$$

柯布与道格拉斯从 1899—1922 年美国经济发展资料中,用经验估计方法计算出 A 为 1.01,α 为 0.75,所以,柯布-道格拉斯生产函数可以具体化为:

$$Q = 1.01L^{0.75}K^{0.25}$$

这个公式表明,产量的增加大约 3/4 是劳动的贡献,1/4 是资本的贡献。根据统计资料的验证,这个估算是符合实际情况的。

(资料来源:http://baike.baidu.com/view/2045105.htm)

(二) 短期生产函数

假定我们自己创业开办一个公司,只考虑两样生产要素:劳动力和资本。我们发现随着公司业务增多,增加新员工可在一周内迅速补充,但随之增加办公场所和相应的设备则需要些时日。经济学中,需要区分固定要素和可变要素,根据固定要素和可变要素的划分区分短期和长期。我们把投入要素分为固定投入和可变投入。例如,面包店在开张之前,需要店铺、面包车间和机器设备,另外还须雇用管理人员。这些都是固定投入,他们的投入量不依赖于总产量水平。还有一些投入,如生产工人、购买的原材料,这些是可变投入,它们的数量随着总产量的变化而变化。

生产函数中的短期和长期不是指一个具体的时间跨度,而是指能否使厂商来得及调整生产规模所需要的时间长度。**所谓长期,是指这样一个时期,在此期间企业所有的生产要素都是可以变化的,即这段时期中企业有足够的时间根据环境的变化对生产要素的数量做出相应的调整。所谓短期,是指时间短到厂商来不及调整生产规模来达到调整产量的目的,即企业的部分生产要素是固定不变的**。比如飞机厂、汽车厂的厂房数量不可能在一个月内改变,其设备数量也很难在一周内改变;而另外一些投入则可随产量改变,如原材料、电能、劳动力等。

短期内我们假定资本数量不变,只有劳动一个要素可变。在生产函数 $Q=f(L,K)$ 中,假定不变的资本投入量用 $\overline{K}$ 表示,劳动投入量可变,用 L 表示,则得到短期生产函数,可以写为:

$$Q = f(L,\overline{K}) = f(L)$$

(三) 长期生产函数

与短期生产函数对应,**长期生产函数是考察厂商可以调整其所有生产要素投入的情况下,它的要素投入和产出之间的关系。在长期内,所有的要素投入都可变**。假定生产者使用劳动和资本两种可变生产要素生产一种产品,则两种可变生产要素的长期生产函数为:

$$Q = f(L,K)$$

第二节　生产要素的最适投入

在短期中,有的生产要素保持不变,有的生产要素数量发生了变化。为了研究投入和产量之间的关系,除了投入要素外还需要了解总产量、平均产量和边际产量以及它们的相互关系。

一、产量概述

根据短期生产函数 $Q=f(L,\overline{K})$，可以得到劳动的总产量、劳动的平均产量和劳动的边际产量的概念。

劳动的总产量（TP_L）是指与一定的可变要素劳动的投入量相对应的最大产量。其公式为：

$$TP_L = f(L,\overline{K})$$

劳动的平均产量（AP_L）是指总产量与所使用的可变要素劳动的投入量之比。其公式为：

$$AP_L = \frac{TP_L(L,\overline{K})}{L}$$

劳动的边际产量（MP_L）是指增加一单位可变要素劳动的投入量所增加的产量。其公式为：

$$MP_L = \frac{\Delta TP_L(L,\overline{K})}{\Delta L} \quad 或 \quad MP_L = \lim_{\Delta L \to 0}\frac{\Delta TP_L(L,\overline{K})}{\Delta L} = \frac{\mathrm{d}TP_L(L,\overline{K})}{\mathrm{d}L}$$

根据总产量、平均产量和边际产量的定义，可做出表 5－1。

表 5－1 劳动投入与总产量、平均产量和边际产量之间的关系

资本量(K)	劳动量(L)	劳动增量(ΔL)	总产量(TP_L)	平均产量(AP_L)	边际产量(MP_L)
10	0	0	0	0	0
10	1	1	6	6	6
10	2	1	13.5	6.75	7.5
10	3	1	21	7	7.5
10	4	1	28	7	7
10	5	1	34	6.8	6
10	6	1	38	6.8	4
10	7	1	38	5.4	0
10	8	1	37	4.6	−1

根据表 5－1，可以做出图 5－1。

在图 5－1 中，横轴 OL 代表劳动量，纵轴 OQ 代表总产量、平均产量与边际产量。TP_L 为总产量曲线，AP_L 为平均产量曲线，MP_L 为边际产量曲线，分别表示随着劳动量变动，总产量、平均产量与边际产量变动的趋势。根据分析可以得出总产量、平均产量和边际产量之间的关系有这样几个特点：

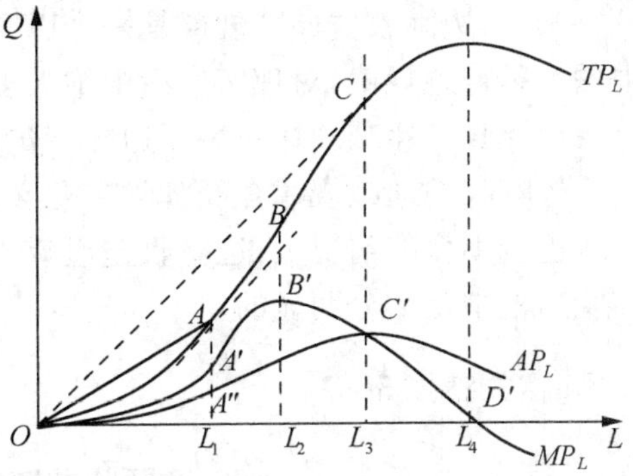

图 5－1 总产量、平均产量和边际产量的关系

第一，在资本量不变的情况下，随着劳动量的增加，最初总产量、平均产量和边际产量都是递增的，但各自增加到一定程度之后就分别递减。所以，总产量曲线 TP_L、平均产量曲线 AP_L 和边际产量曲线 MP_L 都是先上升而后下降。

第二,边际产量曲线 MP_L 与平均产量 AP_L 曲线相交于平均产量曲线的最高点。在相交前,平均产量是递增的,边际产量大于平均产量($MP_L > AP_L$);在相交后,平均产量是递减的,边际产量小于平均产量($MP_L < AP_L$);在相交时,平均产量达到最大,边际产量等于平均产量($MP_L = AP_L$)。

例如,某排球队的平均身高是 1.80 米(平均量),新加入的一名队员身高 1.85 米(边际量),则全队的平均身高就会提升。反之,如果新加入的一名队员身高是 1.75 米(边际量),则全队的平均身高就会下降。

在上图中,在 C' 点以前,MP_L 曲线高于 AP_L 曲线,MP_L 曲线将 AP_L 曲线拉上,AP_L 曲线是上升的;在 C' 点以后,MP_L 曲线低于 AP_L 曲线,MP_L 曲线将 AP_L 曲线拉下,AP_L 曲线是下降的。MP_L 曲线与 AP_L 曲线相交于 AP_L 曲线的最大值点 C' 点。

第三,当边际产量为零时,总产量达到最大。当边际产量为负数时,总产量就会绝对减少。

二、边际收益递减规律

边际收益递减规律(也叫边际报酬递减规律)是指在技术不变的条件下,若其他生产要素固定不变,只连续投入一种可变生产要素,随着这种可变生产要素投入量的增加,最初每增加一单位该要素所带来的产量增量是递增的,但在达到一定限度后,**增加一单位要素投入所带来的产量增量将要递减,最终还会使总产量减少**。对一种可变生产要素的生产函数来说,边际产量表现出先上升而最终下降的规律。边际报酬递减规律成立的原因在于:随着可变要素投入量的增加,可变要素投入量与固定要素投入量之间的比例在发生变化。在可变要素投入量增加的最初阶段,相对于固定要素来说,可变要素投入过少,因此,随着可变要素投入量的增加,其边际产量递增,当可变要素与固定要素的配合比例恰当时,边际产量达到最大。如果再继续增加可变要素投入量,由于其他要素的数量是固定的,可变要素就相对过多,于是边际产量就必然递减。

在理解边际收益递减规律时要注意以下几个方面:

第一,其他条件不变包括两个因素:一是技术水平不变,该规律不能预测在技术水平变动的情况下增加一单位要素投入对产量的影响;二是其他要素投入量不变,该规律对所有投入要素同时变化的情况并不适用。

第二,随着可变要素投入量的增加,边际产量要经过递增、递减,甚至成为负数的过程。

第三,边际收益递减规律是一个以生产实践经验为根据的一般性概括,它指出了生产过程中的一条普遍规律,对现实生活中绝大多数生产函数都是适用的。

边际收益递减规律决定了边际产量曲线呈先升后降的特征。

边际收益递减规律在经济学中意义重大。它是研究一种生产要素合理投入的出发点,在技术进步不变的情况下,边际收益递减规律所反映的这种现象,在生产时间、社会活动和科学实验过程中是十分明显的。

[**相关链接 5-2**]

边际收益递减与农村剩余劳动力转移

边际收益递减规律表明,生产中只要有一种投入不足,其他要素就会出现边际收益递减的现象。以农业为例,在土地面积固定的情况下,劳动和资本的边际收益都会递减。一方面,固定土地上的劳动力不断增加，需要养活越来越多的人口；另一方面，边际收益递减规律作用下，固定土地上的边际产出越来越少。两方面共同作用导致人均产出减少，人们的生活水平不断下降。这往往用于解释许多发展中国家为什么贫困的原因。

我国是世界上人与地关系最紧张、农业劳动集约度最高的国家之一。务农人数多，农业的产出很低，是我国穷的根本原因。改革开放之后，一方面随着人口增加土地边际收益递减规律仍然发生作用，另一方面经济建设的发展使耕地面积减少，因而有限土地上的就业压力进一步增加。如果把固定土地上增加一个劳动力所增加的收益接近于零的那些劳动力称之为剩余劳动力，那么家庭联产承包责任制在极大地提高农业效率的同时，也释放出大量的农村剩余劳动力。如何解决土地上释放出来的大量的农村剩余劳动力呢？主要通过剩余劳动力的转移来实现。根据边际收益递减规律，大量农村剩余劳力如果不能向第二、第三产业转移，滞留在有限的土地上，农民就不可能富裕起来，所以农村剩余劳力向第二、第三产业转移有利于增加农民收入，改善农村生活质量，提高农业劳动力素质，促进社会主义新农村建设。

（资料来源：https://new.ldxy.edu.cn/zfjgx/info/13696/97904.htm）

三、一种可变生产要素的合理投入

根据上面对边际收益递减的分析，可知产量并不是随着可变要素的增加而一直增加的。那么，可变要素应该如何投入才能让产量达到最大呢？

在分析一种可变要素的合理投入时，我们可根据总产量、平均产量和边际产量的关系，把可变要素投入划分为三个阶段，分别是平均产量递增、平均产量递减和边际产量为负三个阶段。

第一阶段，可变要素投入的增加至平均产量达到最大。其特点是：TP 保持递增趋势，AP 由零增至最高点，$MP>0$，并且 $MP>AP$。在此阶段，总产量和平均产量都是递增的，所以理性的生产者不会选择减少这一阶段的劳动投入量，而会继续增加劳动投入量，增加劳动不仅可以增加总产量，还可以提高平均产量。

第二阶段，平均产量开始递减至边际产量为零。其特点是：TP 保持递增趋势，AP 下降。$AP>MP$，$MP>0$。在此阶段，平均产量和边际产量都处于递减阶段，但总产量是增加的，且达到最大。

第三阶段，总产量开始递减，边际产量为负。其特点是：TP 从最高点开始递减，AP 一直保持递减趋势，$MP<0$。在此阶段，总产量开始下降，增加劳动反而会使总产量减少。所以理性的生产者不会选择增加这一阶段的劳动投入量，而是会减少劳动投入量。

综上所述，理性的生产者不会选择第一阶段和第三阶段进行生产，必然选择在第二阶段组织生产，即只有第二阶段才是可变要素投入的合理区域。但在这一区域中，生产者究竟应投入多少可变要素，还必须结合成本、产品价格等因素来进行分析才能确定。

生产三阶段的划分有重要的经济意义。企业通常不会停留在第一阶段生产，因为此时可变生产要素投入量过少，固定生产要素不得不大量闲置。因此，企业必须继续增加可变生产要素的投入，使总产量不断上升。企业更不会选择第三阶段生产，因为此时因可变生产要素投入量过多，造成边际产量为负和总产量下降。企业通常会选择在第二阶段中的某一点生产。此时可变生产要素的增加虽然会使总产量上升，但上升速度已经非常缓慢。如果企业对成本不太介意,只希望获得最大产量,那么它将选择 MP 为 0 时的点所对应的可变要素投入量。如果企业对产量不介意,只希望单位产量的成本最小,则可选择平均产量最高点进行投入。因为此时平均产量最大($AP=TP/L$),也就意味着可变成本最小。

[**案例研究 5-1**]

车间工人多少合适?

在工业部门,假设一个车间里有 5 台机床 4 个工人,若增加 1 个工人,这第 5 个工人可以操作那台闲置的机床,产量可以增加。但如果再增加 1 个工人,这第 6 个工人可做 5 个操作工人的助手,或趁他们休息时接替操作机床。他也能增加产量,但不会太多。设想往车间里继续增加第 7、第 8、第 9 个工人。第 7 个工人也许还可以帮些忙,但第 8 个工人已经无事可干,他的边际产量已经为零。至于第 9 个工人非但无事可干,而且还碍手碍脚,弄不好还会闹出纠纷,干扰生产,边际产量为负数,总产量还会因此而降低。因此,此车间的最适合规模为 5~7 个工人。但在这一区域中,究竟具体需要多少个工人,还必须结合成本、产品价格等因素进行分析才能确定。

第三节 生产要素的最适组合

现在进一步研究可变比例生产函数的两种要素投入。在技术系数可以变动(即两种生产要素的配合比例可以变动)的情况下,如何配置生产要素,才能在达到同等产量或收益的前提下以最低的成本达到利润最大化呢?这一问题可通过对生产要素投入配合比例的分析加以解决。

消费者均衡时研究消费者如何把既定的收入分配在两种产品的购买与消费上,以实现利润最大化。生产要素的最适组合是研究生产者如何把既定的成本分配于两种生产要素的购买与生产,以实现利润最大化。因此,研究这两个问题的方式也基本相同,即边际分析法与等产量分析法。

一、生产要素最适组合的边际分析

(一)实现生产要素最适组合的原则

生产要素的最适组合也称为生产者均衡。与消费者均衡分析相似,生产者为了实现生产要素的最适组合,一定要考虑购买各种生产要素所能获得的边际产量与所付出的价格。所以,实现生产者均衡的原则是:在成本与生产要素价格既定的条件下,应该使所购买的各种生产要素的边际产量与价格的比例相等,即要使每一单位货币无论购买何种生产要素都能得到相等的边际产量。

(二)实现生产要素最适组合的条件

假定生产者用一定的成本购买的生产要素是资本 K 与劳动 L,两种生产要素的价格分别为 P_K 和 P_L,购买数量分别为 Q_K 和 Q_L,两种生产要素所带来的边际产量分别为 MP_K 和 MP_L,每一单位货币的边际产量为 MP_m,那么生产要素最适组合条件即生产者均衡的条件可以表示为:

$$P_K \cdot Q_K + P_L \cdot Q_L = M \qquad (1)$$

$$\frac{MP_K}{P_K} = \frac{MP_L}{P_L} = MP_m \qquad (2)$$

在上面的公式中，通过(1)和(2)式组成的联立方程组可以求得在成本一定的情况下取得最大的产量时两种生产要素的配合比例。

上述(1)式是实现生产者均衡的限制条件，即企业的货币量是既定的，购买资本与劳动的支出既不能超过这一货币量，也不能小于这一货币量。超过此货币量是无法实现的，而小于此货币量的资源购买量组合也达不到既定资源时的产量最大化。(2)式表示生产要素最适组合的条件。每一单位货币无论是购买资本还是购买劳动，所得到的边际产量都相等。

二、生产要素最适组合

(一) 等产量线

我们假定，生产函数中只有两种可变投入要素——资本和劳动，其他生产要素的数量都保持不变，而且总产量保持不变。可以发现，资本与劳动之间还存在着一定的替代关系，即为了使总产量不变，减少资本的使用可通过增加劳动的使用来予以弥补。这里的资本和劳动的关系可以用等产量线来表示。

等产量线是表示两种生产要素不同数量的组合可以带来相等产量的一条曲线，表示某一固定数量的产量可以用所需要的各种生产要素的不同组合生产出来。

例如，现在有 L(劳动)与 K(资本)两种生产要素，它们有 a、b、c、d 四种组合方式，这四种组合方式都可以得到相同的产量。于是可以做出表 5－2。

表 5－2　等产量曲线表

组合方式	L(劳动)	K(资本)
a	1	6
b	2	3
c	3	2
d	6	1

根据上表，做出图 5－2。其中 Q 曲线是按照表 5－2 所得出的等产量线。

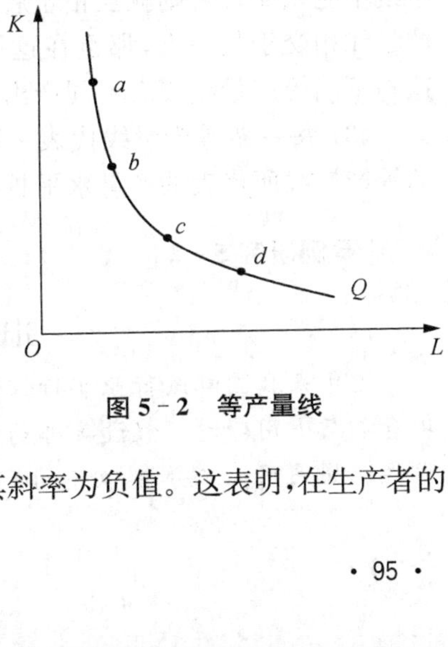

图 5－2　等产量线

在图 5－2 中，横轴代表劳动 L 的投入量，纵轴代表资本 K 的投入量，Q 代表等产量线。在等产量线的任何一点上，劳动 L 和资本 K 的不同数量的组合给生产者所带来的产量都是相同的。

等产量线的几何特点和无差异曲线类似，但两者也有区别：等产量线表示产量，无差异曲线表示效用，等产量线是客观的，无差异曲线是主观的。

等产量曲线具有如下特征(见图 5－3)：

(1) 等产量线是一条向右下方倾斜并凸向原点的曲线，其斜率为负值。这表明，在生产者的资源与生产要素价格既定的条件下,为了达到相同的产量,在增加一种生产要素时,必须减少另一种生产要素。等产量线是一条向右下方倾斜的并凸向原点的曲线,是因为边际替代率递减的原因。

[**相关链接 5-3**]

不考 100 分?

美国能源部部长朱棣文上学时成绩在十名左右徘徊,而哥哥朱筑文则一直保持班级第一。工作之后,朱棣文当上教授时哥哥是副教授,朱棣文获得诺贝尔奖时哥哥当上正教授。杭州天长小学教师周武将这一现象称为“第十名现象”:小学期间前几名的“尖子”在升入初中、高中、大学(乃至工作之后)有相当一部分会“淡出”优秀行列,而许多名列第十名左右的学生在后来的学习和工作中竟很出人意料地表现出色。

在以培养优秀人才为己任的刘道玉看来,知识能力的过度开发会抑制人的能力和发展。保持第一名要用掉学生太多的精力,状元不能代表什么。“北大清华几乎招去了所有的状元,他们培养出来的人才又怎么样?如果继续争状元,过去让我钦佩的北大清华就没有前途没有希望。”南方科技大学创校校长朱清时非常赞同刘道玉的观点。他说,数学大师陈省身生前为中科大少年班题词:不要考 100 分。朱清时解释,原生态的学生一般考试能得七八十分,要想得 100 分要下好几倍的努力,训练得非常熟练才能不出小错。要争这 100 分,就需要浪费很多时间和资源,相当于土地要施 10 遍化肥,最后学生的创造力都被磨灭了。

人们的精力是有限的,不可能把所有的课程都学得最好。而且,当成绩提高时,要进一步提高成绩,需要付出的努力就会更大。这是因为,在学习上同样存在着边际报酬递减规律。也就是说,如果学生能够将时间合理分配到两门课的学习中,所得到的总分一定大于偏科学习得到的总分。原因是什么呢?原因是学习一门课的“边际效率”最终是递减的,从而两门课程成绩的“边际转换率”是递增的。边际转换率递增的含义是,要持续提高一门课的成绩,会导致另外一门课的成绩越来越多的下降。或者说,牺牲一门课的成绩来换另外一门课的成绩,能够换取的成绩是越来越少的。

(资料来源:http://www.sxjybk.com/info/1570/28152.htm)

(2) 在同一平面图上有无数条等产量线,且任意两条等产量线不能相交。否则就互相矛盾,不合逻辑。如果说有两条等产量线相交于某一点,那么在这一点上就有相等的产量,显然这与不同等产量线代表不同产出水平相矛盾。

(3) 每一条等产量线代表一种产量水平,而且离原点越远的等产量线所代表的产量水平越高。

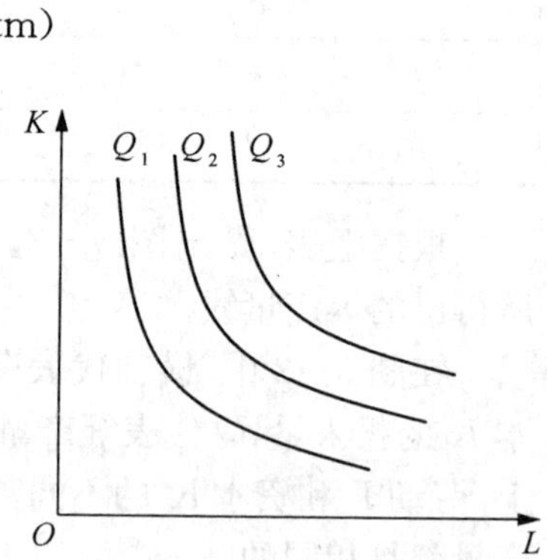

图 5-3 等产量线的特征

[**案例研究 5-2**]

引进自动分拣机是好事还是坏事?

近年来我国邮政行业实行信件分拣自动化,引进自动分拣机代替工人分拣信件,也就是多用资本而少用劳动。假设某邮局引进一台自动分拣机,只需一人管理,每日可以处理 10 万封信件。如果用人工分拣,处理 10 万封信件需要 50 个工人。在这两种情况下都实现了技术效率。但是否实现了经济效率还涉及价格。处理10万封信件,无论用什么方法,收益都是相同的,但成本如何则取决于机器与人工的价格。假设一台分拣机为400万元,使用寿命为10年,每年折旧为40万元,再假设利率为每年10%,每年利息为40万元,分拣机每年维修费与人工费用5万元。这样使用分拣机的成本为85万元。假设每个工人工资1.4万元,50个工人共70万元,使用人工分拣成本为70万元。在这种情况下,使用自动分拣机实现了技术效率,但没有实现经济效率,而使用人工分拣既实现了技术效率,又实现了经济效率。

从上面的例子中可以看出,在实现了技术效率时,是否实现了经济效率就取决于生产要素的价格。如果仅仅从企业利润最大化的角度看,可以只考虑技术效率和经济效率。这两种效率的同时实现也就是实现了资源配置效率。当然,如果从社会角度看问题,使用哪种方法还要考虑每种方法对技术进步或就业等问题的影响。

(资料来源:http://wenku.baidu.com/view/83dd4756a58da0116d17497a.html)

(二)等成本线

等成本线是一条表明在生产者的成本与生产要素价格既定的条件下,生产者所能购买到的两种生产要素数量最大组合的线。

等成本线表明了厂商进行生产的限制条件,即它所购买生产要素所花的钱不能大于或小于所拥有的货币成本,因此等成本线也称为企业生产费用预算线。大于货币成本是无法实现的,小于货币成本则无法实现产量最大化。如果令 M 为支出,P_K 为资本的价格,P_L 为劳动的价格,Q_K 与 Q_L 分别为资本与劳动的数量,则等成本线可以写为:

$$M = P_L \cdot Q_L + P_K \cdot Q_K$$

上式也可以写为:

$$Q_K = \frac{M}{P_K} - \frac{P_L}{P_K} \cdot Q_L$$

式中,P_L/P_K 是等成本曲线的斜率,M/P_K 是等成本曲线在纵轴上的截距。

根据预算方程,可以画出预算线。例如,假设 M=2 000元,P_L=500元,P_K=400元,则 Q_L=0时,Q_K=50;Q_K=0时,Q_L=40。于是可以做出图5-4。

在图5-4中,连接 AB 两点的直线就是等成本线。在等成本线上任何一点都是在货币成本与生产要素价格既定的条件下能购买到的劳动与资本的最大数量的组合。

如果厂商的货币成本和生产要素价格改变了,等成本线就会移动。如果生产者的货币成本变动(或者生产要素价格都变动),则等成本线会平行移动。货币成本增加,等成本线向右上方移动;货币成本减少,等成本线向左下方平行移动。如图5-5所示。

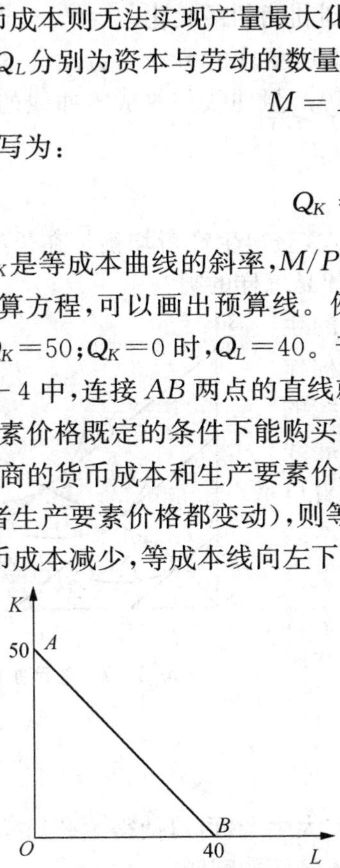

图5-4　等成本线

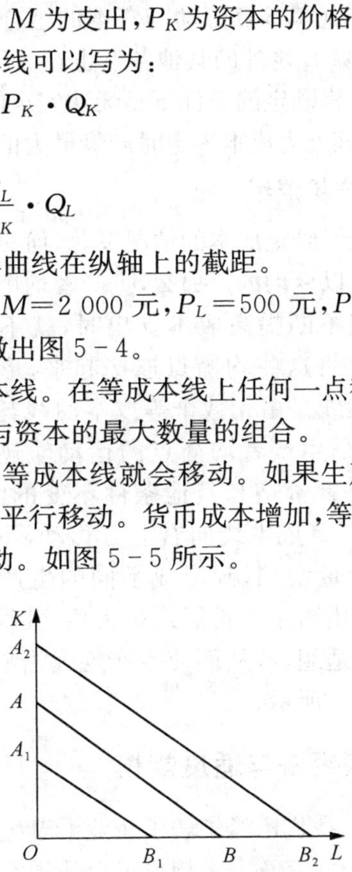

图5-5　等成本线的移动

(三)生产要素最适组合

把等产量线与等成本线结合在一个图上,那么,等成本线必定与无数条等产量线中的一条切于一点。在这个切点上就实现了生产要素的最适组合,如图 5-6 所示。

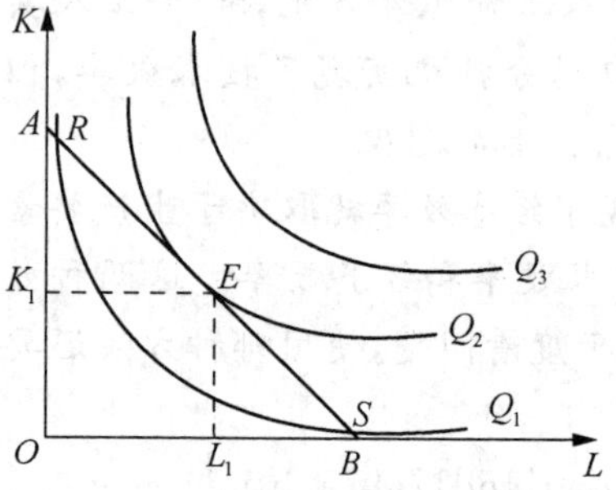

图 5-6 生产者均衡

在图 5-6 中,三条等产量线,产量大小的顺序为 $Q_1<Q_2<Q_3$。等成本线 AB 与等产量线 Q_2 相切于 E 点,二者的斜率相等,这时实现了生产要素的最适组合。这就是说,在生产者货币成本与生产要素价格既定的条件下,OL_1 的劳动与 OK_1 的资本结合,能实现利润的最大化,即既定产量下成本最小或既定成本下产量最大。

为什么只有在这个切点时才能实现生产要素的最适组合呢?

从图 5-6 上可以看出,只有在这一点上所表示的劳动与资本的组合才达到在货币成本和生产要素价格既定的条件下,产量最大。比它离原点远的无差异曲线 Q_3 所代表的产量水平大于 Q_2,但等成本线 AB 同它既不相交又不相切,这说明达到 Q_3 产量水平的劳动与资本的数量组合在货币与生产要素价格既定的条件下是无法实现的。

而比它离原点近的等产量线 Q_1,虽然 AB 线同它有两个交点 R 和 S,说明在 R 和 S 点上所购买的劳动与资本的数量也是货币成本与生产要素价格既定的条件下最大的组合。但 $Q_1<Q_2$,R 点和 S 点劳动与资本的组合并不能达到利润的最大化。

此外,Q_2 除 E 之外的其他各点也在 AB 线之外,即所要求的劳动与劳动资本的数量组合也在收入与价格既定的条件下是无法实现的。因此,等产量曲线与等成本曲线的切点就是生产者均衡点,该点为成本一定时产量最大的点。

(四)生产扩展线

前面讨论了给定成本的情况下,如何实现产量最大,获得生产者均衡。在长期中,成本与总产量都是可以变动的。那么,生产者均衡的变化规律是怎样的呢?

当生产者不断提高成本支出时,就不断得到新的生产者均衡点。将这些均衡点连接起来,形成的曲线称作扩展线。扩展线是由无数个等成本曲线与等产量曲线的切点组成的,是生产者均衡点的运动轨迹。生产扩展线表示在生产要素价格和其他条件不变的情况下,随着厂商成本的增加,等成本线向右上方移动,不同的等成本线与不同的等产量线相切,形成不同的生产要素最适组合点。当生产者沿着生产扩展线扩大生产时,可以始终实现生产要素的最适组合,从而使生产规模沿着最有利的方向扩大,如图 5-7 所示。

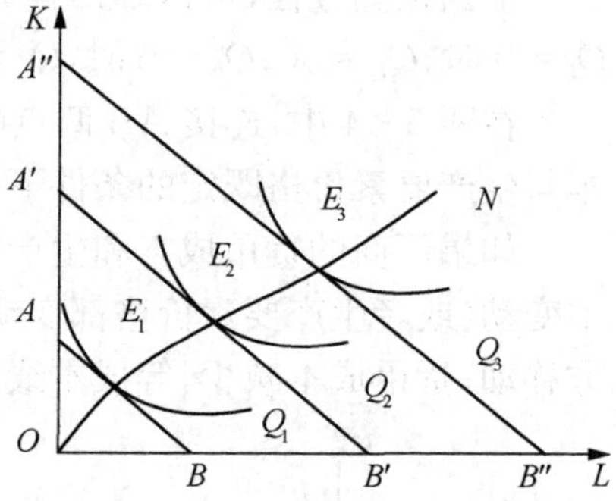

图 5-7 生产扩展线

三、规模经济与适度规模

经过学习,我们已经了解了企业沿着生产扩展线扩大生产,可以使得生产规模沿着有利的方向扩大。那么,究竟多大规模最合适呢?这就是规模经济的问题。

（一）规模经济

所谓规模经济是指厂商采用一定的生产规模所能获得的经济利益。即在生产技术不变的条件下，企业生产规模的变动(各种生产要素按同样的比例变动)引起生产单位产量或收益变动的情况。

理解这一概念要注意以下三点：

(1) 规模经济发生作用的条件是以技术不变为前提的。

(2) 在生产中使用的两种可变投入要素是按同比例增加的，且不考虑技术系数变化的影响，以及由于生产组织规模的调整对产量的影响。例如，由于若干企业发生合并而使产量发生变化的这种影响也不予以考虑。

(3) 两种生产要素增加所引起的产量或收益变动情况，就如同边际收益递减规律发生作用一样，也有规模收益递增、规模收益不变、规模收益递减三个阶段。

规模收益递增是指产量的增加比例大于投入要素的增加比例。例如，生产规模扩大了10%，带来产量增加了15%。

规模收益不变是指产量的增加比例等于投入要素的增加比例。例如，生产规模扩大了10%，带来产量增加了10%。

规模收益递减是指产量的增加比例小于投入要素的增加比例。例如，生产规模扩大了10%，带来产量增加了8%。

当一个厂商持续地扩大其企业规模时，产出当然会增加，但是增加的幅度一般要经历三个阶段。厂商最初扩大生产规模时，产量增加的幅度将大于规模扩大的幅度，这是规模收益递增的阶段。如果厂商继续扩大生产规模，产量增加的幅度将等于规模扩大的幅度，这是规模收益不变阶段。如果厂商继续扩大生产规模，产量增加的幅度将会下降到小于规模扩大的幅度，这是规模收益递减阶段。

[**相关链接 5-4**]

实现规模效应，中国民航重组

中国民航自1980年2月按邓小平提出的“民航一定要企业化”的要求，开始进行改革。1993年，国航、东航和南航组建企业集团。1997年东航和南航先后在香港及纽约证券交易所挂牌上市，分别筹资2.82亿美元。同年，海南航空公司在国内上市B股。1998年，经中央批准的《全国军民航空管制区域调整方案》和《全国航路管制指挥移交和航线管制指挥方案》加快了民航管理体制改革的步伐。经过长期准备和论证，2002年5月中国民航局正式宣布民航重组方案。2002年8月，中国民航重组六集团正式挂牌。

(1) 南方航空公司。以南方航空集团公司为主体，联合中国北方航空公司和新疆航空公司组建，包括中国北方航空公司、新疆航空公司、中国南方航空进出口贸易公司等10家全资企业和中国南方航空股份有限公司(65.2%股权)、澳门全怡海外旅游有限公司(60%股权)等4家控股企业，共有注册资本52亿元，资本规模501亿元。

(2) 东方航空公司。以东方航空公司为主体，兼并中国西北航空公司、联合云南航空公司组建，包括中国西北航空公司、云南航空公司等10家全资企业和中国东方航空股份有限公司(61.64%股权)、上海东方旅游投资开发公司(51%股权)等20家控股企业，注册资本49.2亿元,资产规模473亿元。

(3) 中国航空集团公司。由中国国际航空公司、中国航空总公司和中国西南航空公司组建,包括中国航空结算中心等3家全资企业和民航贸易发展有限责任公司(80%股权)等两家控股企业,注册资本55亿元,资产规模573亿元。

(4) 民航信息集团。以民航信息计算机信息中心为主体,将中国航空结算中心整体并入,包括中国航空结算中心等3家全资企业和民航贸易发展有限责任公司(80%股权)等2家控股企业,注册资本15亿元。

(5) 航空油料集团。由中国航空油料总公司及其所属部分事业单位组建而成,包括中国民航油料总公司等5个全资企业和1个控股企业——中国航油(新加坡)股份有限公司(75%股权),注册资本36亿元。

(6) 航空器材进出口集团。在中国航空器材进出口总公司及其所属部分企业基础上组建,包括北京航工经济发展公司、北京华材航空客货服务公司等6个全资企业和北京三元飞机刹车技术联合开发公司(70%股权)、中国航空能源(新加坡)有限公司(50%股权)等8家控股企业,注册资本10亿元。

(资料来源:http://www.419.com.cn/department/jgx/jjxjpk/syyal34.html)

(二) 影响规模经济变动的因素

生产规模扩大之所以会引起产量的不同变动,可以用内在经济和外在经济来解释。

1. 内在经济

内在经济是指一个厂商从自身规模扩大中获得递增的规模收益。引起内在经济的因素或原因主要有以下几点:

(1) 生产规模扩大,可以购置和使用更加先进的机器设备;可以提高专业化程度,提高生产效率;有利于实行资源的综合开发和利用,使生产要素效率得到充分发挥。

(2) 巨大的工厂规模能使厂商内部管理系统高度专门化,使各个部门管理者容易成为某一方面专家,从而提高管理水平和工作效率。

(3) 大厂商从大宗产品的销售和原料购买中获得更大好处。订购大批原料可获得各种优惠条件压低生产要素收购价格,大宗产品的销售能节约销售成本。

(4) 可以对副产品进行综合利用,更加快速地开发生产出许多相关产品,实行多元化生产。

(5) 在为企业扩展筹集资金时,大厂商具备一切有利条件。它能容易获得银行贷款,因为它可以提供更大的财产担保;它能比小厂商以更低的费用发行股票和债券来筹集资金,因为它更能取得投资者的信任。

由此可见,生产规模的扩大可以使厂商从很多方面获得内在经济,从而获得递增的规模收益。但是,**如果一个厂商不断地扩大生产规模,会导致规模收益出现递减的趋势。这种情况就叫作内在不经济**。引起内在不经济产生的原因主要有以下几点:

(1) 企业规模过大,管理层次复杂、管理机构庞大,从而降低了管理效率。

(2) 由于生产经营规模大、产品多样化,可能引起销售费用的增加。

(3) 由于生产规模大、产品多样化,可能导致生产要素、制成品等的积压,从而导致生产成本的增加等。

2. 外在经济

一个厂商除了从生产规模扩大中获得利益外，还可以从行业规模扩大中获得好处。这种因整个行业生产规模扩大，给个别厂商所带来的产量与收益的增加称为外在经济。行业规模的扩大如同厂商规模扩大一样，能够在行业内部实行更好的专业化协作，提高各个厂商的生产效率。

引起外在经济的原因主要有以下几点：

(1) 个别厂商可以从整个行业的扩大中得到更加便利的交通设施并获取各种市场信息。

(2) 行业规模的扩大可以设立专业技术学校培养熟练劳动力和工程技术人员，提高整个行业的劳动力素质。

(3) 可以更加方便地实现企业间的连锁经营和扩张经营。

但是，这不是说行业规模越大越好。若行业规模过大，将会使厂商的规模收益递减，导致外在不经济。**外在不经济是指由于整个行业生产规模扩大，给个别厂商带来的产量与收益的下降**。引起外在不经济的原因主要有以下两点：

(1) 厂商之间互相争购原料和劳动力，从而导致要素价格上升，成本的增加。

(2) 行业规模过大，也会加重环境污染，交通紧张，个别厂商要为此承担更高代价。

（三）适度规模

由以上的分析来看，一个厂商和一个行业的生产规模不能过小，也不能过大，即要实现适度规模。对一个厂商来说，就是两种生产要素的增加应该适度。

适度规模就是使各种生产要素的增加(即生产规模的扩大)正好使收益递增达到最大。当收益递增达到最大时就不再增加生产要素，并使这一生产规模维持下去。

对于不同行业的厂商来说，适度规模的大小是不同的，并没有一个统一的标准。在确定适度规模时应该考虑的因素主要有以下几点。

1. 厂商的技术特点和生产要素的密集程度

一般来说，资本密集型企业，投资规模大，所用的设备复杂，适度规模也就大。例如，钢铁、汽车、造船等企业适宜采用大规模生产。而对于需要的投资少、所用的设备比较简单的行业，例如，纺织业、服装业等劳动密集型企业适宜采用小规模生产。

2. 市场需求的影响

一般来说，生产市场需求量大，而且标准化程度高的产品的厂商，适度规模也就应该大。相反，生产市场需求小，而且标准化程度低的产品的厂商，适度规模也应该小。

3. 自然资源状况

比如矿山储藏量的大小，水力发电站水资源的丰裕程度等。在确定适度规模时要考虑的因素还有很多。各国、各地，由于经济发展水平、资源、市场等条件的差异，即使同一行业，规模经济的大小也不完全相同。但对一些重要行业，国际有通行的规模经济标准。我国大多企业都没有达到规模经济要求。而随着技术进步，许多行业规模经济的生产规模尚有扩大趋势。因此，对我国来说，适当扩大企业规模是我国许多企业提高规模经济效益的客观需要。

增值阅读

本章小结

生产是一个投入生产要素产出产品的过程，生产者行为主要是研究如何使得各种生产要素的投入得到最大产出，实现利润最大化。分析生产者均衡的方法包括边际分析法和等产量分析法。

(1) 生产过程中要投入劳动、资本、土地和企业家才能等四类生产要素。生产函数是指在一定的技术水平条件下，一定时期内厂商生产过程中所使用的各种要素的数量与它们所能生产出来的最大产量之间的函数关系。具体分为短期生产函数和长期生产函数。

(2) 短期生产函数是研究一种可变生产要素的投入与产量的关系。长期生产函数是研究两种可变生产要素的投入与产量的关系。

(3) 短期中，当其他生产要素不变时，企业增加一种生产要素会引起边际收益先递增后递减，这种现象称为边际收益递减规律。边际收益递减规律是研究一种生产要素合理投入的出发点。

(4) 根据总产量、平均产量和边际产量的关系，可以把可变要素的投入量划分为三个区间。第Ⅰ区间，总产量和平均产量都是递增的；第Ⅱ区间，总产量递增并达到最大值，平均产量开始递减，边际产量递减至零；第Ⅲ区间，全部产量都在递减，边际产量为负值。最佳投入区是第Ⅱ区间，因为在这个区间，不变投入和可变投入两者的结合效率最好。

(5) 分析两种可变生产要素投入的最适组合，可以采用边际分析法和等产量线分析法。运用边际分析法时，生产要素的最适组合是每种生产要素引起的边际产量与该生产要素价格之比相等。运用等产量线分析法时，生产要素的最适组合是等产量线和等成本线的切点，二者相切说明在一定的成本资源条件下可以达到最大的产出数量。

(6) 生产扩展线说明生产者沿着这条线扩大生产时，可以始终实现生产要素的最适组合，从而使生产规模沿着最有利的方向扩大。

(7) 规模经济是指在技术水平不变的条件下，企业生产规模的变动引起生产单位产量或收益变动的情况，具体包括规模收益递增、规模收益不变、规模收益递减三个阶段。规模收益变化的不同情况可由内在经济和外在经济来解释。

(8) 适度规模是指各种生产要素的增加(即生产规模的扩大)正好使收益递增达到最大。当收益递增达到最大时就不再增加生产要素，并使这一生产规模维持下去。

思考与练习

一、选择题

1. 经济学中长期和短期的划分取决于(　　)。

A. 时间长短　　B. 可否调整产量

C. 可否调整产品价格　　D. 可否调整所有生产要素

2. 边际产量曲线和平均产量曲线相交时，(　　)。

A. 平均产量达到最大　　B. 边际产量达到最大

C. 边际产量为 0　　D. 平均产量最低

3. 如果连续地增加某种生产要素，在总产量达到最大值时，边际产量曲线与（　　）。

A. 平均产量曲线相交　　B. 横轴相交

C. 纵轴相交　　D. 总产量线相交

4. 下列说法中错误的是（　　）。

A. 只要总产量减少，边际产量一定是负数

B. 只要边际产量减少，总产量一定减少

C. 边际产量曲线一定在平均产量曲线的最高点与之相交

D. 只要平均产量增加，边际产量就大于平均产量

5. 等成本线向右上方移动表明（　　）。

A. 产量提高了　　B. 货币成本增加

C. 货币成本减少　　D. 生产要素的价格按不同的比例提高了

6. 内在经济是指（　　）。

A. 一个企业在生产规模扩大时由自身内部所引起的产量增加

B. 一个企业在生产规模扩大时由自身内部所引起的产量或收益的减少

C. 一个行业的扩大对其中每个企业带来的产量或收益的增加

D. 整个社会经济的发展给一个企业所带来的产量或收益的增加

7. 生产规模的扩大正好使收益递增达到最大叫作（　　）。

A. 规模经济　　B. 内在经济　　C. 内在不经济　　D. 适度规模

8. 根据总产量线与总成本线结合在一起的分析，两种生产要素的最适组合是（　　）。

A. 等产量线与等成本线相交之点　　B. 等产量线与等成本线相切之点

C. 离原点最远的等产量线上的任何一点　　D. 离原点最近的等产量线上的任何一点

9. 当总产量达到最大时，则一种生产要素的投入应该使（　　）。

A. 边际产量为零　　B. 边际产量等于平均产量

C. 边际产量为负数　　D. 边际产量为正数

10. 一个企业使用50单位的劳动，可以生产出1 800单位的产量，使用60单位的劳动，可以生产出2 100单位的产量。生产额外一单位劳动的边际产量是（　　）单位。

A. 3　　B. 30　　C. 300　　D. 36

二、判断题

1. 无论哪个企业，企业的规模都是越大越好。（　　）

2. 如果连续地增加某种生产要素的投入量，总产量将不断递增，边际产量在开始时递增，然后趋于递减。（　　）

3. 只要边际产量减少，总产量一定也在减少。（　　）

4. 规模收益递增是指产量的增加比例大于投入要素的增加比例。（　　）

5. 利用等产量线两点所表示的生产要素组合，可以生产出数量不同的产品。（　　）

6. 生产要素的价格一旦确定，等成本曲线的斜率随之确定。（　　）

7. 一个行业生产规模过大会引起其中各个厂商竞争加剧，这样所引起的产量或收益的减少属于内在不经济。（　　）

8. 在一条等产量线的上部，其代表的产量大于该产量线下部所代表的产量。（　　）

9. 当生产要素的价格不变时，随着生产者货币成本的增加，等成本线向右上方移动，如果

生产者的货币成本不变，而生产要素的价格下降，也会出现相同的情况。 (　　)

10. 一个企业生产规模过大会引起管理效率降低，这样所引起的产量或收益减少属于内在不经济。 (　　)

三、思考题

1. 我国现在有些企业存在人浮于事，三个人的活五个人干的现象。试用边际收益递减规律来分析这种现象的不利影响。

2. 用图来说明总产量曲线、平均产量曲线和边际产量曲线的特征及相互之间的关系。

3. 什么是适度规模？确定适度规模时应考虑哪些因素？

4. 试用边际收益递减规律解释“一个和尚挑水喝，两个和尚抬水喝，三个和尚没水喝”的现象。

5. 雇用一个工人时，在劳动的平均产量和边际产量中，企业主更关注哪一个？

四、计算题

1. 某生产者有货币资本 200 元，每单位资本价格为 $P_k=20$ 元，每单位劳动价格为 $P_c=40$ 元：

(1) 计算出该生产者购买的资本与劳动有多少种数量组合，各种组合的资本和劳动各是多少？

(2) 做出一条等成本线。

(3) 如果资本与劳动的价格不变，而生产者的货币资本为 400 元，所购买的资本与劳动会增加多少？做出这时的等成本线。

(4) 如果生产者货币成本不变，但资本的价格下降为 $P_k=10$ 元，劳动的价格下降为 $P_c=20$ 元，这时所购买的资本与劳动会增加多少？做出这时的等成本线。

2. 下面是一种可变生产要素的短期生产函数的产量表。

工人人数	汽车产量(万辆)	平均产量	边际产量
1		2	
2			10
3	24		
4		12	
5	60		
6			6
7	70		
8			0
9	63		

(1) 在表中填空。

(2) 该生产函数是否表现出边际收益递减？如果是，从第几单位的可变要素投入量开始？

案例分析

实践与操作

一、实践题

1. 我们可能会注意到这样一种现象:在世界经济中,发达国家多采用资本密集型方式生产,发展中国家多采用劳动密集型方式生产。试运用本章所学的经济学原理对这种现象进行分析。

2. 到具体的企业中去,通过与企业管理者的接触,了解该企业的生产要素投入情况(假定只有劳动力这一可变生产要素),复习本章中所学的劳动投入与总产量、平均产量和边际产量之间的关系,分析该企业的要素投入是否得当。

3. 某人有一个大花园,并种植了水果和蔬菜,以便在当地市场出售。他说:"夏天,我雇了一个放暑假的大学生帮忙,我的生产翻了一番多。明年夏天,我将雇用两三个帮手,到时我的产量将增加三四倍还多。"

(1) 请问,如果所有生产过程最后都表现出可变投入的边际产量递减,他雇用的帮手第二年夏天翻一番,他的产量也会随着翻一番吗?

(2) 他雇用的工人越多,所得到的收获就大于生产增加的比例,这可能吗? 为什么?

二、综合实训

实践名称:比较中国企业 500 强和世界企业 500 强的企业规模。

1. 目的任务

通过本部分实训,能够进一步明晰规模经济的概念,理解规模经济以及影响规模经济变动的因素,学会运用经济学原理分析社会经济问题。

2. 实践内容

(1) 上网查阅有关中国和世界 500 强企业的排行榜资料。

(2) 分析中国的企业规模和全球顶尖企业规模的差距。

(3) 分析我国企业目前所处的现状,应用若干经济学原理解释外国企业由于规模经济和外在经济所带来的经济效益,提出对我国企业规模发展的建议。

3. 实训方式

(1) 全班同学分成若干小组,分别于课后收集资料。

(2) 各组由组长主持,讨论分析。讨论后进行归纳整理,形成集体讨论答案。

(3) 教师点评分析。

第六章　成本与收益

请扫描二维码
观看视频

学习目标

1. 知识目标:机会成本、会计成本、经济成本;经济利润与会计利润;短期成本及其分类;各种短期成本变动规律;短期中平均成本与边际成本的关系。

2. 能力目标:运用机会成本的知识分析厂商的经营决策;掌握短期成本与停止营业点的确定;了解规模经济与长期平均成本的关系;根据利润最大化原则进行企业规模决策。

趣味阅读

天下没有免费的午餐

他出生于纽约一个工人家庭,读完高中后,他凭奖学金入读罗格斯大学,他的理想是成为一名精算师。在大学读书时,他常常利用课余时间打工赚取生活费。一来时间有限,二来囊中羞涩,他从来不参加同学们的聚会。一天傍晚,同学费恩兴奋地在宿舍里宣布,要请全寝室的人去吃晚餐。原来,费恩参加了校外一家餐厅举办的有奖活动,获得了一次免费用餐的机会,而且同行的人也可以免单。同学们纷纷响应,他却说自己不想去。大家都很意外,平时不去是因为没钱,可这次为什么也不去呢?费恩大笑着说:"你是不是忘了,这可是免费的,不用花钱。""我知道,祝贺你,但是我不想去。"他回答。他的反应让费恩非常不解,于是追问道:"为什么不去?有免费的晚餐却不去享用,是不是太傻了?"室友都一脸疑问地盯着他。

"其实,我并不觉得这是免费的。"他摊开双手说,"是的,这顿晚餐确实不需要任何人花钱,但即使不用付钱,也是需要付出代价的。因为吃这顿饭的时间,完全可以用来做其他事情,比如今晚我计划复习数学功课,如果我把时间用于吃这顿饭,就失去了复习功课的机会。"他的一席话,让同学们目瞪口呆,却也不得不承认很有道理。而他就是后来成为经济学大师的米尔顿·弗里德曼,"天下没有免费的午餐"这句话就是由他提出来的。

(资料来源:https://www.163.com/dy/article/GC7JONO90543W4IE.html)

经济学启示:"天下没有免费的午餐",即使你不用付钱吃饭,可你还是要付出代价的。因为你吃这顿饭的时间,可以用来做其他事情,比如谈一笔100万的生意。当你把时间用于吃这顿饭,就失去了这些本来能有的价值。有时看起来的"免费"可能仅仅意味着不需要花钱,但背后付出的时间和精力可能就白白浪费掉了,失去了本来所能产生的价值。

任何厂商为实现利润最大化,不仅要考虑生产要素投入量与产量之间的关系,实现技术效率,而且还要考虑成本与收益之间的经济关系,实现经济效率。因此,在理解厂商如何实现利润最大化前,有必要对成本进行分析。

第一节　成本的概念

成本是指厂商为了得到一定数量的商品或劳务所付出的代价。由于资源的稀缺，当厂商把资源用于生产某种产品时，就放弃了这些资源的其他用途。因此，我们可以从两个角度来考察成本：一是厂商实际的支出，我们称之为会计成本；二是厂商因生产而放弃的其他投资机会，我们称之为机会成本。这两种成本对厂商决策都十分重要。

一、会计成本与机会成本

会计成本是指厂商进行生产与经营的各种实际支出。因为这种支出在实际发生后会逐笔在会计账簿中记录，是显而易见的，所以，我们把会计成本称为历史成本或显性成本。会计成本包括支付给员工的工资以及购买原料、燃料等项的支出。

机会成本是做出一项决策时所放弃的其他可供选择的最好用途。对于厂商而言，机会成本是指厂商为了生产一定数量的产品而放弃的使用相同的生产要素在其他生产用途中所能得到的最高收入。例如，某厂商拥有100万元资金，可供选择的用途及各种用途可能获得的收入是：开饭店获利15万元，投资房地产获利20万元，购买有价证券获利25万元，存入银行获取利息4万元。如果选择开饭店，那么他放弃的其他投资机会中可能获得的最高收入是购买有价证券获利25万元，那么机会成本就是25万元。值得注意的是，机会成本是做出一种选择时所放弃的其他若干种可能的选择中最好的一种。因此，该例中机会成本是25万元而非20万元或4万元。

由于机会成本并不是厂商的实际支出，不会反映在会计账簿上，所以称为隐性成本，如厂商主自己投入的资金的利息、厂商主为该厂提供的劳务应得的薪金等。

二、经济成本及与其他成本的关系

在分析厂商成本时，既要考虑会计成本，也要考虑机会成本，为此经济学家提出了经济成本的概念。**经济成本是会计成本与机会成本之和**。

综合上述，会计成本、机会成本、经济成本有如下关系：

$$会计成本 = 显性成本 = 历史成本$$

$$机会成本 = 隐性成本$$

$$经济成本 = 会计成本 + 机会成本$$

［案例研究6-1］

上大学的代价是什么？

上大学是要花钱的，这就是上大学的成本。据统计，每位大学生在四年期间学费、书费等各种支出约为4万元。这种钱要实实在在地支出，称为会计成本。

但上大学的代价绝不仅是这种会计成本。为了上大学，要放弃工作的机会，放弃工作所得到的工资收入就是上大学的机会成本。如果一个人不上大学去工作，每年可以得到2万元，这四年的机会成本就是8万元。上大学的代价应该是会计成本4万元与机会成本8万元，共计12万元。

对一般人来说,上大学会提高工作能力,有更好的机会,以后会收入更多。如果一个没上过大学的人,一生中每年收入2万元,从18岁开始工作,到60岁退休,42年共计收入84万元。一个上过大学的人,一生中每年收入为3万元,从22岁开始工作,到60岁退休,38年共计收入114万元。上大学的人一生总收入比没上大学的高出30万元。上大学的会计成本与机会成本之和为12万元。30万元减去12万元为18万元。这就是上大学的经济利润。所以,上大学是合适的。这就是每个人都想上大学的原因之一。

但对一些特殊的人,情况就不是这样了。比如,一个有篮球天才的美国青年,如果在高中毕业后去打篮球,每年可收入200万美元。这样,他上大学的机会成本就是800万美元。这远远高于一个大学生一生的收入。因此,有这种天才的青年,即使学校提供全额奖学金也不去上大学。这就是把机会成本作为上大学的代价,不上大学的决策就是正确的。当你了解机会成本后就知道为什么有些具备当模特气质与条件的姑娘放弃上大学了,因为当模特时收入高,上大学机会成本太大了!

第二节　短期成本分析

一、短期总成本、固定成本、可变成本

短期成本(Short run Cost, SC)是指厂商在短期中进行生产的支出。分析短期成本对厂商的短期决策至关重要。

短期总成本(Short run Total Cost, STC)是指厂商短期内生产一定量产品所花费的成本总和。它包括固定成本与可变成本。

固定成本(Fixed Cost, FC)是指厂商在短期内必须支付的不能调整的生产要素的费用。这种成本不随产量的变动而变动,是固定不变的。其中主要包括厂房和设备的折旧,以及管理人员的工资等。

可变成本(Variable Cost,VC)是指厂商在短期内必须支付的可以调整的生产要素的费用。这种成本随产量的变动而变动,是可变的。其中主要包括原材料、燃料的支出以及生产工人的工资等。

短期总成本、固定成本以及可变成本的关系表达式如下:

$$STC = FC + VC$$

二、短期平均成本和短期边际成本

(一) 短期平均成本

短期平均成本(Short run Average Cost, SAC)是短期内生产每一单位产品平均所需要的成本。短期平均成本分为短期平均固定成本与短期平均可变成本。

短期平均固定成本(AFC)是平均每单位产品所消耗的固定成本。

短期平均可变成本(AVC)是平均每单位产品所消耗的可变成本。

如果以Q代表产量,则有:

$$\frac{STC}{Q}=\frac{FC}{Q}+\frac{VC}{Q}\Rightarrow SAC=AFC+AVC$$

（二）短期边际成本

短期边际成本（Short run Marginal Cost，SMC）是在短期内厂商每增加一单位产量所增加的总成本量。

如果以 ΔSTC 代表增加的总成本量，以 ΔQ 代表增加的产量，则有：

$$SMC=\frac{\Delta STC}{\Delta Q}$$

三、各类短期成本的变动规律及其关系

为了分析各类短期成本的变动规律及其关系，我们先列出一个假设的各类短期成本表，如表 6－1 所示。

表 6－1　各类短期成本表

产　量	固定成本	可变成本	总成本	平均固定成本	平均可变成本	平均成本	边际成本
0	100	0	100	—	—	—	—
1	100	41	141	100	41	141.00	41
2	100	75	175	50	37.5	87.50	34
3	100	97	197	33.33	32.33	65.67	22
4	100	115	215	25.00	28.75	53.75	18
5	100	127	227	20.00	25.40	45.40	12
6	100	146	246	16.67	24.33	41.00	19
7	100	172	272	14.29	24.57	38.86	26
8	100	220	320	12.50	27.50	40.00	48
9	100	300	400	11.11	33.33	44.44	80

（一）短期总成本、固定成本、可变成本的变动规律

由表 6－1 我们可以在坐标轴中绘制出短期总成本（STC）、固定成本（FC）以及可变成本（VC）曲线，其中横轴 OQ 代表产量，纵轴 OC 代表成本（见图 6－1）。我们可以利用该图来分析短期总成本、固定成本、可变成本的变动规律。

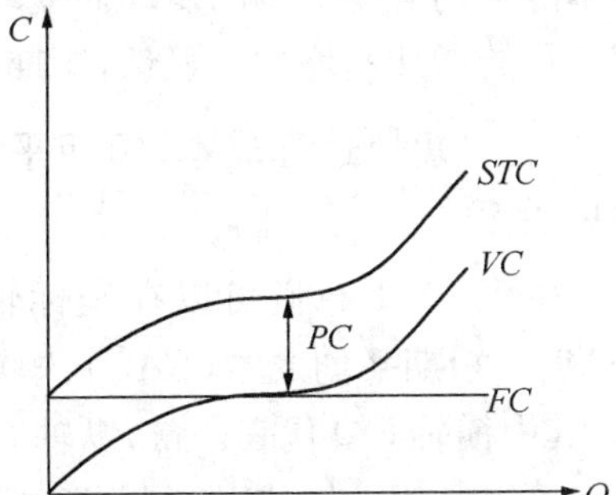

图 6－1　短期总成本、固定成本、可变成本

FC 为固定成本曲线，是一条与横轴平行的直线，表示固定成本在短期中不随产量的变动而变动，是固定值。即使产量为零时，也仍然存在固定成本。

VC 为可变成本曲线，它从原点出发，是一条向右上方倾斜的反"S"形的曲线，表示可变成本随产量的变动而变动。其变动经历三个阶段：

最初,在产量开始增加时,由于固定生产要素与可变生产要素的效率未得到充分发挥,可变成本的增加率要大于产量的增长率,所以图形比较陡峭;

之后,随着产量的增加,固定生产要素与可变生产要素的效率得到充分发挥,可变成本的增加率小于产量的增加率,所以曲线变得平坦;

最后,由于边际产量递减规律,可变成本的增加率又大于产量增加率,这时曲线又变得陡峭。

STC 为短期总成本曲线,是一条与 *VC* 形状相同的曲线。因为总成本是固定成本与可变成本之和,且固定成本不变,所以总成本的变动规律与可变成本相同。同时,固定成本不会等于零,因此,总成本必然大于零。*STC* 曲线与 *VC* 曲线之间的距离为固定成本。

(二)短期平均成本、平均固定成本、平均可变成本的变动规律

由表 6－1 我们可以在坐标轴中绘制出短期平均成本(*SAC*)、平均固定成本(*AFC*)、平均可变成本(*AVC*)曲线,其中横轴 *OQ* 代表产量,纵轴 *OC* 代表成本(见图 6－2)。我们可以利用该图来分析短期平均成本、平均固定成本、平均可变成本的变动规律。

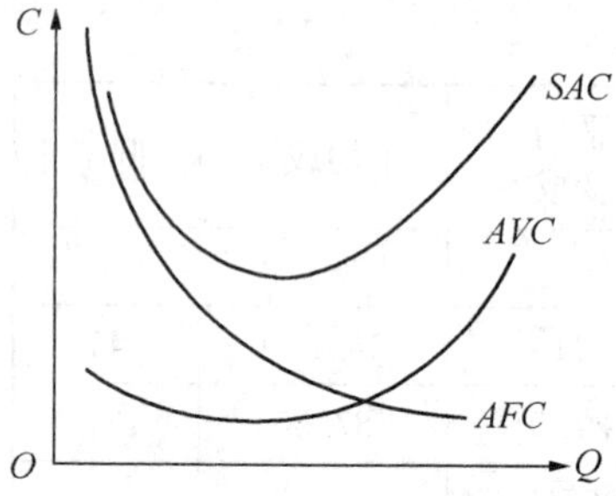

图 6－2　短期平均成本、平均固定成本、平均可变成本

AFC 为平均固定成本曲线,是一条向右下方倾斜的曲线,表示平均固定成本随着产量的增加而减少。因为固定成本总量不变,产量增加,分摊到每一单位上的固定成本也就减少了。它变动的规律是起初减少的幅度很大,以后减少的幅度越来越小。

AVC 为平均可变成本曲线,是一条先下降而后上升,成"U"形的曲线,表示随着产量增加,平均可变成本先下降而后上升的变动规律。这是因为起初随着产量的增加,生产要素的效率逐渐得到发挥,因此平均可变成本减少;但产量增加到一定程度后,平均可变成本由于边际产量递减规律而增加。

SAC 为短期平均成本曲线,它也是一条先下降而后上升的"U"形曲线。但它开始时比平均可变成本曲线陡峭,因为当产量增加时,平均固定成本迅速下降,加之平均可变成本也在下降,因此短期平均成本下降的幅度比平均可变成本大;以后 *SAC* 的形状与平均可变成本曲线基本相同,因为随着平均固定成本越来越小,它在平均成本中也越来越不重要,这时短期平均成本随平均可变成本的变动而变动,即随产量的增加而下降,产量增加到一定程度之后,又随着产量的增加而增加。显然,短期平均成本变动规律类似平均可变成本。

(三)短期边际成本、短期平均成本、短期平均可变成本的关系

由表 6－1 我们可以在坐标轴中绘制出短期边际成本(*SMC*)、短期平均成本(*SAC*)、短期平均可变成本(*AVC*)曲线,其中横轴 *OQ* 代表产量,纵轴 *OC* 代表成本(见图 6－3)。我们可以利用该图来分析短期边际成本、短期平均成本、短期平均可变成本之间的关系。

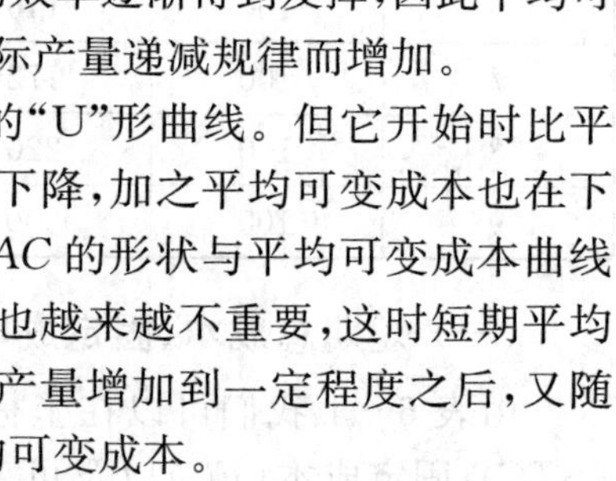

图 6－3　短期边际成本、短期平均成本、短期平均可变成本关系图

SMC 为短期边际成本曲线,是一条先下降而后上升的"U"形曲线。短期边际成本的变动取决于可变成本,

因为所增加的成本只是可变成本。它的变动规律是：开始时，边际成本随产量的增加而减少，当产量增加到一定程度时，就随产量的增加而增加。

1. 短期边际成本与短期平均成本的关系

短期边际成本曲线 *SMC* 与短期平均成本曲线 *SAC* 相交于 *SAC* 的最低点 *N*。在 *N* 点上，*SMC*＝*SAC*，即短期边际成本等于短期平均成本。在 *N* 点之左，*SAC* 在 *SMC* 之上，*SAC* 一直递减，*SAC*＞*SMC*，即短期边际成本小于短期平均成本。在 *N* 点之右，*SAC* 在 *SMC* 之下，*SAC* 一直递增，*SAC*＜*SMC*，即短期边际成本大于短期平均成本。我们可以用一个生活中的例子来理解边际成本与平均成本之间的关系。假设一个篮球队平均身高 1.85 m，如果新加入一名成员，当该成员的身高（相当于边际成本）高于 1.85 m 时，就会使该球队的平均身高提升，反之就会下降。事实上平均成本和边际成本也存在着同样的关系。

SMC 与 SAC 相交的 N 点称为收支相抵点。即在这一点，价格等于短期平均成本，短期平均成本等于短期边际成本，即 *P*＝*SMC*＝*SAC*，厂商的成本（包括正常利润在内）与收益相等。

2. 短期边际成本与短期平均可变成本的关系

短期边际成本与短期平均可变成本的关系和短期平均成本的关系相同。这就是说，*SMC* 与 *AVC* 相交于 *AVC* 的最低点 *M*。在 *M* 点上，*SMC*＝*AVC*，即短期边际成本等于平均可变成本。在 *M* 点之左，*AVC* 在 *SMC* 之上，*AVC* 一直递减，*AVC*＞*SMC*，即短期边际成本小于平均可变成本。在 *M* 点之右，*AVC* 在 *SMC* 之下，*AVC* 一直递增，*AVC*＜*SMC*，即短期边际成本大于平均可变成本。**M 点被称为停止营业点，即在这一点上，价格只能弥补平均可变成本，这时所损失的是不生产也要支付的平均固定成本**。如低于这一点，不能弥补可变成本，则生产者无论如何也不生产了。

[案例研究 6－2]

大型零售商场为什么平时不延长营业时间？

春节期间许多大型零售商场都延长了营业时间，为什么平时不延长时间呢？从理论上说延长时间一小时，就要支付一小时所耗费的成本，这种成本既包括直接的物耗，如水、电等，也包括由于延时而需要的售货员的加班费，这种增加的成本就是边际成本。假如延长一小时增加的成本是 1 万元，在延长的一小时里，他们由于卖出商品而增加的收益大于 1 万元，那么，作为一个精明的企业家，他应该将营业时间在此基础上再延长，因为这时他还有一部分该赚的钱还没赚到手。相反，如果在延长的一小时里增加的成本是 1 万元，增加的收益不足 1 万元，他在不考虑其他因素情况下就应该取消延时的经营决定，因为延长一小时的成本大于收益。春节期间的假日消费，人们有更多的时间去旅游购物，使商场的收益增加，而平时工作紧张、家务繁忙，人们没有更多时间和精力去购物，就是延时服务也不会有更多的人光顾，增加的销售额不足以抵偿延时所增加的成本。这就能够解释在春节期间延长营业时间而在平时不延长营业时间的经济学的道理。

第三节 长期成本分析

一、长期总成本

在长期中没有固定成本和可变成本之分,一切生产要素都是可以调整的。

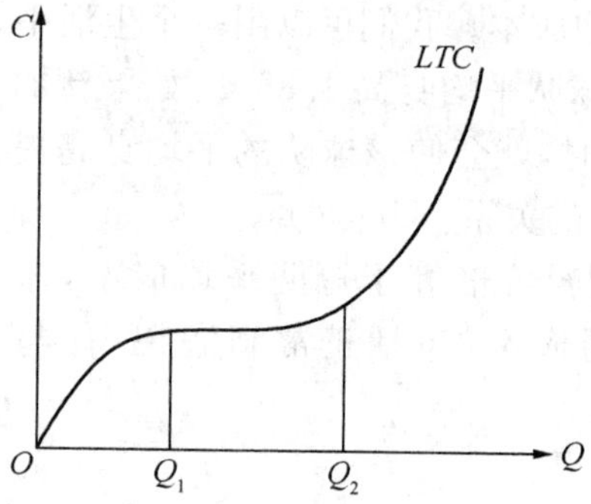

图 6-4 长期总成本曲线

长期总成本(Long run Total Cost, LTC)是厂商在长期中生产一定量产品所需要的成本总和。长期总成本随产量的变动而变动。没有产量时没有总成本。随着产量的增加,总成本增加。在开始生产时,要投入大量生产要素,而产量少时,这些生产要素无法得到充分利用,因此,成本增加的比率大于产量增加的比率。当产量增加到一定程度后,生产要素开始得到充分利用,这时成本增加的比率小于产量增加的比率,这也是规模经济效益。最后,由于规模收益递减,成本的增加比率又大于产量的增加比率。可以用图 6-4 来说明长期总成本的变动规律。

在图 6-4 中,LTC 为长期总成本曲线,该曲线从原点出发,向右上方倾斜,表示长期总成本随产量的增加而增加。产量在 $O \sim Q_1$ 之间时,长期总成本曲线比较陡峭,说明成本的增加比率大于产量的增加比率;产量在 $Q_1 \sim Q_2$ 之间时,长期总成本曲线比较平坦,说明成本的增加比率小于产量的增加比率;产量在 Q_2 以后,长期总成本曲线比较陡峭,说明成本的增加比率又大于产量的增加的比率。

二、长期平均成本

长期平均成本(Long run Average Cost, LAC)是指在厂商规模可以变动条件下,平均每单位产品所分摊的最低总成本。其公式为:

$$LAC = \frac{LTC}{Q}$$

长期平均成本曲线既可以通过长期总成本曲线 LTC 求得,也可以由短期平均成本曲线求得,下面就以图 6-5 来说明长期平均成本曲线是怎样由短期平均成本曲线得到的。

现在我们假设某厂商面临着几种生产规模可以选择,如小规模生产、中等规模生产和大规模生产,这些生产规模的平均成本曲线分别为 SAC_1、SAC_2、SAC_3(见图6-5)。对于任何一个厂商来说,不论它现在面临的是哪一种生产规模,在长期生产中,他都会根据产量的要求选择一种最优的生产规模。

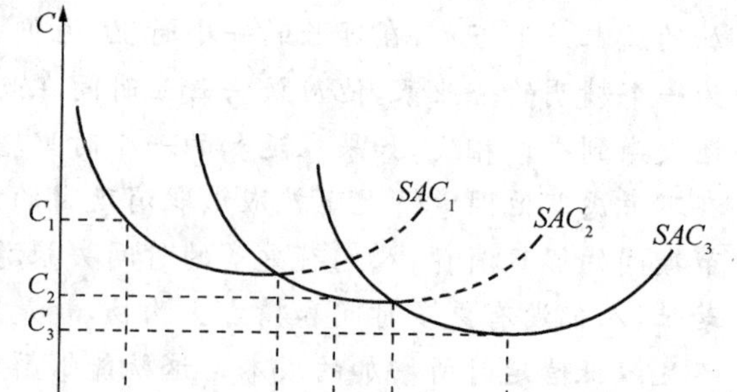

图 6-5 最优生产规模的选择

当厂商的生产量为 Q_1 时,厂商将选择 SAC_1 曲线所代表的生产规模进行生产,这是因为此

规模下的成本 OC_1 较其他两种生产规模生产同样数量产品的平均成本低。同理，当厂商的生产量为 Q_2 时，厂商将选择 SAC_2 曲线所代表的生产规模进行生产。当厂商的生产量为 Q_3 时，厂商将选择 SAC_3 曲线所代表的生产规模进行生产。

如果厂商的产出量为 Q'_1，则较小的生产规模和中等的生产规模的平均成本相同，厂商既可选择 SAC_1 曲线所代表的生产规模，也可以选择 SAC_2 曲线所代表的生产规模。通常情况下，此时厂商会选择 SAC_1 曲线所代表的生产规模。因为，该生产规模相对较小，厂商的投资可以小一些。当然，厂商也可以考虑今后扩大产量的需要，而选择 SAC_2 曲线所代表的生产规模。同理，对于其他两条 SAC 曲线的交点，如产量 Q'_2，也可以做出同样的选择。

在长期生产中，厂商总是可以在每一产量水平上找到相应的最优的生产规模进行生产。而在短期内，厂商是做不到这一点的。假定厂商现有的生产规模由 SAC_1 曲线所代表，而他所需要的产量是 Q_2，那么，厂商在短期内就只能以 SAC_1 曲线上的平均成本 OC_1 来生产，而不可能是 SAC_2 曲线上的更低的平均成本 OC_2。

由以上分析可见，沿着图中所有的 SAC 曲线的实线部分，厂商总是可以找到长期内生产某一产量的最低平均成本。由于长期内可供厂商选择的生产规模是很多的，在理论分析中，可以假定生产规模可以无限细分，从而可以有无数条 SAC 曲线，于是，便得到图 6－6 中的长期平均成本 LAC 曲线。显然，**长期平均成本曲线是无数条短期平均成本曲线的包络线**。

在这条包络线上的每一点都可以找到一条 SAC 曲线与该包络线相切，该 SAC 曲线所代表的生产规模就是对应该点的最优生产规模，该切点所对应的平均成本就是相应的最低平均成本。在长期中，生产者将按这条曲线做出生产计划，确定生产规模。因此，这条长期平均成本曲线又称为计划曲线。

从图 6－6 中可以看出，长期平均成本曲线 LAC 也是一条先下降而后上升的“U”形曲线。这就说明，长期平均成本变动的规律也是随着产量的增加，先减少而后增加，这也是由于随着产量的增加，规模收益递增，平均成本减少；以后，随着产量的增加，出现规模收益递减，平均成本增加。这与短期平均成本相同。但长期平均成本曲线与短期平均成本曲线也有区别，这就在于长期平均成本曲线无论在下降时还是上升时都比较平坦，这说明在长期中平均成本无论是减少还是增加都变动得较慢，这是由于在长期中全部生产要素可以随时调整，从规模收益递增到规模收益递减有一个较长的规模收益不变阶段；而在短期中，规模收益不变阶段很短，甚至没有。

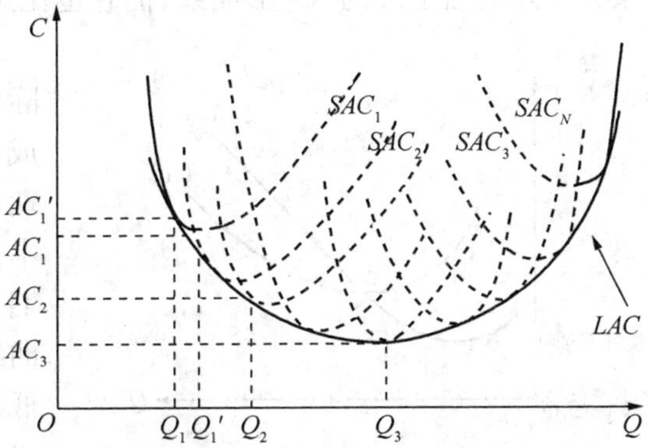

图 6－6　长期平均成本曲线

［相关链接 6－1］

瑞幸咖啡的商业模式

理解瑞幸咖啡的商业模式，最核心的概念就是要理解什么是边际成本：每一单位新增生产的产品/服务带来的总成本的增量。比如，仅生产一辆汽车的边际成本是极其巨大的，而生产第 101 辆汽车的边际成本就低得多，而生产第 10 000 辆汽车的边际成本就更低了。这个概念表明每一单位产品的成本与总规模有关。随着总规模的扩大,边际成本不断降低的商业模式叫规模经济(规模效应),反之叫规模不经济。初创企业如果要做大就必然需要扩大规模。而随着规模的扩大,边际成本不能有效降低的规模不经济的商业模式是很难获得成功的。

行业数据显示,每杯咖啡的原材料和包装等直接成本为 5 元左右。即使在瑞幸咖啡通过大力补贴用户进行扩张的 2018 年,招股书显示其 2018 年全年单杯均价为 8.74 元,每卖出一杯依然还有接近 4 元左右的直接毛利空间。

考虑到中国市场的咖啡消费单价天花板是以星巴克 30 元/杯的均价作为锚点价格,在与星巴克咖啡品质相差无几并且配送更加便利的情况下,瑞幸咖啡如果恢复均价 24 元/杯,价格优势依然会非常明显。规模越大,瑞幸咖啡的直接毛利越大。而从瑞幸咖啡披露的招股书来看,主要的亏损是来自房租、品牌推广和一次性投入的设备及门店转让费等固定成本。这些固定成本随着规模的扩大,边际成本将不断降低。

2018 年,瑞幸咖啡的出杯量是 8 968 万杯。瑞幸咖啡创始人表示,2019 年全年瑞幸咖啡将新开 2 500 家门店,届时门店总数超 4 500 家。而根据 2018 财年数据,星巴克在中国地区过去 20 年的自营门店总数为 3 521 家。

(资料来源:https://www.163.com/dy/article/EEJKT18R05158AVI.html)

三、长期边际成本

长期边际成本(Long run Marginal Cost, LMC)是指在长期中每增加一单位产量所增加的成本。长期边际成本也是随着产量的增加先减少而后增加的,因此,长期边际成本曲线也是一条先下降而后上升的"U"形曲线,但它也比短期边际成本曲线平坦。

图 6-7 长期边际成本与长期平均成本曲线

长期边际成本与长期平均成本的关系和短期边际成本与短期平均成本的关系相同,即当长期平均成本下降时,长期边际成本小于长期平均成本;当长期平均成本上升时,长期边际成本大于长期平均成本;在长期平均成本的最低点,长期边际成本等于长期平均成本。如图 6-7 所示,*LMC* 为长期边际成本曲线,与长期平均成本曲线 *LAC* 相交于 *LAC* 的最低点。相交之前,*LAC* 在 *LMC* 之上,说明长期边际成本小于长期平均成本;在相交之后,*LAC* 在 *LMC* 之下,说明长期边际成本大于长期平均成本。

第四节　收益与利润最大化

[案例研究 6-4]

为什么民航公司愿意向顾客提供折扣机票?

经常坐飞机的人可以发现,有的航班满员,而另一些航班空座很多。当航班有空座时,民航公司总是以向乘客提供折扣机票的办法作为竞争的基本手段。民航公司的行为是理性的吗？我们可以用边际分析理论来回答这一问题。

从理论上说，短期内民航公司的成本分为固定成本和可变成本。固定成本包括飞机购置费（即购置飞机的贷款利息和折旧费）、乘务员工资、检修费用及机场设施和地勤人员费用等。这部分费用是必须支出的。可变成本主要由燃料费和服务费（安检、饮食、清洁）构成，这部分费用随着乘客人数的增加而增加。显然，就航空业而言，它的成本大部分是由固定成本构成的。在民航公司的一些航班空座很多的情况下，能否把机票的价格降低出售呢？边际分析告诉我们是可行的。因为根据边际分析法，决策不应当考虑全部成本，而应当考虑每增加一位乘客额外增加的成本。这种额外增加的成本叫作边际成本。在这里，每增加一位乘客引起的边际成本是很小的，它只包括乘客的餐饮费和飞机因增加载荷而增加的燃料支出。航空公司多卖一张票增加的收入叫作边际收益。如果航空公司机票打折后每多卖一张票所增加的边际收益大于边际成本，那么，多卖客票就能增加公司的总利润。如果机票没有灵活性，因为票价过高而使一些航班座位空置，造成浪费，这对航空公司是不利的。

厂商从事生产活动的目的在于获取利润，由于利润等于收益与成本之差，因此，要想研究利润的最大化，只分析成本是不够的，还必须研究收益。

一、厂商收益

总收益是指厂商出售一定数量产品后所得到的全部收入。它等于产品单价(P)乘以销售数量(Q)。可用公式表示为：

$$TR = P \times Q$$

平均收益是指厂商销售每单位产品所得到的平均收入。它等于总收入除以总销量，即单位产品的市场价格。可用公式表示为：

$$AR = \frac{TR}{Q} = \frac{P \times Q}{Q} \times P$$

其中，$AR = P$，在任何市场条件下均成立。

边际收益(Marginal Revenue，MR)是指每增加或减少一单位产品的销售所引起的总收益的变动量。可用公式表示为：

$$MR = \Delta TR / \Delta Q$$

二、利润

利润一般指经济利润，也称超额利润、纯粹利润，是指厂商的总收益与经济成本之间的差额。厂商所追求的最大利润，指的就是最大的经济利润。

正常利润是指厂商对自己所提供的企业家才能的报酬的支付。根据第一节中对隐性成本的分析可知，正常利润是隐性成本的一种组成部分。

会计利润是指企业的总收益减去企业的会计成本。在经济学中，需要正确区分正常利润和超额利润。正常利润是企业家对自己所提供的企业家才能的报酬的支付，是企业家才能这种生产要素所得到的收入，它包括在成本之中。

经济利润可以为正、负或零。在西方经济学中，经济利润对资源配置和重新配置具有重要意义。如果某一行业存在着正的经济利润，这意味着该行业内企业的总收益超过了“总成本”，生产资源的所有者将要把资源从其他行业转入这个行业中,因为其在该行业中可能获得的收益超过该资源的其他用途。反之,如果一个行业的经济利润为负,生产资源将要从该行业退出。经济利润是资源配置和重新配置的信号。正的经济利润是资源进入某一行业的信号;负的经济利润是资源从某一行业撤出的信号;只有经济利润为零时,企业才没有进入某一行业或从中退出的动机。

三、利润最大化原则

为实现利润最大化,厂商在决定产量时,一方面要考虑增加产量能增加多少收益,即边际收益(MR);另一方面要考虑增加产量会增加多少成本,即边际成本(MC)。一般而言,当边际收益等于边际成本时,厂商实现利润最大化。换句话说,利润最大化的原则是边际收益等于边际成本($MR=MC$),其原因有以下几点:

如果$MR>MC$,表明厂商每多生产一单位产品所增加的收益大于生产这一单位产品所增加的成本。这时,对该厂商来说,还有潜在的利润没有得到,厂商增加生产是有利的,即没有达到利润最大化。

如果$MR<MC$,表明厂商每多生产一单位产品所增加的收益小于生产这一单位产品所增加的成本。这对该厂商来说就会造成亏损,更谈不上利润最大化了,因此厂商必然要减少产量。

无论是上述哪种情况,都没有实现利润最大化。只有当$MR=MC$时,厂商才不会调整产量,表明已把该赚的利润都赚到了,即实现了利润最大化。

当然,在不同的市场条件下,收益变动的规律不同,厂商对最大利润的追求就要受到不同市场条件的限制,但在总体上,仍然遵循$MR=MC$原则。

增值阅读

本章小结

对于任何厂商来说,从事生产经营活动的目的,是为了追求利润最大化。本章主要介绍了几种重要的成本概念,描述短期、长期总成本、平均成本、边际成本的关系、曲线和变化规律,阐述总收益、平均收益和边际收益的关系、曲线和变化规律,说明成本、收益与利润之间的关系,解释利润最大化原则。其主要内容有:

(1) 成本分为会计成本与机会成本。会计成本与机会成本之和为经济成本。总收益减去会计成本是会计利润。总收益减经济成本是经济利润。

(2) 短期成本中包括固定成本和可变成本。短期总成本为固定成本和可变成本之和。短期平均成本为平均固定成本与平均可变成本之和。

(3) 短期总成本、短期固定成本、短期可变成本的变动规律为:在短期中,固定成本不随产量的变动而变动,是固定值;可变成本最初增加率要大于产量的增长率,之后,随着产量的增加,其增加率小于产量的增加率,最后,由于边际产量递减规律,其增加率又大于产量增加率;

短期总成本的变动规律与短期可变成本相同。

(4) 短期平均成本、短期平均固定成本、短期平均可变成本的变动规律：在短期中，平均固定成本随着产量的增加而减少；平均可变成本表示随着产量增加先下降而后上升；短期平均成本与短期平均可变成本变动规律类似。

(5) 短期平均成本与短期边际成本之间的关系：当短期平均成本大于短期边际成本时，短期平均成本递减；当短期平均成本小于短期边际成本时，短期平均成本递增；当短期平均成本等于短期边际成本时，短期平均成本最低。

(6) 短期中平均成本曲线的最低点为收支相抵点，平均可变成本曲线的最低点为停止营业点。

(7) 长期中一切成本都是可变的。长期成本分为长期总成本、长期平均成本和长期边际成本。

(8) 长期中，平均成本先随产量增加而递减，当平均成本达到最低后又随产量增加而递增。平均成本最低时的产量是厂商的适度规模。

(9) 长期边际成本与长期平均成本之间的关系为：边际成本小于平均成本时，平均成本递减；边际成本大于平均成本时，平均成本递增。

(10) 收益就是厂商销售商品所得到的全部收入。收益包括总收益、平均收益与边际收益。

(11) 利润最大化原则：当厂商的产量实现了边际收益等于边际成本时，就实现了利润最大化。

思考与练习

一、选择题

1. 机会成本是指(　　)。

A. 做出某项选择时实际支付的费用或损失

B. 厂商生产与经营中的各种实际支出

C. 做出一项选择时所放弃的其他若干种可能的选择中最好的一种

D. 做出一项选择时所放弃的其他任何一种可能的选择

2. 在正常情况下，经济成本与经济利润(　　)。

A. 两者都比相应的会计成本与会计利润小　B. 两者都比相应的会计成本与会计利润大

C. 前者比会计成本大，后者比会计利润小　D. 前者比会计成本小，后者比会计利润大

3. 固定成本是指(　　)

A. 企业在短期内必须支付的不能调整的生产要素的费用

B. 企业要增加产量所要增加的费用

C. 企业购买生产要素所需要的费用

D. 平均每单位产品所需要的费用

4. 某厂商生产 1 000 单位产量时用 110 元，生产 1 100 单位产量时用 133 元，在这个范围内生产额外一单位产品的边际成本是(　　)元。

A. 0.11　　　B. 0.12　　　C. 0.14　　　D. 0.23

5. 某厂商生产 5 件衣服的总成本为 1 500 元，其中厂房和机器折旧为 500 元，工人工资及原材料费用为 1 000 元，那么平均可变成本为(　　)元。

A. 300　　　B. 200　　　C. 100　　　D. 500

6. 在短期,典型的平均成本曲线是(　　)。

A. 向上倾斜　　B. 向下倾斜　　C. “U”形曲线　　D. 水平线

7. 下面关于短期边际成本和短期平均成本的说法中正确的是(　　)。

A. 如果短期边际成本大于短期平均成本,短期平均成本可能上升或下降

B. 短期边际成本上升,短期平均成本一定上升

C. 如果短期边际成本小于短期平均成本,短期平均成本一定下降

D. 短期平均成本下降时,短期边际成本一定下降

8. 与短期相比,长期平均成本曲线的变化特征是(　　)。

A. 比较陡峭　　B. 比较平坦　　C. 先平坦后陡峭　　D. 先陡峭后平坦

9. 边际收益是(　　)。

A. 收益超过成本的部分

B. 厂商每增加销售一单位的产品后的利益

C. 总收益除以总产量

D. 厂商通过卖出其产品所获得的收益

10. 利润最大化的原则是(　　)。

A. 边际成本小于边际收益　　B. 边际成本等于边际收益

C. 边际成本大于边际收益　　D. 边际成本等于平均成本

二、判断题

1. 机会成本也称为隐性成本。(　　)

2. 一般来说,会计利润大于经济利润。(　　)

3. 停止营业点就是短期边际成本曲线与平均可变成本曲线的交点。(　　)

4. 短期总成本曲线与长期总成本曲线都是从原点出发并向右上方倾斜的一条曲线。(　　)

5. 长期平均成本曲线是一条与无数条短期平均成本曲线相切的曲线。(　　)

6. 在短期,平均成本曲线是一条先下降而后上升的“U”形曲线,平均成本下降时,边际成本一定下降。(　　)

7. 成本递增行业中各厂商的长期平均成本要随整个行业产量的增加而增加。(　　)

8. 收益就是利润,因此收益最大化就是利润最大化。(　　)

9. 边际收益等于边际成本时,厂商正常利润为零。(　　)

10. 利润最大化就是实现无限利润。(　　)

三、思考题

1. 什么是会计成本? 什么是经济成本? 二者的关系如何?

2. 什么是机会成本? 如何理解机会成本的概念?

3. 简述短期平均成本、平均固定成本和可变成本的变动规律及其相互关系。

4. 短期边际成本的变动规律是什么? 用图形说明它与短期平均成本、短期平均可变成本的关系。

5. 简述利润最大化原则。

四、计算题

1. 某企业投资 100 万元建了一条新生产线。如果不建这条生产线,这 100 万元有三种用

途，分别有三种不同收益：

(1) 用于建职工宿舍，每年可收房租 5 万元；

(2) 把这笔资金借给一家企业，每年可获利息 10 万元；

(3) 用于建立一个销售网，每年可以增加收益 15 万元。

该企业建这条生产线的机会成本是多少？

2. 下面是某企业产量、边际成本、边际收益的情况：

边际成本(元)	产　量	边际收益(元)
2	2	10
4	4	8
6	6	6
8	8	4
10	10	2

这个企业利润最大化的产量是多少，为什么？

案例分析

实践与操作

一、实践题

1. 假如学校的超市很赚钱，你作为投资者是要将其营业面积扩大几倍，员工也成倍地增加还是维持现有的规模呢？说出你的理由。

2. 关注一家厂商的投资行为，用所学的知识去分析该厂商的投资决策。

二、综合实训

实践名称：生活中的“机会成本”。

1. 目的任务

通过本部分实训，能够进一步明晰机会成本的内涵，以及机会成本在消费者决策中的作用；上网查阅有关资料，对日常生活中某一决策行为进行分析，指出其机会成本所在。

2. 实践内容

(1) 机会成本的内涵。

(2) 上网查阅有关日常生活中经济决策行为的资料。

(3) 机会成本知识的应用。

3. 实训方式

校园网、案例、搜集资料分析、企业实践等。

第三篇　市场经济

第七章　市场结构

请扫描二维码
观看视频

学习目标

1. 知识目标：划分市场结构的标准和四种市场结构的特征；完全竞争市场的短期和长期均衡；垄断竞争市场的短期和长期均衡；寡头垄断市场的均衡和博弈论的运用；垄断市场的短期均衡和长期均衡。

2. 能力目标：确定不同类型市场上的企业均衡价格和均衡产量；解释不同类型市场上企业做出的各种生产经营决策；对不同类型市场的经济效率进行评价和比较。

趣味阅读

戴比尔斯的钻石垄断

南非的戴比尔斯联合矿业公司控制了世界钻石生产的80%左右。虽然这家公司的市场份额并不是100%，但它也足以对世界钻石价格产生重大影响。

戴比尔斯拥有多大的市场势力呢？答案取决于是否存在这种产品的相近替代品。如果人们认为翡翠、红宝石和蓝宝石都是钻石的良好替代品，那么，戴比尔斯的市场势力就较小了。因为在这种情况下，戴比尔斯任何一种想提高钻石价格的努力都会使人们转而购买其他宝石。但是，如果人们认为其他石头都与钻石非常不同，那么，戴比尔斯就可以在很大程度上影响自己的产品价格。

戴比尔斯支付了大量广告费。乍一看，这种决策似乎有点奇怪。如果垄断者是一种产品的唯一卖者，为什么它还需要广告呢？戴比尔斯广告的一个目的是在消费者心中把钻石与其他宝石区分开来。当戴比尔斯的口号告诉你"钻石恒久远，一颗永流传"时，你马上会想到翡翠、红宝石和蓝宝石并不是这样(而且，要注意的是，这个口号适用于所有钻石，而不仅仅是戴比尔斯的钻石——戴比尔斯垄断地位的象征)。如果广告是成功的，消费者就将认为钻石是独特的，不是许多宝石中普通的一种，这种感觉就使戴比尔斯有更大的市场势力。

(资料来源：https://wenku.baidu.com/view/256e7cc5e97101f69e3143323968011ca300f7bf.html)

经济学启示：通过控制未加工钻石的供给，戴比尔斯联合矿业公司已维持了六十多年的全球垄断。该公司通过谨慎地限制供给、利用广告扩大市场需求等来维持较高的价格水平。在寡头垄断的市场上，各寡头企业生产的产品可以是同质的，也可以是异质的。鉴于寡头垄断企业的战略决策是在相互依存、相互作用的情况下做出的，因此相较易导致两败俱伤的价格竞争而言，非价格竞争（如广告宣传、服务优化、产品升级等）就显得异常激烈。

第一节　市场与市场结构

一、市场与市场结构的内涵

通常的，市场（Market）是指从事商品买卖的交易场所或接洽点。市场可以是一个有形的买卖商品的交易场所，也可以是一个无形的利用现代化通信工具进行商品交易的虚拟接洽点。从本质上讲，市场是商品买卖双方相互作用并得以决定交易价格和交易数量的一种组织形式。但是，这里所说的市场是指某一行业，如汽车市场，就是指汽车行业。

市场结构（Market Structure）是指某一行业中企业数目的多少，反映垄断与竞争的程度。作为商品生产者与供给者的企业，在选择生产规模、价格水平、营销策略时，除了考虑技术条件及成本条件外，还必须认真分析市场竞争状态。不同的行业具有不同的市场结构，影响市场结构的因素包括竞争企业的数量、规模、技术、成本条件以及企业进入和退出行业的难易程度等。

二、划分市场结构的标准

（一）市场集中程度

市场集中程度指大企业在市场上的控制程度，用市场占有率来表示。企业规模越大，企业数量越少，大企业的市场占有率就越大，市场集中程度越高，市场的垄断程度就越高。反之，企业规模越小，企业数量越多，即使找出几个较大的企业，市场占有率也不高，市场集中程度较低，市场的竞争程度较高。一般用两个标准来判断市场集中程度。

1. 四家集中率（CR_4）

这个指数衡量某一市场中最大的四家企业在整个市场销售额中所占的比例。用CR_4代表四家集中率，用T代表整个市场的销售额，A_1、A_2、A_3、A_4分别代表市场上前四名最大企业的销售额，则四家集中率的计算公式是：

$$CR_4=\frac{A_1+A_2+A_3+A_4}{T}$$

假设某一市场的$T=2\,000$亿元，$A_1=500$亿元，$A_2=400$亿元，$A_3=350$亿元，$A_4=300$亿元，则这个行业的四家集中率就是：

$$CR_4=\frac{500+400+350+300}{2\,000}=77.5\%$$

CR_4越大，表示市场集中程度越高，即垄断程度越高。CR_4越小，表示市场集中程度越低，即竞争程度越高。

2. 赫芬达尔-赫希曼指数(*HHI*)

这个指数衡量某一市场上50家最大企业(如果少于50家企业就是所有企业)每家企业市场占有份额(取百分比的分子)的平方之和。如果用S_i表示第i家企业的市场占有额,则这一指数的计算公式是:

$$HHI = \sum_{i=1}^{50} S_i^2 = S_1^2 + S_2^2 + \cdots + S_{50}^2$$

假设某个市场上最大企业的市场占有份额是10%,第二大企业的市场占有份额是9%,第三大企业的市场占有份额是8.5%,……,第五十大企业的市场占有份额是0.1%,即$S_1=10$,$S_2=9$,$S_3=8.5$,…,$S_{50}=0.1$,则有:

$HHI = 10^2 + 9^2 + 8.5^2 + \cdots + 0.1^2$

显然,*HHI*越大,表示市场集中程度越高,即垄断程度越高;*HHI*越小,表示市场集中程度越低,即竞争程度越高。

[**相关链接7-1**]

贝恩的市场结构分类标准

美国产业经济学家贝恩依据产业内前四位和前八位的行业集中程度指标,对不同垄断、竞争结合程度的产业市场结构进行了分类。

市场结构 / 集中度	CR_4值(%)	CR_8值(%)
寡占Ⅰ型	$CR_4 \geq 85$	—
寡占Ⅱ型	$85 > CR_4 \geq 75$	$CR_8 \geq 85$
寡占Ⅲ型	$75 > CR_4 \geq 50$	$85 > CR_8 \geq 75$
寡占Ⅳ型	$50 > CR_4 \geq 35$	$75 > CR_8 \geq 45$
寡占Ⅴ型	$35 > CR_4 \geq 30$	$45 > CR_8 \geq 40$
竞争型	$30 > CR_4$	$40 > CR_8$

CR_4指行业中规模最大的前四家企业的集中度,CR_8指行业中规模最大的前八家企业的集中度。

(资料来源:MBA智库,http://wiki.mbalib.com/wiki/%E8%A1%8C%E4%B8%9A%E9%9B%86%E4%B8%AD%E5%BA%A6%E6%8C%87%E6%95%B0)

(二)企业进入、退出行业的难易程度

进入和退出壁垒反映企业进入或退出一个行业的难易程度。贝恩对进入壁垒有如下定义:进入壁垒指一个行业中原有企业拥有的对于进入企业的优势,从而使原有企业可以持续地把价格提高到最小平均生产和销售成本以上,而又没有新企业进入。如果企业难以进入某一行业,则该行业的企业数量势必较少,企业的竞争程度较低,从而可能形成垄断。

进入壁垒的形成源自自然因素和立法因素。自然因素主要指资源控制与规模经济,如某

个企业控制了某个行业的关键资源，其他企业得不到这种资源，就无法进入该行业。再如某个行业中存在规模经济，只有当产量极大时，平均成本才能实现最低，其他企业由于不能达到最小有效规模，无法进入该行业。立法因素是通过制定法律条文限制企业进入某些行业。这种立法限制主要采取三种形式：一是特许经营，政府通过立法把某个行业的经营权交给特定企业，其他企业不得从事这个行业。许多国家的邮政就是由国家邮政局独家特许经营，如20世纪80年代前AT&T公司独家经营美国电信业。二是许可制度，有些行业由政府发放许可证，没有许可证不得进入，这就增加了进入的难度，如在一些城市从事出租车服务要有许可证，当开业医生要有行医执照等。三是专利制，即给予某种产品在一定时期内的排他性垄断权，其他企业不得从事这种产品的生产。

（三）产品差异程度

产品差异是指同一种产品在质量、款式、包装、服务等方面的差别。一种产品不仅要满足人们的实际需要，还要满足人们的心理需要。每个消费者由于收入水平、社会地位、文化教育、宗教信仰、家庭背景等不同，导致对某种产品的偏好也不同。例如，同样购买代步工具——轿车，高收入者可能选择购买奔驰轿车（彰显自己的社会地位），而工薪阶层可能选择购买本田轿车（油耗少，较经济实用）；同样购买手机，中老年人可能更偏爱待机久、铃声大、屏幕大、操作简单、价格实惠的手机，而年轻人则可能更偏爱款式新颖、功能齐全，甚至个性化定制的价格较高的智能手机。产品之间的差异越小甚至雷同，相互之间的替代品就越多，竞争程度就越高。因此，经济学家普遍认为，产品差别可以引起垄断，产品差别越大，垄断程度越高。

（四）市场信息畅通程度

在信息时代，信息是企业经营的生命，市场信息流通渠道越通畅，企业参与市场竞争的能力就越强。信息的对称性是指消费者和生产者对市场上的所有信息是否有充分的了解。如果市场参与者对供求关系、产品质量、价格变动、销售方法、广告效果等信息了如指掌，就可根据信息做出对自己最有利的理性选择。可见，一个市场信息公开程度越高，市场竞争程度就越高，反之垄断程度就越高。

三、市场结构类型

根据不同市场特征，经济学家将市场划分为完全竞争市场、垄断竞争市场、寡头垄断市场和垄断市场四种类型。其相应的特征概括如表7-1所示。

表7-1　市场结构类型

市场类型	企业数目和市场集中度	产品差别程度	对价格控制程度	进入一个行业的难易程度	主要营销策略	接近市场举例
完全竞争	很多，市场集中度为零	无差异	没有，均是价格接受者	很容易	市场交易或拍卖	农产品市场和金融市场（期货、股票）
垄断竞争	较多，市场集中度较低	有一定的差异	有很小的影响力	较容易	价格竞争、差异化制造	零售业（糖果、食品、酒、小说、化妆品等）；服务业（餐饮、电影等）

续 表

市场类型	企业数目和市场集中度	产品差别程度	对价格控制程度	进入一个行业的难易程度	主要营销策略	接近市场举例
寡头垄断	几个,市场集中度高(CR_4 超过 60%,HHI 为 1 800 以上)	同质或有差异	有较大的影响力	较困难	相互勾结(公开或隐蔽)	钢铁、汽车、石油、矿产品
垄断	一个,市场集中度最高(CR_1 为 100%,HHI 为 10 000)	只有一种产品且无替代品	价格制定者	几乎不可能	差别定价和广告宣传	公用事业(如水、电、邮局)和微软 Windows 操作系统

第二节　完全竞争市场

一、完全竞争市场的条件

完全竞争市场(Perfectly Competitive Market)又称纯粹竞争市场,是一种竞争不受任何阻碍和干扰的市场结构。完全竞争市场完全由“看不见的手”进行调节,政府对市场不做任何干预,只起维护社会安定和抵御外来侵略的作用,承担的只是“守夜人”的角色。完全竞争市场必须具备以下条件。

(一) 市场上有众多的生产者和消费者

与整个市场的生产量和购买量相比较,任何一个生产者的生产量和任何一个消费者的购买量所占的比例都很小,因此任何生产者和消费者的单独市场行为都不会引起市场产量和价格的变化。正如美国经济学家乔治·斯蒂格勒所说的那样:“任何单独的购买者和销售者都不能凭其购买和销售来影响价格。”任何购买者面对的供给弹性是无穷大,而销售者面临的需求弹性也是无穷大,他们都只能是市场既定价格的接受者,而不是市场价格的制定者。

(二) 企业生产的产品具有同质性,不存在差异

市场上有许多企业,每个企业所生产的产品在质量、性能、外形、包装等方面是无差异的,以至于任何一个企业都无法通过自己的产品具有与他人产品的特异之处来影响价格从而形成垄断,享受垄断利益。对于消费者来说,无论购买哪一个企业的产品都是同质无差异的,以至于众多消费者无法根据产品的差异性形成偏好。因此,同质产品之间具有完全替代性。

(三) 生产者进入、退出行业自由

即不存在市场进入壁垒和市场退出壁垒。当某个行业有净利润时,就会吸引许多新的生产者进入该市场,从而引起利润的下降;而当行业出现亏损时,许多生产者又会退出该市场,从而引起利润的增长。这样,在长期内,生产者只能获得正常利润,而不能获得垄断利润。

(四) 市场交易活动自由、公开,没有人为的限制

市场上不存在任何歧视,市场价格只随着供给与需求的变动而变动。任何市场主体都不能通过特权、关税、补贴、配给或其他人为手段来控制市场供需和市场价格。

（五）市场信息畅通准确，市场参与者充分了解各种情况

消费者、生产者对有关的经济和技术方面的信息充分了解。例如，生产者不仅完全了解生产要素价格、产品的成本、交易费用及收入利润情况，也完全了解其他生产者的有关情况；消费者完全了解各种产品的市场价格及其性能的所有情况。因此，市场主体完全按照透明的市场价格和交易原则进行交易，不存在欺诈。

（六）各种资源都能够充分地流动

任何一种资源都能够自由地进入或退出某一市场，能够随时从一种用途转移到另一种用途中去。劳动力自由地从收入低的行业（企业）流向收入高的行业（企业），资金、原料和燃料等自由地由效率低、效益差的行业（企业）流向效率高、效益好的行业（企业）。

[相关链接 7－1]

灭狼护鹿的故事

在美国的阿拉斯加自然保护区里，人们为了保护鹿，就消灭了狼。鹿没有了天敌，生活很是悠闲，不再四处奔波，便大量繁衍，引起了一系列的生态问题，致使瘟疫在鹿群中蔓延，鹿群大量死亡。后来，护养人员及时引进了狼，狼和鹿之间又展开了血腥的生死竞争。在狼的追赶捕食下，鹿群只得紧张奔跑以逃命。除了那些老弱病残者被狼捕食外，其他鹿的体质日益增强，鹿群显得生机勃勃，恢复了往日的灵秀。

鹿群的故事表明竞争是必要的，在人类经济生活中，竞争对人类发展的促进作用也是异常明显的。在经济学中，完全竞争市场是几个典型的市场形式之一。从理论上能够证明，完全竞争的结果符合帕累托最优，同时也是亚当·斯密“看不见的手”发挥作用最彻底的市场。

（资料来源：http://www.duokongdao.com/5330.html）

二、完全竞争市场上的需求曲线、平均收益和边际收益

（一）完全竞争市场上的需求曲线

在完全竞争市场上，整个行业和一家企业面临着不同的需求曲线。消费者对单个企业所生产的商品的需求量，称为企业的需求曲线（d）。消费者对整个行业所生产的商品的需求量，称为行业的需求曲线（D）。行业需求量是对整个行业中单个企业需求量的累加。

对整个行业来说，需求曲线是一条向右下方倾斜的曲线，供给曲线是一条向右上方倾斜的曲线。整个行业产品的价格就由这种需求与供给决定。

对单个企业来说，当市场价格确定之后，企业只能是市场既定价格的接受者，因此无论如何增加产量都不能影响市场价格。即在既定的价格之下，市场对单个企业产品的需求是无限的，即需求弹性是无限的。单个企业产品的需求曲线是一条由既定市场价格出发的平行线。

可用图 7－1 和图 7－2 来说明行业供需曲线和单个企业的需求曲线。图 7－1 说明了整个行业的供求如何决定价格，S 是行业供给曲线，D 是行业需求曲线，两者相交于 E 点，此时的均衡价格水平为 P_e。图 7－2 说明了在市场的既定价格为 P_e 时，市场对个别企业的需求是无限的，因此，需求曲线 d 是平行于横轴的。

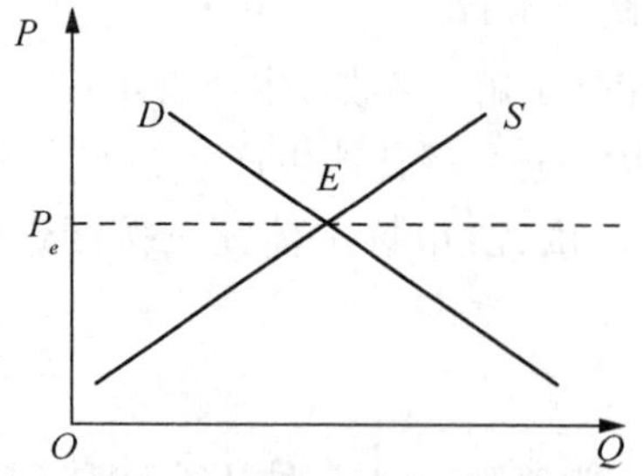

图 7－1　完全竞争市场的行业供需曲线

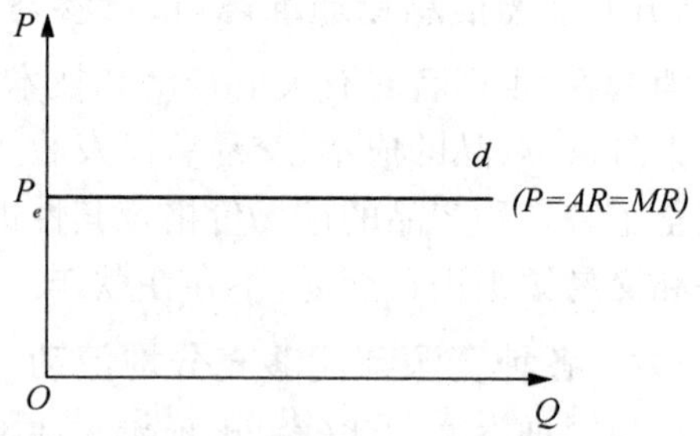

图 7－2　完全竞争市场的企业需求曲线

（二）完全竞争市场上的平均收益和边际收益

在完全竞争的条件下，企业按既定的市场价格出售产品，每单位产品的售价也就是每单位产品的平均收益，所以，价格等于平均收益。企业每增加一单位产品的销售，市场价格保持不变，从而每增加一单位产品销售的边际收益也不会变，所以，平均收益与边际收益相等。

设总收益 TR 为价格 P 与产量(或销售量)Q 的乘积，即 $TR=PQ$。

平均收益 AR 是总收益 TR 与产量(或销售量)Q 的商，即：

$$AR=\frac{TR}{Q}=\frac{PQ}{Q}=P$$

边际收益 MR 是增加一单位销售量所得到的收益，因为对单个企业来说，无论销售量增加多少，市场价格是不变的，所以：

$$MR=\frac{\mathrm{d}(TR)}{\mathrm{d}Q}=\frac{\mathrm{d}(PQ)}{\mathrm{d}Q}=P$$

可见，在完全竞争的市场上，$P=MR=AR$。平均收益曲线 AR、边际收益曲线 MR 与需求曲线都是同一条线，同为图 7－2 中的 d。

值得注意的是，在各种类型的市场上，平均收益与价格都是相等的，因为每单位产品的售价就是其平均收益。但只有在完全竞争市场上，平均收益、边际收益与价格才相等。因为只有在这种情况下，单个企业销售量的增加才不影响价格。

用表 7－2 来说明完全竞争市场上，价格、平均收益与边际收益的相等关系。

表 7－2　完全竞争市场上的价格、平均收益与边际收益

销售量	价　格	总收益	平均收益	边际收益
0	10	0	0	0
1	10	10	10	10
2	10	20	10	10
3	10	30	10	10
4	10	40	10	10
5	10	50	10	10
6	10	60	10	10

三、完全竞争市场上的短期均衡

在短期内，企业不能根据市场需求来调整产量，因此，从整个行业来看，有可能出现供给小于需求或供给大于需求的情况。如果供给小于需求，则价格高；如果供给大于需求，则价格低。短期均衡就是要分析在不同的价格水平下单个企业产量的决定及盈利情况。

（一）供给小于需求（价格水平高的盈利情况）

在图 7－3 中，市场价格为 ON，对单个企业来说，需求曲线 d 是从 N 引出的一条平行线。这条需求曲线同时也是平均收益曲线 AR 与边际收益曲线 MR。SMC 为短期边际成本曲线，SAC 为短期平均成本曲线。企业为了实现利润最大化就要使边际收益等于边际成本（$MR=MC$）。因此，边际收益曲线 MR 与短期边际成本曲线 SMC 的交点 E 就决定了产量为 OM。这时，企业的总收益为平均收益乘以产量，即矩形 $OMEN$ 的面积。总成本为平均成本乘以产量，当产量为 OM 时，平均成本为 OG（$OG=MF$），所以总成本为矩形 $OMFG$ 的面积。从图上看，总收益大于总成本，即 $OMEN>OMFG$，所以存在超额利润，超额利润就是矩形 $GFEN$ 的面积。

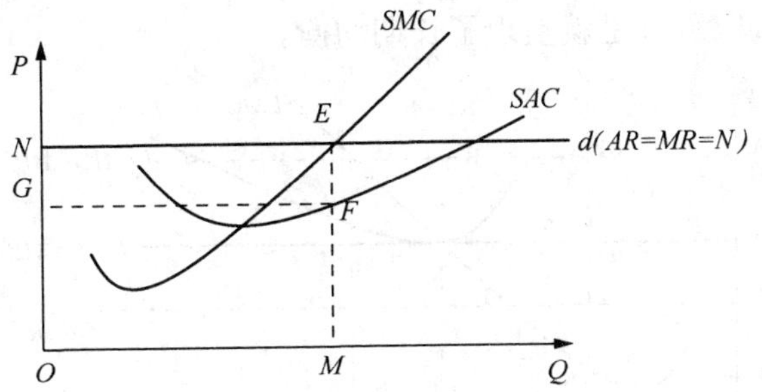

图 7－3　完全竞争企业的短期均衡
（供给小于需求，即存在盈利）

（二）供给大于需求（价格水平低的亏损情况）

在图 7－4 中，市场价格为 ON，对单个企业来说，需求曲线 d 是从 N 引出的一条平行线，这时产量仍由边际收益曲线 MR 与短期边际成本曲线 SMC 的交点 E 决定，即 OM。企业的总收益仍为平均收益乘以产量，即矩形 $OMEN$ 的面积。总成本仍为平均成本乘以产量，即矩形 $OMFG$ 的面积。从图上看，总收益小于总成本，即 $OMEN<OMFG$，企业存在亏损，亏损就是矩形 $GFEN$ 的面积。

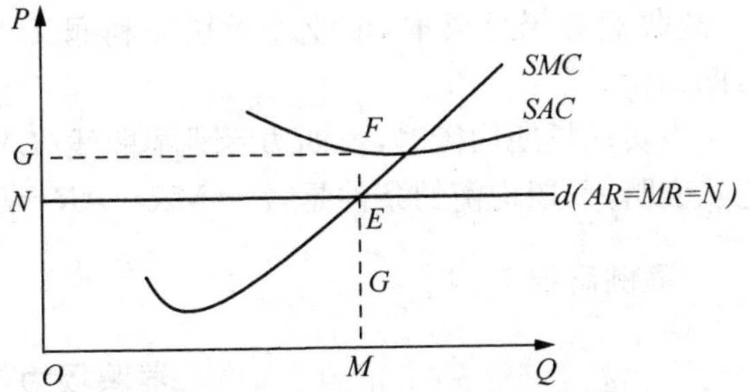

图 7－4　完全竞争企业的短期均衡
（供给大于需求，即存在亏损）

（三）停止营业点

短期中，固定成本不变，无论是否生产都要支出，所以只要收益可以弥补可变成本，企业就会生产。在图 7－5 中，价格 P_1 所决定的需求曲线 d 与 $SAVC$ 相交于 E_1，E_1 就是停止营业点。因为当价格为 P_1 时，企业所得到的收益正好抵偿平均可变成本；若价格低于 P_1，可变成本无法弥补，企业就不会再生产了。停止营业点是由平均可变成本与价格水

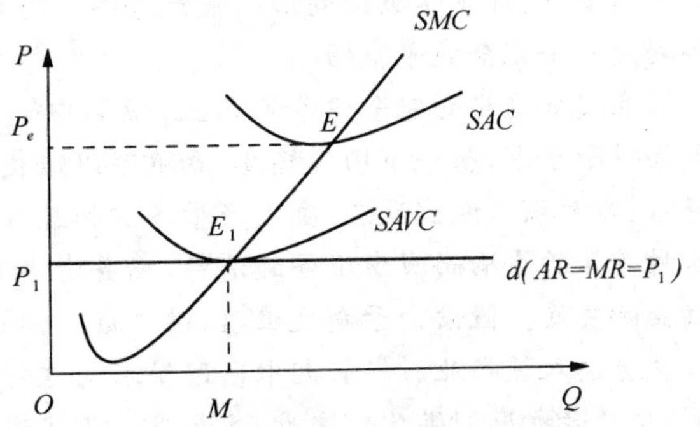

图 7－5　完全竞争企业的短期均衡
（停止营业点）

平决定的,在这一点上平均可变成本等于价格水平($P=SAVC$)。

四、完全竞争市场上的长期均衡

在长期中,每个企业都可根据市场价格来调整产量,也可自由进入或退出该行业。当产品供不应求时,市场价格高,各企业会扩大生产,新企业也会进入,从而整个行业供给增加,价格水平下降。当供大于求时,市场价格低,各企业会减少生产,部分企业也会退出,从而整个行业供给减少,价格水平上升。最终价格会使各企业既无超额利润又无亏损,各企业的产量也不再调整,于是就实现了长期均衡。

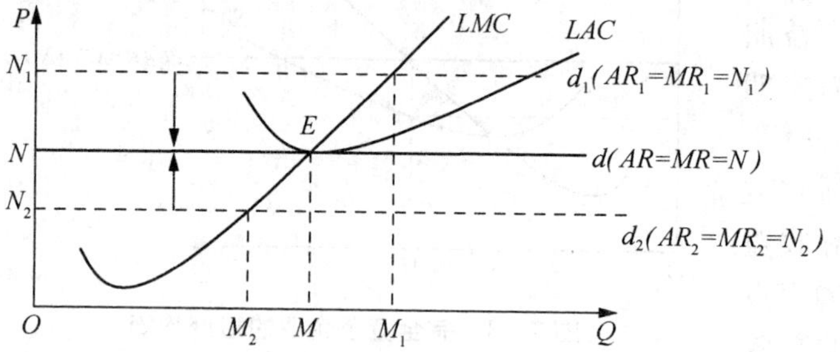

图 7-6　完全竞争企业的长期均衡

在图 7-6 中,LMC 是长期边际成本曲线,LAC 是长期平均成本曲线。虚线 d_1 为整个行业供给小于需求时个别企业的需求曲线,虚线 d_2 为整个行业供给大于需求时个别企业的需求曲线。当整个行业供给小于需求时,由于价格高会引起整个行业供给增加,从而价格下降,个别企业的需求曲线 d_1 向下移动。当整个行业供给大于需求时,由于价格低会引起整个行业供给减少,从而价格上升,个别企业的需求曲线 d_2 向上移动。这种调整会使需求曲线最终移动到 d。这时,边际成本曲线(LMC)与边际收益曲线(MR,即 d)相交于 E 点,决定了产量为 OM。这时总收益为平均收益乘以产量,即矩形 $OMEN$ 的面积,总成本为平均成本乘以产量,也是矩形 $OMEN$ 的面积。这样,总收益等于总成本,企业既无超额利润又无亏损,因此,也就不再调整产量,进而可实现长期均衡。

当实现长期均衡时,长期边际成本曲线(LMC)、长期平均成本曲线(LAC)都相交于 E 点。这就表明,长期均衡的条件是:$P=MR=AR=LMC=LAC$。

[案例研究 7-1]

养鸡场为什么赔钱?

20 世纪 80 年代,一些城市为了保证居民的菜篮子供应,由政府出资举办了大型养鸡场,但成功者少,许多养鸡场最后以破产告终。这其中的原因是多方面的,重要的一点则在于鸡蛋市场是一个完全竞争市场。

在鸡蛋这样的完全竞争市场上,短期中如果供大于求,整个市场价格低,养鸡可能亏本。如果供小于求,整个市场价格高,养鸡可以赚钱。但在长期中,养鸡企业(包括农民和大型养鸡场)则要对供求做出反应:决定产量多少和进入还是退出。假设由于人们受胆固醇不利于健康这种宣传的影响而减少鸡蛋的消费,鸡蛋价格下降,这时养鸡企业就要做出减少产量或退出养鸡业的决策。假设由于发生鸡瘟,供给减少,鸡蛋价格上升,原有养鸡企业就会扩大规模,其他人也会进入该行业。在长期中通过供求的这种调节,鸡蛋市场实现了均衡,市场需求得到了满足,生产者也感到满意。这时,各养鸡企业实现成本(包括机会成本在内的经济成本)与收益相等,没有经济利润。

在完全竞争市场上，企业完全受市场支配，由于竞争激烈，成本被压得相当低，生产者要对市场供求变动做出及时的反应。换言之，在企业一点也无法控制的市场上，成本压不下来或调节能力弱，企业难以生存下去。大型养鸡场的不利正在于压低成本和适应市场的调节能力远远不如农民养鸡者。

政府建立的大型养鸡场在这种完全竞争的市场上并没有什么优势，它的规模不足以大到控制市场，产品也没有特色。它要以平等的身份与那些分散的养鸡专业户或把养鸡作为副业的农民竞争。但这种大型养鸡场的成本都要大于行业平均成本，因为这些养鸡场的固定成本远远高于农民。它们建有大鸡舍，采用机械化方式，而且有相当一批管理人员，工作人员也是有工资的工人。这些成本的增加远远大于机械化养鸡所带来的好处，因为农民养鸡几乎没有什么固定成本，也不向自己支付工资，差别仅仅是种鸡支出和饲料支出。当鸡蛋行业的主力是农民时，行业平均成本也是由他们决定的。政府办的大型养鸡场的成本高于农民养鸡的差别，也就是高于行业平均成本，当价格等于行业平均成本时，就必然低于大型养鸡场的平均成本。

第三节　垄断竞争市场

一、垄断竞争市场的条件

垄断竞争市场(Monopolistic Competition Market)是一种介于完全竞争和完全垄断之间的市场组织形式，也是现实中存在最广泛的一种市场形式。在这种市场中，既存在着激烈的竞争，又存在构成垄断的因素。垄断竞争市场必须具备以下条件。

（一）各个企业的产品是“异质产品”，但彼此间又是非常接近的替代品

因为差异性，所以具有一定的垄断力量；因为彼此是很相似的替代品，所以具有竞争性。差异性可以是商品的质量、规格、商标等差异，也可以是购物环境、售后服务、广告宣传等方面的差异。在垄断竞争市场，每个企业都有一定的价格控制能力。企业可自主决定自身商品的价格。不过，如果商品定价较高，商品的需求量会减少；如果定价较低，需求量会上升。

（二）市场中存在着较多的企业，彼此之间存在着较为激烈的竞争

由于每个企业的市场占有率都较低，单个企业改变产量和价格，一般不会招致其竞争对手的报复。企业可通过广告宣传等方式，塑造产品差异，在众多的竞争对手中凸显自己的产品，如洗发水、肥皂、沐浴露、洗洁精等日化市场，餐馆、旅馆、商店等服务业市场，牛奶、饼干、雪糕、火腿肠等食品类市场都热衷于做广告。

（三）进入和退出壁垒较低

因为垄断竞争市场中企业的规模都不大，原始投入资本较少，所以新企业带着新品牌进入市场，或原企业在无利可图时退出市场都较容易。

[相关链接7-2]

垄断竞争下的差异化战略

产品差异化是垄断竞争市场上常见的一种现象,不同企业生产的同类产品之间存在替代关系,但这种替代并非完全替代。垄断竞争企业的差异化战略包括制造产品本身的差异和人为的差异,后者包括市场定位的差异、服务的差异、营销策略的差异等。企业往往希望通过产品差异化来刺激产品需求。

一、产品的原料差异

美国安利集团旗下的纽崔莱如今已成为全球性的营养保健食品品牌。纽崔莱目前拥有四个有机种植农场,是当今世界上仍自行种植植物原料的营养保健食品公司。在培护土壤、作物管理、灌溉等方面,纽崔莱均采用有机种植方法,确保每一种营养保健食品不含除草剂、杀虫剂和其他有害的农药残余物质。纽崔莱将这些富含植物营养素的植物提取物添加到营养保健食品中,使产品更天然,当然也更受消费者喜爱,更容易与其他保健产品区别开来。

二、产品的颜色

过去,人们所使用的牙膏都是白色的。当市场出现一种透明啫喱或彩色牙膏时,消费者便觉得新奇,进而很想体验一下。高露洁有一种三重功效牙膏,膏体由三种颜色构成,给消费者以直观感受:白色的可洁白牙齿,绿色的可清新口气,蓝色的可清除细菌。

三、产品的造型设计

在移动电话刚刚普及的时候,市面上绝大部分的手机不是翻盖的就是直板的。当诺基亚公司推出"倾慕系列"7370旋转式翻盖手机时,就立刻得到了消费者的"倾慕",并一举获得"亚洲移动新闻"大奖(该奖项被誉为"移动行业奥斯卡")颁发的年度最时尚手机奖。

四、产品构造

"好电池的底部有个环",南孚电池通过"底部有个环"给消费者一个简单的辨别方法,让消费者看到环就联想到了高性能的电池。

五、产品暗示

瑞星杀毒软件用狮子来代表其品牌,以显示强大"杀力";白沙烟用鹤来表现飞翔、心旷神怡的品牌感受。

六、产品代言人

好的产品代言人能使消费者产生品牌联想,即把对偶像的喜爱转移到产品当中去。例如,周杰伦代言的"动感地带",就非常能突显年轻人朝气蓬勃的行动性和追求新潮的求知性。相反,C罗代言的"金嗓子喉宝",就显得十分牵强,毕竟消费者很难将一代球星和缓解嗓疾的药物联系在一起。

(资料来源:李辉.经济学基础.电子工业出版社,2009)

二、垄断竞争市场上的需求曲线、平均收益与边际收益

(一)垄断竞争市场上的需求曲线

由于垄断竞争企业生产的是有差别的产品,因而对该产品都具有一定的垄断能力。企业

如果将它的产品价格小幅提高，习惯于消费该产品的消费者可能不会放弃该产品的消费，该产品的需求不会大幅下降。但若企业大幅提价的话，由于存在着大量的替代品，消费者就可能舍弃这种偏好，转而购买替代品。因此，垄断竞争企业所面临的需求曲线相对于完全竞争企业要更陡峭一些(即更缺乏弹性)，而相对于垄断企业要更平坦一些(即更富有弹性)。在分析垄断竞争企业的需求曲线时，要分两种情况进行讨论。

1. 主观需求曲线 d

主观需求曲线 d 反映单个企业改变产品价格而其他竞争对手保持不变时，该企业的产品价格与销量之间的关系。因为在垄断竞争市场中有大量的企业存在，因而单个企业会认为自己的行动不会引起其他企业的注意，于是该企业便自认为可独自决定价格。这样，单个企业在主观上就认为有一条较平坦的曲线，称为主观需求曲线 d。

2. 客观需求曲线 D

客观需求曲线 D 反映单个企业改变产品价格而其他竞争企业也随之变动价格时，该企业的产品价格和销量之间的关系。在现实中，一个垄断竞争企业降低价格时，其他企业为了保持自己的市场份额，也可能会跟着降价，该企业因而会失去一部分顾客，需求量的上升不如原先预想的那么多，于是客观上就存在着另一条较陡峭的曲线，称为客观需求曲线 D。

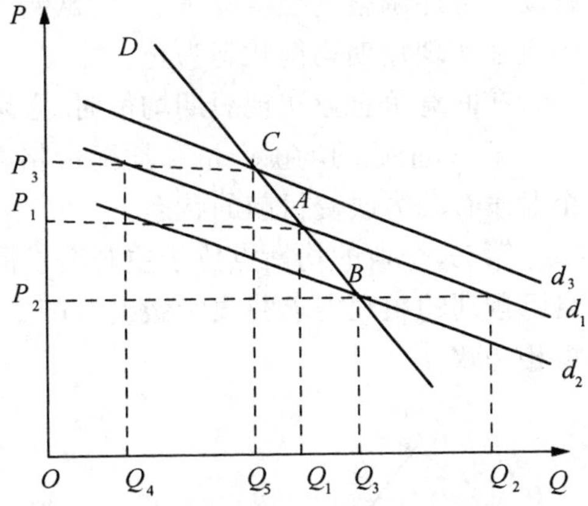

图 7－7　垄断竞争企业所面临的需求曲线

如图 7－7 所示，垄断竞争企业的主观需求曲线为 d_1，初始价格为 P_1，初始产量为 Q_1，企业此时位于主观需求曲线上的 A 点。当该企业将产品的价格由 P_1 降至 P_2 后，按照其主观需求曲线 d_1，企业预期其销售量将提高至 Q_2。但由于该企业降价后，其他竞争企业也采取降价措施以保持自己的市场占有率，因此，该企业的销售量实际只有 Q_3，即介于 Q_1 和 Q_2 之间，企业实际只能移动到 B 点。当企业意识到这点后，其主观需求曲线就会做出相应的调整，改为通过 B 点的 d_2。相反，如果企业将价格由 P_1 提高至 P_3，按照主观需求曲线 d_1 会预期自己的需求量将降低至 Q_4，但由于其他企业也同样采取提价措施，该企业需求量的下降并不像预期的那样多，实际的需求量为 Q_5，即企业实际移动到 C 点，企业的主观需求曲线也将随之调整至通过 C 点的 d_3。根据客观需求曲线的定义，连接 A、B、C 三点的曲线 D 就是客观需求曲线。

3. 主观需求曲线 d 和客观需求曲线 D 的关系

在垄断竞争市场中，当所有企业同样调整价格时，整个市场价格的变化会使单个垄断竞争企业的主观需求曲线 d 沿着客观需求曲线 D 上下移动。客观需求曲线 D 弹性较小，更陡峭，主观需求曲线 d 弹性较大，较平坦。

（二）垄断竞争市场上的平均收益和边际收益

由于单个企业的平均收益总是等于该销量下的价格，因此平均收益曲线就是企业的需求曲线。平均收益递减，则边际收益必定也是递减的，且小于平均收益。所以垄断竞争企业的边际收益曲线是位于平均收益曲线之下，且较平均收益曲线更为陡峭。

三、垄断竞争市场上的短期均衡

在短期内,垄断竞争企业通过调整产量和价格来实现利润最大化,如图 7-8 所示。

SMC 是垄断竞争市场上代表性企业的短期边际成本曲线,d_1是企业的主观需求曲线,D 是客观需求曲线。假定企业一开始处于 A 点,此时产量是 Q_0,价格为 P_0。企业为了实现利润最大化,会按照 $MR_1=MC$ 的原则来调整其价格和产量,即沿着主观需求曲线调整至 B 点,此时价格是 P_1,产量为 Q_1。

由于每个企业都假定其他企业不改变产量和价格,都是根据自己的利润最大化原则做决定。于是当其他企业都降低了自己产品的价格时,代表性企业实际的需求量也不能增加到 Q_1,而只能是 Q_0 和 Q_1之间的一点 Q_2。企业的主观需求曲线也要修正到通过 C 点的 d_2,边际收益曲线也相应调整到 MR_2。这样该企业在 P_1的价格下无法实现利润最大化,必须进一步做出调整。

按照企业利润最大化的原则 $MR_2=MC$,企业将把价格进一步降低至 P_2,企业预期自己的需求量将会增加至 Q_3,但由于其他企业采取同样的行动,该企业的需求量实际只能沿客观需求曲线增加到 Q_4,企业在 P_2价格下仍无法实现利润最大化。

依次类推,企业的价格还需做出进一步的调整,其主观需求曲线也将沿客观需求曲线不断移动。上述调整过程实际是一个"试错"的过程,这一"试错"过程不断进行,一直持续到垄断竞争企业实现短期均衡状态为止。

垄断竞争企业实现短期均衡时,必须满足如下条件:

第一,企业的均衡产量和均衡价格符合 $MR=MC$ 的原则,从而实现了利润最大化,因而企业没有动力改变目前的状态。

第二,企业的均衡点位于主观需求曲线与客观需求曲线的交点 H(见图 7-9),即企业按自己预期的主观需求曲线所做出的产量—价格决策和其他企业做出同样调整的产量—价格决策相一致。

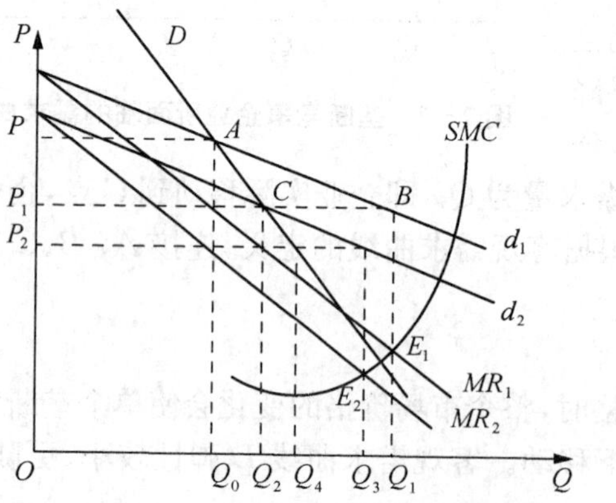

图 7-8　垄断竞争企业在短期内的生产调整过程

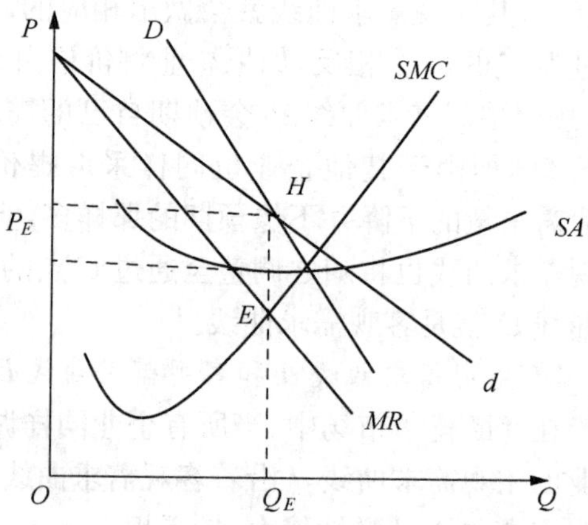

图 7-9　垄断竞争企业的短期均衡

四、垄断竞争市场上的长期均衡

在长期内,垄断竞争企业可调整生产规模实现利润最大化,也可进入或退出某一行业。如图 7-10 所示,在长期均衡时,企业的主观需求曲线 d 与长期平均成本曲线 LAC 相切

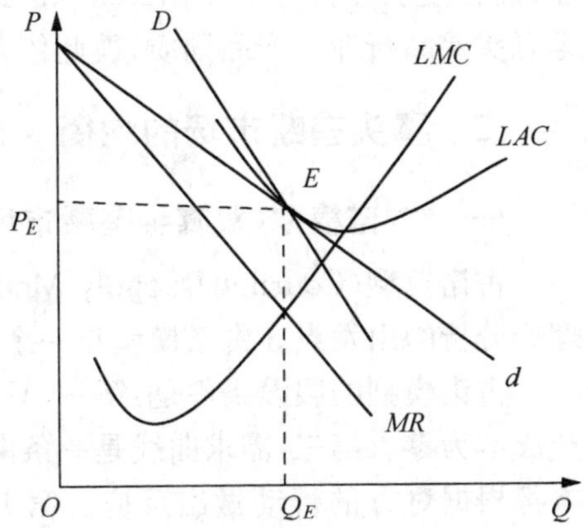

图 7-10　垄断竞争企业的长期均衡

于 E 点，客观需求曲线 D 也与主观需求曲线 d 和长期平均成本曲线 LAC 相交于 E 点。此时企业的均衡产量 Q_E 满足企业利润最大化的原则：$MR=LMC$，均衡价格 $P=AR=LAC$。

从长期均衡的实现条件看，垄断竞争企业与完全竞争企业表面相同，但实际上却存在很大区别，主要体现在以下几个方面：

第一，完全竞争企业的需求曲线 D、平均收益曲线 AR、边际收益曲线 MR 三线重合，均为水平线。而垄断竞争企业的需求曲线 D、平均收益曲线 AR 两线重合，向右下方倾斜，且 $AR>MR$。

第二，完全竞争企业长期均衡时，产量决定的长期平均成本处于最低点，而垄断竞争企业实现长期均衡时，产量决定的长期平均成本并不处于最低点。这说明在垄断竞争下成本消耗要多，即存在资源浪费。

第三，完全竞争企业的长期均衡价格低于垄断竞争企业的长期均衡价格，且 $P=MC$。

第四，完全竞争企业的长期均衡产量高于垄断竞争企业的长期均衡产量。

第四节　寡头垄断市场

一、寡头垄断市场的条件

寡头垄断市场(Oligopoly Market)是介于垄断竞争与垄断之间的一种市场结构，指少数几个企业控制整个市场的生产和销售，这几个企业称为寡头垄断企业。寡头垄断企业之间相互影响，以至于单个寡头垄断企业在做决策时要考虑竞争对手的反应。寡头垄断市场必须具备以下条件。

(一) 企业数量很少，每个企业所提供的产品数量都很大

由于寡头垄断市场上几家企业就可占据整个市场的生产和销售，因此每家企业的产量和价格的变动都会显著影响其他竞争对手的销量和收入，其他竞争对手必然会做出反应。有多少关于竞争对手反应方式的假定(各寡头都保守自己的“商业秘密”，这种反应很难捉摸)，就有多少寡头垄断企业的模型，就可以得到多少不同的结果。

(二) 企业之间相互依存

任一寡头垄断企业进行决策时，必须把竞争对手的反应考虑在内，因而既不是价格的制定者，也不是价格的接受者，而是价格的寻求者。

(三) 信息不对称，市场进入和退出壁垒很高

行业内的寡头垄断企业在资金、技术、规模、品牌、销售渠道、专利、原料、信誉等方面都占据绝对优势，新企业很难进入。

(四) 产品同质或异质

在纯粹寡头行业(Pure Oligopoly)中，企业生产同质产品，如钢铁、水泥、铜等寡头垄断行

业;而在差别寡头行业(Differentiated Oligopoly)中,企业生产异质产品,如汽车、计算机、飞机等寡头垄断行业。产品同质,彼此依存程度较高;产品异质,彼此依存程度较低。

二、寡头垄断市场的均衡

(一)古诺模型(双寡头垄断市场的产量与价格决定)

古诺模型(Cournot Duopoly Model),是法国经济学家古诺于1838年提出的,被视为寡头理论分析的出发点。古诺模型是一个只有两个寡头的简单模型,也被称为"双寡头模型"。

古诺模型的假设条件是:第一,只有两个寡头垄断企业 A 与 B,生产同质产品。第二,生产成本为零。第三,需求曲线是一条向右下方倾斜的直线,两家寡头企业分享市场。第四,各方都根据对方的行动做出反应。第五,两家寡头企业都通过调整产量来实现利润最大化。

1. 古诺模型的价格和产量决定

在图7-11中,D 为两个企业共同面临的市场需求曲线。市场容量为 Q^*。由于假设生产成本为零,所以图中无成本曲线。假设开始时寡头垄断企业 A 是唯一的生产者,A 面临市场需求曲线 D,为使利润最大化,它会将产量定为市场容量的1/2(假设 A 是唯一的生产者,则 A 是完全垄断企业,垄断企业利润最大化的条件是 $MR=MC$,由于假设成本为零,$MC=0$,则 $MR=0$ 时,企业利润最大化。$MR=0$ 时,产量正好是市场总需求的1/2)。

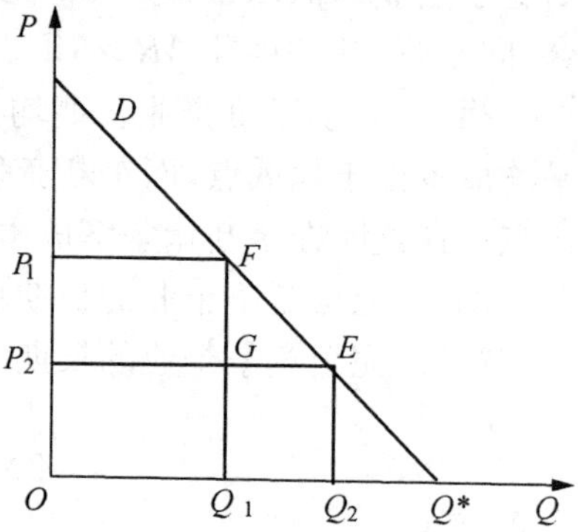

图7-11 古诺模型

企业 A 的第一轮产量定为 $OQ_1 = 1/2\ OQ^*$,第一轮价格定为 OP_1

企业 A 在 Q_1 点的利润就是矩形 OQ_1FP_1 的面积(由于假设生产成本为零,所以企业的利润就等于收益,即价格乘以销量)。当企业 B 进入该行业时,B 准确地知道 A 留给自己的市场容量为 $Q_1Q^* = 1/2\ OQ^*$。企业 B 为求利润最大也将生产它所面临的市场容量的1/2。

企业 B 的第一轮产量定为 $Q_1Q_2 = 1/2\ Q_1Q^* = 1/4\ OQ^*$,第一轮价格定为 OP_2

企业 B 在 Q_2 点的利润就是矩形 Q_1Q_2EG 的面积(由于假设生产成本为零,所以企业的利润就等于收益,即价格乘以销量)。此时,企业 A 的利润因价格由 P_1 下降到 P_2,而减为矩形 OP_2GQ_1 的面积。企业 B 进入该行业后,企业 A 发现企业 B 留给它的市场容量为 $3/4\ OQ^*$。为了实现利润最大化,企业A开始做出第二轮产量—价格反应决策。

企业 A 的第二轮产量定为 $1/2\times3/4\ OQ^* = 3/8\ OQ^*$(等于比自己原来的产量少了1/8),企业 B 的第二轮产量定为 $1/2\times5/8\ OQ^* = 5/16\ OQ^*$(企业 A 调整产量后,企业 B 的市场容量扩大为 $5/8\ OQ^*$,企业 B 将生产自己所面临的市场容量的1/2)。

以此种方法依次做出 N 轮产量一价格反应决策,最终企业 A 的均衡产量在不断减少,企业 B 的均衡产量在不断增加。当企业 A、B 的产量都为市场容量的1/3,行业总产量为 $2/3\ OQ^*$ 时,两个寡头垄断企业都不再做出任何产量和价格的调整。可以发现,在双寡头均衡时,还有1/3的市场容量得不到满足,这便是寡头垄断市场的低效率和高价格所在。

2. 古诺模型的推广

假设市场上,寡头垄断企业的数量为 m,则每个寡头垄断企业的均衡产量为 $OQ^*\times$

$1/(m+1)$，行业的均衡总产量为 $OQ^* \times m/(m+1)$。与其他类型的市场结构相比较可知，若是垄断市场，即 $m=1$ 时，企业的均衡产量是 $1/2\ OQ^*$，总产量也就是 $1/2\ OQ^*$；若是完全竞争市场，即 $m \to \infty$ 时，各完全竞争企业所占市场份额都很微小，总产量 $OQ^* \times m/(m+1)$ 就越大，越接近于 OQ^*，各完全竞争企业的产量之和就等于市场的总需求。

（二）价格领先模型

价格领先模型（Price Leadership Model）是研究领袖企业价格制定对市场影响的模型。假设在寡头垄断市场上，某个寡头垄断企业充当领袖企业，首先变动价格，其他寡头垄断企业实行价格跟随战略。此时形成的均衡价格和均衡产量决策如图 7－12 所示。

市场需求曲线为 D，S_F 是除领袖企业以外的其余企业的供给，D_L 为市场对领袖企业生产产品的需求曲线。D_L 等于市场需求 D 与该行业内除领袖企业外其余企业的供给数量 S_F 的差额。领袖企业最佳的定价策略是把价格定为 P^*，生产 Q_L 的产量（根据 $MR=MC$）。其余企业跟随领袖企业定价为 P^*，生产 Q_F 的产量，这里 $Q_F+Q_L=Q_T$。Q_T 为价格 P^* 决定的市场总需求量。

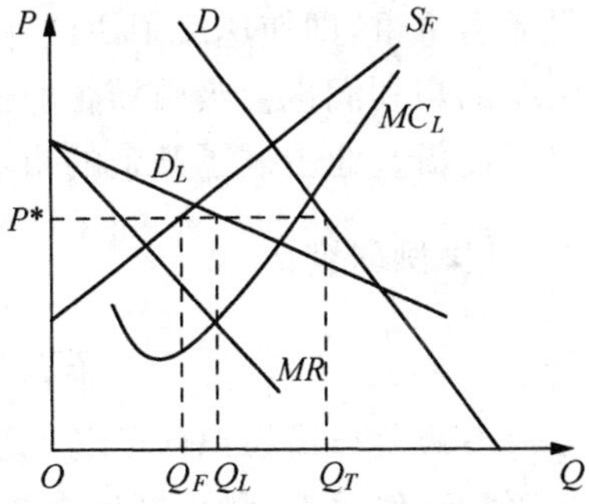

图 7－12　价格领先模型

价格领先模型中，领袖企业决定产量和价格，其他企业采取跟随战略，反映到现实中是一个领袖企业与其他企业遵循着某种“默契”“行规”或是不成文的“惯例”，因此，价格领先模型被认为是一种隐性的串谋或勾结。

（三）卡特尔模型

卡特尔（Cartel Model）是一个行业的寡头垄断企业之间对有关价格、产量和市场划分等事项达成明确协议而建立的联盟组织。例如，OPEC（石油输出国组织）就是典型的卡特尔，它在十多年间成功地将世界石油价格提高到高于平均成本的水平。卡特尔在许多发达国家是违法的。在美国，卡特尔违反《垄断法》和《反不正当竞争法》；在我国，卡特尔违反《价格法》和《反不正当竞争法》。在卡特尔成员中分配产量定额的原则是各成员的边际成本等于卡特尔组织的边际收益，使得卡特尔组织的总成本最小，且卡特尔对外实行统一的价格。如果卡特尔组织有两个成员则分配产量的原则是 $MC_1=MC_2=MR$，具体分配产量方式如图 7－13 所示。

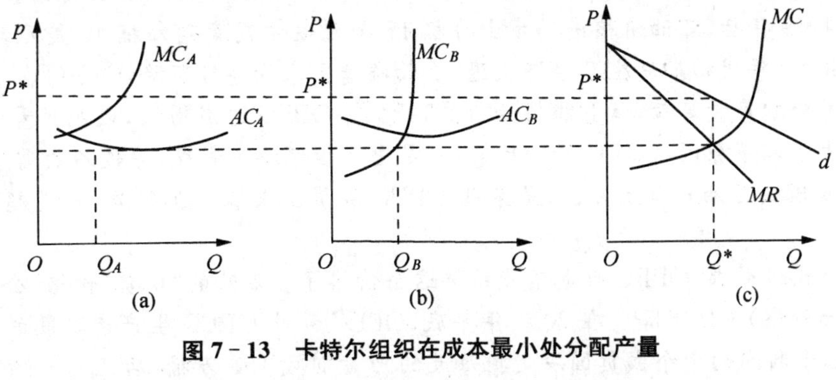

图 7－13　卡特尔组织在成本最小处分配产量

假设行业中只有两个寡头垄断企业 A 和 B，且两者通过卡特尔协议来瓜分市场。两个企业具有不同的成本曲线，企业 A 的平均成本曲线 AC_A 和边际成本曲线 MC_A 如图 7－13 (a)所示;企业 B 的平均成本曲线 AC_B 和边际成本曲线 MC_B,如图 7－13 (b)所示;行业的边际成本曲线 MC 可由两寡头垄断企业的边际成本曲线横向加总得到,如图 7－13(c)所示。卡特尔组织会按照 $MR=MC$ 的原则,选择使卡特尔组织利润最大化的产量 Q^* 和价格 P^*。

在总产量 Q^* 一定的情况下,卡特尔组织会按照边际成本原理来给各个企业分配产量(协议产量)。图 7－13 (c)中 MR 与 MC 的交点,确定了各个企业分配产量时的边际成本水平,再由这条虚线与各个企业的边际成本曲线的交点来确定各自的产量 Q_A 和 Q_B($Q_A+Q_B=Q^*$)。每个寡头垄断企业均实现了利润最大化。

由于卡特尔组织在分配利润和产量时是不均等的,各寡头垄断企业从自身利益出发,往往对这种分配结果不满,因而卡特尔是不稳定的。一方面,各成员在如何分配产量、利润方面总是矛盾重重,即使达成了协议,违背协议、单方面扩大产量现象也时有发生。另一方面,卡特尔组织的高利润也会吸引新企业进入。如果卡特尔无法阻止新企业进入,卡特尔限制产量的结果是使新企业占据了其余的市场份额,最后卡特尔也会失去其垄断利润。

[案例研究 7－2]

石油输出国组织(OPEC)和世界石油市场

石油输出国组织(OPEC)是世界上最著名的卡特尔组织。它建立于 1960 年,由沙特阿拉伯、伊朗、伊拉克、科威特和委内瑞拉五个石油出口国组成。OPEC 成立之初就确立以下目标:一是协调并统一各成员国的石油政策;二是采取措施确保石油价格稳定、消除有害而又不必要的价格波动。

在 1960 年以前,石油生产国与国际石油公司的冲突已十分激烈,它们根据“让步的协议”进行石油开采。根据协议,国际石油公司有权开采石油,并为此支付特许权使用费,这意味着石油生产国虽然拥有石油资源,但却在石油的产量和价格方面没有任何发言权。

尽管 OPEC 自 1960 年成立,但直到 1973 年石油生产的控制权才由石油公司转到石油生产国,由 OPEC 决定石油产量和价格。此时,OPEC 已拥有十三个成员国。

在整个 20 世纪 70 年代,OPEC 的定价政策包括以下几方面:把沙特阿拉伯(它是市场领导者)原油价设定为市场价,然后其他各成员国依据这个价格设定它们自己的石油价格,符合价格领先模型。1973 年和 1974 年,在阿拉伯-以色列战争过后,OPEC 把石油价格从每桶 3 美元左右提高到每桶 12 美元以上。这个价格一直延续到 1979 年,而石油的销售量并没有明显下降。但 1979 年后,石油价格进一步由每桶 15 美元左右提高到每桶 40 美元,需求开始下降(因 20 世纪 80 年代初期发生了经济衰退)。面临着需求的持续下降,OPEC 在 1982 年后同意限定产量并分配产量定额,试图维持油价。1984 年 OPEC 达成协议,最高产量为每天1 600 万桶。然而由于以下原因,OPEC 开始瓦解:一是全球性经济不景气,导致石油需求下降;二是非 OPEC 成员国的石油产量上升;三是某些 OPEC 成员国采取欺骗行为,产量超过分配给它们的限额。

由于石油供过于求,OPEC 再也不能维持这个价格了。石油的“现货”价格(公开市场上石油交易的每天价格)不断下降。在 2001 年年底,OPEC 和非 OPEC 生产者之间的关系发生了变化。OPEC 卡特尔的十个成员国决定把每天的产量削减 150 万桶,后又与 OPEC 之外的五大石油生产者达成协议,它们也减产,目的是要上抬石油价格。OPEC 与非 OPEC 石油生产者之间的这种联盟是石油行业中的首例。

卡特尔的宗旨是协调每个成员的生产决策，主要是限制产量，并从中分享所有可能获得的好处。但维持一个卡特尔是很困难的，现在，石油输出国组织 OPEC 依然每两年开一次会，但作为一个“各怀鬼胎”的利益聚合体，OPEC 很难再通过达成或实施协议来控制产量和价格了。

（资料来源：李辉.经济学基础.电子工业出版社，2009）

（四）博弈论的运用（完全信息静态博弈——纳什均衡）

博弈论（对策论，Game Theory）是应用数学的一个分支，研究多个行为主体在各自做出决策且行为的结果相互作用时的情况。每个寡头垄断企业都要根据竞争对手可能的决策来做出自己的决策，各个寡头垄断企业的决策相互作用，最后形成市场均衡。

1. “囚徒困境”

“囚徒困境”是说甲、乙两人由于合伙偷一辆汽车而被捕。但警方还怀疑他们曾抢劫银行，于是将他们分别关押，并告诉每一个人：如果他们两人都坦白抢劫银行之事，各判 3 年；如果一方交代另一方不交代，交代者判 1 年，不交代者判 10 年；当然，他们都知道，如果谁都不交代，就会由于偷车而判 2 年。他们每个人可以选择的行为有两种：交代或不交代。他们无法勾结（不能合作），各自选择的结果要取决于对方的选择。他们两人共有 4 种可能的决策，也有 4 种可能的结果。可用图 7－14 来说明。

乙 \ 甲	交代	不交代
交代	3 \ 3	1 \ 10
不交代	10 \ 1	2 \ 2

图 7－14　“囚徒困境”

从图 7－14 看，4 种可能的决策与结果是：① 甲、乙都交代，各判 3 年；② 甲、乙都不交代，各判 2 年；③ 甲不交代，乙交代，甲判 10 年，乙判 1 年；④ 甲交代，乙不交代，甲判 1 年，乙判 10 年。

各方都从个人利益最大化出发，选择对自己最有利的决策。这样，甲的选择就是：① 如果乙不交代，甲此时有两种选择和两种结果：甲选择不交代，判 2 年；甲选择交代，判 1 年。两者相比，在乙选择不交代时，甲选择交代有利。② 如果乙交代，甲此时也有两种选择和两种结果：甲选择不交代，判 10 年；甲选择交代，判 3 年。两者相比，在乙选择交代时，甲选择交代有利。

可见，无论乙选择交代还是不交代，甲选择交代都是对自己最有利的。乙的推理过程与此相同，结论也是无论甲选择交代还是不交代，乙选择交代都是对自己最有利的。最终甲、乙两人都会选择交代，各判 3 年。

2. 完全信息静态博弈——纳什均衡

“囚徒困境”有着广泛而深刻的意义。个人理性与集体理性的冲突，个人追求利己行为而导致的最终结局是一个“纳什均衡”，也就是对所有人都不利的结局。我们可运用这种博弈论的分析方法来研究寡头垄断市场上的价格勾结行为。

假设石油市场上只有两个寡头垄断企业 A 和 B。它们各自的最高产量都是 3 000 万桶,共生产 6 000 万桶。这时,生产成本每桶 6 美元,市场价格也为 6 美元,没有利润。

如果它们勾结起来,把产量限定为各生产 2 000 万桶,共生产 4 000 万桶。这时,生产成本每桶 8 美元,市场价格每桶 9 美元,各得利润 2 000 万美元。

如果一方违约生产 3 000 万桶,另一方守约生产 2 000 万桶,共生产 5 000 万桶,市场价格为每桶 7.5 美元。违约一方生产成本为 6 美元,共获利 4 500 万美元(=3 000 万桶×1.5 美元/桶),守约的一方生产成本为 8 美元,亏损 1 000 万美元(=2 000 万桶×0.5 美元/桶)。

它们各有两种策略:违约与守约,共有 4 种可能的结果,如图 7 - 15 所示。

A B	守约	违约
守约	2 000 万 2 000 万	4 500 万 −1 000 万
违约	−1 000 万 4 500 万	0 0

图 7 - 15　纳什均衡

由图 7 - 15 可知,双方共有 4 种策略,4 种结果:① A、B 都守约,各获 2 000 万美元利润。② A、B 都违约,各方利润为零。③ A 守约,亏损 1 000 万美元,B 违约,获利 4 500 万美元。④ A违约,获利4 500万美元,B 守约,亏损 1 000 万美元。

各方都从各自利益最大化角度出发,选择对自己最有利的决策。那么,A 的选择是:① 如果 B 守约,A 选择守约,利润为 2 000 万美元;选择违约,获利 4 500 万美元。两者相比,在 B 守约时,A 选择违约是有利的。② 如果 B 违约,A 选择守约,亏损 1 000 万美元;如果选择违约,没有亏损也没有利润。两者相比,在 B 违约时,A 选择违约也是有利的。

可见,无论 B 选择守约还是违约,A 选择违约都是有利的。B 的推理过程与此相同,结果也是无论 A 选择守约还是违约,B 选择违约都是有利的。

这样,A、B 两人都选择了违约,两方都无利润。可见,即使两个寡头垄断企业合作(勾结)是有利的,但这种合作却是非常困难的。

第五节　垄断市场

一、垄断市场的条件

垄断市场(Perfect Monopoly Market)又称完全垄断市场,是指整个行业中只有一家企业控制产品供给的市场结构。垄断市场必须具备以下条件:

(1) 垄断企业排斥其他竞争对手,独自控制了一个行业的产品供给,企业就是行业。

(2) 垄断企业控制整个行业的产品供给,进而控制整个行业的产品价格,成为价格的制定者。垄断企业一般有两种经营决策:以较高价格出售较少产品和以较低价格出售较多产品。

(3) 垄断企业的产品不存在替代品。否则,其他企业可生产替代品来抢占垄断企业的市场控制权。因此消费者除了购买垄断企业的产品外，别无其他选择。

(4) 其他任何企业进入该行业都极为困难或不可能，要素资源难以流动，存在极高的市场进入壁垒。

二、垄断市场上的需求曲线、平均收益和边际收益

(一) 垄断市场上的需求曲线

在垄断市场上，只有一家垄断企业，企业和行业合二为一，企业就是行业。因此，整个行业的需求曲线也就是垄断企业的需求曲线。垄断企业的需求曲线向右下方倾斜，斜率为负，销售量与价格成反比，如图 7-16 所示。

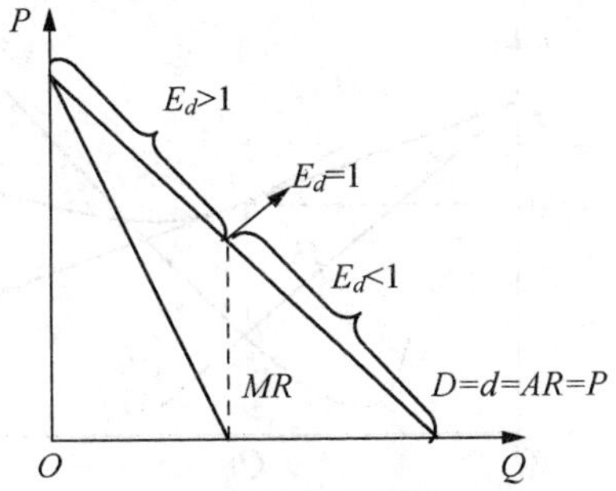

图 7-16　垄断企业的需求曲线

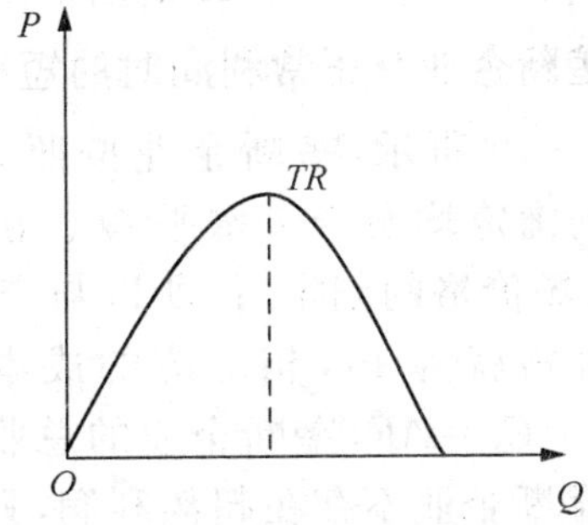

图 7-17　垄断企业的收益曲线

(二) 垄断市场上的平均收益和边际收益

在垄断市场上，平均收益曲线 AR 和垄断企业的需求曲线 d、行业的需求曲线 D 相重合。当销售量增加时，产品的价格会下降，从而边际收益减少，平均收益大于边际收益。可用表 7-3 来说明垄断市场上的价格、总收益、平均收益与边际收益之间的关系。

表 7-3　垄断市场上的价格、平均收益与边际收益

销售量	价　格	总收益	平均收益	边际收益
0	—	0	—	—
1	6	6	6	6
2	5	10	5	4
3	4	12	4	2
4	3	12	3	0
5	2	10	2	−2
6	1	6	1	−4

(1) 当需求富有弹性，即 $E_d>1$ 时，$MR>0$，意味着产量的增加将使总收益增加；

(2) 当需求缺乏弹性，即 $E_d<1$ 时，$MR<0$，意味着产量的增加将使总收益减少；

(3) 当需求具有单位弹性，即 $E_d=1$ 时，$MR=0$，意味着总收益达到最大。

三、垄断市场上的短期均衡

(一) 垄断企业有超额利润时的短期均衡

如图 7－18 所示,垄断企业按照 $MR=SMC$ 的原则确定均衡产量水平 Q_1。由于垄断企业是市场价格的制定者,所以与产量 Q_1 相对应的价格就为 P_1(产量 Q_1 对应需求曲线 d 上的 I 点),相对应的成本就为 C_1(产量 Q_1 对应短期平均成本曲线 SAC 上 H 点),$P_1>C_1$,垄断企业存在超额利润,超额利润为矩形 P_1C_1HI 的面积。

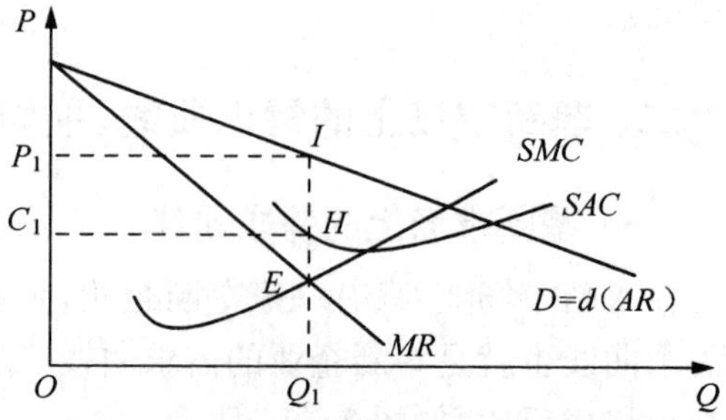

图 7－18 垄断企业短期均衡(有超额利润)

(二) 垄断企业有正常利润时的短期均衡

如图 7－19 所示,垄断企业按照 $MR=SMC$ 的原则确定均衡产量水平 Q_1。由于垄断企业是市场价格的制定者,所以与产量 Q_1 相对应的价格就为 P_1,相对应的成本就为 C_1,显然 $P_1=C_1=AR$,垄断企业的总收益等于总成本,垄断企业不存在超额利润,只能获得正常利润。

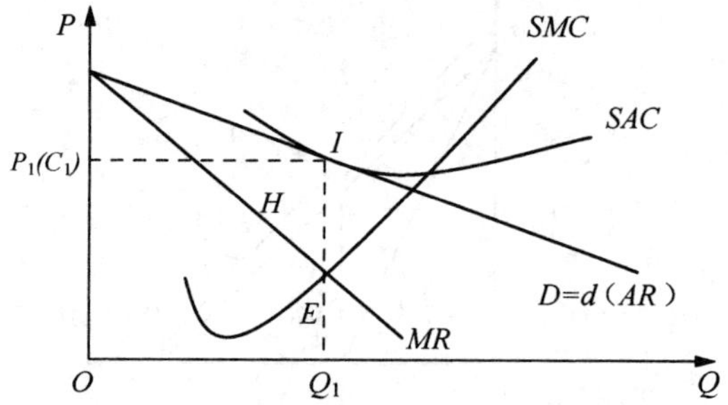

图 7－19 垄断企业短期均衡(有正常利润)

(三) 垄断企业亏损时的短期均衡

如图 7－20 所示,垄断企业按照 $MR=SMC$ 的原则确定均衡产量水平 Q_1。由于垄断企业是市场价格的制定者,所以与产量 Q_1 相对应的价格就为 P_1,相对应的成本就为 C_1,显然 $P_1<C_1$,垄断企业蒙受损失,损失额就等于矩形 P_1C_1HI 的面积。

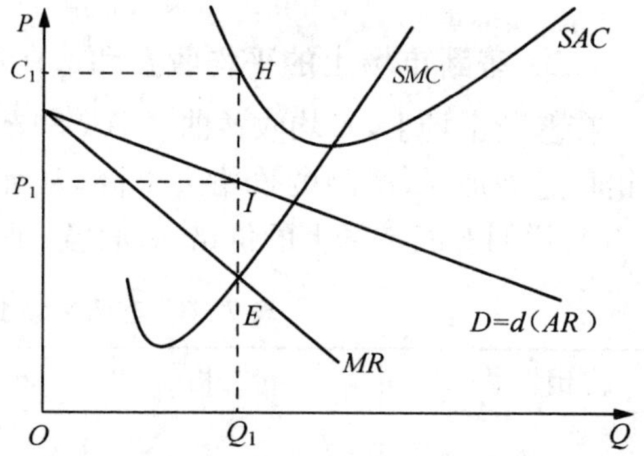

图 7－20 垄断企业短期均衡(有亏损)

四、垄断企业的长期均衡

在长期中,垄断企业根据 $MR=LMC$ 的原则决定均衡产量。

如图 7－21 所示,在 Q_1 的均衡产量水平上,边际收益曲线 MR,长期边际成本曲线 LMC 和短期边际成本曲线 SMC 相交于点 E,这表明垄断企业利润最大化的条件 $MR=MC$ 不仅在短期内得到满足,在长期内也得到满足。即垄断企业的长期均衡条件为 $MR=LMC=SMC$,$TR>TC$ 或 $AR>AC$。当这一条件满足时,$SAC=LAC$,G 点也就是 SAC 和 LAC 的

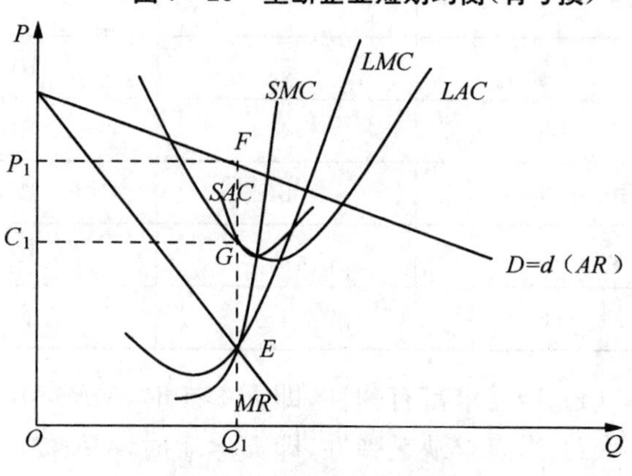

图 7－21 垄断企业长期均衡

切点。

五、垄断企业的价格歧视

在垄断市场上，若垄断企业卖出的每一单位产品价格都相同时，这种定价策略称为单一定价。但由于垄断企业控制市场全部的供给，是价格的制定者，所以垄断企业还可实行价格歧视。价格歧视就是以不同价格销售同一种产品。

（一）实行价格歧视的条件

(1) 实行价格歧视的不同市场之间可以有效地分离。否则，消费者将在低价市场购买商品，或者把低价市场购进的商品在高价市场上出售牟利，从而使价格歧视难以维持。

(2) 被分隔开的实行价格歧视的多个市场的需求弹性不同。只有在这种情况下，垄断企业才能根据不同的需求弹性对同一商品制定不同的价格。

（二）价格歧视的种类

(1) 一级价格歧视，即垄断企业了解每个消费者为购买每单位产品所愿意支付的最高价格，并据此确定每单位产品的价格。

(2) 二级价格歧视，即垄断企业对不同消费数量规定不同的价格。例如，超级市场结束营业前的面包大甩卖：第一个面包 1 元，第二个面包 0.8 元，第三个面包 0.6 元。

(3) 三级价格歧视，即垄断企业对同一商品在不同市场上收取不同的价格。例如，金逸国际影城的定价方法：成人票 70 元，学生票半价。因为学生的支付能力不如已参加工作的成年人，如果统一都收 70 元，很多学生就不看电影了。

[案例研究 7-3]

“六和塔”的价格歧视

钱塘江边的六和塔，位于钱塘江大桥的一侧，外形雍容华贵，气宇不凡，如将军般威武。相传六和塔的名字来源于佛教的“六和敬”，当时建造此塔是用以镇压钱塘江的江潮。

六和塔塔高近 60 米，外看 13 层，塔内只有 7 层，塔身自下而上塔檐逐级缩小，塔檐翘角上挂了 104 只铁铃。檐上明亮，檐下阴暗，明暗相间，从远处观看，显得十分和谐。塔内每两层为一级，由螺旋式阶梯相连，壁上还有各种雕刻，构思奇妙，是我国古代建筑艺术的杰作。千百年来，众多的文人墨客登塔抒怀，留下许多赞美的诗篇。

改革开放初期，登六和塔的费用有内宾和外宾之分。国人登塔的门票为 4 元人民币，外宾的门票则为十几美金，可谓典型的三级价格歧视。六和塔景点能够成功实施这种差别定价的条件如下：首先，外国人不远万里来到中国，来到著名的旅游城市杭州，就是为了饱览各处名胜，因此他们对中国旅游景点的需求价格弹性较小；其次，内宾和外宾两个市场容易区分开来。大部分外国人和中国人的长相能够辨别，不太不易钻空子；最后，杭州的六和塔在中国是独一无二的，具有不可替代的垄断优势。

（资料来源：赵英军．西方经济学（微观部分）．机械工业出版社，2009）

增值阅读

本章小结

本章主要介绍市场结构的四种类型、划分市场结构的标准、市场结构的特征及不同市场结构的均衡，主要包括以下方面：

(1) 市场结构可以分为完全竞争市场、垄断竞争市场、寡头垄断市场和垄断市场四种类型。划分市场结构的标准有市场集中程度、企业进入退出行业的难易程度、产品差异程度、市场信息畅通程度。

(2) 完全竞争市场上的企业只能是价格接受者。它面临一条水平的企业需求曲线。企业的平均收益曲线和边际收益曲线重合。企业将按照 $MR=MC$ 的原则决定企业的最优产量。它在短期中可能有利润，也可能有亏损。在长期中，竞争的结果是企业的超额利润为零。

(3) 垄断竞争市场有三个特点：行业集中率低、产品有差异和进入退出壁垒较低。企业可凭借着自身商品的差异形成一定的市场定价能力，但它无法长期获得超额利润。与完全竞争市场相比，垄断竞争企业会有一些无效率表现。但是，它也为我们提供了产品多样化的好处。

(4) 寡头垄断市场是少数几个企业控制整个或者绝大部分市场。寡头垄断市场的特殊性在于寡头垄断企业的策略互动。寡头垄断企业可以结成卡特尔获得更高的利润水平。但卡特尔组织的成功需要条件。如果寡头垄断企业独立决定竞争策略，那么，普遍的结果是他们的利润会少于结成联盟所得到的水平。

(5) 控制资源供给，专利、政府特许和自然垄断等因素都会造成垄断。垄断市场只有一家企业。垄断行业的需求曲线就是垄断企业的需求曲线。企业的边际收益曲线在平均收益曲线下方。垄断企业可以按照 $MR=MC$ 的原则决定最佳产量，从而自主决定销售价格。它可以拥有很强的市场定价能力，但未必肯定盈利。如果盈利，垄断地位将会令超额利润维持下去。垄断企业可以实行价格歧视来获得更高的利润水平。垄断会造成社会福利损失。

思考与练习

一、选择题

1. 当完全竞争市场长期均衡时，企业的经济利润(　　)。

A. 大于零　　B. 等于零　　C. 小于零　　D. 不确定

2. 假如一个完全竞争企业的收益不能弥补可变成本，为了减少损失，它应该(　　)。

A. 减少生产　　B. 增加生产　　C. 提高价格　　D. 停止生产

3. 寡头垄断企业的产品是(　　)。

A. 同质的　　B. 有差异的

C. 既可以是同质的又可以是有差异的　　D. 以上都不对

4. 四家集中率是指某一市场中最大的四家企业在(　　)方面所占的比例。

A. 利润　　B. 销售额　　C. 成本　　D. 资本量

5. (　　)不是划分市场结构的标准。

A. 利润的高低　　B. 行业的市场集中程度

C. 行业的进入限制　　D. 产品差别

6. 一个行业有很多企业，每个企业销售的产品与其他企业的产品略有差别，这样的市场结构被称为(　　)。

A. 完全竞争　　B. 垄断竞争　　C. 寡头垄断　　D. 垄断

7. 用博弈论的方法分析寡头行为的结果说明了(　　)。

A. 每个寡头在做出决策时，都不考虑其竞争对手的反应

B. 每个寡头都能得到最好的结果

C. 每个寡头为了避免最差的结果，将可能不能得到最好的结果

D. 一家寡头做出的决策不会对其他寡头产生影响

8. 在垄断市场上，企业数量是(　　)。

A. 一家　　B. 两家　　C. 三家　　D. 无数家

9. 垄断企业采取价格歧视时，(　　)。

A. 对不同商品向不同消费者收取不同的价格

B. 对不同商品向不同消费者收取相同的价格

C. 对同一种商品向不同消费者收取不同的价格

D. 对同一种商品向不同消费者收取相同的价格

10. 在垄断市场上，价格(　　)。

A. 可由企业任意决定　　B. 一旦确定就不能变动

C. 受市场需求状况的限制　　D. 由消费者决定

二、判断题

1. 完全竞争市场和垄断竞争市场最重要的区别在于企业数量的多少。(　　)

2. 市场集中程度越高，则垄断程度就越高。(　　)

3. 在不同类型的市场上，企业所采用的竞争手段是不同的。(　　)

4. 在寡头垄断市场中，企业的行为存在不确定性。(　　)

5. 在垄断竞争市场上，企业的成功取决于产品差别竞争。(　　)

6. 垄断竞争市场的短期均衡条件与垄断市场是一样的。(　　)

7. 寡头市场最重要的特征是策略互动。(　　)

8. 由于寡头之间可以进行勾结，所以，它们之间并不存在竞争。(　　)

9. 价格歧视就是垄断企业对不同消费者实行不同的价格。(　　)

10. 歧视定价的基本原则是对需求富有弹性的消费者收取低价，而对需求缺乏弹性的消费者收取高价。(　　)

三、思考题

1. 完全竞争市场上一个行业与一个企业的需求曲线与价格有什么不同或相同，用图形说明这一点。

2. 下列哪一种情况是产品差别,为什么?

(1) 老张养鸡场的鸡蛋和老王养鸡场的鸡蛋。

(2) 在一家高档商店和低档商店出售同样永久牌自行车。

(3) 河南产的小麦和河北产的小麦。

(4) 戴尔牌电脑和康柏牌电脑(用同样的部件装配线,功能完全相同)。

(5) 内容相同的精装书与平装书。

3. A、B两家寡头企业共同占有一个市场。如果A、B都做广告,各获得利润30亿元;如果A、B两家都不做广告,各获得利润40亿元;如果一家做广告,另一家不做广告,做广告者得到50亿元利润,不做广告者得到20亿元利润。用博弈论矩形图分析这两家共同的广告行为最后会是什么结果。

4. 钻石业是垄断市场,在实行单一定价时,是应该高价少销,还是低价多销,为什么?能否采用歧视定价,为什么?

四、计算题

1. 完全竞争市场中,企业的长期成本函数 $LTC=0.05Q^3-Q^2+10Q$,当市场价格 $P=30$ 时,该企业的利润最大化产量以及净利润是多少?这个产出点是均衡的吗?

2. 设垄断企业产品的需求函数为 $P=12-0.4Q$,总成本函数 $TC=0.6Q^2+4Q+5$,求 Q 为多少时总利润最大,价格、总收益及总利润各为多少?

案例分析

实践与操作

一、实践题

假如要到国美电器买一台高清的液晶电视,你将如何应用课堂上学到的市场结构理论让自己谈到一个好的价钱?(你要做哪些准备工作?在谈判中,你要注意什么问题?)

二、综合实训

实践一:垄断竞争企业的差异化战略

1. 目的任务

通过本部分实训,能够认知垄断竞争理论。要求上网查阅有关垄断竞争理论的资料,进行实地调研,综合运用垄断竞争理论。

2. 实践内容

以小组形式对身边的牛奶行业进行以下调查:

(1) 大家身边有哪些熟悉的牛奶品牌?

(2) 这些牛奶品牌公司有什么相同的牛奶产品,有什么不一样的产品?

(3) 选一家你们小组熟悉的牛奶公司,阐述它是怎样塑造自身产品差异化的。

(4) 评论该企业差异化战略当中的不足。

3. 实训方式

查阅网上资料,查阅报纸杂志,到零售企业(如超市)实地调查,面对面访谈等。

实践二:对垄断的管理。

1. 目的任务

通过本部分实训,能够认知垄断管理理论。要求上网查阅有关垄断理论的资料,收集垄断管理的例子,对管理的效果进行分析。

2. 实践内容

以小组形式进行以下调查:

(1) 收集关于对垄断进行管理的理论资料。

(2) 收集现实生活当中垄断管理的例子。

(3) 对收集到的例子进行分析,评论其管理效果。

3. 实训方式

查询网上资料、报纸杂志,实地调查,面对面访谈等。

第八章　收入分配

请扫描二维码
观看视频

学习目标

1. 知识目标：生产要素的需求和供给；洛伦兹曲线与基尼系数；收入分配的目标：公平与效率；收入再分配政策。

2. 能力目标：劳动力要素供求与我国就业形势分析；土地的供求与我国房地产市场发展态势分析；用洛伦兹曲线和基尼系数原理分析我国收入分配不平等问题，并提出建议；我国的收入再分配政策与措施及其实施效果评价。

趣味阅读

明星收入与经济学

《福布斯》7月份公布了2019年全球明星收入排行榜，其中歌手泰勒·斯威夫特以1.86亿美元收入名列第一、足球明星梅西以1.27亿美元的收入名列第四，前五名的明星年收入均在1亿美元以上。据北京市统计局公布的2018年该市就业人员平均工资的情况，其中，城镇非私营单位就业人员年平均工资为145 766元，比较而言，即使是平均工资较高的北京市职工工资水平在明星收入水平面前不过是九牛一毛。

当下社会各类明星的劳动力价格远远高于普通劳动者的劳动力价格，明星“实际”上值这么多钱吗？天价报酬是否违背了正常的经济规律？

其实明星属于特殊商品，根本没有所谓的“实际”价值，高额报酬是受到供给和需求影响的。民众为了能看到更高水平的影视戏剧或者体育表演，享受到更好的视听感受，对明星人群投入了较大程度的关注，这种关注度渐渐形成一种精神需求，甚至达到信赖崇拜的地步，愿意为得到这种精神享受付出较高价格。明星的高收入是由市场供给与需求决定的，一方面明星这种要素其供给极为稀少，另一方面，社会对明星这种要素的需求是无限扩大的，供不应求导致明星的收入不断上升，因此目前阶段明星的高收入从理论上来讲是合理的，没有违背价值规律。

（资料来源：https://book.douban.com/review/10401710/）

经济学启示：明星这种生产要素的高价格和高收入是由其供求关系决定的。一种生产要素的价格（或该要素所有者的收入）是否合理取决于它的决定机制。明星的高收入公正吗？公正是平等的竞争过程的参与权。如果每一个想成为明星的人都可以从事演艺业，并参与市场竞争，那么胜出的极少数人成了高收入的明星，就是公正的。明星的高收入有利于效率吗？演艺业的效率就是充分利用资源，为社会提供更好更多的演出。在激烈的演艺业竞争中，不断产生高水平的明星，不断产生高水平的表演，给公众带来更多享受，给企业带来更多收入。作为一种激励机制，明星的高收入能够刺激演艺业的效率。

第一节　生产要素的收入分配

在经济社会中，每个人都是产品和服务的需求者，也是生产要素的所有者。生产要素的价格反映了单位生产要素的收入。与产品市场类似，生产要素市场的均衡价格和均衡数量也是由生产要素的需求和供给共同决定的。

一、生产要素的需求

生产要素指的是用于生产产品和劳务的投入。经济中最重要的要素指的是投入经济中的劳动、资本、土地和企业家才能。例如，一家电视机制造工厂，在生产电视机的过程中需要工人提供劳动，需要资本去购买机器设备，需要有生产厂房和办公地点，需要企业家发挥其管理和创新才能。工资、利息、地租和利润分别是劳动、资本、土地和企业家才能的价格。

（一）生产要素需求的性质

1. 生产要素的需求是一种派生需求

生产要素的需求来自企业。企业对要素的需求不同于一般消费者对消费品的需求。消费者对消费品的需求是一种直接需求，为了直接满足自己的消费欲望。企业购买要素不是为了直接满足消费需要，而是为了用来生产产品以供应市场，是为卖而买。消费者对产品的需求取决于产品的效用和边际效用，企业对生产要素的需求取决于生产要素所具有的生产产品的能力。所以，经济学中把企业对生产要素的需求称为派生需求。派生需求与最终需求相比，主要区别在于最终需求是直接满足消费者的生活消费，不再用于转卖用途，派生需求则要通过转卖而用作其他用途。

2. 生产要素的需求是一种联合需求

任何生产行为所需要的都不只是一种生产要素，而是将多种生产要素进行组合运用，各种生产要素的功能具有互补性。例如，在某项生产中要用两种生产要素，如果只增加一种生产要素投入而不增加另一种生产要素投入，就会出现边际收益递减现象。而且，在一定的范围内，各种生产要素也可以相互替代。生产要素之间是相互依存的，企业必须同时购买多种生产要素才能满足生产需要。

（二）影响生产要素需求的因素

1. 生产要素的边际收益

生产要素投入生产是要付出代价的。企业在选择各种生产要素的投入数量与组合时，要根据所投入的每种生产要素的价格等于其边际收益的原则来确定对每种生产要素的投入量，并以此来决定需求量。

2. 生产要素的价格

在产品的需求中，产品自身的价格是影响其需求的主要因素。在生产要素需求中也不例外，因其价格的高低将直接决定着生产成本的高低与企业利润的多少。由于生产要素需求具有联合性，以及它们之间通常具有一定程度的替代性，企业为了降低成本，必然会根据各种生产要素的价格，在合理替代范围内，选择一个最佳的生产要素配合比例。

3. 市场对产品的需求以及产品的价格

由于生产要素的需求具有派生性，是一种引致需求，所以从某种程度上，影响生产要素需求的主要因素是市场上对该生产要素所能生产的产品的需求状况。如果市场上对某种产品的需求很大,而且该产品的价格高,那么市场上对生产该产品所需的生产要素的需求就很大;反之,市场上对某种产品的需求很小,那么市场上对生产该种产品的生产要素的需求就很小。

4. 生产技术状况

在劳动密集型的技术条件下,必然要求在生产中投入更多的劳动力,导致市场上对劳动力的需求增加;在资本密集型的技术条件下,必然要求在生产中投入更多的资金,导致市场上对资金的需求增加,所以生产中的技术构成状况会对生产要素的需求产生影响。

(三) 分析生产要素需求时应注意的问题

生产要素需求的联合性与派生性,决定了它的需求比产品的需求要复杂得多。在分析生产要素需求时要注意以下问题。

1. 生产要素本身的市场结构是完全竞争的还是不完全竞争的

企业购买生产要素是为了实现利润最大化。这样,它就必须使购买最后一单位生产要素所支出的边际成本与其所带来的边际收益相等。当生产要素市场为完全竞争时,边际收益等于平均收益,也等于价格。因此,企业对生产要素的需求就是要实现边际收益,边际成本与价格相等,即 $MR=MC=P$。

在完全竞争市场上,对一家企业来说,价格是不变的。由此可见,企业对生产要素的需求就取决于生产要素的边际收益。生产要素的边际收益取决于该要素的边际生产力。在其他条件不变的情况下,增加一单位某种生产要素所增加的产量(或者这种产量所带来的收益)就是该生产要素的边际生产力。如果以实物来表示生产要素的边际生产力,则称为边际物质产品。如果以货币来表示生产要素的边际生产力,则称为边际收益产品,或边际产品价值。

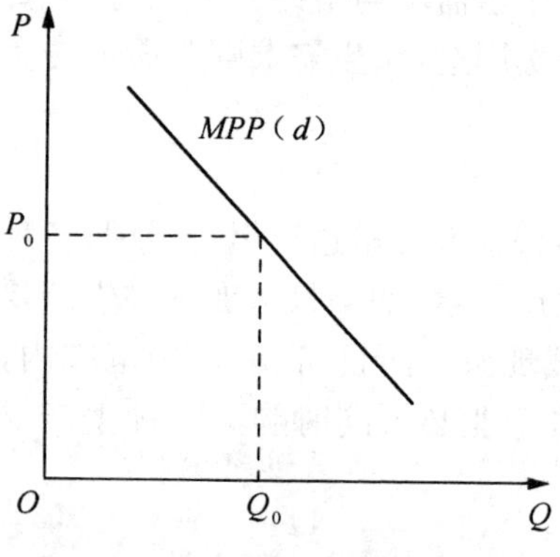

图 8-1 完全竞争市场上生产要素的边际收益曲线(需求曲线)

根据边际收益递减规律,在其他条件不变的情况下,生产要素的边际生产力是递减的。因此,生产要素的边际收益曲线是一条向右下方倾斜的曲线。这条曲线也是生产要素的需求曲线。

如图 8-1 所示,横轴 OQ 为生产要素需求量,纵轴 OP 为生产要素价格,MPP 为边际物质产品曲线,即向右下方倾斜的边际生产力曲线,也就是生产要素需求曲线。当生产要素的价格为 P_0时,生产要素的需求量为 Q_0。这时使用的生产要素量可实现 $MR=MC$。如果生产要素价格高,就是$MR<MC$,从而减少生产要素需求;如果生产要素价格低,就是 $MR>MC$,从而增加生产要素需求。

2. 产品市场结构的类型是完全竞争还是不完全竞争

在不完全竞争(即垄断竞争、寡头垄断、垄断)市场上,对一个企业来说价格不是一成不变的。因此,边际收益不等于价格。边际收益取决于生产要素的边际生产力与价格水平。这时,生产要素需求仍要取决于 $MR=MC$,因此,生产要素的需求曲线仍然是一条向右下方倾斜的线。完全竞争市场和不完全竞争市场的差别在于生产要素需求曲线的斜率不同,从而在同一生产要素价格上,对生产要素的需求量不同。一般而言,同一价格水平下,完全竞争市场上的生产要素需求量大于不完全竞争市场上的生产要素需求量。

3. 一家企业对生产要素的需求与整个行业对生产要素需求的联系与区别

整个行业的生产要素需求是各个企业的生产要素需求之和，也是一条向右下方倾斜的曲线。

4. 只有一种生产要素变动与多种生产要素变动的情况

综合考虑生产要素之间的关系，如替代性强弱、价格水平的高低、生产技术水平的高低等。

[**相关链接 8－1**]

随着云计算、大数据、工业互联网、人工智能等新一代信息技术加速突破应用，人类社会已经迎来了数字经济时代。数字经济最鲜明的特点就是以数据作为关键生产要素，数据具有可复制、可共享、无限增长、无限供给的禀赋，海量、动态、高增长、多元化、多样化的数据通过信息技术的收集、筛选、加工、处理，就能成为具有更强的决策力、洞察发现力和流程优化能力的“大数据”，把它多维度多层次地应用到各产业中，能产生广泛的影响。

劳动、资本、土地是数量型的生产要素，适应了我国经济高速增长阶段的需要；而知识、技术、管理是质量型生产要素，反映了高质量发展对生产要素的投入要求；数据是经济活动数字化进程的需要，体现了数字经济快速发展背景下分配制度的与时俱进。

党的十九届四中全会提出，要健全劳动、资本、土地、知识、技术、管理、数据等生产要素，由市场评价贡献，按贡献决定报酬的机制。这是党中央首次提出将数据作为生产要素参与收益分配，这是对分配制度、对生产要素构成等认识的持续深化。健全这一制度，对于调动各类生产要素参与生产的积极性、主动性、创造性，让各类生产要素的活力竞相迸发，让一切创造社会财富的源泉充分涌流，具有极其重要的理论意义和实践价值。

（资料来源：https://baijiahao.baidu.com/s?id=1660298942050221579&wfr=spider&for=pc）

二、生产要素的供给

（一）生产要素供给的性质

生产要素的供给不是来自企业，而是来自个人或家庭。个人或家庭在消费理论中是消费者，在要素供求理论中是生产要素的所有者，个人或家庭拥有并向企业提供各种生产要素。一般来说，在其他条件不变的情况下，生产要素的供给与其价格呈同方向变动，即要素价格提高，供给量增加；要素价格降低，供给量减少。通常情况下，生产要素供给曲线是向右上方倾斜的。

（二）影响生产要素供给的因素

1. 产品的需求价格弹性

一般来说，产品需求价格弹性较大的生产要素的均衡价格与均衡数量，受产品价格变动影响比较大。

2. 产品的生产周期

在短期内，由于生产中的固定要素不会发生变化，生产要素供给调整的可能性较小，供给价格弹性也较低；在长期内，由于所有要素都可进行调整，供给价格弹性相对较大。

3. 生产要素市场的竞争程度

在完全竞争市场上，生产要素价格由全体需求者和供给者共同决定，供给量变动的幅度不会很大。在不完全竞争市场上,垄断供给企业有可能运用各种有利条件,对购买者形成剥削,就会对生产要素供求均衡产生不同程度的影响。

(三)分析生产要素供给时应注意的问题

1. 不同种类的生产要素有着自己的供给特点

如自然资源要素,其市场价格高低只与需求大小有关,供给基本是固定的,如土地的供给曲线就是一条与横轴垂直的直线。

2. 生产要素供给有时还会受到国家政策的影响

例如,商业银行响应国家货币调控政策,提高贷款利率,收紧贷款额度,就会导致企业融资困难,资本供给短缺。

因此,在分析生产要素供给时,要综合考虑当期经济状况和生产要素自身的特点。

三、生产要素均衡价格和均衡数量的决定

生产要素市场上供求主体有别于产品市场上的供求主体。在产品市场上,需求来自个人或家庭,供给来自企业;在生产要素市场上,需求来自企业,供给来自个人或家庭。二者之间的区别与联系如图 8-2 所示。

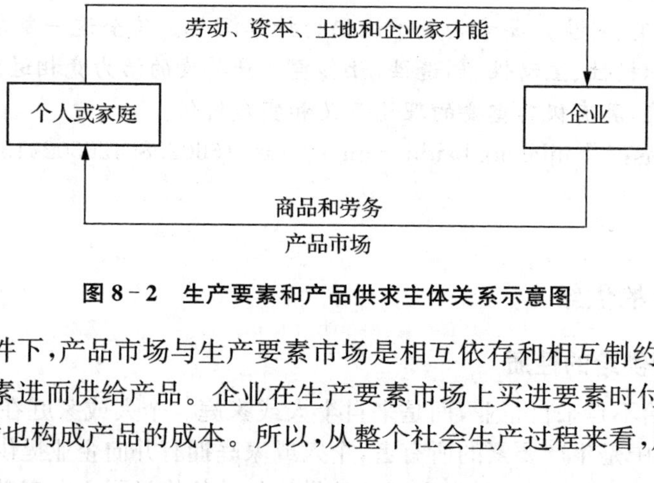

图 8-2　生产要素和产品供求主体关系示意图

在市场经济条件下,产品市场与生产要素市场是相互依存和相互制约的。企业作为产品生产者需要生产要素进而供给产品。企业在生产要素市场上买进要素时付出的价款形成要素所有者的收入,同时也构成产品的成本。所以,从整个社会生产过程来看,成本、收入和价值有如下恒等关系:

$$产品成本 \equiv 要素收入 \equiv 产品价值$$

四、工资、利息、地租、利润理论

(一)工资理论(劳动的需求和供给)

工资是劳动力所提供的劳务的报酬,也是劳动这种生产要素的价格,它取决于劳动力的需求与供给。

1. 劳动的需求

单个企业对劳动力要素的需求只占整个劳动力供给市场中很小的一部分。完全竞争的劳动力市场上有大量劳动力要素购买者和劳动力要素出卖者。所以,企业无法控制劳动力要素的价格,而只能在已知的工资水平下决定合适的要素购买量。

在完全竞争的产品市场上，$MR=AR=P$，将边际产量乘以单个产品的价格就是劳动的边际产品价值（$VMPL$），它衡量的是多雇用一个劳动力对收益的贡献。企业的边际利润就等于劳动的边际产品价值减去多雇用一个劳动力所需要支付的工资。企业对劳动的需求曲线就是经行业调整之后的边际产品价值曲线的加总，由于边际报酬递减规律的作用，该需求曲线是向右下方倾斜的，如图 8－3 所示。

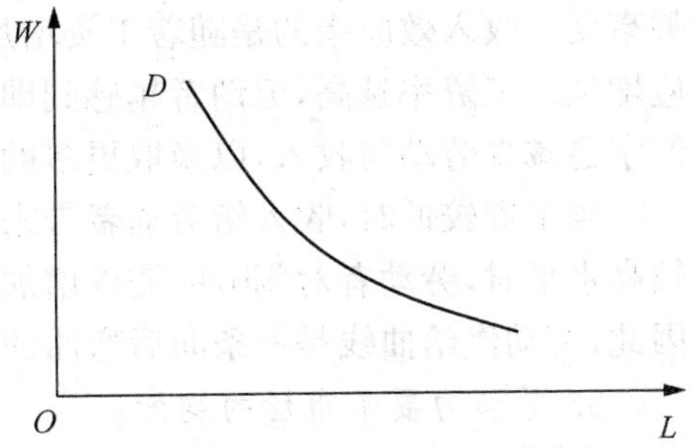

图 8－3　劳动力要素的需求曲线

在不完全竞争（即垄断竞争、寡头垄断、垄断）的产品市场上，劳动的边际产品价值仍然是随着劳动力要素投入的增加而递减的。劳动的市场需求曲线是边际收入产品的水平加总，因而仍是向右下方倾斜的。

2. *劳动的供给*

一个消费者每天能利用的时间最多不超过 24 小时，消费者可以把 24 小时中的一部分供给市场（即提供劳动），而把其余时间用于睡觉、吃饭、娱乐、学习、社交等。劳动之外的时间统称为休闲。消费者提供劳动可换取收入，收入用于消费可提高消费者的效用，闲暇本身也可给消费者带来愉悦满足，因此消费者会把每天 24 小时的时间在供给劳动和享受闲暇之间进行权衡。消费者把多少时间用于休闲，把多少时间用于劳动，实际就是消费者的效用最大化决策过程。

消费者劳动供给曲线的推导过程如图 8－4 所示。

图 8－4(a)是用无差异曲线来分析消费者在闲暇和劳动供给之间的时间分配。横轴 H 为消费者享受闲暇的时间，纵轴 Y 为消费者的劳动收入。当劳动的价格是 W_1 时，消费者的均衡点位于无差异曲线 U_1 和预算线 1 的切点 A，对应的闲暇是 H_1，此时劳动供给是 $24-H_1$；当劳动的价格上升到 W_2 时，消费者的预算线绕横轴顺时针旋转至预算线 2，无差异曲线 U_2 与预算线 2 相切于 B 点，对应的闲暇是 H_2，此时劳动供给是 $24-H_2$；当劳动价格上升到 W_3 时，消费者的预算线绕横轴顺时针旋转至预算线 3，无差异曲线 U_3 与预算线 3 相切于 C 点，对应的闲暇是 H_3，此时的劳动供给是 $24-H_3$；将这些均衡点的劳动价格 W 和劳动供给 $24-H$ 对应描绘在图 8－4(b)中，就可得出劳动供给曲线。

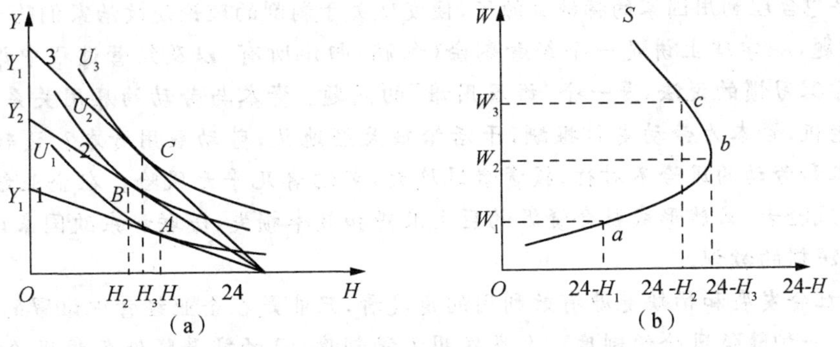

图 8－4　消费者劳动供给曲线的推导过程

劳动供给取决于工资变动所引起的替代效应和收入效应。替代效应指的是随着工资水平的增加，对牺牲闲暇的补偿越大，劳动者越愿意增加劳动供给以替代闲暇。换言之，工资水平越高意味着闲暇变得越昂贵，即闲暇的机会成本增大，所以，劳动者愿意增加劳动供给，减少闲暇享受。收入效应指的是随着工资增加,劳动者的经济实力增强,包括闲暇在内的正常需求相应增加。工资率越高,劳动者越感到即使减少工作时间也能够维持较高的生活水平。于是,人们宁愿减少劳动与收入,以换取更多的闲暇。

当工资较低时,收入给劳动者带来的效用较高,替代效应大于收入效应。当工资达到某个较高水平时,劳动者对闲暇的需求增加,收入效应大于替代效应,劳动者倾向于减少劳动供给。因此,劳动供给曲线是一条向后弯曲的供给曲线。

3. *劳动力要素市场的均衡*

在图 8-5 中,劳动力市场的供给曲线 S_1 和需求曲线 D_1 相交于 E_1 点,均衡的工资水平为 W_1,均衡的劳动力数量为 L_1。若劳动力需求曲线下移到 D_2,劳动力供给曲线右移到 S_2,那么,新的均衡是 E_2,均衡的工资水平为 W_2,均衡的劳动力数量为 L_2。

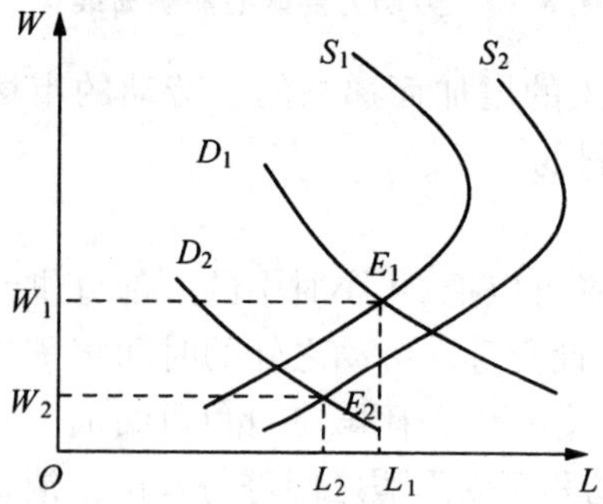

图 8-5 劳动力要素市场的均衡

可见,劳动力需求减少,劳动力供给增加会降低工资水平。我们现在面临的大学生就业难问题就是一个最好的例证。劳动力要素需求是生产商品和服务的派生需求。在全球经济疲软态势下,很多企业的产品和服务无法顺利销售出去,从而减少了对劳动力的需求,而大量的应届毕业大学生涌入就业大军,从而增加了劳动力供给。

[**相关链接 8-2**]

资本与劳动:谁是老板?

学生把教授称为老板,部长把总理称为老板,小国把大国称为老板。老板被看作支配者。资本和劳动之间,谁是老板?

谁的风险大谁当老板。"剥削"这个词没有清晰的经济学内涵,大抵是指利用别人,占人便宜,马克思将其称作"榨取工人剩余价值"。劳动者只能从自己的利益要求上欢迎关于反对剥削的理论,谈不上理解这个理论,因为经济学家也没有多少人搞清楚这个理论。未获得政权的革命政治领袖也欢迎这个理论,因为它的确能激发革命热情。但是,一旦疾风骤雨般的革命结束,要搞建设了,要想合理利用国家的稀缺资源了,便发现关于剥削的理论使政治家们陷于尴尬境地。

剥削问题,从学理上讲是一个经营剩余(利润)归谁所有,以及经营过程中谁支配谁的问题,用经济学家习惯的说法,是一个"谁雇用谁"的问题。资本与劳动的雇用关系,资本雇用劳动,资本是老板,资本为劳动支付报酬,干活给钱天经地义;劳动雇用资本?逻辑和法理都不通,因为资本和劳动的风险不对称,投资者风险大,劳动者几乎无风险。在企业经营中由无风险者管理有风险者,必然形成社会资源的巨大浪费和效率损失,苏联和东欧国家计划经济制度的崩溃就是深刻的教训。

从人类社会发展和稀缺资源有效利用的角度看,只能是在企业经营中谁冒的风险大,谁来当老板,这是一种降低风险的制度。人类发明各种制度,目的就是降低各种风险,提高效率和福利水平。由资本家获取企业经营剩余,并直接或间接管理企业,有利于企业的发展,有利于人类社会物质财富的增长。如果承认人类社会的整体福利是存在的,也承认它是物质财富数量的增函数,那么资本雇用劳动的制度,就是有利于人类社会福利水平提高的制度。

(资料来源:http://blog.sina.com.cn/s/blog_b28360bb0102yazd.html)

（二）利息理论（资本的需求和供给）

利息是资金所有者向资金短缺者借出资金而取得的报酬，它来自生产者使用该笔资金发挥营运职能而形成利润的一部分。

1. 资本的需求

对资本的需求与对劳动力的需求是类似的，资本的需求曲线就是资本的边际产品价值曲线。不过，资本的价格表现为利息，而劳动力的价格表现为工资。

为什么对资本应该支付利息呢？经济学家认为，人们普遍具有一种时间偏好，即在未来消费与现期消费中，人们是偏好现期消费的。即现在多增加一单位消费所带来的边际效用大于将来多增加一单位消费所带来的边际效用。之所以有这种情况，是因为未来是难以预期的，人们对物品未来效用的评价总要小于现在的效用，因此，放弃现期消费把货币作为资本就应该得到利息作为报酬。

为什么资本也能带来利息呢？经济学家用迂回生产理论来解释这一点，迂回生产就是先生产生产资料（或称资本品），然后用这些生产资料去生产消费品。迂回生产提高了生产效率，而且迂回生产的过程越长，生产效率越高。例如，原始人直接去打猎是直接生产，当原始人先制造弓箭而后用弓箭去打猎时就是迂回生产。用弓箭打猎比直接打猎的效率要高。如果延长迂回生产的过程，先采矿、炼铁，然后制造出猎枪，用猎枪打猎，那么效率就会更高。现代生产的特点就在于迂回生产。资本使迂回生产成为可能，从而提高了生产效率。这种由于资本而提高的生产效率就是资本的净生产力。资本具有净生产力就是资本能带来利息的根源。

资本的需求主要是企业投资的需求，因此，可以用投资来代表资本的需求。企业借入资本进行投资，是为了实现利润最大化，这样投资就取决于利润率与利息率之间的差额。利润率与利息率的差额越大，即利润率越是高于利息率，纯利润就越大，企业也就越愿意投资。反之，利润率与利息率的差额越小，即利润率越接近于利息率，纯利润就越小，企业也就越不愿意投资。这样，在利润率既定时，利息率就与投资呈反方向变动，从而资本的需求曲线是一条向右下方倾斜的曲线。如图 8－6 所示，横轴表示资本 K，纵轴表示利息 i，资本的需求曲线也是资本的边际产品价值曲线。

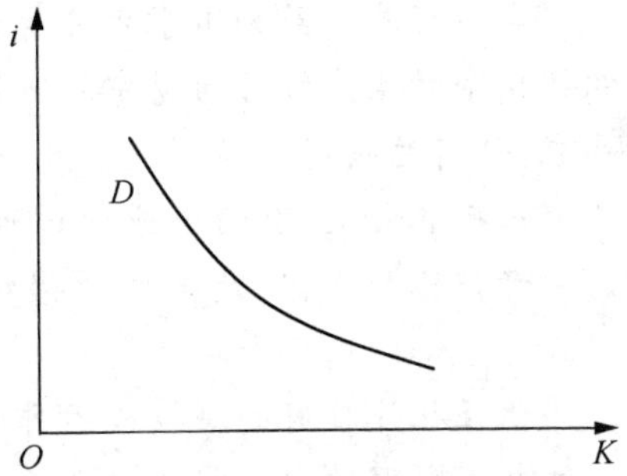

图 8－6　资本要素的需求曲线

2. 资本的供给

资本的供给主要来自储蓄。人们进行储蓄，放弃现期消费是为了获得利息。利息率越高，人们越愿意增加储蓄；利息率越低，人们就越要减少储蓄。这样，利息率与储蓄呈同方向变动。如图 8－7 所示，横轴表示资本 K，纵轴表示利息 i，资本的供给曲线是一条向右上方倾斜的曲线。

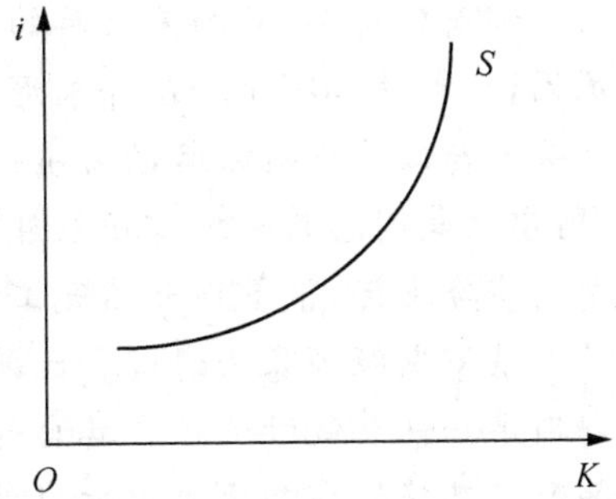

图 8－7　资本要素的供给曲线

3. 资本要素市场的均衡

在图 8－8 中，资本要素市场均衡资本的需求曲线 D

和供给曲线 S 相交于 E 点,均衡利息水平为 i_1,均衡资本量为 K_1。

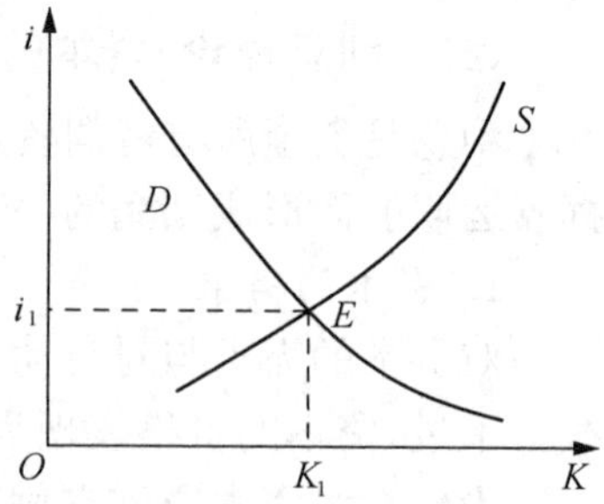

图 8-8 资本要素市场的均衡

在市场经济中,可贷资金的需求包括个人的消费需求、企业的投资需求、政府支出的需求与外国在我国融资的需求。可贷资金的供给包括个人与企业的储蓄、政府的财政盈余储备、从国外流入的资金以及中央银行发行的货币。资金需求增加或者资金供给减少将会拉高均衡利息水平;反之,则降低均衡利息水平。

(三)地租理论(土地的需求和供给)

地租是土地这种生产要素的价格,土地不能无偿使用,有偿使用土地正是地租存在的表现。土地也可泛指生产中使用的自然资源,地租也可理解为使用这些自然资源的租金。

地租的产生首先在于土地本身具有生产力,即地租是利用"土壤的原始的、不可摧毁的力量"的报酬。其次,土地作为一种自然资源,数量有限、位置不变,不能再生。无论在什么社会里,实际上都存在地租。在私有制社会里,地租归土地的所有者所有;在国有制社会里,地租归国家所有;在社会团体所有制的社会里,地租归某一拥有土地的社会团体所有。

[**相关链接 8-3**]

寻　租

租即租金,也就是利益、好处。寻租(Rent Seeking),即对经济利益的追求。

人类对经济利益的追求可分为两类:一类是通过生产性活动增加自己的福利,如企业等经济组织正常的生产经营活动中对利润的合法追求。另一类是通过一些非生产性的行为对利益的寻求,如有的政府部门通过设置一些收费项目来为本部门谋求好处,有的官员利用手中的权力为个人捞取好处,有的企业通过贿赂官员为本企业得到项目、特许权或其他稀缺的经济资源。后者被称为寻租,是一些既得利益者对既得利益的维护和对既得利益进行的再分配的活动。

寻租往往使政府的决策或运作受利益集团或个人的摆布。这些行为有些是非法的,有些是合法却不合理的。寻租往往成为腐败、社会不公和社会动乱之源。一个典型的例子是俄罗斯的寡头影响俄罗斯的政治。在苏联解体后,俄罗斯开始了狂风骤雨般的私有化改革。由社会主义计划经济向私有化市场经济改革的本意是要在俄罗斯国内形成一批有影响力的、范围广大的私有化阶层,从而使改革的方向"不可逆转"。但由于体制缺陷、经验缺陷以及官僚腐败等原因,广大的私有化阶层并未形成,反倒滋生了一些能控制国民经济命脉的行业寡头。俄罗斯寡头多与政府中有权势的官员关系密切,或者自己就曾经是有决策权和影响力的人物。例如,阿尔法集团总裁阿文曾担任外经贸部部长,尤科斯石油公司总裁霍多尔科夫斯基曾当过莫斯科团市委书记,俄罗斯天然气工业股份公司原董事长维亚西列夫曾任苏联天然气工业部副部长。俄罗斯经济寡头通过自己雄厚的经济实力,不断影响政府的重要决策,并为自己牟利。俄罗斯第一任总统叶利钦在其自传——《午夜日记》中更是披露了,正是由于寡头对政府施压,才导致了其任期内四次更换政府总理。可见,俄罗斯利益集团的寻租行为对政府决策和社会经济的巨大影响。

对于寻租，不能简单地将其归结为“走后门”或是腐败。腐败一般是违法的或违规的，一般与政府、组织、权利相联系，而寻租却可能是合法的、合规的且更有隐蔽性。

（资料来源：刘霞，周岳梅. 经济学基础. 北京大学出版社，2009）

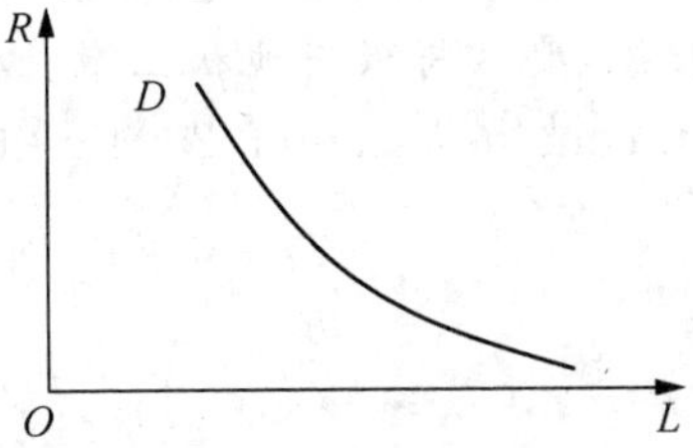

图 8-9　土地要素的需求曲线

1. 土地的需求

如图 8-9 所示，对土地的需求与对其他要素的需求类似，取决于土地的边际生产能力，且土地的边际生产能力也是递减的。以横轴表示对土地的需求量 L，以纵轴表示地租 R，土地的需求曲线也是向右下方倾斜的。土地的需求曲线就是土地的边际产品价值曲线。

2. 土地的供给

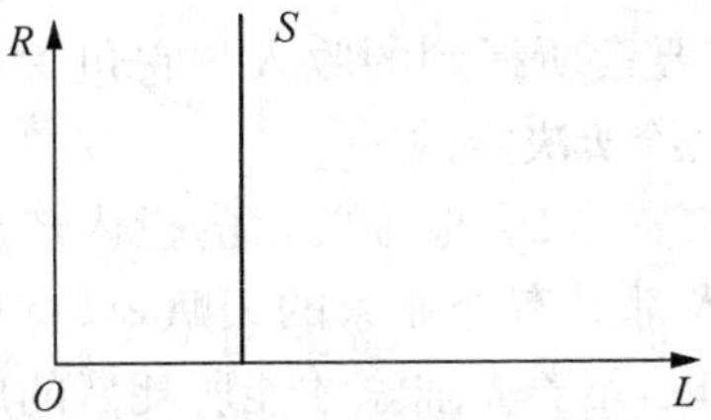

图 8-10　土地要素的供给曲线

土地的供给是固定的，因为在每个地区，可以利用的土地总有一定的限度。即无论怎样提高土地的价格，都不能使土地的供应量增加。土地的供给曲线如图 8-10 所示，横轴表示土地的供给量 L，纵轴表示地租 R，土地的供给曲线是一条与横轴垂直的线。

3. 土地要素市场的均衡

由于土地供给无弹性，所以土地需求就成为决定地租的唯一力量。地租与土地需求同方向变化：对土地需求增加，地租上涨；对土地需求下降，地租下降。一般来说，随着经济的不断发展，人口数量的持续增加，对土地的需求也不断增加，即土地需求曲线发生位移，如图 8-11 中土地的需求从 D_1 上升到 D_2 时，均衡点由 E_1 变为 E_2，地租也由 R_1 上升至 R_2。

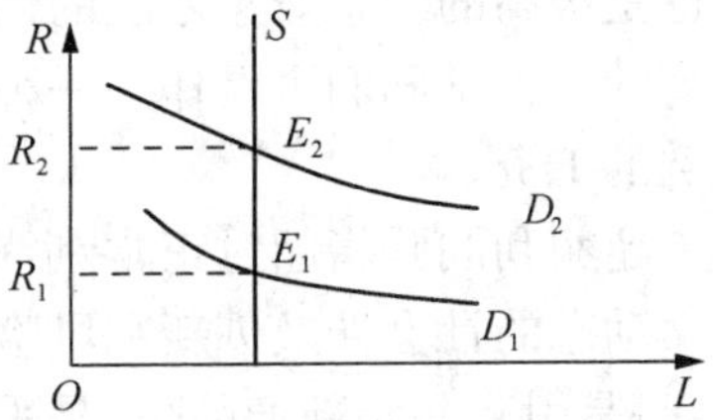

图 8-11　土地要素市场的均衡

［案例研究 8-1］

名校与级差地租

不少家长对身边学校无兴趣，愿意多花钱，外加高额赞助费，托人、批条子或在别区买房，以图让孩子上所谓的名校。愿意多花钱唯一重要的原因，是高考独木桥的竞争，实际已前置到高中、初中、小学甚至幼儿园。名校以往多是省市县重点，计划体制下财政优先多拨款，分配好师资。日积月累，重点学校多成了名校。现在，找工作的竞争越来越激烈，一流院校的教育或一张坚挺的文凭，是一个人能否跻身白领或管理阶层的重要途径，而能否得到良好的高等教育，义务教育阶段能否进入名校是一个关键因素。

因此只要有办法，众多家长都对名校趋之若鹜。全国一些大中城市名校的赞助费，有的已经在 10 万元以上，而 10 万元足以建一座希望小学。正如同样一公顷的土地面积，在青海西部的无人荒漠地带，大概几十块钱就可租一年，而在上海静安区的愚园路一带，大概要几十万到几百万，地租差距达百万倍。这就是因基础设施条件、文化娱乐、商业配套需求等的不同所导致的级差地租。

高等教育因连年扩招,教育方针已从精英教育转为普及教育,而高等教育以下的中等教育和初等教育,依然沿袭着以往惯性而以精英培养为目标,以给高等院校选拔人才为目标。财政上看,名校在资源分配上与非名校进行零和博弈,抢占了本就有限的教育资源。固然,名校能够弥补公共教育资源的某些不足,是有存在价值的。例如,在美国麻省安多弗镇的学费昂贵的菲利普斯学校,布什家族两代人都在那里读过书。但那是纯商业学校,不分享公共财政资源。中国名校不能在大沾财政光的同时还独享商业化好处,要么商业化,要么将级差地租上缴。

(资料来源:新华网广东频道. http://www.gd.xinhuanet.com/newscenter/2004-06/01/content_2226483.htm)

(四) 利润理论(企业家才能的需求和供给)

利润是企业家才能这种生产要素的报酬。企业家不仅从事企业生产经营中的管理工作,而且要进行创新和承担风险。利润可分为正常利润与超额利润。

正常利润是企业家才能的价格,也是企业家才能这种生产要素所得到的收入。它包含在成本之中,其性质与工资相类似,也是由企业家才能的需求与供给所决定的。

企业家才能在生产中起着十分关键的作用,它影响着劳动、资本、土地等要素的投入产出组合。现实社会中,企业家才能的供给是很小的,因不是每个人都具有企业家的天赋,只有那些有胆识、有能力,又受过良好教育的人才具有企业家才能,所以,培养企业家才能所耗费的成本也是很高的。企业家才能的供求特点,决定了企业家才能的收入——正常利润——必然是很高的。正常利润可看作是一种特殊的工资,其特殊性就在于其数额远远高于一般劳动者所得到的工资。

超额利润是指超过正常利润的那部分利润。只有在动态的市场条件下才会产生这种利润。动态的社会涉及创新和风险。创新是指企业家对生产要素实行新的组合,它包括五种情况:一是引入一种新产品;二是采用一种新的生产方法;三是开辟一个新市场;四是获得一种原料的新来源;五是采用一种新的企业组织形式。这五种形式的创新都可能产生超额利润。引进一种新产品可使产品的价格高于其成本,从而产生超额利润。采用一种新方法和新企业组织形式,可提高生产效率,降低成本。获得一种原料的新来源也可降低成本。这样,产品在按市场价格出售时,由于成本低于同类产品,就获得了超额利润。开辟一个新市场同样也可通过提高价格而获得超额利润。

创新是社会进步的动力,因此,由创新所获得的超额利润是合理的,是社会进步必须付出的代价,也是社会对创新者的奖励。

风险是从事某项事业时失败的可能性。由于未来具有不确定性,人们对未来的预测有可能发生错误,因而风险的存在就是普遍的。在生产中,由于供求关系的变动难以预料,加之自然灾害、政治动乱,以及其他偶然事件的影响,使得风险在很多环节都存在,且不是所有的风险都可用保险加以弥补。这样,从事具有风险的生产就应以超额利润的形式得到补偿。

第二节　社会收入分配

在市场经济中,按生产要素在生产中所做出的贡献大小,由市场决定的收入分配是第一次分配或初始分配,但由于每个人拥有的生产要素数量与质量不同,市场经济中的分配必然引起收入分配不平等，甚至两极分化。本节试图说明衡量社会收入分配平等状况的标准，以及造成收入分配不平等的原因。

一、社会收入分配的原则

公平与效率的关系是社会收入分配中的重要论题之一，两者同属于在社会收入分配中各级政府应致力于实现的经济政策目标。公平与效率的排列次序涉及意识形态中更为深刻和重要的一个问题，即价值判断问题。对这一问题的分析和解决有以下两种相互对立的观点和做法：

其一，效率优先的方式。这种分配方式主张把效率放在优先的地位，其理由：效率是同市场经济联系在一起的，市场经济必须以自由竞争为前提，没有自由竞争就没有市场和效率。把效率放在优先地位，就是把自由竞争放在优先地位。效率本身就意味着公平。效率来自个人的努力程度，它反映的是个人的勤奋，如果不重视效率，就是对勤奋的挫伤，对懒惰的鼓励。

其二，公平优先的方式。这种分配方式主张把公平放在优先的地位。其理由是：公平被认为是人的一种“天赋特权”，市场上自由竞争所引起的收入差别是对这种“天赋特权”的侵犯。效率本身不仅不意味着公平，而且它来自不公平。正是因为市场中每个人拥有的生产工具和资源上的差异，导致个人在效率上的差异，且每个人的生活环境不同，效率不一定是勤奋的结果。此外，市场机制本身并不完善，由于经济因素和非经济因素的影响，市场并不完全按照个人的勤奋与懒惰给予适当的报酬。

上述两种观点与做法对公平与效率的价值判断不同，不可能在公平与效率的先后排列次序上取得一致意见。而在现实经济生活中，既不能只讲公平，搞收入分配的绝对平均主义；也不能只讲效率，完全按照市场机制要求解决收入分配问题，而应使两方面目标协调起来。对公平与效率关系的合理处理方式是效率优先，兼顾公平。

二、衡量社会收入分配状态的标准：洛伦兹曲线和基尼系数

（一）洛伦兹曲线

洛伦兹曲线是衡量社会收入分配的平均程度的曲线。如果将社会上的人口分为五个等级，各占人口的20%，按他们在国民收入中所占份额的大小可以做出表8-1。

表8-1　洛伦兹曲线表

级别	占人口的百分比		绝对平均的情况		不平均的情况	
	百分比	累计	占收入的百分比	累计	占收入的百分比	累计
1	20	20	20	20	5	5
2	20	40	20	40	10	15
3	20	60	20	60	20	35
4	20	80	20	80	25	60
5	20	100	20	100	40	100

将表8-1绘制成洛伦兹曲线，如图8-12所示，横轴OP代表人口百分比，纵轴OI代表收入百分比，OY为45°线。在45°对角线上，每20%的人口得到20%的收入，表明收入分配绝

对平等,称为绝对平等线。OPY 表示收入绝对不平等,是绝对不平等线。根据上表所做的反映实际收入分配状况的洛伦兹曲线介于这两条线之间。洛伦兹曲线与 OY 越接近,收入分配越平等。洛伦兹曲线与 OPY 越接近,收入分配越不平等。如果把收入改为财产,洛伦兹曲线反映的就是财产分配的平均程度。

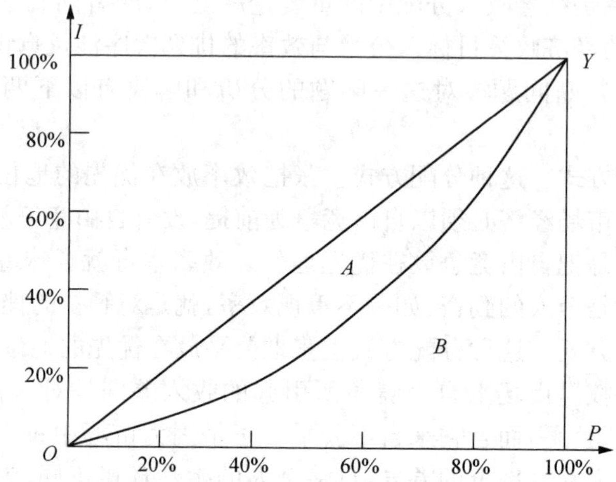

图 8-12　洛伦兹曲线

(二) 基尼系数

经济学家通常用基尼系数来量化经济中收入分配不平等的程度,基尼系数正是根据洛伦兹曲线计算得来。在图 8-12 中,A 部分为洛伦兹曲线与绝对平等线围成的面积,B 部分为洛伦兹曲线与绝对不平等线所围成的面积。则基尼系数的计算公式为:

$$基尼系数 = A \div (A + B)$$

基尼系数越大,收入分配就越不平等。从公式中可以看出,A 越大则基尼系数越大,收入分配越不平等。A 越小,则基尼系数越小,收入分配越平等。特别的,当 $A=0$ 时,基尼系数为 0,收入分配绝对平均;当 $B=0$,基尼系数为 1,收入分配绝对不平均。

目前,基尼系数被西方经济学家公认为是一种反映收入分配平等程度的方法,也被联合国用来衡量各国收入分配的平等程度。按国际上通用的标准,基尼系数小于 0.2 表示绝对平均,基尼系数在 0.2～0.3 之间表示比较平均,在 0.3～0.4 之间表示基本合理,在 0.4～0.5 之间表示差距较大,0.5 以上表示收入差距悬殊,两极分化严重。

三、收入分配不平等的原因

(一) 社会经济发展状况

根据美国经济学家库兹涅茨的研究,在经济开始发展时,收入分配不平等随经济发展而加剧;而当经济发展到一定程度之后,收入分配又会随经济发展而变得较为平等,他根据一些国家的资料做出了反映这种收入分配变动规律的库兹涅茨曲线。库兹涅茨曲线(Kuznets Curve)表明在经济开始起飞时,尤其是当国民人均收入从最低上升到中等水平时,收入分配状况先趋于恶化,继而随着经济发展,逐步改善,最后达到比较公平的收入分配状况。如图 8-13 所示,横轴用 GDP 代表国内生产总值,表示经济发展状况,纵轴用 G 代表基尼系数,表示收入分配状况。可见,经济开始发展时,基尼系数随国内生产总值增加而上升,表示随着经济发展,收入分配不平等加剧。在国内生产总值为 GDP_0 时,基尼系数 G_0 最高,收入分配不平等最为严重。在国内生产总值超过 GDP_0 之后,基尼系数随国内生产总值增加而下降,表示随着经济发展,收入分配趋向于平等。K 就是库兹涅茨曲线,因为这条曲线像一个倒过来的英文字母 U,所以,库兹涅茨曲线又称为倒"U"曲线(Inverted U Curve)。

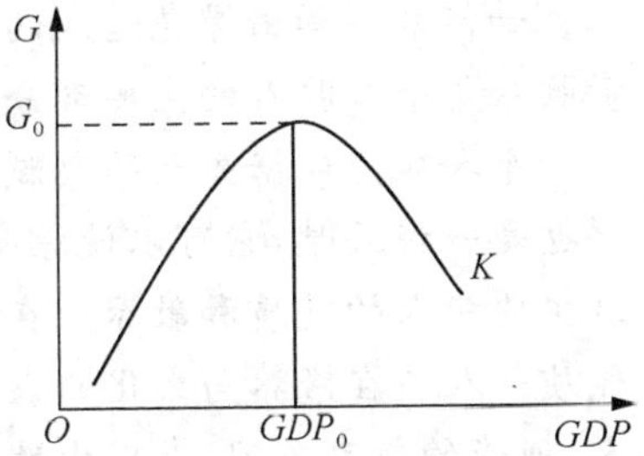

图 8-13 库兹涅茨曲线(倒 U 曲线)

对于库兹涅茨曲线,学术界有不同看法。在发达国家,"二战"之前收入分配不平等较为严重,但"二战"后收入分配有平等的趋势,这与库兹涅茨曲线表示的趋势大体相同。但在 20 世纪 80 年代后,发达国家尽管经济发展较快,但收入分配不平等却加剧了,这又与库兹涅茨曲线相矛盾。在发展中国家,随着经济起飞,收入分配不平等状况确有加剧,但这种收入分配不平等是否完全由经济发展所导致,学界并未达成一致观点。当今一些由计划经济向市场经济转型的国家,无论经济发展状况如何,都出现了较为严重的收入分配不平等,甚至是两极分化。例如,俄罗斯在转型过程中,经济发展并不快,曾出现过较长时期的停滞,甚至负增长,但同时也出现了收入分配极其不平等的状况。又如中国在转型过程中,经济发展相当迅速,但同时也出现了收入分配不平等加剧的现象。

(二) 社会政治制度状况

由于社会政治制度或习俗的不同,也会导致收入分配不公平。在法制不健全的国家,劳动者的利益往往容易受到侵害,收入水平就会受到影响,且法制不健全的国家,寻租行为盛行往往会拉大收入分配的差距。在工会势力较大的国家,工会会员受工会保护获得较高工资,而非工会会员则无力与雇主抗争,工资较低。

(三) 劳动者个体状况

收入分配不平等与劳动者的个体差异有关。每个人的能力、勤奋程度、机遇都不同。就能力而言,既有先天的才能差异(即天赋大小不一样),也有后天受教育程度的不同。经济学家认为,个体的受教育程度与个体收入之间有强烈的相关性。受教育越多,能力越强,收入水平越高。在现实中,有的人肯吃苦耐劳又很勤奋,愿意从事较艰苦的工作,收入自然也高。有的人怕苦怕累或在工作中懒惰,收入自然也低。当一个社会经济开始发展时,总有少数能力强、勤奋,又善于抓住机会的人成功了,成为富人;而相对能力差、不勤奋,又不善于抓住机会的人,会穷下去,这就是每一个社会在经济发展初期贫富差距较大的原因。

[**案例研究 8-2**]

漂亮的收益

美国劳动经济学家丹尼尔·哈莫米斯与杰夫·比德尔在 1994 年第 4 期《美国经济评论》上发表了一份调查报告。根据这份调查报告,漂亮的人收入比长相一般的人高 5%左右,长相一般的人又比丑陋的人收入高 5%~10%左右。最近,美国联邦政府发行的《地区经济学家季刊》的一项研究报告也指出,长相美丑跟个人待遇有关。胖子在薪水的待遇上最惨。胖女人平均薪水要少领 17%,身材高挑者,每高出平均一寸,薪水上涨 2%~6%。

如何来解释由漂亮造成的收入差别呢?根据经济学家关于工资收入差别原因的分析(工资收入是个人收入的主要部分),个人的工资差别与个人能力、努力与机遇相关。

个人能力包括先天的禀赋与后天培养的能力。长相与人在体育、艺术、科学方面的能力一样也是一种天赋,它可以使漂亮的人从事其他人难以从事的职业。漂亮也可以通过后天培养,这主要指人的气质和教养。在调查中,漂亮由调查者打分,实际上包括了长相与气质的综合。气质是人内在修养与文化的表现,它在很大程度上取决于个人所受的教育。两个长相相似的人,所受的教育不同,表现出的气质也不同。所以,漂亮是个人能力的间接标准之一。能力强的人具有较高的边际生产率,企业当然愿意为其支付较高的工资。

漂亮也可以衡量一个人工作的努力程度。一个工作勤奋、充满自信的人往往打扮得体,举止文雅,有一种向上的朝气。所以,漂亮也是衡量努力程度的一个间接标准。努力的人劳动贡献多,工资自然较高。

此外,漂亮的人机遇也比一般人高。通常演员、模特、空姐这类高收入职业,需要漂亮的人。漂亮的人从事推销更容易为人们所接受,当老师更容易受到学生的欢迎,当医生更让病人觉得可亲。在劳动市场上,漂亮的人找工作更容易,机会更多,以外表来决定一个人,在职场中是常见的事实。参加工作后,漂亮的人也有较多的升迁机会。据统计,美国男性的平均身高为175 厘米,但有 1/3 的企业领导人身高在 188 厘米以上,显示相貌堂堂加上身高修长,更能显现出领导人的气势。有些经济学家把漂亮的人机遇多称为一种歧视。但对这种长相歧视,人们是无能为力的。毕竟"爱美之心,人皆有之",这是一种无法克服的社会习俗。

经济学家把漂亮的人比一般的人多得到的收入称为"漂亮贴水"。

(资料来源:https://max.book118.com/html/2019/0203/8135130020002005.shtm)

第三节 社会收入再分配

收入再分配指的是社会将一部分收入集中起来再分配到社会成员手中。因此,收入再分配包括两个方面:一方面是将一部分相对高水平的个人收入集中到国家手中,这个过程是通过税收体系中的个人所得税征收制度的实现来完成的;另一方面是将集中起来的收入转移支付到收入水平相对较低的个人,这一过程是通过社会保障制度的实施来完成的。

一、税收政策

税收政策的目的在于通过征收个人所得税、遗产税、赠与税、财产税、消费税等来实现公平的收入分配。

(1) 个人所得税调整社会收入主要是以累进税的方式来调节。所谓的累进税就是对高收入者实行高税率,对低收入者实行低税率。累进税有利于纠正社会成员之间收入不平等的状况,从而有助于实现收入的平等化,但这种累进所得税不利于调动劳动者的积极性,对社会来说也是一种损失。

(2) 遗产税和赠与税是对财产的转移征收税收。

(3) 财产税是对不动产(如土地、房产等)征收税收。

(4) 消费税是对某些商品和劳务的消费征收税收。消费税针对奢侈性商品和劳务征收较高的税,也是实现收入分配平等化的一种方法。

[相关链接 8-4]

"漏桶原理"与收入分配

在西方经济学界,庇古最早打破了古典经济学在分配问题上无为而治的传统,面对庞大的社会财富和大众严重贫困的对比,他第一次比较系统地表达了对经济平等的关注,在1920年他出版的名著《福利经济学》中,把平等和效率同时纳入了经济分析的视野。在庇古看来,争取效率就是要合理配置资源,增加国民收入;而争取平等则是将富人的一部分收入转移给穷人,实现收入的均等化;只有二者兼顾,才能增进整个社会的福利。庇古描述的这种富足而又和谐的社会无疑令人向往,但问题在于,平等和效率在现实中往往是矛盾的。

对于平等和效率的难题,美国经济学家阿瑟·奥肯(Arthur Okun)提出了著名的"漏桶原理"。"漏桶原理"指出:根据税收的转移支付问题,富人缴纳了一美元的税款,实际上转移支付到穷人手中的钱要远少于这一美元,即高税率会使税收总额有所减少,这也就是著名的"拉弗曲线猜想"。

假定有这样一个社会:富人和穷人分灶吃饭,富人那里人少粥多,许多粥吃不完,白白浪费掉了;而穷人那里人多粥少,根本吃不饱,已有不少穷人得了水肿。于是政府决定,从富人的锅里打一桶粥,送给穷人吃,以减少不平等现象。奥肯认为,政府的这种愿望是美好的,但不幸的是,它使用的那个桶,下面有个洞,是个漏桶。这样,等它把粥送到穷人那里,路上就漏掉了不少。暗喻政府如果用税收的办法,从富人那里转移一部分收入给穷人,穷人实际得到的,比富人实际失去的要少一些,比如富人的收入减少了1 000元,穷人可能只得到600元,其余的400元不翼而飞。

为什么会有这种现象呢?因为追求平等损害了效率,从而减少了国民收入。阿瑟·奥肯有一句名言:"当我们拿起刀来,试图将国民收入这块蛋糕在穷人和富人之间做平均分配时,整个蛋糕却忽然变小了。"这里所说的蛋糕变小,实际上就是效率的损失,原因主要有两个:一是税收削弱了富人投资的积极性。奥肯在他那本著名的《平等与效率——重大的抉择》一书中,曾这样写道:"如果税收对于储蓄和投资具有重大的和有支配的影响,那么在总量数字方面的证据将是引人注目的而且是明显的。1929年,尽管美国经济处于萧条时期,但由于当时的税率很低,投资还是占了国民收入的16%;在此之后,联邦税的税率上升了好几个百分点,到了1983年,尽管当时的经济处于复苏时期,但投资率仍没有超过14%。"二是税收影响了劳动的积极性,不仅影响富人,而且影响穷人。比如一个失业工人,由于得到了一份月薪并不算高的工作,而失去了政府所有的补贴,他自然也就对找工作不热心了。这样,由于在收入分配的过程中,可供分配的国民收入总量减少了,结果就必然有"漏桶效应",使富人失去的多,而穷人得到的少。

"漏桶原理"意味着:平等和效率是"鱼和熊掌不可兼得"。经济学家、伦理学家,乃至哲学家就此开始了旷日持久的争论。有人认为,人们之所以在平等和效率的抉择问题上争论不休,原因就在于现实世界是不平等的。富人害怕失去既得的利益,因而鼓吹效率,反对平等;穷人想不劳而获,因此支持平等,批评效率。人们都戴着"有色眼镜"进行讨论,很难得出一个符合人性本来面目的结论。

(资料来源:MBA智库. http://wiki.mbalib.com/wiki/%E6%BC%8F%E6%A1%B6%E7%90%86%E8%AE%BA)

二、社会福利政策和社会保障制度

社会福利政策和社会保障制度是通过对穷人进行补助来保证收入分配的平等。政府对社会成员的福利和社会保障的资金来源正是从征税得来。西方的福利政策和社会保障制度主要包括以下几个方面。

(一) 各种形式的社会保障与社会保险

一是失业救济金制度,即对失业工人按一定标准发放能使其维持生活的补助金;二是老年人年金制度,即对退休人员按一定标准发放年金;三是残疾人保险制度,即对失去工作能力的人按一定标准发放补助金;四是对有未成年子女家庭的补助;五是对收入低于一定标准(即贫困线)的家庭与个人的补助。这些补助金主要是货币形式,也有发放食品券等实物的。其资金来源,或者是个人或企业缴纳的保险金,或者是政府的税收。

(二) 向贫困者提供就业机会与培训

收入不平等的根源在于贡献的大小,而贡献的大小与个人的机遇和能力相关。这样,政府就可以通过改善穷人就业的能力与条件,来实现收入分配的平等化。在这方面,主要是实现机会均等,尤其是保证所有人的平等就业机会,并按同工同酬的原则支付报酬。其次是使穷人具有就业的能力,包括进行职业培训,实行文化教育计划(如扫盲运动),建立供青年交流工作经验的青年之家,实行半工半读计划,使穷人有条件读书,等等。这些都有助于提高穷人的文化技术水平,使他们能从事收入高的工作。

(三) 医疗保险与医疗援助

医疗保险包括住院费用保险、医疗费用保险以及出院后部分护理费用的保险。这种保险主要由保险金支付。医疗援助则是政府出钱资助医疗卫生事业,使每个人都能得到良好的医疗服务。

(四) 对教育事业的资助

包括兴办学校,设立奖学金和大学生贷款制度,帮助学校改善教学条件,资助学校的科研等。从社会福利的角度来看,对教育事业的资助有助于提高公众的文化水平和素质,有利于收入分配平等化。

(五) 各种保护劳动者的立法

包括最低工资法和最高工时法,以及环境保护法、食品和医疗卫生法等,这些都有助于增进劳动者的收入,改善他们的工作和生活条件,从而也减少了收入分配不平等的程度。

(六) 改善住房条件

包括以低房租向穷人出租国家兴建的住宅;对私人出租的房屋实行房租限制;资助无房者建房,如提供低利息率的长期贷款,或低价出售国家建造的住宅;实行住房房租补贴等。这种政策改善了穷人的住房条件,也有利于实现收入分配平等化。

三、公平与效率的难题

收入分配要兼顾公平与效率。公平是指各社会成员收入分配平均。效率是指资源配置有效,并得到充分利用。

如果收入分配以有利于效率提高的方式来进行，那就需要按照要素的价格进行分配，这样就会促使每一个社会成员发挥自己的能力，通过竞争获得高收入，这就是一种效率优先的原则。但是，效率优先往往会造成很大的贫富差距，导致两极分化。这样可能会导致社会矛盾尖锐，甚至出现社会动荡。在市场经济中，政府为了解决要素分配所带来的不公平问题，会采取收入再分配的政策。但是，如果一味追求公平而不讲效率，往往会导致社会产出增长缓慢，经济中的资源得不到充分的利用。有利于经济效率则会不利于公平，有利于公平则会有损于经济效率，这就是经济学中所说的公平与效率的矛盾。

理想的再分配政策，应是既能鼓励人们积极上进，创造财富，使个人和国家都更加富足，又要能保证社会和谐。这要求国家不要轻易进行太多再分配，将再分配主要限于劳动者人力资本的保护和再生产的范畴。在满足人们基本教育需要和基本生活需要这两个特例上，实行有限的再分配，既有利于社会公正和稳定，也有利于社会财富的增加。原因在于，满足这些需要，可以保护和增加社会的人力资本，使个人在未来能更加有效地创造财富，自己脱贫，社会财富也更快增加。

增值阅读

本章小结

本章主要介绍各种生产要素的均衡价格、均衡数量决定和社会收入分配等问题。经济中的主要生产要素是指投入的劳动、资本、土地、企业家才能等。工资、利息、地租和利润分别是劳动、资本、土地、企业家才能等生产要素的价格。

(1) 生产要素需求具有派生性和联合性的特点。影响生产要素需求的因素有生产要素的边际收益、生产要素的价格、市场对产品的需求及产品的价格、生产技术状况。

(2) 在完全竞争的劳动力市场里，利润最大化的企业按照要素的边际产品价值等于要素价格的原则确定生产要素的使用量。要素的边际产品价值曲线就是要素的需求曲线。

(3) 随着工资水平的上升，劳动供给曲线首先向右上方倾向，然后向后弯曲。资本的供给曲线随着利率上升而向右上方倾斜。土地的供给曲线是一条垂直曲线。

(4) 生产要素市场的均衡价格和均衡数量由生产要素需求和供给共同决定。

(5) 洛伦兹曲线和基尼系数是衡量社会收入分配状态的工具。基尼系数是一个介于0～1之间的数。基尼系数越小，收入分配越平均。基尼系数越大，收入分配越不平均。

(6) 收入分配不平等的原因包括社会经济发展状况、社会政治制度状况和劳动者个体状况等。

(7) 收入再分配政策包括税收政策、社会福利政策和社会保障制度。政府可以通过征收个人所得税、遗产税、赠与税、财产税、消费税等来实现公平的收入分配。社会福利政策和社会保障制度包括各种形式的社会保障与社会保险；向贫困者提供就业机会与培训；医疗保险与医疗援助；对教育事业的资助；各种保护劳动者的立法；改善住房条件等。

(8) 社会收入分配往往很难兼顾平等与效率。按照要素的价格进行分配能促进效率，但会造成收入分配不均。但是,如果一味追求公平而不讲效率,经济中的资源得不到充分的利用,不利于效率。

思考与练习

一、选择题

1. 在以下几种情况下,属于创新的是指(　　)。

A. 把凤凰牌空调打入美国市场　　B. 建立一个生产凤凰牌空调的新工厂

C. 在广告中宣传凤凰牌空调　　D. 继续生产凤凰牌空调

2. 随着工资水平的提高,(　　)。

A. 劳动的供给量会一直增加

B. 劳动的供给量先增加,但工资提高到一定水平后,劳动的供给量不仅不会增加反而还会减少

C. 劳动的供给量增加到一定程度后保持不变

D. 劳动的供给量不确定

3. 使土地价格不断上升的原因是(　　)。

A. 土地的供给与需求共同增加　　B. 土地的供给不断减少,而需求不变

C. 土地的需求不断增加,而供给不变　　D. 土地的供给与需求共同减少

4. 资本这种生产要素的价格是(　　)。

A. 工资　　B. 地租　　C. 利息　　D. 利润

5. 洛伦兹曲线反映了(　　)。

A. 贫困的程度　　B. 税收体制的效率

C. 收入不平等的程度　　D. 社会福利程度

6. 基尼系数是从洛伦兹曲线计算出的,基尼系数的提高表示(　　)。

A. 收入分配不平均程度的增加　　B. 收入分配不平均的减少

C. 洛伦斯曲线向 45 度线移动　　D. 收入分配不平均程度没有变

7. 按照国际上通用的标准,表示收入差距悬殊时的基尼系数为(　　)。

A. 0.2～0.3　　B. 0.2 以下　　C. 0.3～0.4　　D. 0.5 以上

8. 下列(　　)情况所对应的收入分配最为平均。

A. 基尼系数为 0　　B. 基尼系数为 0.1

C. 基尼系数为 0.8　　D. 基尼系数为 1

9. 下列不属于各种形式的社会保障与社会保险的是(　　)。

A. 失业救济金制度　B. 老年人年金制度　C. 残疾人保险制度　D. 累进税

10. 假设一位球星的年薪是 300 万元,但他从事其他职业的收入只有 20 万元,则该球星获得的经济租金是(　　)万元。

A. 300　　B. 280　　C. 320　　D. 20

二、判断题

1. 分配理论实际上是价格理论在分配问题上的应用。　　(　　)

2. 劳动的供给和其他商品的供给一样,价格越高,供给越多,因此,提高工资可以无限增

加劳动的供给。（　　）

3. 在完全竞争市场上，劳动的需求曲线是一条向右下方倾斜的曲线。（　　）

4. 生产要素的需求是一种派生需求。（　　）

5. 迂回生产增加了生产的中间环节，降低了生产效率。（　　）

6. 投资者之所以愿意投资，是因为投资的预期利润率高于现期利率。（　　）

7. 洛伦兹曲线是计算基尼系数的基础。（　　）

8. 引起收入分配不平等的原因主要是每个人的能力、勤奋程度、机遇的不同。（　　）

9. 在收入分配中，分配的原则是效率优先，兼顾公平。（　　）

10. 收入平等与效率之间是没有冲突的。（　　）

三、思考题

1. 为什么劳动供给曲线向后弯曲？

2. 寻租行为指的是什么？

3. 什么是洛伦兹曲线和基尼系数？

4. 什么原因造成收入分配不平等？

5. 收入再分配政策包括哪些内容？

案例分析

实践与操作

一、实践题

1. 收集我国近年的基尼系数值，分析数据变化的趋势和产生这种趋势的原因。

2. 收集我国某项收入再分配政策的相关资料，并评述此政策的实施效果和改进意见。

二、综合实训

实践名称：就业调查。

1. 目的任务

通过本部分实训，能够认知现在的就业形势。

2. 实践内容

(1) 以小组形式，调查本校不同专业毕业生的就业情况（包括就业率、就业专业对口程度、工资水平等相关因素）。

(2) 通过网络、报纸杂志等多个渠道了解我国政府、当地政府和本校管理机构如何促进大学生就业，并评论这些政策和措施的效果。

(3) 提出一些改进本校毕业生就业的意见，并将收集到的材料和意见写成调研报告。

3. 实训方式

校内外调研、案例分析讨论、写出调研报告等。

第九章　市场失灵与政府干预

请扫描二维码
观看视频

学习目标

1. 知识目标：市场失灵的概念和原因；经济的外部效应；影响政府失灵的因素；信息不对称。

2. 能力目标：正确分析影响市场失灵的各种因素；正确分析政府干预措施背景与效果；了解政府失灵的原因及解决措施；了解信息不对称对市场行为的影响及其对策。

趣味阅读

不同时代火车的外部效应

20世纪初的一天，列车在绿草如茵的英格兰大地上飞驰。车上坐着英国经济学家庇古。他边欣赏风光边对同伴说，列车在田间经过，机车喷出的火花（当时是蒸汽机）飞到麦穗上，给农民造成了损失，但铁路公司并不用向农民赔偿。这正是市场经济的无能为力之处，称为“市场失灵”。

将近70年后，1971年，美国经济学家乔治·斯蒂格勒和阿尔欣同游日本。他们在高速列车（这时已是电气机车）上见到窗外的禾田，想起来庇古当年的感慨，就问列车员，铁路附近的农民是否因受到列车的损害而减产。列车员说，恰恰相反，飞速驰过的列车把吃稻谷的飞鸟吓走了，农民反而受益。当然铁路公司也不能向农民收“赶鸟费”。这同样是市场经济无能为力的，也称为“市场失灵”。

同样一件事情在不同的时代与地点结果不同。两代经济学家的感慨也不同。但从经济学的角度看，火车通过农田无论结果如何，其实都说明了同一件事：市场经济中外部效应与市场失灵的关系。

（资料来源：http://sem.tongji.edu.cn:6499/semcourse/res/20060123021851734）

经济学启示：市场经济中存在外部效应，外部效应可分为正外部效应和负外部效应。在内燃机时代火车产生的是负外部效应，在电气化机车时代火车产生的是正外部效应。同一个事物在不同的时间、在不同的条件下所产生的效应是不同的。

第一节　市场失灵

［**相关链接9-1**］

2015年注定是中国股市难忘的一年——从牛市起步到疯牛形成，再到股市暴跌导致个股流动性丧失。股市暴跌之前，中国经济实际上面临着不小的压力，与此同时，股市的牛市特征极为鲜明。很多经济学家对此有着各种版本的解释，且这些解释也都在论证宏观经济下行与股市上行这对矛盾的合理性。可是，即使种种解释都非常有道理，也不能不顾这样一个事实：市场过快上涨，会透支未来的盈利预期。很快A股便遭遇暴跌，6月19日，上证综指重挫6.42%，创业板指数下跌5.41%，两市近千只个股跌停。从6月15日到8月26日，沪指累计跌幅高达45%。下跌以多米诺骨牌式的反应上演：先是机构主动降杠杆，随后前期大涨的个股开始暴跌，导致高比例配资账户开始爆仓，配资平台为自保开始强制平仓，使得更多的股票暴跌，最后甚至连非配资账户也开始抛售股票。

在市场流动性枯竭、大面积恐慌的情况下，国家队果断出手，进入证券市场大笔买入跌停股票，逐步恢复了证券市场的流动性，从而避免了更大规模的恐慌和系统性的金融风险。此举稳定了市场，为修复市场、建设市场、发展市场赢得了时间。

事后，时任证监会主席的刘士余表示，“当陷入市场完全失灵、连续失灵的情景时，仍然应当果断出手，这符合党的十八届三中全会提出的让市场在资源配置中发挥决定性作用和更好地发挥政府作用的目标，或者说符合深化经济体制改革的目标。”

（资料来源：根据新浪财经，2015年12月11日，“2015十大财经事件：股灾来袭金融反腐深水区”http://finance.sina.com.cn/stock/y/20151211/072723991076.shtml 和中国网财经，2016年3月12日，“刘士余谈股灾救市：今后市场失灵时仍会果断出手”https://finance.jrj.com.cn/2016/03/12175420678902.shtml 汇总整理得到）

一、市场失灵及其表现

市场经济是一种竞争型经济体制，市场对社会资源配置有着灵活有效的导向作用，进入市场的各种经济主体，在自身的物质利益的驱动下，对市场信号反应灵敏，能够通过市场价格的涨落适应市场供求关系的变化，把资源配置到最需要的地方，实现高效、合理、优化组合的目标。显然，市场竞争给企业以压力和动力，使其接受优胜劣汰的考验；市场竞争促进技术进步，推动了生产力的发展，即只要市场存在充分的自由竞争和完全信息，理性的生产者和消费者就能在价格机制的诱导下做出准确的决策，这样的决策能使整个社会的资源达到最优的配置。然而，在现实经济生活中，市场机制经常表现出许多自身不能克服的缺陷，从而无法使资源达到最有效的配置，否则，淮河水不应该会出现污染，更不会污染越来越严重，显然水资源污染并不是资源最优配置的表现。这种情况被称为“市场失灵”。市场失灵产生于公共物品、外部性、垄断与信息不对称。

市场失灵是指由于垄断、外部性、公共物品和信息不对称等原因，资源配置不能达到最优，即资源配置低效率或无效率的状态。市场失灵主要表现在：第一，垄断阻碍了市场机制的作用，使资源得不到有效配置。第二，在市场机制中，市场机制往往无法解决伴随经济活动而产生的外部性负效应的影响。第三，市场无法有效地提供公共物品。第四，消费者和生产者的信息不完全。

二、公共物品与市场失灵

公共物品是私人不愿意生产或无法生产而由政府提供的产品和劳务，包括国防、空间研究、文职人员、法官、邮政、气象预报、义务教育等。在西方经济学中，政府被定义为公共物品的生产者，公共物品被定义为政府所生产的产品。

(一) 公共物品的特征

在现实经济中,大部分物品(与劳务)是私人物品。**私人物品是由个人消费的物品。它的特征是消费的排他性和竞争性。排他性指一旦一个人拥有了某种物品,就可以很容易地不让别人消费**。比如两个人不能同时戴一顶帽子,不能同时穿同一件衣服等。由于具有排他性,私人产品可以采取收费的方式,任何人若不交费,就可以排斥他对私人产品的消费。**竞争性指一个人消费了一定量某种物品,就要减少别人的消费量**。如果有人已经使用了某个商品(如某个冰激凌),则其他人就不能再使用该商品。市场上的物品是有限的,一个人多消费了,另一些人就要少消费。由谁消费,要由消费者竞争。

私人物品的排他性和竞争性决定了每个人只有通过购买才能消费某种物品,也就是消费者只有通过市场交易向生产者购买才能消费这种物品。有市场交易行为就有价格,当消费者和生产者对价格都满意时,交易才会发生,价格调节使供求平衡。这就是市场机制配置资源的有效性。实际上,市场机制只有同时具备上述两个特点,才会真正起作用,也才有效率。

社会经济中还有另一种物品——**公共物品。公共物品是集体消费的物品**。例如,国防、道路、广播、电视、交通、秩序和公正(法律)。**它的特征是消费的非排他性和非竞争性。非排他性指不能轻而易举地排斥某人消费某种物品**。例如,你无法排斥其他人利用路灯照亮。**非竞争性指一个人消费某种物品不会减少其他人的消费,消费者之间并不存在竞争**。即人们无法排斥别人对同一物品的共同享用,也不会由于自己的加入而减少他人对该公共物品享用的质量与数量。典型的例子是海上的航标灯,航标灯一旦建立起来将为所有过往的船只指示航向,增加过往船只的数量并不需要额外增加维持航标灯的成本,路灯、国防物品等都属于公共物品。

(二) 公共物品与市场失灵

公共物品本身所具有的特性,使得任何私人部门都不愿意或不能充分提供。因此,其产量会低于合理的水平,即达不到帕累托最优状态下的产量水平,由此会造成社会福利的减少和资源的浪费。此时,市场机制在公共物品的提供上不能较好地发挥作用,导致市场失灵。

1. 公共物品的非排他性导致市场失灵

非排他性使得任何购买公共物品的人都不能独自占有该产品所能提供的全部效用或收益,都不能阻止别人去无偿地享用该产品。这种不用购买就可以消费的行为称为搭便车。**搭便车就是免费乘车,不花钱而进行享受**。公共物品可以"搭便车",消费者要消费不必花钱购买,比如你不必为使用路灯而花钱。这样,公共物品就没有交易,没有市场价格,生产者不愿意生产。如果仅仅依靠市场调节,由于公共物品没有交易和相应的交易价格,就没人生产,或生产远远不足。但公共物品是一个社会发展必不可少的,这样,通过市场调节就无法提供足够的公共物品。公共物品的供小于求是资源配置失误所致,这种失误是由于仅仅依靠市场机制引起的,这也是市场失灵的表现。我们可以考虑选择这样一个例子:烟花表演。假设某小镇上的居民喜欢在除夕夜观看烟花,根据经验,全镇 500 个居民中的每个人对观看烟花的评价都是 10 元,则燃放烟花的利益就是 5 000 元。当放烟花的实际成本为 2 000 元时,由于 5 000 元的利益大于 2 000 元的成本,小镇居民看烟花是有效益的。自由竞争的市场经济能提供这种有效益的结果吗?答案是否定的。设想某企业决定举行一场烟花表演,但它肯定会在卖这场表演的门票时遇到麻烦,因为它的潜在顾客很快就会想到,他们即使不买票也能看到烟花。由于烟花表演没有排他性，人们便都会想“搭便车”，即想得到一种物品或服务的利益却避开为此付费。果真如此，是没有人会愿意掏腰包的。

由于人们有“搭便车”的利益动因，自由竞争的市场就不能提供有效益的结果。搭便车者的存在，使提供物品和服务的个人无法收回失去的成本，他就会做出不举行烟花表演这种从私人来看理性，但从社会来看无效益的决策。正因为如此，市场的均衡量就会小于社会的最优量。

[相关链接 9－2]

“搭便车者”一词的由来

“搭便车者”一词的英文是“Free Rider”，它来源于美国西部城市道奇城的一个故事。当时，美国西部到处是牧场，大多数人以放牧为生。在牧场露天圈养的大量马匹对一部分人产生了诱惑，于是出现了以偷盗马匹为业的盗马贼。在道奇城这个城市，盗马贼十分猖獗。为避免自己的马匹被盗，牧场主就联合组织了一支护马队伍，每个牧场主都必须派人参加护马队伍并支付一定的费用。但是，不久就有一部分牧场主退出了护马队，因为他们发现，即使自己不参加，只要护马队存在，他就可以免费享受别的牧场主给他带来的好处。这种个别退出的人就成了“Free Rider”（自由骑手）。后来，几乎所有人都想通过自己退出护马队伍来占集体的便宜。于是，护马队解散了，盗马贼又猖獗起来。后来，人们把这种为得到一种收益但避开为此支付成本的行为称为“搭便车”，这样的人称为“搭便车者”。

（资料来源：樊纲．市场机制与经济效率．上海三联书店，1995）

2．公共物品的非竞争性导致市场失灵

公共物品的非竞争性使用，如高速公路、健身房、高尔夫球俱乐部等，这些都是公共物品，但是由于其使用时的情况比较特殊，比如说范围小、比较集中、比较封闭、便于管理等原因，它有能实现排他性的条件，生产者为了避免“搭便车”这种情况，实行收费管理，不付费不能消费。这种排他性使用，虽然可以收回提供公共物品的成本，提高其生产者的积极性，增加供给，但不能使所有人免费使用，致使使用的人就会减少，也就是说它的社会效用得不到有效的、充分的发挥，从而降低了资源的配置效率，也会造成市场失灵。

三、经济的外部效应与市场失灵

[相关链接 9－3]

节日里的行为规则：欢乐的外部性

过年了，一年的辛劳终于有了以快乐的形式的慰劳，有了可以恣意放纵的时机。可城市是拥挤的，风景区是拥挤的，自由总是展开在可以度量的有限的时间、空间、金钱。在我们自由释放快乐的时候，我的欢乐不一定也是你的欢乐，外部性就从这里产生。居民小区，我们还是听到了鞭炮声，即使在深夜，即使有明令禁止，快乐的欲望往往突破了自由的边界，搅扰别人的清梦。去年北京有关方面的不完全统计数字表明，一个节日里，有 150 万人次的口香糖被自由地粘连到广场地面。城市的公园在庞大的人流中，垃圾、被践踏的绿地往往成为难以避免的代价。不醉不罢休也是一种性情中人的豪举吧，牺牲自己的健康的自主权我们当然需要尊重，可是在一个家庭里面,这种快意人生给妻子和孩子会带来多少焦虑和担心?

我们没有像西方那样狂欢的节日,人们对新年祝福重要的一项是祥和,这就意味着适度的克制。公民向往自由同时谨受游戏规则的新的时尚能否通过节日展开,取决于我们的公民素质。

(资料来源:根据人民网、新华网资料整理)

(一) 外部效应及其类型

经济的外部效应又称外部性是指某种经济活动给与这项活动无关的主体带来的影响,但是其他个人或企业并没有因此而支付成本或得到补偿的情形。这就是说,这些活动会产生一些不由生产者或消费者承担的成本(称为负外部性),或不由生产者或消费者获得的利益(称为正外部性)。

负外部性指一项经济活动给与这项活动无关的主体带来的不利影响。例如,作为一个讨厌吸烟的人,你会因为身边的人吸烟而受害。他人吸烟不仅会影响你的身体健康,而且会降低你的效用水平。对于你所受到的伤害,身边的吸烟者没有被要求对你进行补偿,那么他们选择吸烟的时间和地点时就不会考虑你的利益。再如,某家化工厂排出的污水污染了河流,对下游的渔场造成了损害,但化工厂没有因此而支付成本,渔场也没有因此而得到补偿。

正外部性指一项经济活动给与这项活动无关的主体带来的有利影响。例如,苹果园的所有者会因为养蜂人的存在而受益。养蜂人饲养蜜蜂帮助苹果树传授花粉,这有助于提高苹果产量和苹果园收益,苹果园的所有者不需要为此向养蜂人支付报酬,养蜂人也没有因此而得到补偿,果园主得到的收益就是外部收益或社会收益,就是正外部效应。

[**相关链接 9-4**]

打好实现碳达峰、碳中和这场硬仗

2020年9月22日,习近平主席在第七十五届联合国大会一般性辩论上宣布:"中国将提高国家自主贡献力度,采取更加有力的政策和措施,二氧化碳排放力争于2030年前达到峰值,努力争取2060年前实现碳中和。"这是中国基于推动构建人类命运共同体的责任担当和实现可持续发展的内在要求做出的重大战略决策。作为世界第二大经济体和最大的发展中国家,中国当前仍处于工业化和城市化发展阶段中后期,能源总需求一定时期内还会持续增长。从碳达峰到碳中和,发达国家有60年到70年的过渡期,而中国只有30年左右的时间。这意味着,中国温室气体减排的难度和力度都要比发达国家大得多。

习近平总书记强调:"我们要牢固树立绿水青山就是金山银山理念,坚定不移走生态优先、绿色发展之路,增加森林面积、提高森林质量,提升生态系统碳汇增量,为实现我国碳达峰、碳中和目标、维护全球生态安全做出更大贡献。"道阻且长,行则将至。让我们积极应对全球气候环境挑战,采取更加有力的措施,打好实现碳达峰、碳中和这场硬仗,实现中华民族永续发展,共同构建人类命运共同体!

[资料来源:人民日报.2021-06-04(07)]

(二) 外部效应与市场失灵

当负外部性时,社会边际成本中不仅包括私人边际成本,还包括污染的成本,社会处于边际收益小于边际成本的境地之中。从私人角度看,市场调节是有利的,但从社会角度看不是资源配置的最优，这就是外部性引起的市场失灵。

当正外部性时，一项经济活动所带来的私人边际成本与社会边际成本相等，但社会边际利益（包括给第三方带来的好处）大于私人边际利益。市场调节，从社会角度来看是资源配置最优，但从私人角度来看并不是资源配置最优，同样是市场失灵。

在完全竞争的市场中，当存在只增加社会福利而不增加个人收益的正外部性时，企业和个人的产量可能会低于社会最优产量；而当存在只增加社会成本而不增加个人成本的负外部性时，企业和个人的产量可能会超过社会最优产量。因此，外部性的存在，使私人的边际成本或边际收益与社会的边际成本或边际收益发生背离。所以，当个人做出决策时，为了实现个人利益最大化，会忽略其行为带给他人或企业的效益或成本，从而使竞争的结果变得没有效率，资源的配置达不到最优水平，最终导致整个社会福利的下降。

［**案例研究 9－1**］

20 世纪 90 年代的洪灾与外部效应

20 世纪 90 年代，我国多次受到洪灾的困扰。1991 年和 1994 年发生了华北水灾，1995 年南北水患，1996 年的洪灾使广东、广西损失惨重。1998 年发生的特大洪灾更是令人记忆犹新，据统计，这次洪灾共有 2.6 亿人口受灾，1 380 多万人口失去家园，2 150 多万公顷农田被淹，经济损失估计近 2 000 亿元。

林业专家指出，20 世纪 90 年代中国水灾的原因是多方面的，但是流域上游生态环境的持续恶化无疑是重要原因之一。滥砍滥伐和毁林开垦使森林植被，尤其是天然林遭到严重的破坏，从而导致水土大量流失，泥沙含量增大，江河河道湖泊缩小变浅，调蓄和泄洪能力大大减弱，这是洪灾的直接原因。另一方面，地表植被受破坏导致气候条件恶化，也是灾害频繁发生的重要原因。

参与森林砍伐者既有国有林场，也有林区的群众，两者有一个共同的特点：森林并非他们的私有财产，滥砍滥伐所导致的水灾损失不是（至少不是全部）由他们承担。从经济学的角度上说，水灾的损失是滥砍滥伐所带来的社会成本即外部效应。由于行为人不必承担这一成本，因而其私人边际成本就低于社会边际成本，从而导致该行为的过度供给，即过度砍伐。

四、垄断与市场失灵

［**相关链接 9－5**］

阿里巴巴被罚 182 亿元因实施“二选一”垄断行为

阿里巴巴集团在中国境内网络零售平台服务市场具有支配地位。自 2015 年以来，阿里巴巴集团滥用该市场支配地位，对平台内商家提出“二选一”要求，禁止平台内商家在其他竞争性平台开店或参加促销活动，并借助市场力量、平台规则和数据、算法等技术手段，采取多种奖惩措施保障“二选一”要求执行，维持、增强自身市场力量，获取不正当竞争优势。

2021 年 4 月 10 日，市场监管总局依法做出行政处罚决定，责令阿里巴巴集团停止违法行为，并处以其 2019 年中国境内销售额 4 567.12 亿元 4%的罚款，计 182.28 亿元。

同时，按照《行政处罚法》坚持处罚与教育相结合的原则，向阿里巴巴集团发出《行政指导书》,要求其围绕严格落实平台企业主体责任、加强内控合规管理、维护公平竞争、保护平台内商家和消费者合法权益等方面进行全面整改,并连续三年向市场监管总局提交自查合规报告。

(资料来源:节选自国家市场监督管理总局行政处罚决定书国市监处〔2021〕28号“市场监管总局对阿里巴巴的行政处罚决定书全文”)

垄断是对市场的控制。如果是**生产者垄断**,即一般所说的垄断,就称为**卖方垄断**;如果是**购买者垄断**,就称为**买方垄断**。这两种垄断都会引起市场失灵。

(一)垄断造成市场效率低下

在垄断市场条件下,垄断厂商为实现自身利益最大化,也会像竞争厂商一样努力使生产定在边际收益等于边际成本的点上,但与竞争企业不同的是,垄断市场的价格不是等于而是大于边际收益,因此,它最终会选择在价格大于边际成本的点上组织生产。垄断厂商不需被动地接受市场价格、降低成本,而可以在既定的成本水平之上加入垄断利润形成垄断价格。所以,垄断市场的价格比竞争市场高,产量比竞争市场低。

这样,一方面,导致厂商丧失了降低成本、提高效率的动力;另一方面,抬高的垄断定价成为市场价格,扭曲了正常的成本价格关系,对市场资源配置产生误导,造成一种供不应求的假象,导致更多的资源流向该行业。

(二)垄断造成社会福利损失

垄断对社会福利造成损失主要表现为使消费者剩余和生产者剩余大大减少。消费者剩余是消费者愿意支付的价格与实际支付的价格之差。生产者剩余是生产者生产某种产品的成本与实际得到的价格之差。**总剩余是消费者剩余与生产者剩余之和**。在竞争条件下,市场均衡时,消费者剩余与生产者剩余达到最大,即社会福利最大,表明价格调节实现了资源配置的最优化。可以用图9-1来说明这一点。

在图9-1中,当供求相等时,均衡价格为P_0,均衡数量为Q_0。这时,消费者剩余是价格线以上和需求曲线D以下的面积(图9-1中用斜条阴影表示),生产者剩余是价格线以下和供给曲线S以上的面积(图9-1中用直条阴影表示)。这两块面积之和为社会福利,这时社会福利达到最大,表示资源配置实现了最优化。

当有垄断时,垄断者利用对市场的控制把价格提高到均衡价格P_0以上,这就引起消费者剩余和生产者剩余的损失,从而资源配置没有实现最优。可以用图9-2说明这一点。

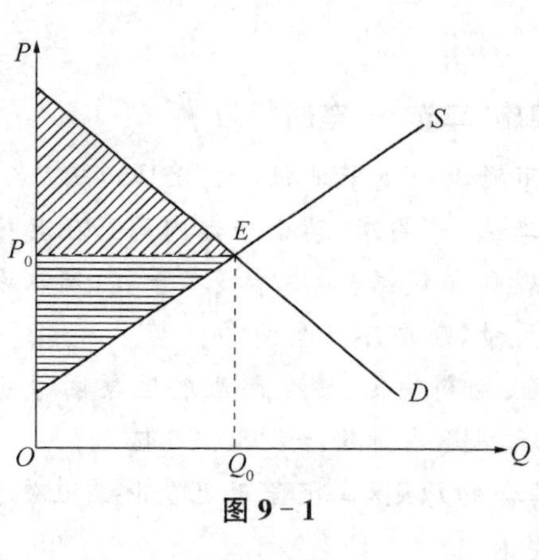

图9-1

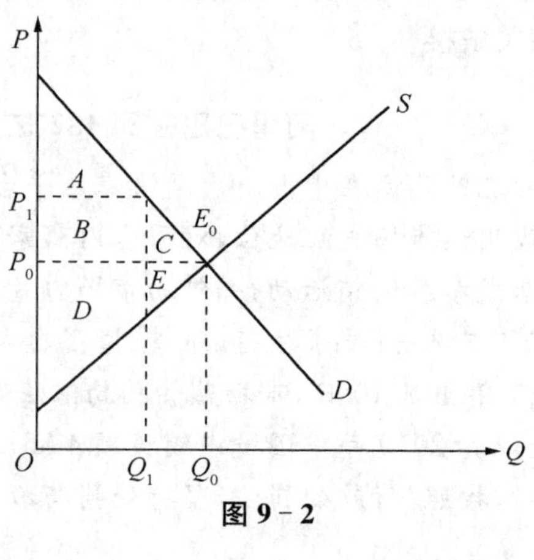

图9-2

在图 9 - 2 中，垄断者把价格提高到 P_1，P_1 高于均衡价格 P_0。这时，消费者的需求减少，均衡数量减少为 Q_1。图 9 - 2 中，$A+B+C$ 是竞争条件下的消费者剩余，$D+E$ 是竞争条件下的生产者剩余，$A+B+C+D+E$ 是社会总剩余，即社会福利。当价格为 P_1，均衡数量为 Q_1 时，消费者剩余为 A，生产者剩余为 $B+D$，总剩余为 $A+B+D$。原来的消费者剩余中，B 通过高价格转向生产者，但 C 是垄断引起的纯粹损失，称为无谓损失。原来的生产者剩余中 E 也是纯粹损失。$C+E$ 称为垄断下的无谓损失，是由于价格高，均衡量低引起的。在垄断下，总剩余，即社会福利的损失为 $C+E$。这就是垄断引起的资源配置没有实现，即市场失灵。

在经济中，竞争会引起垄断，垄断引起资源配置失误，这是经常出现的现象。换言之，在存在垄断的情况下，经济不能通过价格调节而实现资源配置最优化。

第二节　政府干预

［**案例研究 9 - 2**］

四川沱江污染事件

2004 年 2 月 16 日，川化集团有限责任公司（下称“川化集团”）的控股子公司川化股份有限公司（下称“川化股份”）所属第二化肥厂（下称“川化二厂”）二车间水解、解吸装置的两台给料泵发生故障，导致含高浓度氨氮的尿素工艺冷凝液排入沱江的支流毗河，一直持续到 3 月 2 日，其间共排放纯氨氮 2 000 吨。

事故发生后，沱江上但见江水黑黄发臭，许多地方泛着白色泡沫。江面回水处、堤坝边，到处漂浮着死鱼。在简阳石桥电站的出水口，一条半米长、重约 10 千克的鲢鱼肚皮朝天，悲壮地漂在江面上。电站职工说：“我们在这里工作近十年了，还是第一次见到这么大的鱼被毒死。”在受污染地区，人们焦急地寻找干净水源。随处可见群众用扁担挑水，用水桶提水，用瓶子背水，用三轮车拉水。在简阳市郊，一处曾为牲畜水源的泉水前，排起了几十米长的队伍。沿江大批工厂、饭店被迫关闭。沱江养鱼户欲哭无泪，他们用网箱养的总共 50 万千克的鱼一夜之间几乎全部死光。

4 月 15 日四川省人大常委会第八次会议发布消息：此次沱江污染事件，据事故损失初步调查表明，内江、资阳等沿江地区近百万群众饮水中断时间为 26 天；沿江污染影响地区大量工业企业和服务行业停产，损失严重，直接经济损失约为 3 亿元；沱江生态环境遭受严重破坏，据专家估计，约需 5 年时间才能恢复到事故前的水平。

按照相关法律法规，四川省环保局已对四川化工股份有限公司做出了罚款 100 万元的行政处罚决定，相关负责人分别受到党纪、政纪处分，并有 5 人被移送司法机关追究刑事责任。同时由川化集团向遭受重大经济损失的沿线地区赔付 1 100 万元（其中包括对沿江合法渔民和渔业养殖户的赔偿额 820 多万元）。

（资料来源：http://news.sohu.com/2004/05/25/78/news220257809.shtml）

当市场失灵产生以后，私人部门已无法很好地解决资源的配置问题，此时往往需要政府部门的介入，政府的作用并不是代替市场机制，而是补充市场调节的不足，即采取政府干预的手段来提高资源配置效率。

一、解决外部性需要明晰产权

有些公共物品和外部性是可以通过市场调节来解决的,关键在于明晰产权。**产权(Property Right)是指个人或单位使用资源或资产的权利**。现实中商品的买卖实质上是一种权利的买卖。但公共物品产权归国家所有,因此不能通过市场进行交换,没法收费。这时市场就无法解决这类纯公共物品问题,从而要求助于政府。

就公共物品而言,有些公共物品在一定条件下可以成为准公共物品或私人物品,通过市场机制来提供。例如,灯塔是一种公共物品,它收费困难,而且不具有竞争性。但在历史上曾经有私人建立的灯塔,这是因为灯塔的所有者与所在港口的所有者合作(或由港口所有者建立灯塔),这时,凡进入这一港口的船只都要收取灯塔使用费,一旦实现这种收费办法,私人灯塔就可以实现边际成本与边际收益相等,从而成为私人物品。再如,公路、桥梁等公共物品都可以运用这种方法解决。

但并不是所有公共物品都可以变为私人物品。例如,国防物品就没法收费,也不能排除任何人的搭便车行为。这时市场就无法解决这类纯公共物品问题,从而要求助于政府。

在产权明晰的情况下,有些外部性问题也可以通过市场机制来解决。例如,假定一个牛场和一个农场相邻,牛场的牛跑到农场吃农作物,给农场带来负的效应。在这种情况下,假定交易费用为零,如果能够明确界定产权,双方就可以利用市场机制制定协议,以实现损失的最小化。假定界定牛场的牛没有权利吃到农场的农作物,纠纷解决的方式可以是养牛人给农场主一定的赔偿或者是养牛人修筑栅栏,那么养牛人可以从中选择支付最小的方法;假定界定牛场的牛有权利吃到农场的农作物,纠纷解决的方式可以是农场主忍受一定的损失或者农场主花费一定的费用修筑栅栏,那么农场主可以从中选择损失最小的方法。从以上分析中可以看出,只要能够明确界定产权,外部负效应就可以内在化成为某一当事人的成本,最终的结果是有效率的。

但并不是所有负外部性都可以用这种方法解决。空气、河流一般是公有产权,无法实现私有。或者所有者人数太多,这些所有者自己先达成协议再与污染者谈判,如果交易成本太高,就无法进行,这时就需要政府出面解决负外部性问题。

[**相关链接 9-6**]

为什么黄牛没有绝种?

历史上,许多动物都遭到了灭绝的威胁。即使现在,像大象这种动物也面临着这样的境况,偷猎者为了得到象牙而进行疯狂捕杀。但并不是所有有价值的动物都面临这种威胁。例如,黄牛作为人们的一种有价值的食物来源,却没有人担心它会由于人们对牛肉的大量需求而绝种。

为什么象牙的商业价值威胁到大象,而牛肉的商业价值却成了黄牛的护身符呢?这就涉及产权的界定问题。因为野生大象没有确定的产权,而黄牛属于私人所有。任何人都可以捕杀大象获取经济利益,而且谁捕杀的越多,谁获取的经济利益越大。而黄牛生活在私人所有的牧场上,每个农场主都会尽最大努力来维持自己牧场上的牛群,因为它能从这种努力中得到收益。

政府试图用两种方法解决大象的问题。例如,肯尼亚、坦桑尼亚、乌干达等非洲国家把捕杀大象并出售象牙作为一种违法行为，但由于法律实施难度较大，收效甚微，大象种群仍在继续减少。而同在非洲，纳米比亚以及津巴布韦等国家则允许捕杀大象，但只能捕杀自己土地上作为自己财产的大象，结果大象开始增加了。由于私有产权和利润动机在起作用，非洲大象或许会像黄牛一样摆脱灭顶之灾。

（资料来源：郭万超，辛向阳. 轻松学经济. 对外经贸大学出版社，2005）

二、解决外部性需要征税和补贴

市场经济中应该尽量利用市场机制。这就是说，市场能做的尽量交给市场去做。例如，当市场可以通过明确产权解决外部性问题时，就交给市场解决。此外，如果政府能用市场方法解决市场失灵问题，就尽量采用市场方法。只有市场无法解决或者不能用市场方法解决时，政府再用行政或立法方法来解决。

（一）纯公共物品由政府提供

经济中的纯公共物品，如国防、基础教育、市政建设、环境、社会保障等要由政府来提供。提供这些公共物品是政府在市场经济中的基本职能之一。这就是由政府向公民征收税收，污染严重的企业多缴税，企业为了减少税赋就要少排污。政府将多征的税收作为提供这些公共物品的资金。这些公共物品为任何一个经济社会所需要，但又不是私人或市场所能提供的。利用经济手段征收污染税，这就把污染的社会成本变成了私人成本。生产污染产品的企业成本增加，会减少甚至停止生产，或者自己治理污染。政府也可以用这种税收来治理污染或保护环境，而污染税由政府根据有关规定征收。

1. 庇古税

对污染征收税收，用于纠正污染企业的负外部性。这种税最早是由经济学家阿瑟·庇古提出的，故称庇古税。这种税收一方面增加了生产有污染产品的成本，提高了价格，以减少社会需求和企业的生产量，从而减少生产和污染；另一方面，政府也可以用这种税收治理污染。庇古税使生产者自己承担了治理污染的成本，把社会成本私人化了。

[相关链接 9-7]

福建省排污权交易累计成交额突破 12 亿元

为深化生态环境绿色金融改革，倒逼企业从“要我减排”转变为“我要减排”，福建省自 2014 年起先后开展排污权交易、碳排放权交易和用能权交易试点。目前，排污权交易累计成交额突破 12 亿元，近 63%的交易额发生在企业与企业之间，位居全国首位。

福建省排污权交易统一标准和尺度，科学界定、依法确权，赋予环境权益商品属性，同时在满足区域环境质量要求的前提下允许排污权指标跨流域、跨区域流转，防止市场碎片化，增加交易灵活性。创新多元化金融产品，利于有偿取得的排污权可进行抵押贷款或租赁，把“沉睡的资产”激活为“流动的资本”。为防范金融炒作，福建省排污权交易出让价格综合考虑产业结构、区域政策和治理成本等因素，随时调整挂牌价格。限定购买条件、实行分档交易，保障市场平衡和资源合理配置。建立政府储备机制，缓解市场需求压力、市场供需不平衡等问题。

同时，福建省实行重污染企业倍量交易、重点行业总量控制和重点区域质量调控机制，促进优化布局,有效引导企业往工业园区、重点流域下游转移,向高科技、低排放转型。目前出让企业累计获利5.6亿元,福建省主要污染物排放强度控制在全国平均水平的一半以下,为高质量发展腾出了空间。

(资料来源:节选自福建日报,2019-04-14)

2. 补贴

与税收相反的做法是补助。在发生正外部效应的情况下,政府可以使用补贴等办法支持其增加商品或服务的供给。对教育科研单位、需要救济的贫苦人口和积极治理环境污染的企业进行补助。对产生有利的外部性的机构则进行补贴。例如,教育事业,它不但有助于为所有公民提供平等的机会,而且会产生巨大的有利的外部效应,而私人在教育和基础理论的研究方面的投资数量远远小于社会的最适程度,科研事业也是这样。如果要求这些机构都成为营利机构,那么他们提供的有利服务必将减少到变成无效率的境地,而影响科学技术的进步和社会的发展。所以,政府应代表社会对其进行大量的补贴,以使其适应社会发展的要求。

(二) 公共物品向私人物品转化

有些公共物品可以变为私人物品,通过市场方式提供,这时政府就要把这种物品的供给交给市场。例如,许多人认为公共交通是公共物品,实际上公共交通可以通过收费来实现排他性和竞争性。因此,公共交通可由私人企业提供,而且,由私人提供公共交通比政府提供的效率高得多。例如,城市公共交通过去由市政府经营,运行成本高,要政府贴补,服务还不好。现在把一部分公共交通交给私人经营,成本下降了,私人企业有赢利,政府减少了财政支出,服务也好了。在这些公共物品上,政府所做的事就是通过拍卖把这些事业的经营权转让给私人企业,让它们按市场原则去经营。

[**相关链接 9-8**]

美国对汽车征收入城费

美国部分饱受交通拥挤困扰的大城市以收取"过路费"或"进城费"的办法来减少高峰时间的交通量。据悉,可能征收此类费用的城市包括纽约、圣迭戈、迈阿密和达拉斯等。其中,纽约市征收的"入城费"最贵,根据当地政府提出的草案,凡进入曼哈顿的小汽车,每次都必须缴纳8美元的入城费,而卡车则需要缴纳21美元。

研究显示,征收道路使用费后,各地车流量能降低40%以上,因缓解交通堵塞而减少的经济损失每年更高达数百亿美元。此举还可以为各地政府筹集大量城市道路建设资金。

专家认为,向小汽车征收"入城费"的做法可以继续改善纽约的地铁系统,并且维持其低廉的票价(每张2美元)不上涨。他们强调,征收"入城费"必须建立在城市公共交通极为发达的地区,否则,类似的做法只能是给人们的正常生活"添乱"。

(资料来源:http://auto.sohu.com/98/25/article206272598.shtml)

三、解决外部性需要立法和行政手段

政府解决外部性也可以使用立法或行政手段。采用立法手段,就是制定环境保护法这样的法律,指定某个政府部门(如中国的环保局)作为执法机构,规定一定的排放标准,强制执行,对违规者进行从罚款到追究法律责任的处罚。例如,各国对汽车尾气的排放标准都有规定,排放废气超过这个规定的汽车不让生产、销售和行驶。

我们已经知道,垄断是市场竞争的产物,有它存在的必要性和合理性,但是垄断者没有有效地配置资源。在市场机制无法有效地解决垄断对资源配置的低效率时,政府有必要对之进行干预,实行反垄断政策。

垄断可以分为自然垄断和立法垄断,政府对垄断的消除主要用以下三种方法。

(一) 管制

对于政府来说,解决垄断条件下的价格高于竞争价格这一问题,方法之一是对垄断厂商可能索取的价格进行管制。在自然垄断的情况下,如在自来水和电力公司中,这种解决方式是常见的。如果一个垄断厂商在正常情况下索取 20 元的价格,那么,政府可以实施一个 17 元的最高限价,以便降低消费者使用该产品的成本。在一定条件下,对垄断价格的强制限制,可能会导致垄断企业产量的提高。我们知道,垄断厂商限制产量的目的是为了索取较高的价格,实施最高限价意味着限制产量不能得到较高的价格,所以,最高限价将消除垄断厂商限制产量的理由。当然,如果政府的最高限价低于其平均成本,这将使垄断厂商亏本。此时政府若坚持实施限价政策,就必须对垄断厂商进行补贴。

(二) 实施反托拉斯法

各国都有名称不同的反对垄断、保护竞争的立法,在美国这种立法称为反托拉斯法。这种立法在美国由司法部或联邦贸易委员会实施,对违法的垄断企业提起诉讼,进行行政惩罚或法律制裁。例如,美国早在 1890 年就制定了《谢尔曼法》,接着制定和实施一系列法案反对垄断。其他国家也相应地制定了一系列反垄断法来反对垄断保护合法竞争。比如,2000 年,美国根据《谢尔曼法》和反托拉斯法对微软垄断案进行裁决。我国在已经颁布实施的《反不正当竞争法》的基础上,制定并实施了《反垄断法》。

(三) 国有化

国有化即对垄断性的企业实行国有,由政府经营。即政府不是管制由私人公司经营的自然垄断行业,而是自己经营该行业,如由政府经营电话、供水和电力等行业。这些方法各有利弊,实行起来也不容易。例如,无论用哪种原则定价,都取决于成本,管理部门难以准确确定成本,垄断者则可以运用瞒天过海的方式加大成本。反垄断法的实施取决于法院裁决,而法院的裁决结果取决于各种因素。国有化被证明是低效率的,因此,20 世纪 80 年代之后西方各国又把已国有化的企业进行了私有化。正因为反垄断的困难,经济学界和政界对应不应该用政府的方式来反垄断,以及在如何反垄断这些问题上始终存在分歧。

[案例研究 9-3]

AT&T 的分割

1984 年 1 月,美国政府决定放开电话市场,公众的普遍反应是并不乐意甚至抱怨不断,指责政府非要将国民生活中少得可怜的几种有用之物(这次轮到电话)搞垮而后快。在分割改革之前,AT&T(美国电报电话公司)垄断着美国的电话通信服务,为所有人提供长短途电话服务,现在则改由一家地方电话公司(有时被称为"婴儿贝尔"的那家公司)承办本地电话,而长途电话市场则出现包括AT&T、MCI(国际微波通信公司)、Sprint(迅捷长话公司)在内多家公司竞争的局面。从公众的反应来看,多数人悲观地认为现代通信业就此结束了。人们打电话也变得不方便,他们投诉说必须要先拨一个长途代号,然后再拨电话号码,并且要收到两份话费单:一份是短途的,还有一份是长途的。

然而,现实证明电话市场的分割与竞争正在逐步开始起作用,而且相当积极,是对政府的反垄断政策给予公正评价的时候了。在这一政策实施五年后,租用电话的费用下降了50%,许多增设的电话服务种类,如拨号等待、电话信箱、自动重拨、话语转达等都已经广为人知,为人们带来了极大的便利。电话卡同信用卡一样广泛进入日常生活,传真设备也成为办公室必备之一。固然,即使没有这一项政策,随着时间的推移,技术进步也会将传真机这样的新设备在公众的生活中普及,但这一政策带来的竞争压力毕竟极大地推动了这一进程。

这个案例说明了这样几个问题:一是政府的反垄断政策给企业注入了竞争力,使各个企业意识到竞争的重要性。二是电话市场分割给人们带来的好处正日益显现出来。三是企业要想长久地生存和发展,在于完善服务,尽量满足人们的需求。

四、政府失灵论

在市场失灵的情况下需要政府进行干预。那么,是不是有了政府的这种干预,市场经济就完善了呢?正像市场不是万能的,政府也不是万能的。政府干预也不一定能解决市场失灵问题,因为政府也会失灵。

[**相关链接9-9**]

美国立法阻止日本汽车进口

20世纪80年代早期,美国汽车工业步履维艰。宽敞气派但耗油量大的美国国产汽车的市场需求量锐减。与此同时,相对小巧玲珑而且省油的日本汽车在美国市场却大为出彩,市场份额步步扩大。面对这种局面,美国的汽车制造商、汽车工会以及来自产车州的政治家们联手组成强大的院外活动团队,花费巨资游说立法人员与行政当局通过立法阻止日本汽车进口,保护国内市场。最终,里根政府做出强烈反应,在进行了艰难的讨价还价之后,同日本政府达成了关于汽车进口配额的协议。这一协议使1981年到1983年期间美国国产汽车的价格每辆车上涨了400美元,日本生产的汽车在美国市场上的价格每辆上涨了1000美元左右。1984年,美国汽车制造商的利润由于这一协议而增加了89亿美元。

(资料来源:http://www.villachina.com/2006-2-8/633135_1.htm)

89亿美元利润的增加,不是经由技术创新和加强企业内部管理以及降低生产成本或提升产品品质而获得的正常生产利润,而是企业或相关当事人通过投入人力、物力以及财力借得政府东风,阻止正常竞争和市场经济的正常运行所牟取的非生产性利润。这种非生产性利润以及所有通过借助政府权力所获得的组织和个人利益,即为政府失灵。

(一) 政府失灵的主要原因

对于政府失灵,人们往往倾向于用决策及其执行的偶然失误来解释,但这种解释是非常肤浅的。现代货币主义、理性预期学派、公共选择学派对此做了多侧面的分析，提出了许多有价值的分析，但主要有以下原因：

第一，信息不对称。人们在谈论政府职能时常常暗含着这样的假设：相对于企业等微观经济主体而言，政府总是有信息优势。就宏观经济信息而言，由于政府所处的特殊地位，确实有优势；但就微观经济信息而言，政府并不拥有特殊的优势，其信息敏感度、信息传递速度、信息处理能力、对信息的关切度、信息的总量，往往不如企业等微观主体。这是因为政府一般游离于微观经济活动之中，对经济活动的结果也没有切实的利益关系。这会使其政策自制定时就存在偏差，出现政府失灵。同时，信息不对称还会影响政府对其各部门和代理人的监督，并会引起政策在传递过程中的耗散，从而导致政策在执行阶段出现"政府失灵"。

第二，政府工作人员存在经济人行为。人们假定，政策的制定者政府官员作为政策的供给者，他们的目的与物品市场上的企业一样，也是为了实现个人利益最大化，并不像过去所认为的那样是为公众服务，官员的个人利益有收入、名望与权力。这些都是与他们的职务相关，因此，他们在制定和执行政策时往往存在不当之处；同时，有些官员把公共权力当作私人权力来满足个人偏好，权钱交易、权权交易现象普遍，人们对政府不信任，致使政府干预失效。政府工作人员存在经济人行为是政府失灵的主要原因。为了规范政府工作人员的行为，就要建立相应的社会监督机构。

第三，经济主体的理性行为。作为政府干预对象的微观经济主体，也不是一个完全听任政府摆布的被动受体，他们从自己的利益出发采取相应的行动对政府的政策变化做出反应。"上有政策，下有对策"，结果抵消了政府政策的预期效果，导致政府失灵。

第四，政府机构的能力有限。政府是由人组成的，人的智慧是有限的，这就决定了政府智慧的有限，即便政府公务员比较优秀，社会责任感比较强，看问题比较全面，也存在时间、精力、阅历、见识、知识、经验能力等方面的局限，这就限制了他们的智慧。政府的智慧是有限的，而政府调节经济的社会影响几乎是无限的，以有限的智慧调节无限影响的社会经济，难免会对经济形势做出错误的判断和决策。因此，凡是市场能够解决的问题就应该让市场去解决，才能将政府有限的智慧造成的不利影响降低到最低限度。

（二）解决政府失灵的措施

解决政府失灵问题，公共选择理论认为，可以在政府公共物品生产中引入竞争机制，具体讲可以采取以下措施：

第一，公共部门权利的分散化。一个国家可以有两个以上的电信部门，一个城市有几个排水公司。公共部门权利集中带来垄断和规模不经济，而公共部门权利分散有利于降低垄断程度，增加竞争成分，提高经济效率。

第二，私人公司参与。例如，美国的高速公路由政府投资，但由私人建筑公司生产。在处理城市垃圾、消防、清扫街道、医疗、教育、体格检查等公共劳务的生产都可以实行私人公司参与的方式，这样可以提高效率。

第三，地方政府之间的竞争。如果资源及要素，尤其是劳动力可以自由流动，则会促使地方政府间的竞争、防止职权被滥用并提高效率。因为，某地税收太高或者垄断程度高，投资环境差，政府提供的公共服务差、价格高，居民会迁出从而会减少当地政府的税收。

第四，对政府经济职能的必要限制。包括财力的限制，执行能力的限制，外来压力的限制。政策的制定，相关法令、措施的配合以及政府各级机关的执行能力等，均影响政策或措施执行的效果。民间利益团体的压力、各级民意机构的压力等,这些压力将导致政策偏向,而使执行的效果降低。

[**案例研究 9-4**]

郑州“馒头风波”

1998 年,郑州市为加强对馒头市场的管理,让郑州市民能吃上“放心馒头”,取缔了不卫生的馒头小作坊,特成立“馒头办”以示重视。“馒头办”的全称叫“馒头生产销售管理办公室”,共有 6 个,其中 1 个市馒头办,5 个区馒头办。这是郑州市政府为百姓办的 20 件实事之一。

2001 年 2 月 28 日,郑州市二七区馒头办以小包装上“没有标明生产日期”为由,禁止国有企业郑荣集团生产的知名品牌“郑荣馒头”在二七区销售;3 月 2 日,“郑荣馒头”经销商和郑荣集团分别领到了区馒头办开出的 500 元和 1 000 元的罚单;3 月 6 日,“郑荣馒头”在管城区又因同样的原因被查处,其经销商也领到了一张 1 000 元的罚单。

郑荣集团认为他们首批获得了市馒头办颁发的“馒头定点生产许可证”,按照市馒头办的规定,生产日期应该打在大包装袋里的合格证上,而且“郑荣馒头”是严格按照市馒头办制定的操作规程生产的,为何到了区里就不承认了?3 月 7 日,郑荣集团向市馒头办提交正式公函,提出三点要求:一是二七区和管城区馒头办收回处罚决定,并登报致歉,挽回名誉损失;二是允许郑州市所有的“放心馒头”在该区销售;三是赔偿没收“郑荣馒头”所造成的经济损失。

市馒头办当即表示:区馒头办的做法没有依据,将撤销其处罚。但二七区馒头办却称:“郑荣馒头”想在二七区里销售,必须打上生产日期和保质期标签。随后,相关的区馒头办也表示:为了让老百姓吃上“放心馒头”,其他区没打生产日期的馒头一旦在本区内被发现,将立即予以查处。

一时间,“馒头风波”在郑州闹得沸沸扬扬,馒头厂家人人自危。

实际上,这场风波起因于郑州市馒头办年初的一项新规定:审批、下发馒头生产许可证的权力从区里收回,区馒头办不再办理相关证件。区馒头办既然被迫放弃发放许可证的权力,只得把权力伸向处罚权上,查处从市馒头办办理了生产许可证的“郑荣馒头”,从而引发了一场“馒头风波”。“馒头风波”并没有因此停止,继续向激化矛盾的方向发展。2001 年 3 月 14 日下午,郑州市馒头办在金水区白庙市场内查获了一家没有在馒头办办证的所谓“黑馒头”厂,正要对其处罚时,区馒头办也及时赶到,坚持要由区馒头办罚款,两级馒头办为争夺处罚权,当街对骂,造成“风波”的激化,并引起不少市民围观,新闻媒体也开始加以报道。

郑州“馒头风波”是计划经济向市场经济转型过程中,地方政府的行为仍强烈地受制于计划经济时期“权力全能”“权力独大”与运动式管理的思维模式,政府管制过度与不当使本来就发育不全的市场秩序无法有效地发挥功能,这就需要培育市场机制,缩小政府管制范围,做到市场有效、政府有力、社会有序。

第三节　风险、信息不对称与市场行为

一、信息不对称

信息是一种很有价值的资源,它能提高经济主体的效用和收益。例如,消费者如果知道商

品的质量,就能避开那些质次价高的商品;生产者如果了解市场的需求,就能够提供恰到好处的供给。完全竞争模型的一个重要假定是完全信息,即市场的供求双方对于所交换的商品具有充分的信息。显而易见,完全信息的假定并不符合现实。在现实生活中信息是不对称的。例如,买者与卖者之间,买者对卖者所出售商品的性能、质量并不完全了解。卖者拥有的信息多,买者拥有的信息少,这就是信息不对称。**信息不对称就是双方拥有的信息数量与质量不同**。市场经济的一个重要特点是,产品的卖方一般要比产品的买方对产品的质量有更多的了解。一个二手车的卖者比买者更加了解自己汽车的缺陷;出售"风险"的投保人要比保险公司更加了解自己所面临风险的大小;出售劳动的工人要比雇主更加了解自己劳动技能的高低。上述种种情况都是"信息不对称"的具体表现。

在信息不完全和不对称的情况下,市场机制往往不能很好地发挥作用。例如,由于缺乏足够的信息,生产者的生产可能会带有一定的盲目性,如有些产品生产的过多,而另一些产品又生产的过少;消费者的消费选择也很可能出现失误,比如购买了一些质量较差的商品,而错过了一些好质量的商品。更进一步说,在信息不对称的情况下市场很可能出现逆向选择和道德风险问题。

二、信息不对称下的道德风险与逆向选择

(一)道德风险

道德风险就是拥有信息多的一方以自己的信息优势来侵犯拥有信息少的一方的利益,实现自己利益的可能性。例如,在市场上,卖方拥有商品内在性质的私人信息,而买方没有,卖方就有可能把自己的伪劣商品当作优质商品卖给买方,卖方的这种做法就是道德风险。保险市场是道德风险经典的例子,对于有车一族来说,在他们购买保险之前,都会十分在意自己汽车的安全问题,他们会采取非常严密的防盗措施,如雇用保安巡逻或将车放在上锁的车库里。但如果保险公司表示愿意为他们的汽车投保,赔偿额较低时,他们依然会比较注意做好防盗措施,因为一旦汽车丢失,他们要承担大部分损失;当赔偿额较高时,他们可能会较少地关注汽车安全问题,因为此时大部分损失要由保险公司承担;当保险公司完全赔偿时,他们可能会根本不再关心汽车的安全问题,也不再采取任何的防范措施,因为此时汽车失盗他们将得到全额赔付,自己几乎没有损失,而采取安全措施除了给他带来费用之外几乎没有任何收益。

(二)逆向选择

逆向选择是指拥有信息少的一方做出不利于另一方的选择。例如,在市场上买方并不拥有商品内在品质的私人信息,但他们知道,拥有这种信息的卖方有利用信息欺骗他们的道德风险。因此,就会把所有卖者都作为骗子,把所有商品都作为伪劣商品。这时,市场上正直的卖者没法存在,优质商品也无法存在,这就是逆向选择。这种逆向选择不利于卖方,也会不利于整个市场的交易活动。逆向选择最经典的例子是二手车市场,在该市场上,二手车差别很大,有的还相当好,有的早该报废了。但只有卖者掌握车的质量信息,这是他拥有的私人信息,而买者对其缺乏了解,这就是二手车市场上的信息不对称。购买者并不知道某一辆车的具体内在质量如何,但知道卖者都会利用他们的私人信息力图把最坏的车卖给他们。这样,买者就把市场上的所有二手车都看成是最差的车,只愿意付给最低价格。这样一来,质量较好的二手车,价格低于质量,车主会不愿进入或退出此市场,市场上的二手车都是最旧的,交易就无法进行了。

在经济中,这类信息不对称及相应产生的道德风险与逆向选择普遍存在。这一方面造成了交易市场的严重萎缩,另一方面导致社会资源的极大浪费,影响了资源的配置效率。

三、信息不对称下的市场行为

信息不对称是普遍存在的,但信息不对称的市场仍在正常运行。这表明市场机制本身完全可以解决信息不对称问题。例如,在产品市场上,生产者比消费者掌握了更多有关产品技术、功用和质量等方面的信息,企业就会花钱做广告,向潜在客户发出它们产品吸引力的相关信息。同时,企业也会注重提高质量,改进功用,完善服务,以创造良好信誉和品牌知名度,便于消费者获得评价其产品的显著信号。在劳动市场,雇主不仅要看求职者的文字材料(即公开信息),而且要进行面试,通过面试中的各种题目来了解求职者的真实情况(私人信息),设计合理的面试题目就是要从求职者的回答中寻找出反映其实际能力的信号。

当然,在许多时候,市场机制并不能解决所有的信息不完全问题。在这种情况下,政府就有必要在信息方面进行调控,以增加信息的透明度。例如,就保护消费者权益方面来说,常见的政府措施包括这样一些规定:发行新股票或新债权的公司必须定期公布公司的有关情况,产品广告上不得有不合乎实际的夸大之词,某些产品必须有详细的使用说明书,香烟包装上必须标明"吸烟有害健康"的字样,等等。

[案例研究 9-5]

闲鱼二手市场靠谱吗?

被视为阿里零售"第三极"的 C2C 二手交易平台闲鱼现在很是红火,闲鱼不单单是一个闲置交易平台,更是一个分享与玩乐的社区,它构建了一个社交化的交易场景,通过闲鱼的鱼塘,这里聚集了来自各地的拥有同样兴趣的爱好者。在这里有人亏本把二手衣物转让给需要的人,有人庆幸跑步机被人搬走解决了家里堆放空间的问题,有人找到了梦寐以求的孤品,有人零中介费租到了房子。

当然,并不是所有的交易都能实现买卖双方和谐共赢。闲鱼长期受假货入侵、倒买倒卖、恶意欺诈等问题的困扰。闲鱼不支持"七天无理由退货",所以一旦"确认收货",就代表买家认可商品,后续的纠纷在闲鱼规则下无法解决。

互联网二手交易平台的信任危机来源于信息的不对称。不同于一手产品基本有标准化的质量和市场报价,二手交易品常常具有非标准化的特点,有的甚至是孤品,再加之价值的定位往往是极度主观化的,导致二手交易买卖双方间的信息不对称问题广泛存在。另外,国内的 B2C 电商平台通常对于商品来源有着较为完善的监管,而对于闲鱼 C2C 模式就不一样了,入驻闲鱼是一件没有门槛的事情,因此对于二手商品的来源追踪,闲鱼也做不到有效监控。

(资料来源:节选整理自 https://www.yubaibai.com.cn/article/5622827.html)

增值阅读

本章小结

市场失灵是指由于市场价格机制在某些领域、场合不能或不能完全有效地发挥作用而导致社会资源无法得到最有效配置的情况。导致市场失灵的因素主要有四个，即公共物品、外部性、垄断和信息不对称。政府干预是市场失灵产生以后的必然选择。政府在实施干预时，必须根据市场失灵的原因有针对性地采取政策和措施，最大限度地解决资源配置效率问题。政府对经济的干预并不总能发挥有效作用，即会出现“政府失灵”。导致政府干预失效的因素主要有政府的偏好、官员的素质以及信息不对称等。

(1) 公共物品、外部性、垄断与信息不对称的存在导致市场失灵，即在这些情况下，仅仅依靠市场调节无法实现资源配置的最优化。

(2) 公共物品是具有消费的非排他性和非竞争性的物品。公共物品易引起“搭便车”问题，因此要由政府向公民征收税收来提供。

(3) 外部性是某种经济活动给与这项活动无关的第三者带来的影响，它使这项活动的社会边际收益大于或小于社会边际成本，从私人的角度看，资源配置实现了最优，而从社会的角度看，却没有实现资源配置最优。在产权明确的情况下，有些外部性可以通过市场交易来解决，当市场无法解决时，需要政府用立法、行政或税收方法解决，即使由政府解决，政府也可以用市场方法，如可交易的排污证。

(4) 垄断引起社会福利损失，政府用价格管制、反垄断法或国有化来消除垄断，但对这些方法的有效性存在争论。

(5) 市场不是万能的，市场运行自身弱点主要是“市场失灵”问题。解决市场失灵的对策是政府的干预。政府的作用并不是代替市场机制，而是补充市场调节的不足，即采取政府干预的手段来提高资源配置效率。

思考与练习

一、选择题

1.（　　）不是市场失灵的原因。

A. 私人物品　　B. 外部性　　C. 垄断　　D. 公共物品

2. 市场失灵是指（　　）。

A. 在私人部门和公共部门之间资源配置不均

B. 市场过程不能产生任何有用成果

C. 市场机制对资源的高效率配置被破坏

D. 收入分配不平等

3. 下面存在“搭便车”问题的物品是（　　）。

A. 收费的高速公路　　B. 私人经营的电影院

C. 路灯　　D. 私立学校

4. 公共产品具有（　　）特征。

A. 外部性　　B. 非排他性

C. 非竞争性　　D. 以上都是

5. 下面(　　)经济活动可能引起负外部性。

A. 汽车排出的废气　　B. 在街心花园种花

C. 购买一台个人电脑　　D. 修复历史建筑

6. 垄断之所以会引起市场失灵时因为(　　)。

A. 垄断者利用对市场的控制使价格没有反映市场的供求情况

B. 价格管制

C. 实施反托拉斯法

D. 国有化

7. 某一经济活动存在外部不经济是指该活动的(　　)。

A. 私人成本大于社会成本　　B. 私人成本小于社会成本

C. 私人利益大于社会利益　　D. 私人利益小于社会利益

8. “搭便车”现象是对(　　)的一种比喻。

A. 社会福利问题　　B. 公共选择问题

C. 公共产品问题　　D. 市场失灵问题

9. 当某项经济活动为别人带来好处,又不用获得好处的人付出任何代价,这叫作(　　)。

A. 正外部性　　B. 负外部性　　C. 公共物品　　D. 搭便车

10. 卖主比买主知道更多的关于商品的信息,这种情况被称为(　　)。

A. 道德风险　　B. 搭便车　　C. 信息不对称　　D. 逆向选择

二、判断题

1. 经济中的外部性问题不能完全依靠市场机制加以解决。(　　)

2. 负的外部性会引起市场失灵,正的外部性不会引起市场失灵。(　　)

3. 逆向选择和道德风险问题普遍存在的原因是外部性。(　　)

4. 当市场失灵时,政府干预就能实现资源的最优配置,即达到帕累托最优状态。(　　)

5. 正外部性说明私人边际收益低于社会的边际收益。(　　)

6. 由于垄断会使效率下降,因此,任何垄断都是要不得的。(　　)

7. 科斯主张用产权明确化的办法来解决外部性问题。(　　)

8. 政府干预可以完全解决市场失灵问题。(　　)

9. 工厂生产产品时对周围环境造成污染,危害周围居民正常的生产和生活,属于外部负效应。根据科斯定理,只要排污权明确,这种外部负效应是可以解决的。(　　)

10. 接受外国倾销商品,可以增加本国居民福利,但不利于本国同类产业发展。(　　)

三、思考题

1. 导致市场失灵的因素主要有哪些?

2. 信息不对称何以导致市场失灵?

3. 当出现外部性导致市场失灵时,政府干预的手段有哪些?

4. 公共产品的特点是什么?

5. 简述政府失灵的原因和解决的方法。

6. 以下各种活动哪些会带来负外部性,哪些会带来正外部性,为什么?

(1) 老大娘在居民小区扭秧歌。

(2) 老式蒸汽机火车通过农田时,灰尘对农作物生长不利。

(3) 私人开办以营利为目的的私立学校。

(4) 私人购买汽车。

7. 比较私人经营公共交通与政府经营公共交通的优缺点。过去天津由一家政府的公交公司经营公共交通,现在有多家公司(包括股份制公司)经营公共交通。你认为这是进步还是退步,为什么?

8. 为什么空气污染这种负外部性不能由市场解决?当政府解决这一问题时,能不能运用市场方式?你认为是政府直接管制好,还是运用市场方式好,为什么?

9. 政府对垄断企业的价格管制有什么利弊?你认为如何管制最有效?

案例分析

实践与操作

一、实践题

上游化工厂排放的废水给下游渔民造成了 15 000 元的损失。如果双方谈判的成本是每方承担 5 000 元,界定产权对该问题的解决是否有效?若成本是每方承担 20 000 元呢?

二、综合实训

实践名称:污染企业的治理。

1. 目的任务

通过本部分实训,能够正确认知政府干预的力度,并应用所学知识分析政府应采取什么样的合理干预才能根治、减少或杜绝经济发展的外部性。

2. 实践内容

(1) 调研学校或者家庭附近的污染企业、居民和相关机构,了解污染产生的原因及当前采取的污染治理措施,询问污染治理措施开始于什么时候,是企业主动治理还是迫于外界压力?目前的污染治理是否达到要求?

(2) 运用所学知识分析怎样更好地减少或根除污染。

3. 实训方式

校园网、调查表、小组讨论、写出实训报告等。

第四篇　国家实力提升

第十章　国民收入核算

请扫描二维码
观看视频

学习目标

1. 知识目标：国内生产总值(GDP)的含义；国内生产总值(GDP)的三种计算方法；国民收入和个人收入的关系；国民收入核算中的基本指标；实际国内生产总值与名义国内生产总值的区别；二、三、四部门经济收入的构成、恒等关系与循环。

2. 能力目标：掌握国内生产总值(GDP)的计算方法与应用；掌握国民收入核算中的基本指标及其运用；了解二、三、四部门经济原理与宏观经济决策；了解国内生产总值(GDP)指标的缺陷与改进；了解国内生产总值(GDP)与国民福利的关系并能够进行分析；正确分析国内生产总值(GDP)与可持续发展。

趣味阅读

2020年GDP排名前10强国家

排　名	国家名称	GDP(万亿美元)
1	美国	20.93
2	中国	14.73
3	日本	4.91
4	德国	3.78
5	法国	2.64
6	印度	2.59
7	英国	2.55
8	意大利	1.85
9	加拿大	1.60
10	韩国	1.59

随着2020年的结束，世界各国相继发布了本国的2020年GDP，受到新冠疫情的影响，世

界各个主要经济体基本都出现了负增长，而中国新冠疫情的有效控制和经济的正常运转，使中国成为世界主要经济体中唯一正增长的国家。

2021年1月28日，美国商务部公布了数据，美国2020年国内生产总值(GDP)萎缩了3.5%(即−3.5%)，是从2009年“美国次贷危机”以来首次的负增长，且这样的数据创下了美国自“二战”结束后最差的记录。但美国仍然以20.93万亿美元的GDP总量位居世界第一位。

中国2020年的GDP为14.73万亿美元，中国GDP占美国GDP的比例提高到70.38%，历史上首次超过70%。

(资料来源：腾讯网 https://new.qq.com/rain/a/20210201A04J5Z00)

经济学启示：一国的GDP大幅增长，反映出该国经济发展蓬勃，国民人均收入增加，消费能力也随之增强。美国著名的经济学家保罗·萨缪尔森说：“GDP是20世纪最伟大的发现之一。”没有GDP这个发明，人们就无法对国与国之间经济实力进行比较以及贫穷与富裕的比较。有了GDP，我们就知道2020年我国的GDP总量排在世界的第二位，但仅占美国的70%左右。如果没有GDP这个总量指标，我们无法了解我国的经济增长速度是快还是慢，是需要刺激还是需要控制。因此，GDP就像一把尺子与一面镜子，是衡量一国经济增长和生活富裕程度的重要指标。但GDP本身也有不足与缺陷，需要校正和完善。

第一节　国内生产总值

[相关链接10-1]

GDP值是如何确定的？

国家统计局每年公布的GDP数据是怎么得到的呢？据国家统计局专家讲，我国的GDP计算需要经过以下几个过程：初步估计过程、初步核实过程和最终核实过程。初步估计过程一般在每年年终和次年年初进行。它得到的年度GDP数据只是一个初步数，这个数据有待于获得较充分的资料后进行核实。初步核实过程一般在次年的第二季度进行。初步核实所获得的GDP数据更准确些，但因仍缺少GDP核算所需要的许多重要资料，因此相应的数据尚需要进一步核实。最终核实过程一般在次年的第四季度进行。这时，GDP核算所需要的和所能搜集到的各种统计资料、会计决算资料和行政管理资料基本齐备。与前一个步骤相比，它运用了更全面、更细致的资料，所以这个GDP数据显得就更准确些。总之，每个时段公布的GDP都有其特定阶段的含义和特定的价值。当然，在GDP的计算体系上也有一些缺憾，从实际情况看，不少地方已经滞后于时代的发展了。

(资料来源：艾芳，李隽琼.经济日报，2007-02-05)

一、国内生产总值的含义和特点

国内生产总值(Gross Domestic Product，GDP)，是指一个国家一年内所生产的全部最终产品(包括产品与劳务)的市场价值总和。国内生产总值是衡量一个国家整体经济状况最重要的指标。例如，2013年中国的GDP为568 845亿元人民币，2014年中国的GDP为636 463亿元人民币,比上年增长 7.4%。2014 年世界 GDP 总量排名前六的是美国、中国、日本、德国、英国和法国。

在学习国内生产总值这一概念时,要注意从以下几个方面去把握:

第一,国内生产总值指一个国家在本国领土内所生产的产品与劳务,既包括本国企业所生产的产品与劳务,也包括外国企业或合资企业在本国生产的产品与劳务。

第二,国内生产总值是指一年内生产出来的产品总值。因此,在计算时不包括这一年以前所生产的产品价值,而是只包括这一年内生产出来的产品价值。例如,2016 年所生产而在 2018 年所售出的存货,或 2016 年所建成而在 2018 年出售的房屋等都不计入 2018 年的 GDP,而是计入 2016 年的 GDP。

第三,国内生产总值是指最终产品的总值。由于大多数产品在上市之前,都经过了一连串的生产过程,其中某些部分可能已经过了多次交易。因此,在计算时不包括中间产品价值,而只计算最终产品价值,以避免重复计算。

最终产品是指最后供人们使用的产品。中间产品是指在以后的生产阶段中作为投入的产品。

在实际经济中,许多产品既可以作为最终产品使用,又可以作为中间产品使用,要区分哪些是最终产品,哪些是中间产品是很困难的。例如,煤炭作为冶金等行业的燃料或化工等行业的原料时就是中间产品,而作为家庭用燃料时就是最终产品了。

下面我们用面包及其生产过程来分析和说明中间产品与最终产品(见表 10－1)。

表 10－1　面包生产过程及其中间产品与最终产品的计算　　单位:千美元

生产阶段	销售收入(1)	中间产品价值(2)	增值(3)＝(1)－(2)
小麦	8	0	8
面粉	11	8	3
面包	20	11	9
合　并	39	19	20

在上例中,小麦、面粉都是中间产品,只有面包才是最终产品。因此,只有面包的价值才能计入 GDP,而小麦和面粉都是中间产品,其价值不能计入 GDP,否则就是重复计算了。

在此,面包的 GDP 值为 2 万美元,而不是 3.9 万美元。

第四,国内生产总值中的最终产品不仅包括有形的产品,而且包括无形的产品——劳务,即要把旅游、服务、卫生、教育等行业提供的非生产性劳务,按其所获得的报酬计入国内生产总值中。

二、国内生产总值指标的缺陷与不足

在国民收入核算体系中,国内生产总值(GDP)作为最基本的总量指标,它从总体上反映一个国家或地区的经济增长水平。但 GDP 作为一个最基本的总量指标,在衡量国家总体经济水平、科技水平和居民生活水平方面还存在一些缺陷或不足。如果盲目地追求和崇拜 GDP,将导致社会层面、经济层面中真正需要关注的领域被忽视。

(一) 国内生产总值不能全面地反映一个国家的经济活动

一是 GDP 是按商品和劳务的市场交易价格计算出来的,而非市场交易活动则无法计入经济总量。因为世界各国,特别是市场经济落后的国家,大都存在着不少非市场性的商品和劳务活动。比如,生产者自给自足性质的劳务、家务、"物物交换"等经济活动所创造的产品和价值,由于没有通过市场交换而没有体现出其交换价格,因而遗漏于GDP之外。而这些自给自足性质的经济活动,如果改为由雇工或保姆来承担,并由雇主付给雇工或保姆工资,通过工资来体现这项经济活动的交易价格,有了交易价格,这些经济活动创造的价值就可以计入GDP总量了。而在这时,一国的GDP就上升了,但国民经济实际产出并没有增加。事实上,一个国家市场化程度越低,GDP遗漏的可能性就越大,GDP也就越低;反之,一个国家市场化程度越高,GDP遗漏的可能性就越小,GDP也就越高。

二是非法交易活动也是GDP的遗漏点。不论是发达国家还是发展中国家,都不同程度地存在着一些非法经济交易活动。比如,非法的地下工厂和地下生产、各种形式的黑市交易、为偷税漏税的走私活动等,虽然这些非法经济活动也经过市场交换,有其交易价格,但因为是黑市交易,是暗中私下进行的,因而也无法计入GDP,成为GDP的一个遗漏点。因此,GDP不能全面地反映一个国家的经济活动。

(二)国内生产总值不能真实反映经济发展及其国民福利

[相关链接10-2]

2019年广东经济数据发布:新经济占粤GDP超四分之一

根据国家统计局统一核算,2019年,广东全年实现地区生产总值107 671.07亿元,比上年增长6.2%,离"十三五"收官之年原定的11万亿元的预期目标只差0.23万亿元。按照年平均汇率折算达到1.56万亿美元。

从主要经济指标看,广东是全国第一经济大省,多项经济指标在全国占据重要位置。其中,2019年广东工业增加值接近4万亿,是第一制造业大省;进出口总额7.14万亿元,占全国的22.6%;快递业务量占全国的26.7%。地方一般公共预算收入1.27万亿元,约占全国的1/8;中外资金融机构本外币存款余额23.25万亿元,约占全国的1/9。广东省统计局发布数据显示,2019年,广州、深圳两个中心城市的经济总量之和超5万亿元,佛山新加入万亿元城市行列。同时,万亿级产业集群支撑有力。2019年广东电子信息、石化、家电制造等三个行业的产值分别为4.31万亿元、1.51万亿元和1.49万亿元。

广东不仅有崛起中的世界级城市群和多个万亿产业集群,还有巨大的消费市场。2019年,广东社会消费品零售总额42 664.46亿元,比上年增长8.0%,占全国10.4%,其中网上零售额占全国的比重超五分之一。

(资料来源:南方网,2020年1月19日,http://www.qb.gd.gov.cn/jrqx/content/post_229204.html)

企冀依赖经济的增长,以获得更多的社会福利是国民的希望。虽然GDP指标能反映一国的经济增长水平及其经济总量的变化,但实际上人们的收入却不一定能随着每年GDP的高增长率而有所提高,人们所得到的社会福利也不一定能随着经济总量的增加而得到应有的改善。比如,在GDP高速增长、经济总量大幅增加的同时,人们却忙于工作、苦于加班而无奈放弃假日和休闲,从而造成人们闲暇时间和感受人生、享受生活时间的减少,而闲暇时间的减少,就从一个角度说明了在GDP增长的同时,人们的社会福利却在减少;而产品质量的提高和产品结构的优化升级,有利于优化人们的消费结构、提高人们的生活质量和增加人们的福利,但却不一定能表现为GDP的增长和经济总量的增加;产品分配制度也是决定和影响人们社会福利水平和状况的主要因素,但经济总量作为一个衡量经济增长的数量指标,无法反映社会分配制度和产品分配情况,因而无法体现社会公平和社会福利。比如,A、B两个GDP相等的国家,如果A国收入分配制度科学合理、社会平等,而B国则贫富不均、贫困两极分化严重,那么,A国由于分配制度科学合理、社会平等,国民福利就好;而B国则由于分配制度不合理、社会不平等,国民福利就差了。因为B国财富高度集中在少数人手中,即在GDP增长和财富增长的同时,贫穷也在累积。又如,A、B两个GDP相等的国家,如果A国行政费用庞大,而B国则卫生、文化教育、公共事业、社会劳保投入多,显然,B国国民的生活水平和福利状况就比A国好得多。也就是说,社会财富的分配和投向不同,给A、B两国国民带来的生活影响和福利是不同的。但GDP及其统计指标恰恰不能回答这些问题。

(三) 国内生产总值指标是一个"数量"概念,不能反映经济增长方式和经济增长的质量

GDP仅仅记录和反映以价格为条件的市场交易活动,也只是反映了经济增长的数量,不能反映经济增长的质量和经济发展水平和内容。比如,某国或某地区赌博业和色情业昌兴,由此带动了该国GDP水平的提高,但不能凭此就说该国或该地区的经济发展水平、经济实力和国民福利都提高了。此外,GDP不能体现一国的产品或劳务类别和内容,即不能说明一国的经济结构。比如,两个GDP相等的国家,一个国家以开发和生产电脑软件为主,而另一个国家生产或加工民用产品,显然,这两个国家经济发展水平、技术发展水平不在一个档次。

此外,在一个工业社会里,经济总量的增加往往伴随着环境污染、城市噪音、交通拥挤的增加;同时,GDP也未能对经济活动的社会价值进行道德判断,比如我国假冒、伪、劣产品,有毒、有害产品同样招摇和欺骗市场;而昂贵的医疗费用使得病者成为拉动GDP的动力,如此种种都是GDP指标的缺陷。

[**相关链接 10-3**]

一国的GDP与其公民的生活水平密切相关

确定GDP有用性的一个方法是把GDP作为经济福利的衡量指标来考察国际数据。富国与穷国人均GDP水平差异巨大。如果高的GDP导致了高的生活水平,那么,我们就应该看出GDP与生活质量的衡量是密切相关的。而且,事实上我们也是这样做的。

下表为按人均GDP排序的世界上5个人口最多的国家。

国　别	人均实际GDP(1997,美元)	预期寿命(岁)	成人识字率(%)
美国	29 010	77	99
日本	24 070	80	99
德国	21 260	77	99
墨西哥	8 370	72	90
巴西	6 480	67	84

该表还表明了预期寿命(出生时预期的寿命)和识字率(成年人口中识字人数的百分比)。这些数据表现出一种明显的形式:在美国、日本和德国这样一些富国,人们预期可以活到70多岁,而且,几乎所有的人都识字。

而在一些穷国,人们一般只能活到50多岁,而且,只有一半的人识字。尽管生活质量其他方面的数据还不完全,但这些数字也说明了类似的情况。人均GDP低的国家往往婴儿出生时体重轻,婴儿死亡率高,母亲生孩子时死亡率高,儿童营养不良的比率高,而且,不能普遍得到安全的饮用水。在人均GDP低的国家,学龄儿童实际在校上学的人少,而且上学的儿童也只能依靠很少的教师来学习。这些国家往往拥有的收音机少,电视少,电话少,铺设的道路少,而且,有电器的家庭也少。国际数据无疑表明,一国的GDP与其公民的生活水平密切相关。

[资料来源:西方经济学(宏观部分)案例分析.黄德林整理]

三、国内生产总值指标的改进

(一)提出衡量国家财富新标准

第二次世界大战前,国际社会通常以"国民财富"或"国民收入"作为衡量一国经济实力的主要指标。第二次世界大战后,改用GDP或国民收入(GNP)指标来衡量一国经济总量及其经济实力。世界银行专家比较了第二次世界大战前后两种统计方法之后,于1995年公布了衡量一个国家或地区财富的新标准。新标准将一个国家的经济产出减去机器折旧和生产过程的自然资源消耗,计算出一个国家的财产净值。其内容是从人力资源、自然资源和生产资本三个方面计算一个国家财富的总量,然后按美元计算出国家财富的人均水平。显然,人均国家财富指标越高,国家越富;反之,国家越穷。新标准把经济增长、社会发展和环境保护融为一体,是一个综合性的、能比较全面地衡量一个国家财富状况的总量指标。

(二)构建福利型GDP

基于GDP指标在反映国民福利方面的局限性和缺陷,一些经济学家先后提出了"经济福利尺度"和"纯经济福利"等新概念或指标,以对GDP指标的统计项目进行校正和调整。"经济福利尺度"和"纯经济福利"都是反映人们实际福利的指标,其内容是GDP统计还应加上闲暇和地下经济、减去环境破坏和国防开支,以作为反映人们实际福利水平和福利状况的指标。美国经济学家诺德豪斯、托宾和萨缪尔森根据美国的统计资料分析得出:按人口平均的"经济福利尺度"或"纯经济福利"的增长远远落后于GDP的增长。因此,为了提高"经济福利尺度"或"纯经济福利",需要对GDP的增长做出必要的调整,即需要适当放慢GDP的增长速度,以保障国民的福利,而不能以牺牲国民福利为代价追逐GDP的增长。

(三)建立绿色GDP考核指标

GDP作为一个经济增长的总量指标,由于没有考虑在生产过程造成的环境污染和资源耗费所带来的损失,也就是GDP忽略了经济增长时所付出的沉重代价,因而存在重大缺陷。为了弥补GDP的这一缺陷,1997年世界银行设计和推出了"绿色国内生产总值国民经济核算体系"。即将一国经济产出中的能源耗费和二氧化碳的排放量等记录于绿色账户,再将其从GDP中核减,从而形成绿色GDP。由于绿色GDP是在扣除了能源耗费、环境成本之后的国民财富,因而比较真实可靠。如果绿色GDP占GDP的比重越高,则表明一国经济增长的正面效应越大,而负面效应也就相应越小;反之,如果绿色 GDP 占 GDP 的比重越低,则表明一国经济增长的负面效应越大,而正面效应也就相应越小。绿色 GDP 是对 GDP 指标的一种调整,从保护环境的角度来说,启用绿色 GDP 的指标有利于防患于未然。虽然目前世界上还没有出现一套科学的、可操作的绿色 GDP 统计模式,但绿色 GDP 指标的提出,弥补了传统 GDP 在统计中的一些不足,对于构建一个能充分反映经济产出过程中消耗的资源成本和环境成本的总量指标有积极的意义。

第二节 国内生产总值的核算方法

[相关链接 10-4]

《中国的全面小康》白皮书新闻发布会答记者问

中国全面建成小康社会,为世界经济增长和复苏提供了拉动力量。从 2006 年起,我国已连续 15 年成为世界经济增长的最大贡献国,连续多年对世界经济增长的平均贡献率超过 30%,成为世界经济增长的主要引擎。2020 年,我国国内生产总值超过 100 万亿元,这是克服了新冠肺炎疫情的影响,成为全球唯一实现正增长的主要经济体。

中国全面建成小康社会,为发展中国家走向现代化拓展了新的途径。经过新中国 70 多年特别是改革开放 40 多年的建设和发展,中国经济面貌从一穷二白到总量全球第二,中国人民生活从温饱不足到全面小康,迎来了从站起来、富起来到强起来的伟大飞跃。在全面建成小康社会进程中,我们创造了经济快速发展和社会长期稳定两大奇迹,这不仅给中国人民带来实实在在的好处,也大大提升了人类社会的发展水平。2019 年起,我国人均 GDP 超过 1 万美元,这使得世界上人均 GDP 超过 1 万美元的经济体人口总量又增加了 14 亿人,接近 30 亿人,翻了近一番。

(资料来源:国家统计局,节选整理自 http://www.stats.gov.cn/tjsj/zxfb/202109/t20210929_1822623.html)

在国民经济核算体系中,计算国内生产总值的方法有多种,其中主要有支出法、收入法、部门法。我们这里简单介绍这三种计算国内生产总值的方法。

一、支出法计算 GDP

支出法又称产品流动法,产品支出法或最终产品法。这种方法从产品的使用出发,把一年内购买各项最终产品的支出加总,计算出该年内生产出的最终产品的市场价值。即把购买各种最终产品所支出的货币加在一起,得出社会最终产品流动量的货币价值的总和。

如果用 $Q_1, Q_2, \cdots, Q_n$ 代表各种最终产品的数量,用 $P_1, P_2, \cdots, P_n$ 代表各种最终产品的价格,则支出法的公式是:

$$Q_1 \cdot P_1 + Q_2 \cdot P_2 + \cdots + Q_n \cdot P_n = \text{GDP}$$

支出法从支出的角度出发,将一定时期内按市场价格计算的最终产品和服务的支出数额加总,形成 GDP。在一国的国民经济实际运行中,社会经济对最终产品和服务的支出分为四大部分，即消费、投资、政府购买和净出口。

第一，消费。消费是指居民户购买最终产品和服务。家庭消费支出可进一步划分为三部分，即耐用品（如彩电、空调、冰箱、汽车等）的支出、非耐用品（如食品、服装、电力、报刊等）的支出和服务（如理发、医疗教育等）的支出。

第二，投资。投资支出包括固定资产投资支出和企业存货两部分。固定资产投资包括商业固定资产投资和住宅投资。与消费支出相同，投资支出也包括对国外生产投资品的购买。投资支出中的企业存货是指企业存货的增加量。将这部分价值量计入 GDP，可以保证按生产法核算 GDP 与按支出法核算 GDP 协调一致。

第三，政府购买。政府购买是指政府购买国内外最终产品和服务。政府购买既包括政府在国防上以及基础设施（如道路、桥梁等）上的支出，也包括转移支付（如社会保障、医疗、失业救济、困难补助等支出）以及向公务员支付的薪金。

第四，净出口。净出口（$X-M$）是指出口额与进口额的差额。出口是指一个国家的商品和服务输出到国外，并由国外的消费者、生产者和政府进行购买；进口是指本国居民、厂商和政府对外国产出的商品和服务进行购买。当一国贸易出现顺差时，净出口额为正值；当一国出现贸易逆差时，净出口额为负值。出口数额反映了外国购买者对本国当期产出的产品及服务的购买，将出口额计入总支出可保证与生产法测算的 GDP 相一致。而进口额反映了本国购买者对外国商品和服务的购买，用支出法测算 GDP 时应将这部分流向国外的支出予以剔除，以保证所有的支出发生在国内产出的产品和服务上。

综上，用支出法核算时，计算式为：

国内生产总值(GDP)＝消费＋投资＋政府购买＋净出口

二、收入法计算 GDP

收入法是从收入的角度出发，将一定时期内所有参与生产过程的生产要素所有者的收入数额加总，再加上企业间接税及折旧，减去政府补贴，便形成 GDP。参与社会生产过程的生产要素所有者的收入包括工资、利息、利润、租金。在生产过程中，相应会发生一些收入转移，主要是企业税收支出及政府对企业的补贴。同时，企业生产中发生的资本耗费（折旧）也要予以补偿。

综上，用收入法核算时，计算式为：

国内生产总值(GDP)＝工资＋利息＋利润＋租金＋折旧＋间接税－政府补贴

[**相关链接 10-5**]

从一个面包看美国和中国的 GDP 差距

我国是农业大国，农产品的商品化程度很低，也就是价值链短。农民吃的东西很少是到市场上买来的，他们吃的粮食、蔬菜、蛋类等都是自己生产的。再看美国的农民，如果他是个农场主，生产出的麦子，自己不磨面、不烤面包，而从市场把面包、黄油、蛋类、蔬菜等买回来吃，这样一来，他们的价值链就做长了，GDP 的总量就做大了。具体是怎样大的：美国农民是先把小麦送进面粉厂，面粉加工出来又进面包厂，生产出来的面包又进超市，超市再把它卖出去。光是“吃”这个链条就如此之长，在这个链条上每一个环节价值都在增值。而我国农民只做了一道工序，农民把粮食种出来直接就进嘴了。我国和美国的差距在于我国的产品和服务的价值链较短,从而使产品的增加值较小。

现在我们已经意识到这个问题,无论是政府还是企业家都在设法把产品和服务价值链做长做大,这样才会增加我国的 GDP。

[资料来源:曾显龙,黄玲,陈亚惠.西方经济学(宏观部分)案例集.科学出版社,2015]

三、部门法计算 GDP

部门法是指按提供物质产品与劳务的各个部门的产值来计算的国内生产总值。这种计算方法反映了国内生产总值的来源,所以又称生产法。

在用这种方法计算国内生产总值时,各物质生产部门要把所使用的中间产品的产值扣除,仅计算本部门的增值。商业、服务等部门也按增值法计算。卫生、教育、行政等无法计算增值的部门则按该部门职工的工资收入来计算,以工资代表他们所提供的劳务的价值。

部门法是从生产的角度出发,按国民经济的产业部门将一定时期内新创造的产品和服务的市场价值加总,形成 GDP。用部门法核算 GDP,首先强调核算的是“新创造的价值”,即中间产品和服务产出过程的增加值(当期生产的新增产值),这意味着必须剔除中间产品和服务,也就是说将当期产出的全部最终产品和服务的市场价值总和减去生产过程中使用的中间产品的价值总和,便可得到 GDP。同时,既然是新创造的价值,那么,作为衡量当期经济活动的 GDP 指标,反映的只能是当期产出的最终产品和服务,故 GDP 应剔除掉那些在过去生产的、当前又重复交易的产品。例如,二手住宅的买卖,属于过去产出的产品,就不应计入 GDP,但房地产中间商为促成这笔交易所提供的服务,则应计入 GDP。其次,GDP 是“市场价值加总”,不同的产品具有不同的物理属性和不同用途,因而不能将实物量进行简单加总,必须按其价值量进行统一核算。同时,按市场价值量核算 GDP 时会发生统计死角问题。例如,家庭成员完成的家务劳动和照看孩子的工作,由于不进入劳务市场交易,无法按市场价值计入 GDP。一旦这些工作通过劳务市场雇专人完成,其服务便形成市场价值,并计入 GDP。此外,政府所提供的国防、司法等服务,也不能进入市场交易。因此,对这部分活动要根据提供服务的成本和支付政府公务员薪金等费用进行核算。

各国对各部门的分类法不同。在美国的国民收入统计中,按部门法计算时可以分为这样一些部门:

农林渔业
采掘业
建筑业
制造业
运输业
邮电和公用事业
电、煤气、水业
批发、零售商业
金融、保险、不动产
服务业
政府服务和政府企业
统计误差

合计:国内生产总值(GDP)

按以上三种方法计算所得出的结果，从理论上说应该是一致的，因为它们是从不同的角度来计算同一国内生产总值。但在实际上，这三种方法所得出的结果往往并不一致。国民经济核算体系以支出法为基本方法，即以支出法所计算出的国内生产总值为标准。如果按收入法与部门法计算出的结果与此不一致，就要通过误差调整项目来进行调整，使之达到一致。

［**相关链接 10－6**］

不要太在意难看的美国 GDP 报告

2014 年 6 月 26 日晚间消息，美国公布一季度 GDP 第三次估值数据，数据大幅向下修正，一季度经济衰退惨不忍睹。几周之前，美国商务部公布的第一季度 GDP 数据为－1.0%，而目前却修正该数据为－2.9%，这是自 2009 年一季度经济大萧条以来最为严重的经济负增长。那么大家该为此担心吗？当然不必。下面就是缘由。

首先，数据已经是很久之前的。目前快到一月了，而发布的经济数据是 1 月到 3 月的。大家都晓得，一季度极寒天气对美国经济运行产生了必然的影响。第二，医疗保健消费放缓产生了巨大的影响。下面是潘西恩宏不雅经济咨询公司首席经济学家伊恩・谢泼德森的解释：数据修正的大部分缘由在于消费支出，从 3.1%削减到了 1.0%。而这主要是来自医疗服务，从 9.1%削减至－1.4%。鉴于第一季度受到奥巴马医改的影响，因此 GDP 数据会出现偏差。最重要的是，一季度的 GDP 数据和之前发布的其他经济数据并不一致。Renaissance Macro 的尼尔—杜塔默示这评释第一季度的 GDP 并不具备参考价值。

如果 GDP 真的如此不堪的话，那么下面这些经济数据就不可能达到：如 5 月工时增长年率为 3.7%；首次申请失业救济人数仍然接近最低值；消费者自信心指数达到了最高值；在本年前 5 个月，工业生产年度增幅达到了 5.0%；中心资本货物订单上升 5.8%；而 GDP 讲述所透露的经济信息却刚好与浩繁数据相悖，而这些经济数据中的大部分都与超过 3.0%的经济增长预期相符合。这才是枢纽。不仅仅是因为 6 月份的美国数据总体浮现强劲，还因为第一季度大多数经济数据（包括新增就业时机）都浮现良好。如果说修订后的－2.9%真的能够反映美国经济走向溃散的话，那么大家就不会看到 1—3 月就业数据的上升。

目前美国经济正在好转，一季度以来，数据浮现尤其强劲，无论是信贷、工资、物价还是工业产出。还有大家忽视了的一点：周二，美国 6 月消费者自信心指数创 2008 年 1 月以来最高。越来越多的消费者以为经济正在好转，而不是变得更糟。

（资料来源：腾讯网，2014－06－26）

四、国内生产总值的变动及其影响

国内生产总值（GDP）是一个变化的动态概念。一般来说，如果一个国家的 GDP 大幅增长，说明该国国民收入增加，消费能力也随之增强。在这种情况下，该国中央银行将有可能提高利率，紧缩货币供应。而国家经济表现良好及其利率的上升会增加该国货币的吸引力。反过来说，如果一国的 GDP 出现负增长，显示该国经济处于衰退状态，国民消费能力减弱。这时，该国中央银行有可能以减息来刺激经济，而经济衰退和利率下降，则使该国货币吸引力减弱。可以说，高经济增长率会推动本国货币汇率的上涨，而低经济增长率则会造成该国货币汇率下跌。例如，1995—1999 年，美国 GDP 年平均增长率为 4.1%，而欧元区 11 个国家中的法、德、意三个主要国家的GDP年增长率仅为2.2%、1.5%和1.2%,大大低于美国的水平。这促使欧元自1999年1月1日启动以来,对美元汇率一路下滑,在不到两年的时间里贬值了30%。实际上,经济增长率对汇率变动产生的影响是多方面的。

一是如果一国经济增长率高,意味着其收入增加、国内需求水平提高,将增加该国的进口,从而导致经常项目逆差,这样,会使本国货币汇率下跌。

二是如果该国经济是以出口为主,经济增长主要是因为出口的增加形成的,那么出口的增长会弥补进口的增加,从而减缓本国货币汇率下跌的压力。

三是如果一国经济增长率较高,意味着劳动生产率提高很快,成本降低,因而能提高本国产品在国际市场上的竞争地位,有利于扩大出口,抑制进口。同时,较高的经济增长率会使得该国的货币在外汇市场上被看好,因而该国货币汇率会有上升的趋势。

第三节　国民收入核算中的基本总量及其相互关系

国民收入核算体系包括一系列总量指标和明细账户,从而能较为全面地反映一国或地区国民经济运行的过程和全貌。在这个体系中,有五个基本的总量指标,除了国内生产总值外,还有其他四个指标。

一、国民收入核算中的基本指标

国内生产净值(Net Domestic Product,NDP),是指在一个国家或地区的领土上,在一定时期内所生产的最终产品和劳务按市场价格计算的净值,即新增加的产值。它等于国内生产总值扣除折旧后的余额。

国民收入(National Income,NI),是指一个国家一定时期内用于生产的各种生产要素所得到的实际收入,即工资、利息、地租和利润的总和扣除间接税净额和对企业转移支付后的余额。需要注意的是,国民收入这一概念有广义和狭义两种用法。广义的国民收入可以代表五个总量等。宏观经济学中有"国民收入核算理论""国民收入决定理论",这里的国民收入都是广义的。当说到五个总量中的国民收入指标时,国民收入是狭义的,即上述的国民收入。

个人收入(PI)是指一个国家一年内个人所得到的全部收入。

个人可支配收入(PDI)是指一个国家一年内个人可以支配的全部收入。

国民收入核算中这五种总量的关系是:

$$GDP-\text{折旧}=NDP$$

$$NDP-\text{间接税}=NI$$

$$NI-\text{公司未分配利润}-\text{企业所得税}+\text{政府给居民户的转移支付}+\text{政府向居民支付的利息}=PI$$

$$PI-\text{个人所得税}=PDI=\text{消费}+\text{储蓄}$$

二、国民收入与国内生产净值的关系

国民收入是根据厂商出售产品得到的价格计算的,而国内生产净值是根据购买者支付的价格计算的。这两种价格是不同的,消费者购买时支付的价格超过厂商得到的价格的差额是间接税。间接税虽由企业缴纳,但并不由企业负担,企业把间接税的支出附加在成本上。因此,间接税表现为产品的销售价格与成本(即生产要素的报酬)之间的差额,它不是由生产要素提供的,也

不归任何生产要素所有，因而不包括在国民收入之中。政府对企业的补贴可以视为负税，从间接税中扣除。企业的转移支付，比如企业间馈赠礼品，属于收入的转移，不应计入国民收入。

三、国民收入与个人收入的关系

公司利润中包括公司所得税、公司未分配利润和股息。股息必须支付给股东个人，而公司所得税要上缴给政府，未分配利润是留给公司的。社会保险税是企业从工人工资或股东的股息中扣除的必须上缴给政府的部分，不能归生产要素提供者个人所得。还有政府转移支付和利息支出，比如政府对某些居民的补贴、政府支付给居民的公债利息等归个人所得。因此，从国民收入中减去公司所得税、公司未分配利润和社会保险金，加上政府的转移支付和政府给居民的利息支出就是个人收入。

四、与国内生产总值相关的几个概念

（一）名义国内生产总值与实际国内生产总值及其两者的区别

如前所述，国内生产总值是最终产品市场价值的总和。但国内生产总值还要受价格水平的影响，因此，同样的最终产品量按不同的价格会计算出不同的国内生产总值。

按当年价格计算的国内生产总值称为名义国内生产总值。按不变价格计算的某一年的国内生产总值，称为实际国内生产总值。不变价格是指统计时确定的某一年(称为基年)的价格。

名义国内生产总值与实际国内生产总值之比，称为国内生产总值平减指数。

在进行经济分析时，要注意区分名义国内生产总值与实际国内生产总值。例如，在研究经济增长率时，就要以实际国内生产总值为依据。这是因为名义国内生产总值既反映了实际产量的变动，又反映了价格的变动。而实际国内生产总值只反映产量的变动，不反映价格的变动。只有根据实际国内生产总值，才能准确地反映国内经济的实际增长情况。按名义国内生产总值计算的增长率，实际是由于价格水平上升引起的，只有按实际国内生产总值计算的增长率，才反映了产量的变动情况。

［**案例研究 10－1**］

中国 GDP 超日本：欢喜之余应冷静思考

日本 2010 年名义 GDP 为 54 742 亿美元，比中国少 4 044 亿美元，中国 GDP 超日本正式成为第二大经济体。这种成绩自然令人欢喜。然而盛名之下的中国经济，是否真的如此强大呢？

一、从概念出发分析名义 GDP 的短板

名义 GDP 建立在商品实物数量和价格两者共同的基础上，不论是价格或是数量增减都会引起名义 GDP 的变动。相比之下，修正了通货膨胀影响后的总产出，即实际 GDP，能更真实地反映经济现状。价格的大幅增长或多或少造就了中国名义 GDP 的数字光环。

除此以外，人均 GDP 也是一个重要的衡量数据。在 2010 年全世界各国人均 GDP 排名中，中国名列第 95 位。而日本名列第 15 位，美国则名列第 9 位。比较之下，差距甚远。

二、从经济构成分析我国经济现状

尽管中国 GDP 大幅上涨，但人均收入的增速却无法与之持衡。事实上，这种情况在中国由来已久。据国家统计局统计，2001—2010 年，GDP 年均增长 10.5%，高于城镇居民人均可支配收入年均增速(9.7%)0.8 个百分点,高于农村居民人均纯收入年均增速 3.5 个百分点。

而这正是导致中国经济失衡的重要原因。从经济构成来看,中国经济呈现高投资低消费的特点。自 20 世纪 80 年代以来,消费率一路下降,至 2010 年低至 47.4%,而投资率却在 2010 年上涨到 48.6%。虽然处于工业化进程中的中国的确需要较高的投资来支撑基础设施建设、城镇化建设、企业扩张经营等项目,但投资与消费的比例失当极有可能造成内需不足、外需依赖大的局面,不利于经济的健康发展。

除此以外,中国在医疗、教育、环境、公共服务等方面所提供的政府服务离普通民众的期望值还十分遥远。以环境为例,在已发布的 ESI 全球环境可持续指数世界排名中,中国位列第 133 名,全球倒数第 14 位。

三、从产出结构分析我国经济格局

近年来,我国产业结构发生了较大调整。第一、第二产业在 GDP 所占的比重相对下降,第三产业则逐渐上升。

然而相比于其他国家,我国第三产业的发展依然相对落后。2007 年世界高收入国家服务业增加值占 GDP 的比重超过 70%,中等收入国家这一比重为 59.3%,低收入国家为 47.5%,而我国只有 40.1%。

目前,我国第二产业依旧是经济发展的主要支柱,其对原料、能源的依赖已经对环境造成了影响。而第三产业的发展依然面临着投资不足、生产方式落后以及市场体制不完善等诸多障碍。在今后,我国的产业结构调整依旧是迫切需要的。

四、关于中国经济发展之路的思考

20 世纪 60 年代末,日本成为世界第二大经济大国。然而就在短短 20 年后,日本就出现了"泡沫经济"。在商品价格狂涨的时期,日本采取了一系列手段应对危机。成功的产业结构调整和技术革新让日本提升了抗击输入性通胀的能力。

目前,中国经济依然面临着不平衡、不协调、不可持续的局面。以日本为鉴,中国经济要获得更健康有效的发展还需要做出很多努力。

(二) 国民生产总值及其与国内生产总值的联系

国民生产总值(Gross National Product,GNP),是指一年内本国常住居民所生产的最终产品的价值总和。它以人口为统计标准。在美国的国民收入统计中,常住人口包括居住在本国的本国公民,暂居外国的本国居民,常住本国但未入本国国籍的居民。国民生产总值应该包括以上三类居民在国内外所生产的最终产品价值的总和。

国民生产总值与国内生产总值的关系为:

$$\text{国民生产总值} = \text{国内生产总值} + \text{本国公民在国外生产的最终产品的价值总和} - \text{外国公民在本国生产的最终产品的价值总和}$$

如果本国公民在国外生产的最终产品的价值总和大于外国公民在本国生产的最终产品的价值总和,则国民生产总值大于国内生产总值;反之,如果本国公民在国外生产的最终产品的价值总和小于外国公民在本国生产的最终产品的价值总和,则国民生产总值小于国内生产总值。在分析开放经济中的国民生产总值时,这两个概念是很重要的。

(三) 国内生产总值与人均国内生产总值的联系

通过国内生产总值可以了解一国的经济水平与市场规模,而通过人均国内生产总值则可以了解一国的富裕程度与生活水平。这两个概念都是很重要的。

用同一年的人口数量去除当年的国内生产总值，则可以得出当年的人均国内生产总值。即：

$$某年人均国内生产总值=\frac{某年国内生产总值}{某年人口数}$$

这里所用的人口数量是当年年初与年底的人口数平均值，或者是年中（当年 7 月 1 日 0 时）的人口数。

第四节　国民收入的基本恒等关系与循环

根据生产法、收入法、部门法所得出的国民生产总值是一致的，说明国民经济中有一个基本的恒等关系。总支出代表了社会对最终产品的总需求，而总收入和总产量代表了社会对最终产品的供给。因此，在国民生产总值核算中有一个恒等关系及其循环，即：

$$总供给=总需求$$

包括两部门、三部门、四部门经济的收入构成、恒等关系及其循环。

一、两部门经济的收入构成、恒等关系与循环

（一）两部门经济的收入构成与恒等关系

两部门经济是指由居民户（消费者）和厂商（生产者）构成的社会经济体系。在两部门经济中，不存在税收、政府支出以及国际贸易。

其一，从支出角度看，由于将企业库存的变动视作企业存货投资，于是，国内生产总值等于消费加投资，即：

$$Y=C+I\quad（收入=消费+投资）$$

其二，从总需求方面看，两部门经济的总需求等于消费需求加投资需求。

其三，从收入角度看，国内生产总值就等于总收入。总收入的一部分用于消费，余下的部分转为储蓄，即：

$$Y=C+S$$

其四，从总供给方面看，两部门经济的国内生产总值构成为：

$$国内生产总值=工资+利息+租金+利润=消费+储蓄$$

在两部门经济中，总需求等于总供给，即 $C+I=C+S$，于是有：

$$I=S$$

此处，$I=S$，就是“储蓄＝投资”的恒等式。

“储蓄＝投资”的恒等式，是基于国民收入会计角度反映经济活动事后的储蓄与投资恒等关系。这种恒等关系不是针对某一个人、厂商或部门而言的，而是指整个两部门经济存在着“储蓄＝投资”的恒等关系。

（二）两部门经济及其循环

两部门经济有两个假设，一是经济是封闭型的，不存在对外贸易；二是政府与经济活动没有关系。在两部门经济中，家庭向厂商提供各种生产要素，包括劳动、资本、土地和企业家才能，而从企业得到生产要素的报酬，包括工资、利息、地租和利润；厂商运用家庭提供的各种生产要素生

产出来各种商品和劳务提供给居民户即家庭,家庭用所得的收入购买厂商生产的商品和劳务。在生产资料要素市场上,要求家庭对生产要素的供给应与厂商对生产要素的需求相等。而在商品市场上,居民对商品的需求,应同厂商生产出来的商品和劳务的供给相等。这时,商品市场和生产要素市场达到均衡状况,两部门经济活动得以正常循环,如图 10-1 所示。

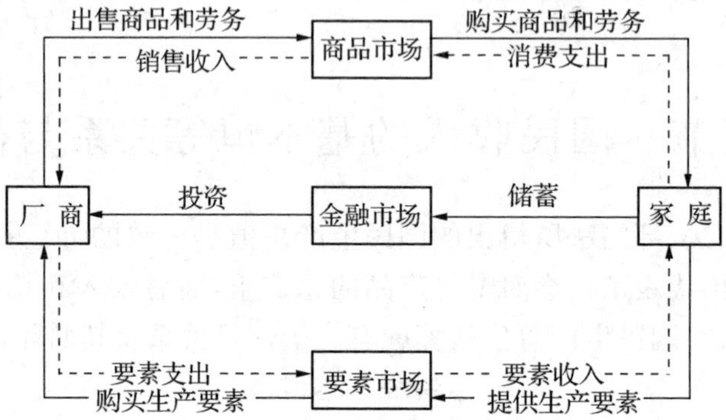

图 10-1　两部门经济循环图

[**相关链接 10-7**]

两部门经济收入流量循环模型——家庭、企业

两部门经济收入流量循环模型,体现了"储蓄=投资"这个宏观经济学最为基础的恒等式。两部门经济是指经济活动中的市场参与者只有家庭和企业两个部门,它们通过产品市场和要素市场而连接在一起。

小王的家庭,爸爸妈妈两人到企业里面去打工,工厂生产消费产品并付给他们每年总共10 万元的薪酬。小王一家人用这 10 万块钱买日常所需的生活用品,用不完的就存到银行里面去。而工厂则从小王一家人的消费和银行的贷款中获得收入。企业向银行贷款进行的投资和小王家人的储蓄是相等的。所以,储蓄=投资。

但理论和实际是有差距的,储蓄等于投资的情况是很少见的,尤其是当企业还有大量的商品卖不出去的时候,储蓄将大于投资。当商品供过于求时,企业找不到赚钱的投资项目,投资就会减少。而商品滞销反映了家庭的消费欲望减少,家庭挣来的钱没花出去,储蓄增加,自然就比投资大。当储蓄大于投资时,经济就不能正常地循环了。为了保证经济的正常循环就需要国家的介入,国家通过各种财政和货币政策来刺激消费和投资。

(资料来源:武拉平. 宏观经济学案例集. 中国人民大学出版社,2013)

二、三部门经济的收入构成、恒等关系与循环

(一) 三部门经济的收入构成与恒等关系

三部门经济是在两部门经济的基础上引入政府部门后构成的封闭经济体系。在三部门经济中,政府的经济活动体现在两个方面,一是政府通过向居民和厂商征税形成政府收入 T;二是政府采取购买商品和劳务,以及对居民和企业的转移支付等方式形成政府支出 G。于是,加入政府的经济活动之后,三部门经济的收入构成如下变化:

其一，从支出角度看，国内生产总值等于消费、投资以及政府支出总和，即：

$$Y = C + I + G$$

其二，从总需求方面看，三部门经济的总需求等于消费需求、投资需求以及政府需求的总和。

其三，从收入角度看，国内生产总值表现为所有者获得的收入总和，即工资、利息、租金和利润的总和。

在三部门经济实际运行中，居民的收入先纳税，税后收入用于消费，剩余部分转为储蓄。相对于政府而言，居民纳税即向政府交出了一部分收入；同时，政府的转移支付又使居民得到一部分收入。税金扣除转移支付后即形成政府的纯收入，如果用 T_0 代表政府的税收收入，用 TR 代表政府的转移支付，则政府的纯收入 $T = T_0 - TR$。于是，三部门国内生产总值为：

$$Y = C + S + T$$

其四，从总供给方面看，三部门经济的国内生产总值构成为：

国内生产总值 = 工资 + 利息 + 租金 + 利润 + 储蓄 + 政府纯收入

在三部门经济中，总需求等于总供给，即 $C + I + G = C + S + T$。等式两边消 C，有：

$$I + G = S + T$$

则

$$I = S + (T - G)$$

这里，$(T - G)$ 代表了政府的储蓄。因为 T 是政府净收入，G 是政府支出，两者差额即政府储蓄。政府储蓄既可为正，也可为负，于是等式 $I = S + (T - G)$ 体现了三部门经济中储蓄（私人储蓄与政府储蓄的总和）与投资之间的恒等关系。

（二）三部门经济及其循环

三部门经济包括家庭、企业和政府三个部门的经济，即**在两部门经济的基础上增加了政府部门**。政府在经济中的作用主要是通过政府收入和支出体现的。政府的税收主要包括两类：一类是直接税，即对财产和收入征收的税；另一类是间接税，即对商品和劳务所征收的税。政府支出包括政府对商品和劳务的购买支出与转移性支付两部分。

三部门经济正常循环的条件，是保证商品市场、金融市场和要素市场均衡以及保证政府收支平衡，即政府收支的相等，如图 10-2 所示。

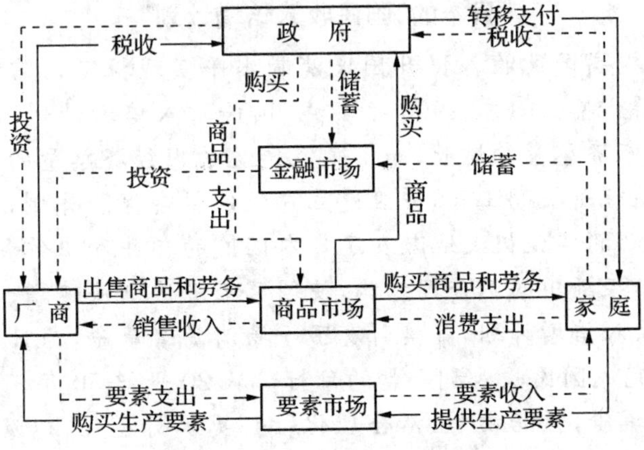

图 10-2　三部门经济循环图

三、四部门经济的收入构成、恒等关系与循环

(一)四部门经济的收入构成与恒等关系

四部门经济是在三部门经济的基础上,加入国外部门后构成的开放经济体系。

其一,从支出角度看,国内生产总值等于消费、投资、政府支出和净出口($X-M$)的总和,用公式表为:

$$Y = C + I + G + (X - M)$$

其二,从收入角度看,国内生产总值可表示为:

$$Y = C + S + T + D_r$$

在上式中,$C+S+T$ 的含义与上述三部门经济相同,D_r 代表本国居民对外国人的转移支付。比如,对外经济援助等。

其三,在四部门经济中,总需求等于总供给,即 $C+I+G+(X-M)=C+S+T+D_r$,公式两边消去 C,有:

$$I + G + (X - M) = S + T + D_r$$

则

$$I = S + (T - G) + (M - X + D_r)$$

在这里,S 为私人储蓄,($T-G$)为政府储蓄,而($M-X+D_r$)则代表外国对本国的储蓄。从本国立场上来看,本国进口(M)商品即代表着其他国家出口商品,出口国获得收入;而本国出口(X)商品,即代表着其他国家从本国购买商品和劳务,进口国需要支出货币,D_r 则代表其他国家从本国获得收入。当($M+D_r$)$>X$ 时,外国对本国的收入大于支出,并形成外国的储蓄;反之,则形成外国的负储蓄。

于是,等式 $I=S+(T+G)+(M-X+D_r)$ 体现了四部门经济中的总储蓄(即私人、政府和国外的储蓄)与投资之间的恒等关系。

四部门经济正常循环的条件,是在保证商品市场、金融市场和要素市场均衡以及保证政府收支平衡即政府收支相等的基础上,实现国际收支均衡即一国的国际收支相等。

[**案例研究 10-2**]

日本的“国民收入倍增计划”

当我们希望通过提高国民收入提升国民消费水平实现拉动内需时,日本的“国民收入倍增计划”经验很值得借鉴。日本 1960 年实施“国民收入倍增计划”,其主导思想是“用国民收入的增加来带动经济总量的增长,而不是像传统的用经济总量的增长来带动国民收入的增长”。第一个措施就是提高工资,并且建立广泛的社会保险体制,大力提高国民在经济分配中的比例。该计划的实施极大地激发了日本国民的奋斗和工作积极性,实现了国民的充分就业,改变了日本经济中的不合理结构,使国家经济达到快速增长,极大地提高了人们的生活水平。“国民收入倍增计划”直接引发了一场消费者革命,为日本经济腾飞奠定了基础,1967 年日本提前完成国民收入翻一番的目标。从 20 世纪 50 年代末期到 80 年代初期,日本发生了三次消费革命,开始由“生活合理化”向“更加舒适化”以及追求“实现物质需求欲望”发展。消费革命也引发了日本的产业升级,日本的松下、索尼、日立、三菱等企业,正

是在这样的背景下，适应国民需求而快速发展，并进一步扩张到全球，成为世界性品牌企业集团。在实施“国民收入倍增计划”期间，日本国民工资的增长平均每年比美国高70%。日本政府、企业和居民三者之间的比例关系大致为1.5∶1∶7.5。日本的财富分配是向居民集中，实现了藏富于民。

日本经济学家林直道在《现代日本经济》一书中描述道：日本实现“国民收入倍增计划”之后，“就像换了一个国家一样”。国民生活水平的大幅度提高增强了国民的凝聚力和认同感，也增强了国民的奋斗精神和敬业精神；在社会结构中，中产阶级人口大幅度增加，为民主政治的发展提供了坚实的基础；从社会效益上讲，国民收入的大幅度提高使国民有更多的经济资源投入到教育当中，提高了劳动生产力的素质，促进了产业升级和产业结构迅速调整。正是这些变化才使得日本成为名副其实的现代化国家。

拉动内需，必须从增加劳动者收入入手。国外实践经验证明，提高国民收入、藏富于民，是拉动内需、激活市场、实现国家经济可持续发展的必要保证，国富十民富＝真正的经济强国。

增值阅读

本章小结

本章主要介绍国民经济核算体系及其指标和计算方法，并在此基础上介绍了三部门经济的循环、收入构成与恒等关系。

(1) 国内生产总值(GDP)是指一国一年内所生产的最终产品(包括产品与劳务)的市场价值总和。GDP作为一个最基本的总量指标，在衡量国家的总体经济水平、科技水平和居民生活水平方面还存在一些不足或缺陷。可以通过构建福利型GDP和绿色GDP来改进GDP指标。

(2) 在国民经济核算体系中有不同的计算国内生产总值的方法，其中主要有支出法、收入法以及部门法。本章简单介绍了这三种计算国内生产总值的方法。三种方法计算所得出的结果，从理论上说应该是一致的，因为它们是从不同的角度来计算同一国内生产总值。但在实际上，这三种方法所得出的结果往往并不一致。国民经济核算体系以支出法为基本方法，即以支出法所计算出的国内生产总值为标准。如果按收入法与部门法计算出的结果与此不一致，就要通过误差调整项来进行调整，使之达到一致。

(3) 国民收入核算体系包括一系列总量指标和明细账户，从而较为全面地反映一国或地区国民经济运行的过程和全貌。在这个体系中，有五个基本的总量指标，除了国内生产总值外，还有其他四个指标，即国内生产净值、个人收入、个人可支配收入与国民收入。

(4) 根据生产法、收入法、部门法所得出的国民生产总值是一致的，说明国民经济中有一个基本的恒等关系。总支出代表了社会对最终产品的总需求，而总收入和总产量代表了社会对最终产品的供给。因此，在国民生产总值核算中有一个恒等关系。

(5) 两部门经济的收入构成与恒等关系。两部门经济是指由居民户(消费者)和厂商(生产者)构成的社会经济体系。在两部门经济中,不存在税收、政府支出以及国际贸易。

(6) 三部门经济的循环。三部门经济包括家庭、企业和政府三个部门的经济,即在两部门经济的基础上增加了政府部门。政府在经济中的作用主要是通过政府收入和支出体现的。

(7) 四部门经济是在三部门经济的基础加入国外部门后构成的开放经济体系。

思考与练习

一、选择题

1. 一年内在本国领土所产生的最终产品的市场价值总和被称为(   )。

A. 国民生产总值　　B. 国内生产总值

C. 国内生产净值　　D. 实际国内生产总值

2. 在下列情形中,应该计入当年国内生产总值的是(   )。

A. 当年生产的拖拉机

B. 去年生产而在今年销售出去的拖拉机

C. 某人去年购买而在今年转售给他人的拖拉机

D. 生产企业今年计划在明年生产的拖拉机

3. 在下列情况中作为最终产品的是(   )。

A. 公司用于联系业务的小汽车　　B. 工厂用于运送物品的小汽车

C. 旅游公司用于载客的小汽车　　D. 汽车制造厂新生产出来的小汽车

4. 按支出法,应计入私人国内总投资项目的是(   )。

A. 个人购买的小汽车　　B. 个人购买的冰箱

C. 个人购买的住房　　D. 个人的住房租金

5. 把生产要素在生产中所得到的各种收入加总起来计算国内生产总值的方法是(   )。

A. 收入法　　B. 最终产品法　　C. 部门法　　D. 支出法

6. 国内生产净值与国内生产总值的差别是(   )。

A. 公司未分配利润　　B. 折旧　　C. 直接税　　D. 间接税

7. 在进行经济分析时,之所以要区分实际国内生产总值与名义国内生产总值,是因为实际国内生产总值考虑(   )。

A. 价格变化　　B. 货币贬值　　C. 进口和出口　　D. 生产力的提高

8. 在国民生产总值核算中有一个恒等关系,即(   )。

A. 总供给大于总需求　　B. 总供给等于总需求

C. 总供给小于总需求　　D. 总供给等于总产出

9. 在两部门经济的收入构成中(   )。

A. $Y=C+T$　　B. $Y=T+I$　　C. $Y=C+I$　　D. $Y=C+X$

10. 三部门经济的恒等关系为(   )。

A. $I+G=S+T$　　B. $C+I+G=C+S+T$

C. $I+G=S+C$　　D. $C+G=S+T$

二、判断题

1. 某人出售一副旧油画所得到的收入，应该计入当年的国内生产总值。（　）
2. 国内生产总值中的最终产品是指有形的物质产品。（　）
3. 居民购买住房属于个人消费支出。（　）
4. 国内生产总值减去折旧就是国内生产净值。（　）
5. GDP 本身有缺陷，不能全面反映国民福利水平。（　）
6. 国民收入等于工资、利润、利息和地租之和。（　）
7. 同样的最终产品按不同的价格会计算出不同的国内生产总值。（　）
8. 国民生产总值和国内生产总值是一回事。（　）
9. 三部门经济包括家庭、企业和政府三个部门。（　）
10. 用支出法核算时，国内生产总值(GDP)＝消费＋投资＋政府购买－净出口。（　）

三、思考题

1. 如何理解 GDP 这个概念？
2. 什么是中间产品？试举例分析。
3. GDP 的计算方法有哪几种？其中，最基本的计算方法是哪一种？
4. 分析国民收入核算中的基本总量及其相互关系。
5. GDP 指标有哪些缺陷？如何校正？

四、计算题

现有如下资料：

生产项目	产品价值	中间产品成本	增　值
小麦	100		
面粉	120		
面包			30

要求计算：

(1) 在上表的空格中填入相应的数字。

(2) 最终产品面包的价值是多少？

(3) 如果不区分中间产品与最终产品，而是按各个生产项目的产值计算，其总产值是多少？

(4) 各个生产项目增值共为多少？

(5) 若重复计算，其中间成本为多少？

案例分析

实践与操作

一、实践题

1. 收集有关中国、日本、美国的 GDP 和人均 GDP 资料和数据,分析与比较中国、日本、美国 GDP 和人均 GDP 以及国民福利状况,提出改善我国国民福利的建议。

2. 收集和了解绿色 GDP 的有关资料和我国绿色 GDP 计划的进展情况,并对我国绿色 GDP 进行评论和提出实施建议。

二、综合实训

实践名称:能力创新成绩考核。

1. 目的和任务

通过本次学习实践,巩固本章基本知识的学习效果,加深对 GDP 的理解和认识,以提高学习者的理论水平、思想水平和实践应用能力。良好的大学教育要能够体现学习者与学习者之间的交流,因此本次学习任务要求小组集体完成,以给学习者提供相互交流的机会。

2. 实践内容

(1) 以学习小组为单位,结合本章的教学内容、教学要求和学习目标,对国内外 GDP 进行社会扫描,搜集素材,组织材料,以 GDP 为题材,拟定小专题并做分析,写出 GDP 专题分析报告。

(2) 所拟定小专题要符合本章的教学内容和要求,即以 GDP 为题,题目自定。

(3) 学习小组集体完成,要求最少小组集体讨论一次,并做好讨论情况的原始资料记录,如小组讨论的时间、地点、议题、到会者名单、召集人、主持人、记录员、各人发言情况、总的讨论情况概括等。

(4) 制作幻灯片、演讲。良好的高等教育要能够给学习者提供表现的机会,同时发现、挖掘、重视学习者的个性,引导学习者个性健康发展。通过制作幻灯片并施以演讲能满足这一教学要求和实现这一教学目的。

3. 实训方式和要求

(1) 学习小组以分工合作的形式,通过互联网或其他途径搜集和查找有关国内外 GDP 资料和我国社会福利方面的有关资料。

(2) 学习小组分解实训任务,分头深入社会,到企业、到居民户、到市场中调研,到社会实践中了解和掌握关于我国 GDP 和国民福利的第一手资料。

(3) 通过学习小组讨论,对经济案例、GDP 数据、居民生活水平、生活质量的纵向、横向分析。

(4) 综合总结,分析问题、写出报告,提出政策性建议和企业的投资策略。

第十一章　国民收入决定及其模型

请扫描二维码
观看视频

学习目标

1. 知识目标：消费函数、储蓄函数；平均消费倾向、边际消费倾向、平均储蓄倾向、边际储蓄倾向；乘数原理；*IS* 曲线与 *LM* 曲线的含义；总需求曲线与总供给曲线。

2. 能力目标：运用 *IS*－*LM* 模型工具对国民收入与价格水平变动进行分析；运用 *IS*－*LM* 模型工具解释货币政策和财政政策；运用总需求-总供给模型变动对国民收入与价格水平的影响进行分析。

趣味阅读

《蜜蜂的寓言》与"节俭悖论"

18 世纪，荷兰的曼德维尔博士在《蜜蜂的寓言》一书中讲过一个有趣的故事。一群蜜蜂为了追求豪华的生活，大肆挥霍，结果这个蜂群很快兴旺发达起来。而后来，由于这群蜜蜂改变了习惯，放弃了奢侈的生活，崇尚节俭，结果却导致了整个蜜蜂社会的衰败。

蜜蜂的故事说的是"节俭的逻辑"，在经济学上叫"节俭悖论"。众所周知，节俭是一种美德，既然是美德，为什么还会产生这个悖论呢？

宏观经济学的创始人凯恩斯对此给出了让人们信服的经济学解释，他认为从微观上分析，某个家庭勤俭持家，减少浪费，增加储蓄，往往可以致富；但从宏观上分析，节俭对于经济增长并没有什么好处：公众节俭→社会总消费支出下降→社会商品总销量下降→厂商生产规模缩小→失业人口上升→国民收入下降、居民个人可支配收入下降→社会总消费支出下降……1931 年 1 月他在广播中断言，节俭将促成贫困的"恶性循环"，他还说"如果你们储蓄五先令，将会使一个人失业一天"。凯恩斯的解释后来发展成为凯恩斯定理，即需求会创造自己的供给，一个国家在一定条件下，可以通过刺激消费、拉动总需求来达到促进经济发展和提高国民收入的目的。

当前，由美国次贷危机引发的全球金融危机愈演愈烈，不但使我国金融机构投资及国家外汇资产更多地暴露在风险之下，而且使我国的出口快速下滑、通货膨胀和人民币升值压力增大、货币政策操作空间不断压缩。我国经济发展经历前所未有的挑战。我国政府依据凯恩斯理论原理，通过各种途径来拉动和刺激内需，如大兴基础设施建设，加快医疗卫生、文化教育事业发展，提高城乡居民收入等，事实证明，这些政策对于帮助我国抵御金融危机的风险起到了重要作用。

（资料来源：http：//5doc.com/doc/701534）

经济学启示：在各种资源没有得到充分利用的前提下，增加储蓄、减少消费会减少国民收入；反之则会增加国民收入。我国是一个发展中国家，各种资源还未充分有效地利用，刺激"内需”对经济发展起着很重要的作用。同时,我国是一个人口众多,自然资源尤其是能源非常紧缺的国家。我们必须要科学地看待“节俭悖论”,当各种资源已经得到充分利用时,从而总供给的增加会受到某种限制时,“节俭悖论”便不再适用。国民收入决定理论是宏观经济学的中心理论。根据均衡价格和产量决定的一般原理,均衡国民收入水平与价格水平是由总需求与总供给来决定的。

第一节 简单国民收入决定

一、简单国民收入决定模型假设

国民收入决定理论是宏观经济学的中心理论。根据均衡价格和产量决定的一般原理,均衡国民收入水平与价格水平是由总需求与总供给来决定的。

均衡国民收入是总需求等于总供给时的国民收入。凯恩斯认为,在短期中,总供给可以自发地适应总需求,即总需求决定总供给,由此决定均衡国民收入。因此,他在阐述国民收入决定问题时也是从社会总需求及其影响因素开始的。

为了说明国民收入的决定问题,我们先从分析简单的国民收入决定模型开始。为此需要先做如下假设:

第一,潜在的国民收入(即充分就业的国民收入)水平是不变的;

第二,各种资源没有得到充分的利用,即总供给可以随总需求的增加而增加,不考虑总供给对国民经济的影响;

第三,价格水平是既定的;

第四,利息率水平既定;

第五,投资水平既定。

二、两部门经济下的总需求与国民收入的决定

(一) 总需求

总需求(Aggregate Demand, AD)是指在一定时期内,在不同价格水平上整个社会对产品和劳务的需求总和。总需求包括消费支出(C)、投资(I)、政府支出(G)和净出口(NX),即$AD=C+I+G+NX$。而消费和投资是总需求的主要组成部分。我们在本节介绍的“简单国民收入决定”是假定不存在政府,也不存在对外贸易,只有家庭部门和企业部门,即两部门经济下的国民收入决定问题。所以在简单的国民收入决定理论中,总需求主要由消费支出与投资组成。

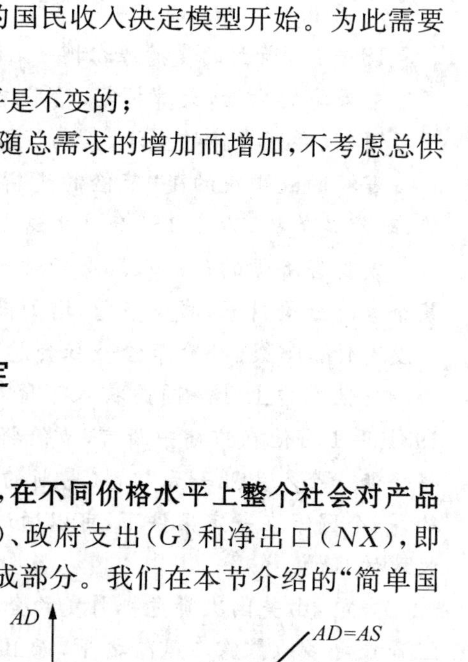

图 11-1 总需求与均衡国民收入

(二) 总需求与均衡国民收入的决定

由于均衡国民收入被定义为总需求与总供给相等时的国民收入,当不考虑总供给这一因素时,均衡的国民收入水平就是由总需求决定的。如图 11-1 所示,横

轴代表国民收入，纵轴代表总需求，45°线表示总需求等于总供给。AD_0代表总需求水平，是一条与横轴平行的直线，表示在不考虑总需求变动的情况下，AD_0与45°线相交于E点，决定了均衡的国民收入水平Y_0。在Y_0的左边，总需求大于总供给，企业就要扩大生产，国民收入变动要向Y_0方向增加；在Y_0的右边，总需求小于总供给，企业就要削减生产，国民收入变动要向Y_0方向减少；只有在Y_0时，总需求等于总供给，国民收入既不增加也不减少，处于均衡状态，这时的国民收入就是均衡国民收入。

三、消费对均衡国民收入的影响

（一）消费函数与储蓄函数

1. 消费函数

消费函数（Consumption Function）是反映人们的消费支出与决定消费的各种因素之间的依存关系。决定消费水平的因素很多，如收入、财产、利率、收入分布等。其中收入是最根本的因素。因此，消费函数实质上是指消费与收入之间的函数关系。在其他条件不变的情况下，消费随收入的变动同方向变动，即收入增加，消费增加；收入减少，消费减少。如果以C代表消费，Y代表收入，消费函数可以用下列公式表示：

$$C = C(Y)$$

凯恩斯将消费分为“自发消费”和“引致消费”。凯恩斯消费函数用下列公式来表示：

$$C = C(Y) = a + bY$$

“a”表示**自发消费，是指不受收入影响以及本能消费需要所形成的消费**，如维持生存的衣、食、住等方面的开支。

“bY”表示**引致消费，是指受收入因素和边际消费倾向影响所形成的消费**。除了收入，引致消费的大小很大程度取决于边际消费倾向。所谓**边际消费倾向，是指增加的消费在增加的收入中所占的比率**。我们以“b”表示，即$b = MPC = \Delta C/\Delta Y$。当收入增加时，人们的消费也将随着增加，这就决定了$\Delta C/\Delta Y > 0$。但人们消费的增加量又小于收入的增加量，即人们一般不会把所增加的收入全部用于消费，所以$\Delta C/\Delta Y < 1$。实际上，消费虽然随收入的增加而增加，但增加的幅度越来越小于收入增加的幅度，即边际消费倾向是递减的。

边际消费倾向是反映消费与收入关系的一个重要的概念。此外，还有一个重要概念为**平均消费倾向（*APC*），是指消费在收入中所占的比率**。平均消费倾向可以用下列公式表示：

$$APC = C/Y$$

2. 储蓄函数

储蓄函数是指储蓄与决定储蓄大小的各种因素之间的依存关系。影响储蓄的因素很多，但收入是最主要的因素，所以，储蓄函数主要反映收入与储蓄之间的依存关系。一般而言，在其他条件不变的情况下，储蓄随收入的变动而同方向变动，即收入增加，储蓄增加；收入减少，储蓄减少。如果以S代表储蓄，Y代表收入，储蓄函数可以用下列公式表示：

$$S = S(Y)$$

因为：

$$Y = C + S \qquad S = C - Y$$

又因为：

$$C = a + bY$$

所以：

$$S = -a + (1-b)Y$$

式中，$-a$为自发储蓄；$(1-b)Y$被称为**引致储蓄**；$1-b$为**边际储蓄倾向*MPS*，是指增加的储**

蓄在增加的收入中所占的比率,即 $MPS=\Delta S/\Delta Y$,边际储蓄倾向是反映收入与储蓄关系的一个重要概念。

此外,还有一个重要的概念是**平均储蓄倾向,是指储蓄在收入中所占的比率**。平均储蓄倾向可以用下列公式表示:

$$APS = S/Y$$

3. 消费函数与储蓄函数的关系

由于全部的收入分为消费和储蓄,以及增加的全部收入分为增加的消费和增加的储蓄,因此消费函数与储蓄函数间存在如下关系:

第一,消费函数和储蓄函数互为补数,二者之和等于总收入,即 $C(Y)+S(Y)=Y$;

第二,平均消费倾向(APC)与平均储蓄倾向(APS)之和为 1,即 $APC+APS=1$;

第三,边际消费倾向(MPC)与边际储蓄倾向(MPS)之和也为 1,即 $MPC+MPS=1$。

4. 消费函数与储蓄函数的图形

由于消费函数和储蓄函数都是线性函数,并且这两个函数又是互补的,因此,可以在一个图中画出这两个函数的图形。假设横轴为收入 Y,纵轴为消费 C 或储蓄 S,消费函数及储蓄函数的图像如图 11-2 所示。

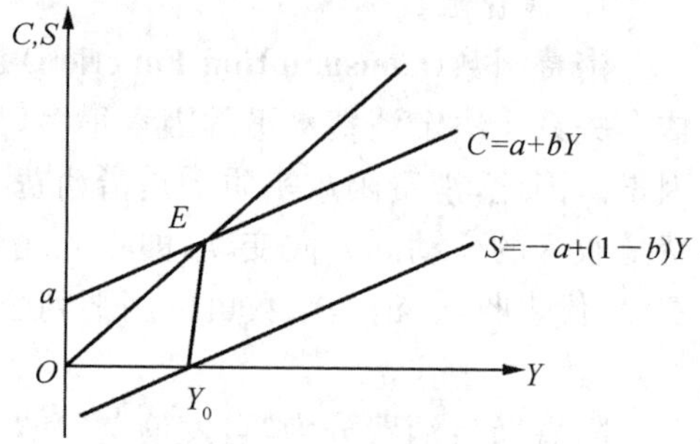

图 11-2　消费函数与储蓄函数

［**相关链接 11-1**］

老百姓为什么喜爱储蓄?

高储蓄率往往是高 GDP 增长的后果。道理很简单,普通老百姓收入增长后,会小心地"奖励"一下自己,但不愿大量花钱。日本在 20 世纪 70 年代 GDP 增长很快,在那个时期的储蓄存款率也是很高的。到了 90 年代,日本经济增长变缓,储蓄存款率也随着下降了。中国目前还是处在高 GDP 增长期间,较高的储蓄存款率其实是正常的。

缺少有吸引力的投资渠道是高储蓄率的一个重要原因。其实,不光老百姓缺少投资渠道,近来很多企业也因缺少投资欲望而把资金存入银行。在中国,企业存款增加后,广义货币 M_2(定活期存款为主)就会随着增长。2005 年的 M_2 同比增长 18.3%,很多人推测这个增长主要来自企业高达 1.2 万亿元的利润。所以,老百姓不投资不是孤立的现象。

中国是个高储蓄率的国家,老百姓把收入的 40%放在银行里。但是,对中国这么一个大国来说,15 万亿元存款并不是一个很大的数目。如果让 13 亿人平摊存款余额,人均不过只有 1 万多元。假定那些存款都来自 5 亿城镇居民,人均不过 3 万元。一个典型的城镇三口之家,也就是大约 10 万元存款。这个平均家庭存款数,购买房子不足,供养车不够,不断上涨的医疗费和教育费也让普通家庭不敢轻易花费银行存款。与发达国家相比,中国的高储蓄率是在平均收入水平较低的基础上形成的。

老百姓储蓄多是对养老风险和医疗风险没有信心。美国的经历证明了这一点。20 世纪 70 年代,美国经济不景气,美国人储蓄较多。随着经济改善和各种社会保险机制的建立,大多数美国人对未来的担忧没有了。2005 年,美国人的储蓄率是负数,说明他们不光不存钱,而且开始花过去的存款。不过,美国人并没有过度担心。储蓄是个复杂的现象,需要把居民存款余额放到更大的图像里去看。美国的老百姓只想花费,不愿储蓄,而中国的情况稍稍不同,老百姓感到银行里有储蓄,心里才能获得一些安全感。消费低并不是"节约的习惯",而是未来要花钱的地方实在太多。

[资料来源:西方经济学(宏观部分)案例分析.黄德林整理]

(二) 消费函数、总需求与均衡国民收入

在两部门经济社会中,总需求由消费与投资构成,为了简化分析,我们假定投资是固定的,即 $I=I_0$(常数),则均衡国民收入决定模型如下:

$$\begin{cases} Y = AD \\ AD = C + I \\ C = a + bY \\ I = I_0 \end{cases}$$

解联立方程组,可得均衡国民收入:

$$AD = C + I_0 = a + bY + I_0 = (a + I_0) + bY$$

式中,不变的自发消费和固定的投资被称为自发总需求,它是一个常数,即 $a+I_0=A$ 为常数。这时,总需求对均衡国民收入的决定如图 11-3 所示,总需求曲线 AD_0 在纵轴上的截距为 A,即自发总需求,斜率为边际消费倾向 b。这时总需求曲线 AD_0 向右上方倾斜,表示总需求中由于包括了引致消费,随国民收入的增加而增加。AD_0 与 45°线相交于 E 点,决定了此时均衡的国民收入为 Y_0。

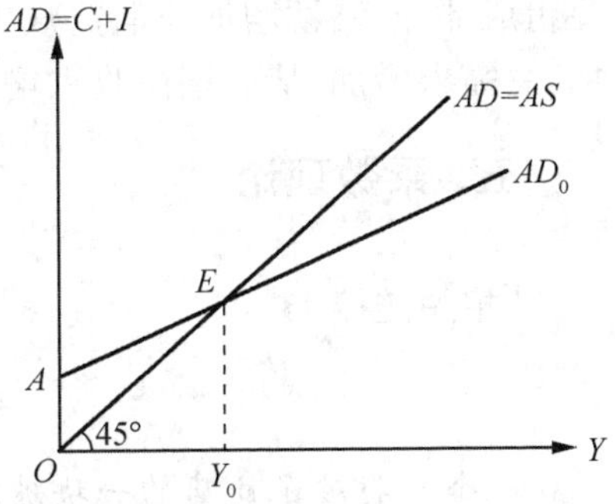

图 11-3　均衡国民收入的决定

四、两部门经济下总需求与国民收入变动

均衡的国民收入水平是由总需求决定的。因此,总需求的变动必然引起均衡的国民收入水平的变动。总需求水平的高低,决定了均衡国民收入的大小。如果只考虑消费和投资,那么,影响消费和投资的所有因素(收入、边际消费倾向、利率等)的变动,都会引起总需求的变动,从而引起国民收入的变动。

总需求的变动分为两种情况:总需求曲线斜率的变化和平行移动。

总需求曲线斜率的变化,是由边际消费倾向决定的。当边际消费倾向增大时,收入中消费所占的比例增大,总需求曲线的斜率增大,从而使总需求曲线向上移动。如图 11-4 所示,当总需求曲线由 $C+I$ 移动到 $C+I_1$ 时,与 45°线相交于新的均衡点 E_1,国民收入水平也由 Y_0 增加到 Y_1。

总需求曲线的平行移动源于消费与投资曲线的平行移动。消费曲线的移动是由人们的平均消费倾向的变动引起的。如图 11-5 所示,总需求 AD_0 与 45°线的交点 E_0 决定的均衡国民收入水平为 Y_0。总需求增加(由自发总需求增加引起的),需求曲线向上方移动,从 AD_0 上移到 AD_1,它与 45°线的交点 E_1 决定的均衡国民收入水平为 Y_1,$Y_1>Y_0$,说明总需求增加,均衡国民收入增加;总需求减少(由自发总需求减少引起的),需求曲线向下方移动,从 AD_0 下移到 AD_2,它与 45°线的交点 E_2 决定的均衡国民收入水平为 Y_2,$Y_2<Y_0$,说明总需求减少,均衡国民收入减少。

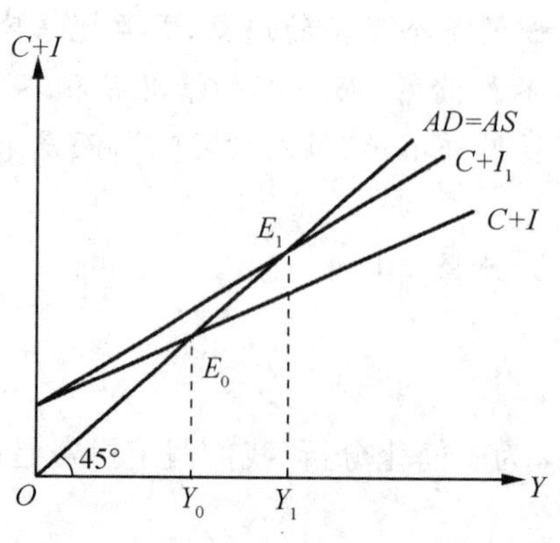

图 11-4　边际消费倾向对国民收入的影响

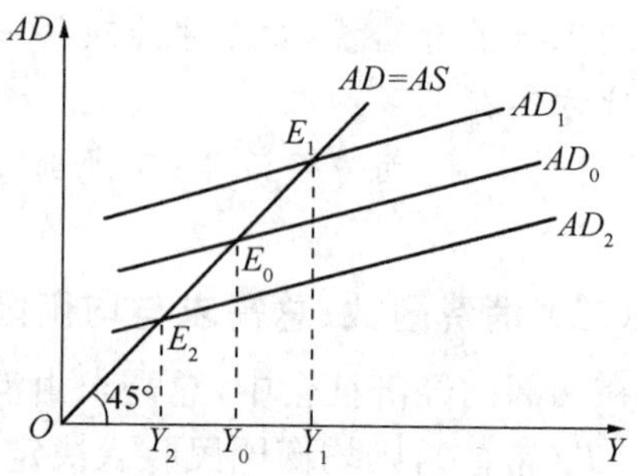

图 11-5　总需求变化对均衡国民收入的影响

由此,可以得出总需求的变动会引起均衡的国民收入同方向变动。

根据总需求与国民收入变动的关系,可以得出储蓄与国民收入的关系。在既定的收入中,消费与储蓄是反方向变动的,即消费增加,储蓄减少;消费减少,储蓄增加。消费是总需求的重要组成部分,储蓄增加使消费减少,总需求减少,从而国民收入减少;反之,储蓄减少使消费增加,总需求增加,从而国民收入增加。因此,储蓄的变动会引起国民收入反方向变动。

五、乘数理论

[相关链接 11-2]

"破窗经济"

一个人打破了商店的一块玻璃,逃跑了。店主无奈只好花 1 000 元买一块玻璃换上。玻璃店老板得到这 1 000 元收入。假设他支出其中的 80%,即 800 元用于买衣服,衣服店老板得到 800 元收入。再假设衣服店老板用这笔收入的 80%,即 640 元用于买食物,食品店老板得到 640 元收入。他又把这 640 元中的 80%用于支出……如此一直下去,你会发现,最初是商店老板支出 1 000 元,但经过不同行业老板的收入与支出行为之后,总收入增加了 5 000 元。其原因何在呢?乘数原理回答了这一问题。

乘数是指最初投资增加所引起的国民收入增加的倍数。在我们的例子中,最初的投资就是玻璃店老板购买玻璃的 1 000 元。这种投资的增加引起的衣服店、食品店等部门收入增加之和为 5 000 元,所以乘数就是 5(=5 000 元÷1 000 元)。一笔投资增加所引起的国民收入成倍增加就是宏观经济学中的乘数效应。

经济中为什么会有乘数效应呢?我们知道,国民经济中各部门之间是相互关联的,一个部门的支出就是另一个部门的收入。当一个部门(如商店)支出时,另一个部门(如衣服店)收入增加,支出增加。这个部门(衣服店)的支出又变成第三个部门(食品店)的收入。第三个部门收入增加又引起支出增加。如此循环下去,一个部门支出的增加就会引起国民经济各部门收入与支出增加,最终使收入的增加是最初支出增加的倍数。

我们所举的"破窗经济"只是个例子。如果把这个例子换为财政支出增加,我们就可以看出乘数效应多么重要了。假定政府支出 100 亿元用于基础设施建设。这种支出会带动建筑、水泥、钢铁、消费品等各部门收入与支出的增加,最后国民收入的增加一定大于 100 亿元。大于100亿元的多少倍则取决于边际支出倾向。如果这个经济的边际支出倾向是0.75，乘数为4，则财政支出增加100亿元就可以带动整个经济的国民收入增加400亿元。近年来，我国政府加大基础设施投资支出，带动整个经济走向好转，正是乘数在发挥作用。

（资料来源：http://www.docin.com/p-523848891.html）

（一）乘数的含义

乘数(Multiplier)是指国民收入的变动量与引起这种变动的因素之间的比率。 如果引起国民收入变动的是投资，我们称国民收入变动量与投资之比为投资乘数；如果引起国民收入变动的是出口，我们称国民收入变动量与出口增量之比为外资乘数。本节我们以投资乘数为例分析乘数对国民收入的效应。

（二）乘数效应

投资的增加之所以会有乘数作用，是因为经济部门是互相关联的，某一部门的一笔投资不仅会增加本部门的收入，而且会在国民经济各部门中引起连锁反应，从而增加其他部门的投资与收入，最终使国民收入成倍增长。

假设以 ΔY 表示国民收入变动量，以 ΔI 代表投资变动量，以 k 代表乘数，则有：

$$k=\frac{\Delta Y}{I}$$

因为：

$$\Delta Y=\Delta I+\Delta C$$

所以：

$$\Delta I=\Delta Y-\Delta C$$

则：

$$k=\frac{\Delta Y}{\Delta I}=\frac{\Delta C}{\Delta Y-\Delta C}=\frac{1}{1-\frac{\Delta C}{\Delta Y}}=\frac{1}{1-MPC}$$

上式中的 $\frac{1}{1-MPC}$ 就是乘数。乘数的公式表明了乘数的大小取决于边际消费倾向。边际消费倾向越高，乘数就越大；边际消费倾向越低，乘数就越小。因为边际消费倾向 MPC 是小于1的，所以乘数一定大于1。

乘数是把“双刃剑”，其作用具有两面性。当投资增加时，它会引起国民收入成倍增加；当投资减少时，它会引起国民收入成倍减少。

乘数理论成立的条件是生产能力没有得到充分利用，即经济处于萧条时期。经济在没有达到充分就业的情况下，一笔投资的增加，可以使国民收入的增加量超过初始投资量。但是，当经济达到充分就业的情况下，社会已经没有闲置的资源，一个部门增加投资，必然是以另一个部门的资源付出为代价。

第二节　*IS*-*LM* 模型

[案例研究11-1]

住房需求是投资

在许多人的观念中购买住房是一种消费，与购买冰箱、彩电、汽车一样。在经济学家看来，购买住房实际是一种投资行为,即投资于不动产。

为什么购买住房不是消费而是投资呢?我们先从这种购买行为的目的来看。消费是为了获得效用,如购买冰箱、彩电、汽车等都是为了使满足程度更大,但投资是为了获得利润,或称投资收益。在发达的市场经济中,人们购买房子不是为了住或得到享受(如果仅仅为了住可以租房子),而是作为一种投资得到收益。住房的收益有两个来源。一是租金收入(自己住时少交的房租也是自己的租金收入),二是房产本身的增值。土地总是有限的,因此,从总趋势来看,房产是升值的。正因为这样,许多人把购买住房作为一种收益大而风险小的不动产投资。

把住房作为消费还是投资在经济学家看来是十分重要的,因为决定消费与投资的因素不同。在各种决定消费的因素中最重要的是收入,但在决定投资的各种因素中最重要的是利率。因为利率影响净收益率。只有利率下降,收益率提高,人们才会投资,而且只要净收益率高,就愿意借钱投资,因此,要刺激投资就要降低利率。如果经济政策的目标是刺激人们购买住房,关键不是增加收入,而是降低利率。

(资料来源:http://max.book118.com/html/2015/0522/17461999.shtm)

一、宏观经济学的核心

在研究简单国民收入决定模型时,我们假定利息率与投资是不变的。但在现实的经济中,利息率与投资都是变动的,并且它们的变动对总需求以及国民收入的影响都比较大。当代经济学家使用 *IS*-*LM* 模型来分析在利息率与投资水平发生变动的情况下,总需求对国民收入水平的决定,以及利息率与国民收入之间的关系。

***IS*-*LM* 模型就是说明产品市场与货币市场同时达到均衡时国民收入与利息决定的模型**。这里的 I 指的是投资,S 指的是储蓄,L 指的是货币需求,M 指的是货币供给。这一模型不仅是对总需求分析的全面高度概括,还可以很好地解释财政政策与货币政策,因此被称为宏观经济学的核心。

二、产品市场的均衡:*IS* 曲线

IS 曲线描述的是当 $I=S$,即产品市场处于均衡状态时,国民收入与利息率间存在着反向变动的关系。

之所以在产品市场上利息率与国民收入呈反方向变动,是由于利息率与投资呈反方向变动。投资的目的在于实现利润最大化。投资者在做出是否投资或投资多少的决策时,常常要考虑利息率与利润率之间的相对关系,即只有在利润率大于利息率时,他才会投资。当利润既定时,投资就只取决于利息率了。利息率与投资呈反方向变动,即利息率越低,投资越多;反之,投资越少。在上一节我们已经了解了投资与总需求是呈同方向变动的,而总需求又与国民收入呈同方向变动,因此,利息率也就必定与国民收入呈反方向变动。

如图 11-6 所示,在平面坐标图上,横轴表示的是国民收入水平,纵轴表示的是利息率。*IS* 曲线上的任意一点都表示 $I=S$,即产品市场处于均衡状态。*IS* 曲线向右下方倾斜,表明在产品市场上实现均衡,利息率与国民收入呈反方向变化,即当利息率高,国民收入高;当利息率低,则国民收入低。

当总需求发生变动时会引起该曲线的位置发生平行移动。如图 11-7 所示,当总需求增

加时，IS 曲线向右上方移动，即从 IS_0 移至 IS_1；当总需求减少时，IS 曲线向右下方移动，即从 IS_0 移至 IS_2。

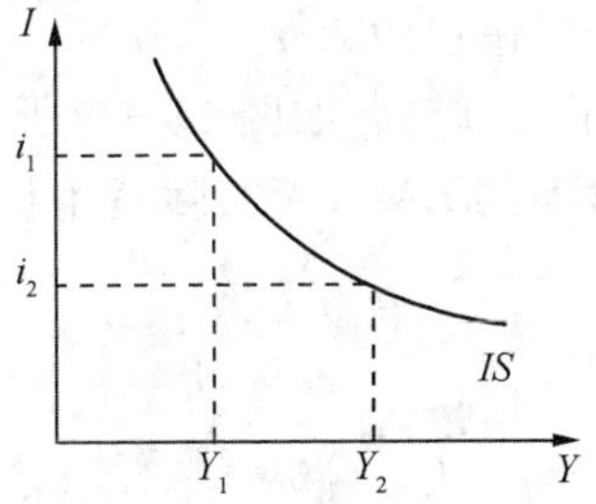

图 11－6　*IS* 曲线

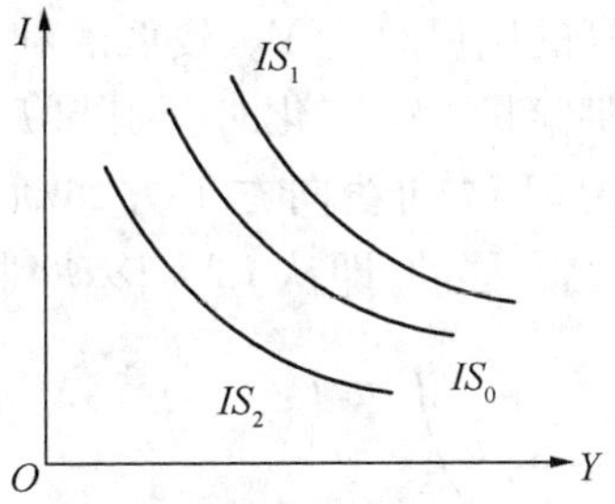

图 11－7　总需求的变动与 *IS* 曲线的移动

三、货币市场的均衡：*LM* 曲线

LM 曲线描述的是在 $L=M$，即货币市场的需求和供给达到均衡时，国民收入水平与利息率之间存在着同方向的变动关系。

在货币市场上，利息率与国民收入水平呈同方向变动的关系可以用凯恩斯的货币理论予以解释。凯恩斯认为，货币需求是由货币的交易需求与谨慎需求和货币的投机需求构成的。

货币的交易需求是指人们为了进行日常的交易需求而产生的货币需求。货币的交易需求主要决定于收入，收入越高，交易数量越大，所交换的产品和劳务的数量越多，从而为应付日常开支所需的货币量就越大。**谨慎需求是指为预防意外支出而产生的货币需求**。如个人或企业为应付事故、失业、疾病等意外事件而需要事先持有一定数量的货币。从整个社会角度来看，谨慎需求的大小也取决于收入的多少，收入越高，谨慎需求越大。如果以 L_1 代表货币的交易需求与谨慎需求，由此可以得出，L_1 取决于国民收入，与国民收入呈同方向变动，记为 $L_1=L_1(Y)$。

货币的投机需求是指人们在金融市场上从事有价证券投机而产生的货币需求。一般来说，有价证券（如债券）的价格与利率的关系是呈反方向变动的，即利率上升，债券的价格下降；利率下降，债券价格上升。所以，当利率上升时，投机需求会减少，而利率上升时投资需求会增加。如果以 L_2 代表货币的投机需求，则 L_2 取决于利息率 I，与利息率呈反方向变动，记为：$L_2=L_2(i)$。

这样，货币的需求可以写成：

$$L=L_1(Y)+L_2(i)$$

货币的供给(M)指的是实际的货币供给量，它由中央银行的名义货币供给量与价格水平决定。当货币需求与货币供给相等时，货币市场实现了均衡。因此，货币市场均衡条件是：

$$M=L=L_1(Y)+L_2(i)$$

从上式可以看出，当货币供给既定时，如果 L_1（交易需求与预防需求）增加，为了保持货币市场的均衡，则 L_2（投机需求）就必然减少。L_1 与国民收入同方向变动，所以，L_1 的增加必然是国民收入增加的结果，而 L_2 与利息率呈反方向变动，L_2 的减少又必然是利息率上升的结果。因此，在货币市场上达到均衡状态时，国民收入与利息率必然呈同方向变动。

如图 11－8 所示，在坐标轴中，横轴表示的是国民收入水平，纵轴表示的是利息率。LM 是一条向右上方倾斜的曲线。LM 曲线上的任意一点都表示 $L=M$，即货币市场处于均衡状态。LM 曲线向右上方倾斜，表明在货币市场上实现均衡，利息率与国民收入呈同方向变化，即当利息率提高时，国民收入会降低；当利息率降低时，国民收入会提高。从图上看，较高的利率 i_1 对应相对较高的国民收入 Y_1，较低的利率 i_2 对应较低的国民收入 Y_2。

当实际货币供给量发生变化时会引起 LM 曲线位置平行移动。如图 11-9 所示，当实际货币供给量增加时，LM 曲线向右下方移动，即从 LM_0 移动到 LM_1；当实际货币供给量减少时，LM 曲线向左上方移动，即从 LM_0 移动到 LM_2。

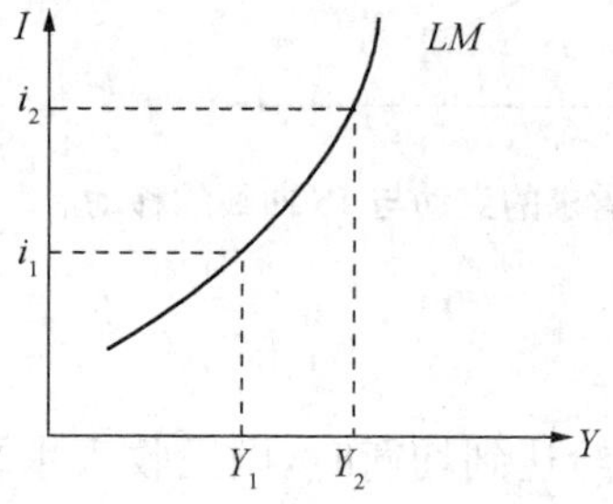

图 11-8　**LM** 曲线

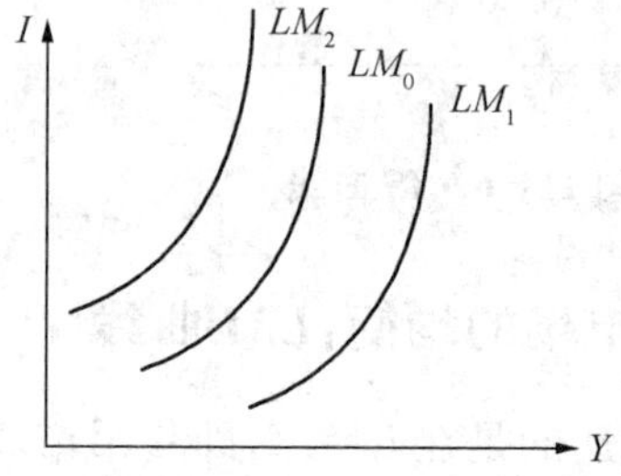

图 11-9　货币供给的变动与 **LM** 曲线的移动

四、两个市场同时均衡的国民收入决定：*IS*-*LM* 模型

（一）均衡的利率和国民收入

把 IS 曲线与 LM 曲线放在同一个图上，就可以得出两个市场同时均衡时，均衡国民收入与利息率同时决定的 IS-LM 模型。如图 11-10 所示，IS 曲线上的任意一点都表示产品市场的均衡，即 $I=S$。LM 曲线上任意一点都表示货币市场的均衡，即 $L=M$。IS 曲线与 LM 曲线相交于 E 点，在 E 点上则是两种市场的同时均衡。这时决定了均衡的利息水平为 i_0，均衡的国民收入水平为 Y_0，此时两种市场达到同时的均衡。

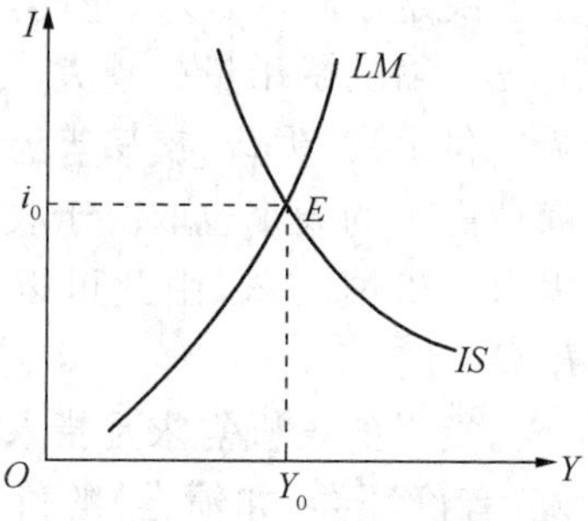

图 11-10　*IS*-*LM* 模型

（二）*IS* 曲线变动对均衡利率和国民收入的影响

可以用图 11-11 来分析总需求变动（IS 移动）对国民收入与利息率水平的影响。

在 LM 曲线不变的条件下，总需求增加，IS 曲线向右移动，从 IS_0 移至 IS_1，从而使国民收入水平从 Y_0 增加到 Y_1，利率水平从 i_0 上升到 i_1，最终结果是在国民收入和利率水平都提高的条件下，宏观经济达到新的均衡。反之，在 LM 曲线不变的条件下，总需求减少，IS 曲线向左下方移动，从 IS_0 移至 IS_2，从而使国民收入水平从 Y_0 减少到 Y_2，利率水平从 i_0 下降到 i_2，宏观经济再一次达到均衡。

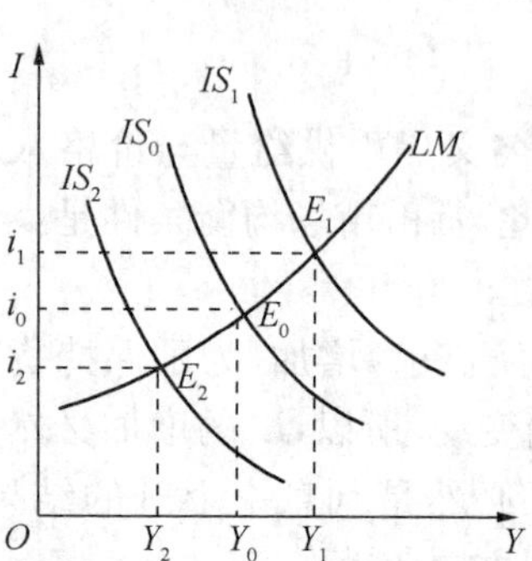

图 11-11　总需求变动对国民收入与利息率水平的影响

由此，我们可以得出：总需求的变动会引起利息率与国民收入同方向变动。如果我们把总需求的变动理解为政府的财政政策，当政府增加开支，扩大总需求规模时，就会使国民收入和利率水平提高；若采用紧缩性的财政政策，就会降低利率水平和减少国民收入。

(三) *LM* 曲线变动对均衡国民收入和利率的影响

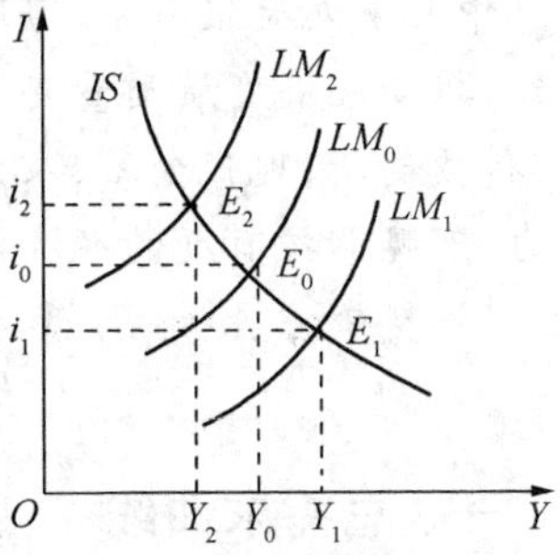

图 11-12　货币量变动对国民收入与利息率的影响

可以用如图 11-12 来分析货币量变动(*LM* 移动)对国民收入与利息率水平的影响。

在 *IS* 曲线不变的条件下，增加货币供给量，就会使 *LM* 曲线向右下方移动，从 LM_0 移至 LM_1，从而使国民收入水平从 Y_0 增加到 Y_1，利率水平从 i_0 降到 i_1，最终结果是在国民收入水平提高、利率水平下降的条件下，宏观经济达到新的均衡。反之，在 *IS* 曲线不变的条件下，减少货币供给量，则使 *LM* 曲线向左上移动，从 LM_0 移至 LM_2，从而使国民收入水平从 Y_0 减少到 Y_2，利率水平从 i_0 上升到 i_2，宏观经济再一次达到均衡。

由此，我们可以得出：货币量的变动会引起利息率反方向变动，引起国民收入同方向变动。如果我们把货币量的变动理解为中央银行的货币政策，当央行采用扩张性货币政策时，会增加货币量的供应，促使利率下降，同时国民收入增加；反之，若采用紧缩性货币政策，会带来利率上升，国民收入减少。

第三节　总需求-总供给模型

[**相关链接 11-3**]

中国的供给侧改革

2015 年 11 月 10 日，中共中央总书记习近平在中央财经领导小组第十一次会议上发表重要讲话，首次提及供给侧结构性改革。他强调推进经济结构性改革，是贯彻落实党的十八届五中全会精神的一个重要举措。

供给侧结构性改革，重点是解放和发展社会生产力，用改革的办法推进结构调整，减少无效和低端供给，扩大有效和中高端供给，增强供给结构对需求变化的适应性和灵活性，提高全要素生产率。通过一系列政策举措，特别是推动科技创新、发展实体经济、保障和改善人民生活的政策措施，解决中国经济供给侧存在的问题。

供给侧结构性改革，既强调供给又关注需求，既突出发展社会生产力又注重完善生产关系，既发挥市场在资源配置中的决定性作用又更好发挥政府作用，既着眼当前又立足长远。要从生产端入手，重点促进产能过剩有效化解，促进产业优化重组，降低企业成本，发展战略性新兴产业和现代服务业，增加公共产品和服务的供给，提高供给结构对需求变化的适应性和灵活性。与“供给侧”对应的就是“需求侧”。在传统的需求管理思路中，拉动经济增长的方式主要是加大投资、刺激消费和拉动出口；而从供给侧来看，则认为经济增长的动力在于供给和生产端，通过解放生产力、提升产业竞争力来“提质增效”。

供给侧结构性改革的根本目的是提高社会生产力水平，落实好以人民为中心的发展思想。要在适度扩大总需求的同时，去产能、去库存、去杠杆、降成本、补短板，从生产领域加强优质供给，减少无效供给，扩大有效供给，提高供给结构适应性和灵活性，提高全要素生产率，使供给体系更好地适应需求结构变化。

中共十九大报告中，习近平指出："必须坚持质量第一、效益优先，以供给侧结构性改革为主线，推动经济发展质量变革、效率变革、动力变革，提高全要素生产率，着力加快建设实体经济、科技创新、现代金融、人力资源协同发展的产业体系，着力构建市场机制有效、微观主体有活力、宏观调控有度的经济体制，不断增强我国经济创新力和竞争力。"

（资料来源：https://baike.so.com/doc/23637262—24191329.html）

一、总需求曲线

（一）总需求与总需求曲线

总需求（Aggregate Demand，AD）是指在一定时期内，在不同价格水平上整个社会对产品和劳务的需求总和。总需求包括消费支出（C）、投资（I）、政府支出（G）和净出口（NX），即$AD=C+I+G+NX$。总需求就是按照支出法计算的国内生产总值。

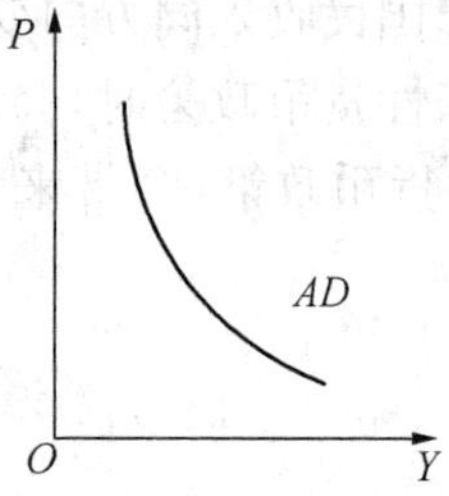

图 11－13　总需求曲线

总需求曲线是表明产品市场与货币市场同时达到均衡时总需求与价格水平之间关系的曲线。如图 11－13 所示，横轴 OY 代表国民收入，纵轴 OP 代表价格水平，总需求曲线 AD 是一条向右下方倾斜的曲线。这说明总需求与价格水平呈反向变动，即价格水平上升，总需求减少；价格水平下降，总需求增加。

总需求之所以与价格水平呈反向变动，可以用 IS－LM 模型来解释。在 IS－LM 模型中，货币供给量是指实际货币供给量（M），取决于名义货币供给量（m）和价格水平（P），即 $M=m/P$。当名义货币供给量不变时，实际货币供给量与价格水平呈反向变动，即价格水平上升，实际货币供给量减少；价格水平下降，实际货币供给量增加。在货币需求不变的情况下，实际货币供给量减少使利息率上升，利息率上升又使投资减少，总需求减少；反之，实际货币供给量增加使利息率下降，利息率下降又使投资增加，总需求增加。这样，总需求与价格水平就呈反向变动。

（二）总需求曲线的移动

总需求的变动会引起总需求曲线的移动。总需求增加时，总需求曲线向右上方平行移动；总需求减少时，总需求曲线向左下方平行移动。总需求由消费需求、投资需求、政府购买需求和国外的净出口需求四个部分构成，当这四个部分中的任何一部分发生变动时，总需求曲线都将发生变化。例如，在其他条件不变的情况下，居民的消费欲望增强了，消费需求的增加导致总需求增加，总需求曲线向右上方移动，在图中 11－14 中表现为曲线 AD 平行移至 AD_2。再如，在其他条件不变的情况下，政府实施紧缩性的财政政策，其购买需求下降，导致总需求下降，总需求曲线向左下方平行移动，在图 11－14 中表现为曲线 AD 平行移动到 AD_1。

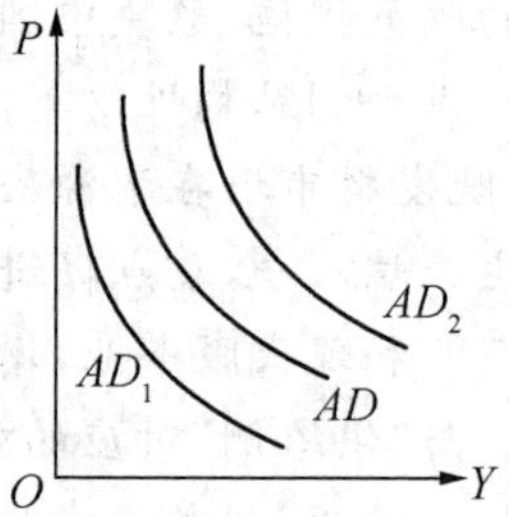

图 11－14　总需求曲线的移动

[相关链接 11-4]

谁推动了 20 世纪 90 年代美国的总需求?

克林顿总统把 1996 年美国经济的明显回升和活跃归功于自己,但分析家认为应主要归功于消费者。

在 1996 年的大部分时间里,美国人慷慨地支出于住房、汽车、电冰箱和外出吃饭,这使得在 1 月份时看来有停止危险的经济扩张又得以持续下去。在这一过程中,消费者基本上没理会过分扩大支出的警示信号。经济学家说,在星期五公布惊人强劲的数据中,消费者的无节制支出是主要力量。劳工部估算,经济创造了 23.9 万个就业计划,远远大于预期的水平。使这个月成为连续第 5 个月强有力的就业增加。现在的失业率为 5.3%,是 6 年来的最低水平,而且经济增长如此迅速,以至于又开始担心通货膨胀。

在各个行业中,就业增加最大的是零售业,它在 6 月份增加了 7.5 万个就业机会,其中有将近一半是餐饮业创造的。在汽车、中间商、加油站、旅馆和出售建筑材料及家具的商店中,工作岗位的增加也是强劲的。但是,消费者这种无节制的支出方式能够持续多长时间,仍然是一个有争议的问题,而且,当联邦储备委员会的决策者在决定是否要提高利率,以便使经济的加速不至于引起通货膨胀加剧时,这也是个至关重要的问题。一些经济学家认为,消费者已经积累了如此巨大的债务,以至于他们被迫在随后的几年里放慢支出,这会引起经济增长放慢,在 1996 年第一季度,信用卡逾期不能付款的情况已达到 1981 年以来的最高水平,而且个人破产从 1995 年前 3 个月以来已达到 15%……

大多数经济学家还一致认为,1996 年支出迅速增加主要是由暂时的因素引起的,如低利率、高于预期水平的退税以及汽车制造商的回扣等。而这些因素已经改变或不存在……

确定消费者支出过程中的一个无法预料的事是股票市场,股票市场使较多消费者感到可以有持续的高涨。经济学家多年一直在解决市场投资的纸面获益能在多大程度上引起消费者支出更多这个问题,而且,他们仍然没有得出一个一致的答案。但是,他们说,近些年来的牛市给消费者更多地支出提供了某种刺激。

[资料来源:西方经济学(宏观部分)案例分析. 黄德林整理]

二、总供给曲线

(一) 总供给与总供给曲线

总供给(Aggregate Supply, AS)是指一定时期内,在不同价格水平上整个社会对商品和劳务的供给总量。

总供给曲线是平面坐标图上用以表明产品市场与货币市场同时达到均衡时总供给与价格水平之间关系的曲线。

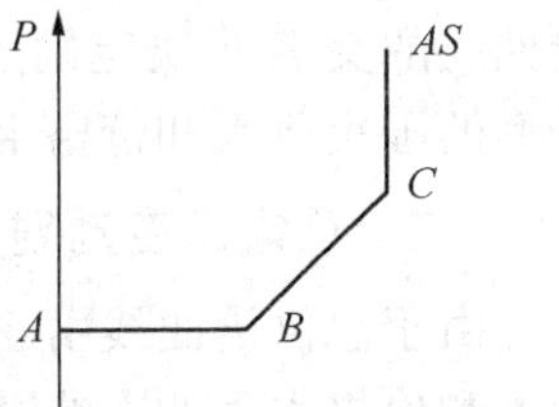

图 11-15 总供给曲线

由于总供给取决于资源的利用状况,因而在不同的资源利用状况下,总供给与价格水平的关系(即总供给曲线)是不同的。如图 11-15 所示,总供给曲线有三种情况:

(1) 资源未充分利用阶段,即 $A \sim B$ 段。这时总供给曲线与横轴平行,这表明总供给的增加不会引起价格水平的变动。造成这种情况的原因是社会上有大量资源闲置,可以在不提高价格水平的情况下增加总供给。这种情况是由凯恩斯提出来的,所以这种水平的总供给曲线也称为“凯恩斯主义总供给曲线”。

(2) 资源接近充分利用阶段,即 $B \sim C$ 段。这时总供给曲线向右上方倾斜,这表示总供给的增加会引起价格的变动。这是因为资源接近充分利用的情况下,产量增加会引起生产要素价格的上升,从而成本增加,进而导致总价格水平上升。这种情况是在短期中存在的,所以这种向右上方倾斜的总供给曲线被称为“短期总供给曲线”。

(3) 资源充分利用阶段,即 C 以上部分。这时总供给曲线是一条垂线,这表明无论价格水平如何上升,总供给也不会增加。这是因为从长期来讲,人类所拥有的资源总是有限的,当资源已得到充分利用时,无论如何提高价格,总供给也不会增加。从长期的角度来看,资源总是会实现充分就业的,因此,这种垂直的总供给曲线被称为“长期总供给曲线”。

(二) 总供给曲线的移动

凯恩斯主义总供给曲线的存在有两个前提条件:一是货币工资和价格均具有向上刚性,即只会上升不会下降;二是时间较短,即使不存在刚性工资和价格,工资和价格也没有足够的时间来进行调整。长期总供给曲线的存在也有两个前提条件:一是货币工资和价格可以迅速或立即自行调节,使用得实际工资处于充分就业的水平;二是在长期中,即使货币工资和价格不能迅速或立即自行调节,工资和价格也有足够的时间来进行调整,使得实际工资处于充分就业的状态。从现实经济运行来看,很难具备“凯恩斯主义总供给曲线”和“长期总供给曲线”存在的前提条件。因此,这两条总供给曲线是两种极端情况。

但短期总供给曲线是可以变动的,在价格不变的情况下,影响短期总供给的因素主要包括两个方面:技术进步因素和资源供给因素。在价格不变的情况下,生产技术提高了,同样的资源供给会有更大的产出水平,因此,总供给增加,总供给曲线向左下方移动。在价格不变和生产技术不变的情况下,资源供给增加也会产生更高的产出水平,因此,总供给增加,总供给曲线向左下方移动;反之,如果资源供给减少,则总产出水平下降,即总供给减少,总供给曲线向右上方移动。

三、总需求-总供给模型

(一) 总需求-总供给模型

把总需求曲线和总供给曲线放在同一个坐标中,就可以得到总需求-总供给模型,如图11-16所示。总需求曲线和总供给曲线的交点 E 决定的国民收入水平 Y_0 和价格水平 P_0 就是均衡的国民收入和价格水平。

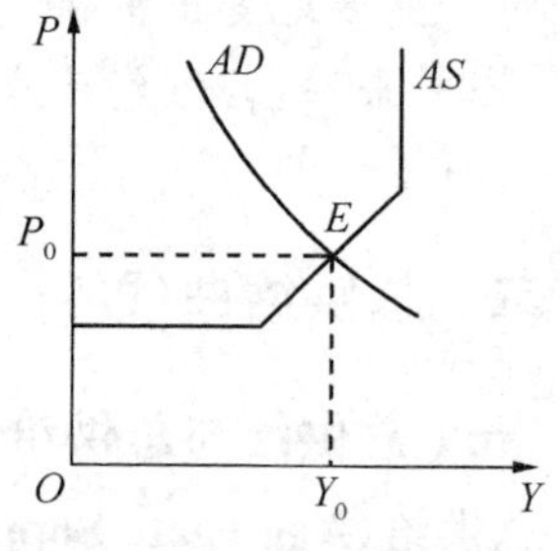

图 11-16　总需求-总供给模型

(二) 总需求变动对国民收入和价格水平的影响

由于总供给曲线由三个部分组成,所以利用总需求—总供给模型分析总需求变动对国民收入和价格水平的影响时,必须考虑到总供给曲线的不同情况。依据总供给曲线的不同情况,可以将其分成三种情况。

1. 凯恩斯模型

在这种模型中,总需求的增加会使国民收入增加,而价格水平不会发生变化;总需求的减少会使国民收入减少，而价格水平也不会发生变化。也就是说，总需求的变化不会引起价格水平的波动，只会引起国民收入同方向的变化。如图 11－17 所示，AS 为水平直线，与 AD_0 相交于 E_0 点，决定了国民收入为 Y_0，价格水平为 P_0。随着总需求增加，总需求曲线从 AD_0 向右上方平行移至 AD_1，会使国民收入由 Y_0 增至 Y_1，而价格水平不变。相反，随着总需求减少，即总需求曲线从 AD_0 向左下方平行移至 AD_2，会使由国民收入由 Y_0 降至 Y_2，而价格水平还是 P_0。

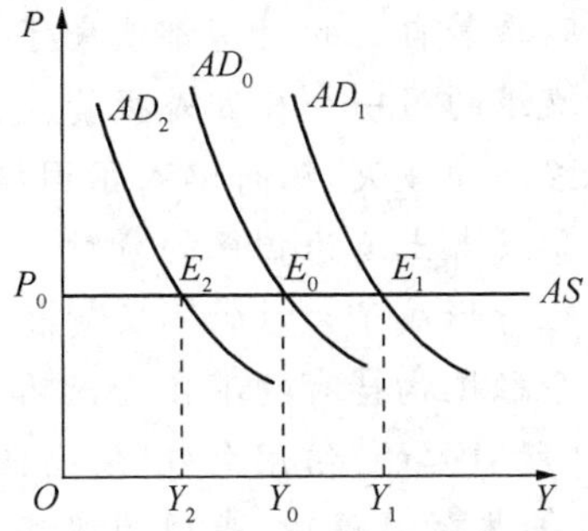

图 11－17　凯恩斯主义总供给曲线

2. 短期总供求模型

在短期总供求模型中，总需求的增加会使国民收入增加，同时价格水平也随着上升，即总需求与国民收入和价格水平同方向变动。如图 11－18 所示，AS 为短期总供给曲线，AS 与 AD_0 相交于 E_0 点，决定了国民收入为 Y_0，价格水平为 P_0。随着总需求增加，总需求曲线由 AD_0 移至 AD_1，会使国民收入由 Y_0 增至 Y_1，价格水平由 P_0 上升为 P_1。随着总需求减少，总需求曲线由 AD_0 移至 AD_2，会使国民收入由 Y_0 减至 Y_2，价格水平由 P_0 下降至 P_2。

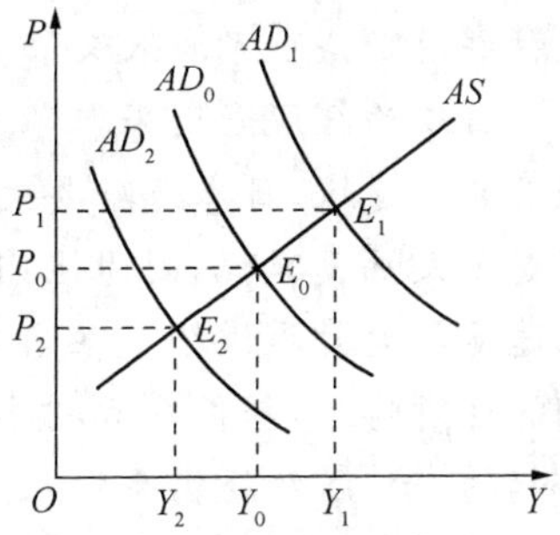

图 11－18　短期总供给曲线

3. 长期总供求模型

在资源得到充分利用，实现了充分就业的情况下，总需求的增加只会导致价格水平上涨，而不会使国民收入有任何增加。也就是说，在资源得到充分利用的条件下，继续增加总需求，只会导致通货膨胀，而不会对总供给有任何影响。如图 11－19 所示，AS 为长期总供给曲线，AS 与 AD_0 相交于 E_0 点，决定了充分就业的国民收入水平为 Y_f，价格水平为 P_0。随着总需求的增加，总需求曲线由 AD_0 移至 AD_1，价格水平因此由 P_0 上升为 P_1，而国民收入仍为 Y_f。随着总需求的减少，总需求曲线由 AD_0 移至 AD_2，价格水平因此由 P_0 下降为 P_2，而国民收入仍为 Y_f。

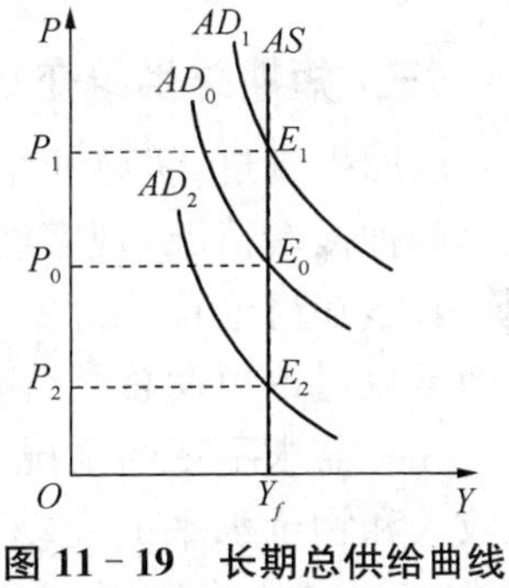

图 11－19　长期总供给曲线

［**相关链接 11－5**］

20 世纪 90 年代日本经济的衰退

20 世纪 90 年代，日本经济在多年迅速增长和极度繁荣之后经历了长期衰退。由于日本经济的长期增长以及日本企业采用终身雇佣制度等因素，日本历史上的失业率是极低的，但这次失业率却从 1990 年的 2%上升到 1998 年的 4%。在 1990 年以前的 20 年中，日本的工业生产翻了一番，但 1998 年和 1990 年 GDP 仍然一样，实际 GDP 停滞，有时甚至还下降。

在政府治理持续性经济衰退过程中，日本经济出现了典型的零利率、负通货的经济局面。

造成日本经济衰退的主要原因是消费支出的减少。这部分归因于股票价格的大幅度下降。在日本，1998 年的股票价格不到 10 年前达到的顶尖水平的一半。与股市一样，日本的土地价格在 20 世纪 90 年代崩溃之前的 80 年代也是天文数字。当股市和土地价格崩溃后，日本公民眼看着自己的财富都消失了。而财富和收入的减少使得人们减少了消费支出。造成日本经济衰退的另一个原因是投资支出的减少。这部分归因于银行系统出现的“信用危机”。随着泡沫经济的破灭,银行陷入了困境,并加剧了经济活动的衰退。80 年代日本银行发放了许多以股票或者土地为担保的贷款。当这些抵押品价值下降之后,债务人开始拖欠自己的贷款,从而使银行形成了大量的不良贷款。以商业银行为例,截至 2002 年 3 月底,美国高盛公司估计日本金融机构持有的不良资产为 236 万亿日元。这种旧贷款的拖欠减少了银行发放新贷款的能力,所引起的“信用危机”使企业为投资项目筹资更难,从而压低了投资支出。同时我们观察到,在日本的衰退中,表现为经济产出的减少,同时利率降低。1998 年的日本和 1935 年的美国一样,名义利率不到 1%。这一事实说明,衰退的主要原因是 IS 曲线的紧缩性移动。因为这种移动既减少了收入又降低了利率。

日本为摆脱衰退采取了不少政策措施,但收效甚微。同时,这些政策也引起了争论。一些经济学家建议,日本政府要大幅度减税,以鼓励消费者更多地支出。但日本政府中的决策者却不愿意大幅度减税,因为他们想避免预算赤字。另外一些经济学家建议,日本的银行体系要更迅速地扩大货币供给。在名义利率下降余地很小的情况下,迅速扩大货币供给也许能提高预期的通货膨胀,降低实际利率,并刺激投资支出。无论如何,日本的衰退是由于总需求不足而引起的,而“解铃还需系铃人”,办法还是要从总需求的扩张中去寻找。

(资料来源:http://view.news.qq.com/a/20110321/000036.htm)

(三) 短期总供给变动对国民收入和价格水平的影响

前面提到过,凯恩斯主义总供给曲线和长期总供给曲线是两种极端情况,现实经济中较常见的是短期总供给曲线,因此,在讨论总供给变动对国民收入和价格水平的影响时通常只讨论短期总供给变动的情况。

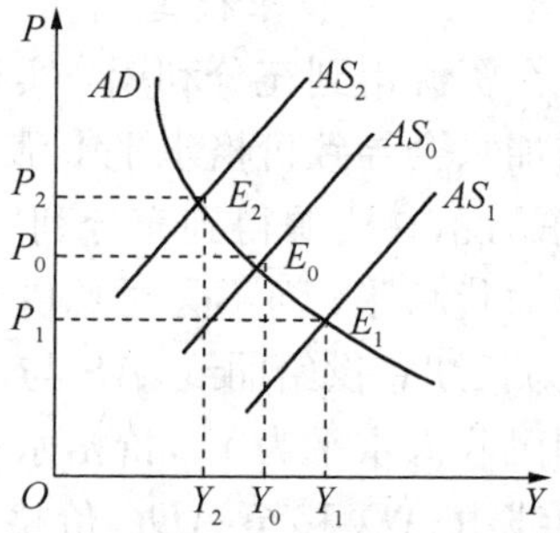

图 11－20　短期总供给变动对均衡国民收入与物价水平的影响

在总需求不变的情况下,短期总供给的变动会导致国民收入和物价水平的变动。如图11－20所示,随着总供给的增加,总供给曲线从 AS_0 右移至 AS_1,会使国民收入从 Y_0 增加至 Y_1,价格水平从 P_0 下降为 P_1;当总供给减少时,总供给曲线从 AS_0 左移至 AS_2,会使国民收入从 Y_0 减少至 Y_2,价格水平从 P_0 上升至 P_2。因此,短期总供给的变动会引起国民收入同方向变动,价格水平反方向变动。

增值阅读

本章小结

国民收入决定理论是宏观经济学的中心理论。本章运用简单的国民收入决定模型、

IS-*LM* 模型、总需求-总供给模型 3 种分析工具来对均衡国民收入与价格水平的变动进行分析，揭示总需求、总供给以及其影响因素的变动对国民收入变动的影响。主要内容包括以下方面：

(1) 总供给与总需求及其相互作用决定均衡的国民收入。在凯恩斯的理论中，决定国民收入的基本因素是总需求。在简单的国民收入决定模型中，总需求包括消费需求和投资需求，也就是消费和投资决定国民收入。其中，消费取决于收入和消费倾向，消费倾向又分为平均消费倾向和边际消费倾向。投资取决于利率和资本的边际效率。

(2) 总需求决定国民收入，总需求的变动必然引起国民收入的增加或减少。总需求的变动包括边际消费倾向的变化和自发需求的变化两种情况。

(3) *IS*-*LM* 模型是说明商品市场与货币市场同时达到均衡时国民收入与利率决定的模型。这一模型不仅在理论上是对总需求分析的全面而高度的概括，而且是财政政策与货币政策的理论基础。在产品市场上，利息率与国民收入呈反方向变动是因为利息率与投资呈反方向变动。在货币市场上，利息率与国民收入呈同方向变动，即利息率高则国民收入高；利息率低则国民收入低。把 *IS* 曲线与 *LM* 曲线放在同一个图上，就可以得出两个市场同时均衡时的国民收入与利息率。

(4) 总供求模型是用总需求曲线和总供给曲线来说明国民收入的决定、物价水平及整个经济波动的。总供给曲线包括凯恩斯主义总供给曲线、短期总供给曲线和长期总供给曲线三种形式。相应的，总供求模型也包括凯恩斯模型、短期总供求模型和长期总供求模型三种类型。

思考与练习

一、选择题

1. 总需求等于消费、投资、政府支出(　　)。

A. 加上进口减去出口　　B. 加上净出口

C. 减去净出口　　D. 加上出口和进口

2. 在总需求的构成中，(　　)与物价水平无关。

A. 消费需求　　B. 投资需求　　C. 政府需求　　D. 国外的需求

3. 边际消费倾向与边际储蓄倾向之和(　　)。

A. 大于 1　　B. 小于 1　　C. 等于 1　　D. 等于 0

4. (　　)使物价水平的变动对投资产生反方向的影响。

A. 财产效应　　B. 利率效应　　C. 汇率效应　　D. 乘数效应

5. 物价水平上升对总需求的影响可以表示为(　　)。

A. 沿同一条总需求曲线向左上方移动

B. 沿同一条总需求曲线向右下方移动

C. 总需求曲线向左平行移动

D. 总需求曲线向右平行移动

6. 在凯恩斯的两部门经济模型中，如果边际消费倾向值为 0.8，那么乘数值是(　　)。

A. 1.6　　B. 2.5　　C. 5　　D. 4

7. ( )会引起总需求曲线向左平行移动。

A. 消费增加　　B. 物价水平上升

C. 物价水平下降　　D. 投资减少

8. 短期总供给曲线向右上方倾斜,该曲线变为一条垂线的条件是( )。

A. 经济中实现了充分就业

B. 通货膨胀率为零

C. 物价水平保持稳定

D. 总供给受到了资源和其他因素的制约

9. 技术进步会引起( )。

A. 短期与长期总供给曲线都向右平行移动

B. 短期与长期总供给曲线都向左平行移动

C. 短期总供给曲线不变,长期总供给曲线向右平行移动

D. 长期总供给曲线不变,短期总供给曲线向左平行移动

10. *IS*-*LM* 模型研究的是( )。

A. 在利息率与投资不变的情况下,总需求对均衡的国内生产总值的决定

B. 在利息率与投资变动的情况下,总需求对均衡的国内生产总值的决定

C. 总需求与总供给对国内生产总值和物价水平的影响

D. 在总供给不变的情况下总需求对均衡的国内生产总值的决定

二、判断题

1. 消费水平的高低会随着收入的变动而变动,收入越多,消费水平越高。( )

2. 物价上升时,利率效应使投资增加,总需求增加。( )

3. 物价水平的变动会引起总需求曲线平行移动。( )

4. 短期总供给曲线分为两部分,一部分向右上方倾斜,另一部分向上垂直。( )

5. 乘数效应不是无限的,是以充分就业作为最终极限。并且其发生作用的必要前提是,存在可用于增加生产的劳动力和生产资料。( )

6. 均衡的国内生产总值就是充分就业的国内生产总值。( )

7. 平均消费倾向与平均储蓄倾向之和等于1。( )

8. 乘数的大小取决于边际消费倾向。( )

9. *LM* 曲线上的任何一点都表示货币市场的均衡。( )

10. 总需求和长期总供给不变时,短期总供给曲线的移动会影响均衡的国民收入和价格。( )

三、思考题

1. 简述凯恩斯消费函数。

2. 什么是平均消费倾向和平均储蓄倾向,它们之间的关系如何?

3. 什么是边际消费倾向,它的变动会对均衡国民收入产生怎样的影响?

4. 简述乘数理论及乘数的变化对国民收入产生的影响。

5. 试用 *IS*-*LM* 模型解释货币政策与财政政策。

四、计算题

1. 假设一个社会的总收入为10 000亿元,消费为6 000亿元,当收入增加到12 000亿元

时，消费增加为7 000亿元。试计算平均消费倾向、边际消费倾向、平均储蓄倾向、边际储蓄倾向。

2. 假设在一个经济中总收入为20 000亿元，储蓄为4 000亿元，当收入增加为25 000亿元时，储蓄增加为5 000亿元。试计算该经济的乘数。如果这个经济增加了总支出20 000亿元，实际国内生产总值会增加多少？

案例分析

实践与操作

一、实践题

1. 利用网络查询我国现行的货币政策和财政政策。

2. 利用所学的知识分析我国采纳该货币政策和财政政策的理由。

二、综合实训

实践名称："刺激内需，促进增长"经济政策分析。

1. 目的任务

通过本部分实训，能够进一步理解影响国民收入水平的因素，提高分析问题和解决问题的能力。

2. 实践内容

(1) 查阅相关资料，进一步掌握国民收入决定理论。

(2) 上网查阅我国政府在"刺激内需"方面出台的相关政策。

(3) 试用所学的知识来分析各政策是否会影响我国国民收入；如果会，分析是如何影响我国国民收入的。

3. 实训方式

校园网、案例、搜集资料并分析、企业实践。

第十二章　经济增长与经济周期

请扫描二维码
观看视频

学习目标

1. 知识目标：经济增长的含义；影响经济增长的因素；经济增长的模型；经济周期的含义、阶段；经济周期的成因。

2. 能力目标：能判断一个国家(或地区)经济增长的快慢；利用经济增长理论分析一个地区经济增长的潜力；能识别经济周期的各个阶段，利用经济周期指导投资决策；分析一国(或地区)处于经济周期的哪一阶段。

趣味阅读

中国经济的“8”和“4”

在一场研讨会上，经济学家黄泰岩教授提出一种判断中国经济周期的简单方法，使人耳目一新。他认为，只需要记住两个数字，就能很形象地掌握中国经济发展的周期性规律。

第一个数就是8，中国人喜欢8，因为“8”和“发”谐音。可中国经济很有意思，一到8就下降。比如2008年，人们大多认为经济下降是世界金融危机的影响。但事实上中国经济内生性的“周期”规律也已经到了盛极而衰的顶点。当年早些时候发电量、用电量就开始下降，工业增加值持续下滑，而股市早在此前的2007年10月就开始发出信号向下调整。往前推10年，1998年，亚洲金融危机后是中国经济最糟糕的年份，随后连续5年通货紧缩，直到2003年才逐步走出来。1988年，改革开放后最严重的通货膨胀，CPI涨幅达到18%，之后社会动荡。再往前推，1978年、1968年、1958年中国经济都处于重大调整期或灾害年份。

在黄泰岩教授看来，中国经济似乎更喜欢数字“4”。4与“死”谐音，可在中国，“遇4就不死”。2004年中国经济从通缩中走出，之后中国经济形势大好。1994年，中国迎来一轮新发展周期。1984年是中国改革开放取得了巨大成功的年份。1974年中国经济搞整顿，效果不错。1964年则从“三年自然灾害”中走出来。1954年开始第一个五年计划，也是即将迎来大发展的时刻。

其实，这种看似有点玩笑成分的经济分析，也暗含了一个以10年为时间段的“周期”理论。也就是说，新中国的经济有可能遵循一个五年上升、五年下降的“完美的经济周期波动”。

(资料来源：http://newpaper.dahe.cn/jrxf/html/2011-02/25/content_467809.htm)

经济学启示：新中国成立以来，特别是改革开放以来，我国社会经济得到了快速增长，人们的生活水平发生了翻天覆地的变化。但同时我们也看到，经济发展的过程也不是一帆风顺的，总是存在一些波动。

从长期来看，一国的经济增长包括两方面的问题，即国民收入长期增长趋势问题和实际国民收入围绕长期趋势而做出周期性波动的问题。本章将顺次对这两方面的问题加以阐述。

第一节　经济增长理论

长期以来各国都将经济增长视为重要的政策目标，因为只有持续快速的经济增长，才能更好地满足人们日益增长的物质文化需要。本节将介绍有关经济增长方面的知识。

一、经济增长的含义

一般说来，**经济增长通常被定义为产量的增长，即一个国家（或地区）生产商品和提供劳务能力的提高**。这里，产量既可以表示为经济的总产量，也可以表示为人均产量。

经济增长的快慢可以用增长率表示。如果用 Y_1 表示 t 时期内的总产量，Y_{t-1} 表示 $(t-1)$ 时期的总产量，则总产量意义下的增长率可表示为：

$$G_t = \frac{Y_t - Y_{t-1}}{Y_{t-1}}$$

如果用 y_t 表示 t 时期内的人均产量，y_{t-1} 表示 $(t-1)$ 时期的人均产量，则人均产量意义下的增长率可表示为：

$$g_t = \frac{y_t - y_{t-1}}{y_{t-1}}$$

在实际核算中，经济增长的快慢一般就用 GDP 的增长率来表示。表 12－1 显示了中国 2000—2020 年中国经济增长的快慢。

表 12－1　2000—2020 年中国 GDP 增长率

年　份	中国 GDP 增长率（%）	年　份	中国 GDP 增长率（%）
2000	8.5	2011	9.6
2001	8.3	2012	7.9
2002	9.1	2013	7.8
2003	10	2014	7.4
2004	10.1	2015	7
2005	11.4	2016	6.8
2006	12.7	2017	6.9
2007	14.2	2018	6.7
2008	9.7	2019	6
2009	9.4	2020	2.3
2010	10.6		

经济增长可以说是一个“量”上的概念。在考察国民经济长期发展问题时常常还涉及与经济增长既紧密联系又有区别的另一个概念——经济发展。经济发展可以看作是一个比较复杂的“质”上的概念，它不仅包括经济增长，还包括国民生活质量、生态环境以及整个社会经济结构和制度的总体进步。总之，经济发展是反映一个经济社会总体发展水平的综合性概念。宏观经济研究重点一直是经济增长，但近年来，随着全球资源的逐渐枯竭和环境的日益污染，旨

在避免这类不良后果的可持续发展的理论也日益受到重视。

[**相关链接 12-1**]

2021 年 GDP 增长目标为 6%以上

2021 年 3 月 5 日上午,十三届全国人大四次会议在北京开幕,国务院总理李克强做政府工作报告。政府工作报告提出,2021 年经济社会发展主要预期目标是:国内生产总值增长 6%以上。李克强表示,经济增速是综合性指标,今年预期目标设定为 6%以上,考虑了经济运行恢复情况,有利于引导各方面集中精力推进改革创新、推动高质量发展。去年全年国内生产总值达 101.6 万亿元,比上年增长 2.3%,是全球唯一实现经济正增长的主要经济体。按年平均汇率折算,2020 年我国经济总量占世界经济的比重预计超过 17%。

中央财经大学国际经济与贸易学院副院长王立勇分析认为,2020 年新冠肺炎疫情席卷全球,给各国经济带来较大冲击,中国也不例外,我国经济下行风险加剧,年度经济增长率同比大幅下滑,GDP 增长 2.3%。一方面,鉴于 2020 年的经济增长率较低,由于基数作用,2021 年经济增长率将明显反弹,超过 6%,甚至达到更高水平;另一方面,鉴于中国政府突出的抗疫表现和有效、有力、有度的宏观调控,中国经济已全面实现复工复产且积极向好,成为 2021 年经济增长的重要保障。

中国宏观经济研究院研究员卞靖认为,6%以上的经济增速是合理的。"我国经济已由高速增长阶段转向高质量发展阶段,合理的增速目标能为深化改革、推动创新、提升发展质量营造更为宽松的环境,也能使社会各界对整个'十四五'时期的经济增速形成良好预期,既有利于年度目标与五年目标的平衡衔接,又可促进经济可持续健康发展。"

(资料来源:节选整理自搜狐财经,2021 年 3 月 15 日,https://www.sohu.com/a/454214994_420078)

二、影响经济增长的因素

影响经济增长的因素有很多。如图 12-1 所示,$Q=A\cdot F(K,L,R)$是总生产函数,其中,Q为产出,K为资本对产出的贡献,L为投入的劳动力,R为投入的自然资源,A代表经济中的制度安排和技术水平,F为生产函数。该图说明了一国潜在的产出(也就是一个社会在一定时期内所能生产出来的最大产出水平)是如何决定的。同时也显示了**影响经济增长的几大因素:资源(即投入生产的各种生产要素,包括劳动力、资本、自然资源等)、制度安排和技术水平等**。

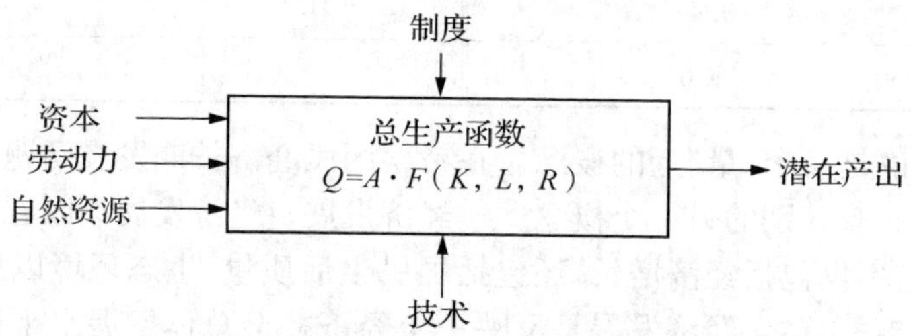

图 12-1 潜在产出的决定因素

这些因素大致可以分为直接因素和间接因素两大类。其中，资源(包括劳动力、资本、自然资源等生产要素)投入的数量和使用效率是直接因素。制度和技术水平是间接因素，这些间接因素会影响到资源的投入数量和资源使用效率。

(一) 资源

资源，即投入生产的各种生产要素，包括资本、劳动力、自然资源等。

1. 资本

一般可将资本分为物质资本与人力资本。物质资本又称有形资本，是指设备、厂房、存货等的存量。人力资本又称无形资本，是指体现在劳动者身上的投资，如劳动者的文化技术水平、健康状况等。这里所讲的资本是指物质资本。经济增长中必然有资本的增加，英国古典经济学家亚当·斯密就曾把资本的增加作为国民财富增加的源泉。现代经济学家认为，在经济增长中，一般的规律是资本的增加要大于人口的增加，即人均资本量是增加的，从而每个劳动力所拥有的资本量(资本/劳动比率)是增加的。只有人均资本量增加，才有人均产量的提高。

根据美国经济学家罗伯特·索洛的研究，美国在1909—1940年间，平均年增长率为2.9%，其中由于资本增加所引起的增长率为0.32%，即资本在经济增长中所做出的贡献占11%左右。应该指出，在经济增长的开始阶段，资本增加所做的贡献还要更大一些。因此，许多经济学家都把资本积累占国民收入的10%～15%作为经济起飞的先决条件，把增加资本作为实现经济增长的首要任务。在以后的增长中，资本的相对作用下降了。

2. 劳动力

在生产投入要素中，劳动力要素是至关重要的因素。劳动力的增加又可以分为劳动力数量的增加与劳动力质量的提高，这两个方面对经济增长都是重要的。劳动力数量的增加可以有三个来源，一是人口的增加，二是人口中就业率的提高，三是劳动时间的增加。劳动力质量的提高则是文化技术水平和健康水平的提高。劳动力是数量与质量的统一，一个高质量的劳动力，可以等于若干质量低的劳动力。劳动力数量的不足，可以由质量的提高来弥补。例如，战后美国劳动力数量的增加并不多，但美国发达的教育提高了劳动力的质量，从而使劳动对经济增长做出了重要贡献。

据索洛估算，在1909—1940年间，美国2.9%的年增长率中，由劳动引起的增长率为1.09%，即劳动在经济增长中做出的贡献占38%左右。这与战后劳动力数量增长较高的西欧各国劳动对经济增长做出的贡献比例相当。还应该指出的是，在经济增长的开始阶段，人口增长率也高。因此，这时劳动的增加主要依靠劳动力数量的增加。而经济增长到了一定阶段，人口增长率下降，劳动工时缩短，这时就要通过提高劳动力的质量来弥补劳动力数量的不足。这一点是一个普遍规律。

[**相关链接 12-2**]

群众生育意愿为何降低？国家卫健委分析三大主因！

中共中央政治局2021年5月31日召开会议，会议指出，进一步优化生育政策，实施一对夫妻可以生育三个子女政策及配套支持措施，有利于改善我国人口结构、落实积极应对人口老龄化国家战略、保持我国人力资源禀赋优势。

国家卫健委有关负责人表示,目前,我国"90后"平均打算生育子女数仅为1.66个,比"80后"低10%。2019年全国人口与家庭动态监测调查显示,有生育二孩及以上打算的妇女,仅不足半数实现了再生育。教育、住房、就业等相关经济社会政策成为影响家庭生育抉择的关键。全面两孩政策实施后,相当比例的家庭想生不敢生,排名前三的原因是经济负担重、婴幼儿无人照料和女性难以平衡家庭与工作的关系。调查显示,因为"经济负担重"的占75.1%,"没人带孩子"的占51.3%,女职工生育后工资待遇下降的有34.3%,其中降幅超过一半的达42.9%。

(资料来源:节选整理自"群众生育意愿为何降低?国家卫健委分析三大主因!三孩政策配套措施如何跟上?专家最新解读"https://www.sohu.com/na/469744047_115362)

3. 自然资源

自然资源是社会经济发展的物质基础,在农业经济和工业经济时代,自然资源对一国或一地区的经济发展起着重要的作用。在知识经济时代,虽然自然资源在经济发展中的地位逐渐下降,但仍对一国或一地区的经济发展有比较大的影响,主要表现在:自然资源的地域组合影响一国或一地区的产业结构;自然资源的数量多寡影响一国或一地区经济发展的规模大小;自然资源的质量及开发利用条件影响一国或一地区生产活动的经济效益。

(二) 制度

制度是一种涉及社会、政治和经济行为的行为规则。如果把人类的所有活动都看作游戏,制度就是游戏规则。制度规范人们的行为,同时也提供激励。人的行为是对制度所做出的反应。制度决定人们的经济与其他行为,也决定一国的经济增长。美国经济学家诺思强调"增长的路径依赖",其含义就是增长取决于制度,适于经济发展的制度是实现增长的前提。人类社会出现过多种经济制度,但历史证明,最适于经济增长的是市场经济制度。只有选择这种制度,迅速增长才是可能的。市场经济是一个制度体系,包括了多种制度,其中包括保护个人财产的产权制度、降低交易费用的货币制度、规范人们行为的合约制度、组织经济活动的公司制度,等等。这些制度的建立与完善是经济增长的前提。

[相关链接12-3]

世界银行《2020年营商环境报告》:中国名列第31名

2019年10月24日,世界银行在美国华盛顿发布了最新一期的全球营商环境报告。这份《2020年营商环境报告》(以下简称《报告》)指出,由于大力推进改革议程,中国连续两年跻身全球营商环境改善最大的经济体排名前十,并且在总排名中继续获得大幅提升——由去年的46位上升至31位,位列东亚太平洋地区第7位,仅次于日本。

"中国为改善中小企业的国内营商环境做出了巨大努力,保持了积极的改革步伐,在多项营商环境指标上取得了令人赞许的进步。"世界银行中国局局长芮泽(Martin Raiser)表示。

《报告》显示的10项营商环境一级指标包括开办企业、办理施工许可、获得电力、登记财产、获得信贷、保护少数投资者、纳税、跨境贸易、执行合同和办理破产。

过去一年里,中国在施工许可证办理流程中取得了显著改善,主要体现在流程数量和时间方面都显著减少,因此该指标在《报告》中的得分和全球排名获得了显著提升。《报告》显示,目前在中国办理施工许可证耗时111天，在该指标的质量指数上得到15分的满分，高于东亚地区132天和9.4分的平均水平。

（资料来源：节选整理自世界银行《2020年营商环境报告》）

（三）技术进步

技术进步在经济增长中的作用，体现在生产率的提高上，即同样的生产要素投入量能提供更多的产品。技术进步主要包括资源配置的改善、知识的进展和规模经济。

资源配置的改善主要指人力资源配置的改善，即劳动力从低生产率部门转移到高生产率部门中，包括农业劳动力转移到工业中，以及独立经营者与小企业中的劳动力转移到大企业中去。劳动力的这种转移，提高了生产率。

知识的进展是技术进步中最重要的内容，据美国经济学家E.丹尼森估算，技术进步引起的生产率提高中有60%左右要归功于知识进展。知识进展包括科学技术的发展及其在生产中的运用，新工艺的发明与采用，等等。特别应该强调的是，知识进展不仅应包括自然科学与技术科学的进展，还包括管理科学的进展。管理科学的发展、新的管理方法的应用，在经济增长中起了重要的作用。

技术进步在经济增长中起了最重要的作用。据R.索洛估算，1909—1940年间，美国2.9%的年增长率中由于技术进步而引起的增长率为1.49%，即技术进步在经济增长中所做出的贡献占51%左右。而且，随着经济的发展，技术进步的作用越来越重要。

［相关链接12-4］

拉动经济增长的"三驾马车"

完整意义上的"三驾马车"是指在支出法核算中的最终消费支出、固定资本形成总额、产品和服务出口。最终消费支出反映消费需求；资本形成总额反映投资需求；净流出等于货物和服务的流出减去流入后的净额，反映外部需求。这"三大需求"就是我们所说的拉动经济增长的"三驾马车"。

1. 固定资产投资与经济增长之间的关系

投资是社会总需求的重要组成部分，它对总需求的总量和结构会产生直接的影响，也是增加社会总供给的重要途径，通过增加投资能够扩大社会生产能力。需求拉动作用通常直接表现在投资增长和经济增长的同期数值中，供给推动作用则有一定滞后期。投资波动会导致经济同向波动，它与总产出之间存在着乘数效应。当投资增加时，会立即增加对投资品的需求，增加投资品生产企业的产量，就业就会上升，居民收入增加，有利于促进消费需求的增加，从而使社会总产出倍数增加；反之，则相反。投资与经济增长是一种相互促进、相互制约的关系。一般来说，投资的适度增长能促进经济持久发展；投资增长不足可能减缓经济发展；投资增长过快可能引发经济过热。

2. 消费与经济增长之间的关系

消费是经济增长的真正最终需求,是推动经济稳定增长的根本动力。相比发达的市场经济国家,我国的消费率是比较低的,但是仍然比投资率高,消费需求对经济的促进作用大于投资需求。消费需求是最终需求,是总需求的重要组成部分,消费增加直接拉动经济增长;教育、医疗保健等消费支出可以创造人力资本,政府的部分消费性支出可以提供生产性公共产品,这些均为长期的经济增长提供了生产要素,从而推动经济增长;消费需求是生产的目的,可以创造出生产的动力,并刺激投资需求,促进经济发展。

3. 出口与经济增长之间的关系

内需可以为外需提供重要的支撑和动力,同样,外需对内需也有着巨大的拉动作用。外需从不同的方面直接或间接地刺激内需,形成了如"出口→带动国内相关产业的发展→提供大量就业岗位→提高居民收入水平→扩大消费需求"或"出口→缓解国内产能过剩→减少相关企业破产→增加国家税收收入→进而扩大国内投资需求和消费需求"的"拉动链"。外需还通过"示范效应"推动内需升级,这种"示范效应"同时存在于投资和消费两个领域。因此,在以扩大内需为宏观经济调控立足点的同时,不可忽略或小视稳定外需的作用,需要继续重视和支持对外贸易发展,充分发挥好外贸对上下游产业的乘数效应,实现以外需带动内需,以内需促动外需。

[资料来源:统计科学与实践,2011(04)]

三、经济增长模型

早期经济增长理论主要代表有:斯密的经济增长理论、李嘉图的经济增长理论和马尔萨斯的经济增长理论。斯密的经济增长理论的主要观点是:经济增长表现为国民财富的增长。国民财富的增长决定于两个条件:劳动生产率的高低和从事生产性劳动人数的多寡。人口数量的增加会引起劳动数量的增长,从而引起经济增长。李嘉图的经济增长理论和斯密一样,认为经济增长表现为社会物质财富的增长,社会财富的增长取决于劳动数量的扩大和劳动生产率的提高。他也认为资本积累的扩大是国民财富增长的根本原因,和斯密的不同之处在于他对报酬递减规律的强调。马尔萨斯的经济增长理论将资本过剩状态归结于有效需求不足,他关于有效需求不足的分析是凯恩斯革命的前奏。

[**相关链接 12-5**]

东亚奇迹

战后先是日本在20世纪70年代率先实现工业化,并通过海外直接投资向东亚地区转移劳动密集型和资金密集型产业,促进了"四小龙"的腾飞,随后"四小龙"从80年代开始产业转型,加入日本对东盟国家投资的队伍,把劳动密集型的组装加工业大规模转移到马来西亚、泰国和印度尼西亚,从而在时间上形成东亚排浪式的工业化追赶浪潮。

从1984—1996年间,东亚在世界进口总额中的比重由18.5%上升到25%,在世界出口总额中的比重由19%上升到27%,与此同时,东亚的贫困人口由4亿减少到1亿多人。8个国家和地区的平均寿命由1960年的56岁增加到1990年的71岁。

20世纪80年代以来日本对东亚直接投资迅速增加,有力地推动了东亚各地区的产业结构升级,促进了重化工业在东亚的移植和发育,同时也使东亚国家的产业发展严重依赖于日本的技术。据 1995 年日本贸易振兴会调查，“四小龙”70％的日本企业、东盟 78％的日本企业都主要从日本本土筹措、调配零部件和其他资本货物。日本经济研究中心有关统计则表明，在韩国和中国台湾地区经济起飞和高速增长中，技术供给的 54.6％和 65.3％来自日本，其他东亚国家和地区技术引进的 1/5 以上也来自日本。这种技术依赖使东盟国家的产业发展严重依赖于外资企业，只有少数本国当地企业能够为跨国公司提供协作配套生产。同时，由于跨国公司提供协作配套生产，与当地企业的技术差距、管理差距悬殊，导致当地企业进入外资主导产业的壁垒极高。在这种配套不成、进入不可的双重挤压下，本国当地资本只好大量涌入房地产市场、证券市场，虚拟经济过度膨胀导致经济的泡沫化，同时也导致金融市场的更加不稳定。

［资料来源：西方经济学（宏观部分）案例分析. 黄德林整理］

1936 年凯恩斯《就业、利息和货币通论》的发表为现代经济增长理论奠定了基础。直接产生于对凯恩斯经济学的修正和扩展，或是对凯恩斯经济学发展和完善的努力。现代经济增长理论的重点在于研究经济稳定增长的长期条件，也就是在长期内如何达到较低的失业率和通货膨胀率，以及在适当的经济条件下实现经济增长率这一目标，注重研究如何控制各种经济变量使其满足稳定增长条件。现代经济增长理论主要有哈罗德-多马增长模型、新古典增长模型、新剑桥增长模型以及内生增长理论等。

（一）哈罗德-多马增长模型

这一模型简称哈罗德-多马模型，是 20 世纪 40 年代分别由英国经济学家罗伊·哈罗德和美国经济学家埃弗塞·多马提出的，他们所提出的模型基本相同，故合称哈罗德-多马模型。

哈罗德-多马模型是以一些严格的假定条件为前提条件的，这些假设主要包括：

第一，整个社会只生产一种产品，这种产品既可以作为消费品，也可以作为资本品；

第二，生产中只使用两种生产要素：劳动与资本——这两种生产要素为固定技术系数（即它们在生产中的比率是固定的），不能互相替代；

第三，规模收益不变，也就是说生产规模扩大时不存在收益递增或递减的情况；

第四，技术水平不变。

有了这些基本假定后，可以给出该模型的基本公式：

$$G=\frac{S}{C}$$

式中，G 代表国民收入增长率，即经济增长率；S 代表储蓄率，即储蓄量在国民收入中所占的比例；C 代表资本-产量比率，即生产一单位产量所需求的资本量。根据这一模型的假设，资本与劳动的配合比例是固定不变的，从而资本-产量比率也是不变的。这样，经济增长率实际就取决于储蓄率。

从该公式中可知，在资本-产量比率不变的条件下，储蓄率高，则经济增长率高；储蓄率低，则经济增长率低。可见，这一模型强调的是资本增长对经济增长的作用，分析的是资本增加对经济增长之间的关系。

哈罗德-多马模型根据上述公式，分别提出实际增长率、有保证的增长率与自然增长率这三个概念，并用来分析经济长期稳定增长的条件与波动的原因。实际增长率（G）是实际所发生的增长率，它由实际储蓄率（S）与实际资本-产量比率（C）决定，即：

$$G=\frac{S}{C}$$

均衡增长率(G_W),也称为保证的增长率或合意增长率,是长期中理想的增长率,它由合意的储蓄率(S_D)与合意资本-产量比率(C_R)决定,即:

$$G_W=\frac{S_D}{C_R}$$

自然增长率(G_N)是长期中人口增长和技术进步所允许达到的最大增长率,它由最适宜的储蓄率(S_O)与合意的资本-产量比率(C_R)决定,即:

$$G_N=\frac{S_O}{C_R}$$

哈罗德-多马模型认为,长期中实现经济稳定增长的条件是实际增长率、均衡增长率与自然增长率相一致,即 $G=G_W=G_N$。如果这三种增长率不一致,则会引起经济中的波动。具体来说,若实际增长率与均衡增长率背离,会引起经济中的短期波动。当实际增长率大于均衡增长率($G>G_W$)时,会引起累积性的扩张,因为这时实际的资本-产量比率小于均衡资本-产量比率,厂商会增加投资,使两者一致,从而就刺激了经济的扩张。相反,当实际增长率小于均衡增长率($G<G_W$)时,会引起累积性的收缩。在长期中,若均衡增长率与自然增长率背离,也会引起经济波动。当均衡增长率大于自然增长率($G_W>G_N$)时,由于均衡增长率超过了人口增长和技术进步所允许的程度,将会出现长期停滞。反之,当均衡增长率小于自然增长率($G_W<G_N$)时,由于均衡增长率不会达到人口增长和技术进步所允许的程度,将会出长期繁荣。所以,应该使这三种增长率达到一致。

(二)新古典增长模型

在现实中,由于各种因素的影响,实际增长率、均衡增长率和自然增长率很难达到一致。也就是说,哈罗德-多马模型所指出的经济增长途径是很难实现的。于是,美国经济学家罗伯特·索洛等人提出了新古典增长模型。

新古典增长模型是在哈罗德-多马模型的基础上进行的改进和完善,因此它的假定条件基本上与哈罗德-多马模型一致,只是假定资本-产量比率可变,且考虑了技术进步对经济增长的贡献,其他假定条件不变。

新古典模型的公式是:

$$G=\alpha\frac{\Delta K}{K}+\beta\frac{\Delta L}{L}+\frac{\Delta A}{A}$$

式中,$\frac{\Delta K}{K}$代表资本增加率;$\frac{\Delta L}{L}$代表劳动增加率;α 代表经济增长中资本所做的贡献比例;β 代表经济增长中劳动所做的贡献比例;α 与 β 之比即资本-劳动比率。由于假定只有资本和劳动两种要素投入,所以有:$\alpha+\beta=1$;$\frac{\Delta A}{A}$代表技术进步率。

这一模型的含义是:

第一,决定经济增长的因素是资本的增加、劳动的增加和技术进步;

第二,资本-劳动比率是可变的,从而资本-产量比率也是可变的,这是对哈罗德-多马模型的重要修正;

第三,资本-劳动比率的改变是通过价格的调节来进行的。如果资本量大于劳动量,则资本的相对价格下降，劳动的相对价格上升，从而就使生产中更多地利用资本，更少地利用劳动，通过资本密集型技术来实现经济增长。反之，如果资本量小于劳动量，则资本的相对价格上升，劳动的相对价格下降，从而就使生产中更多地利用劳动，更少地利用资本，通过劳动密集型技术来实现经济增长。这样，通过价格的调节使资本与劳动都得到充分利用，经济得以稳定增长。因为新古典增长模型强调了价格对资本-劳动比率的调节作用，与新古典经济学的观点相似，故称新古典模型。

新古典模型从资本-产量比率的角度探讨了经济长期稳定增长的条件。这一模型认为，在长期中实现均衡的条件是储蓄全部转化为投资，即对凯恩斯储蓄等于投资这一短期均衡条件的长期化。这种情况下，如果储蓄倾向不变，劳动增长率不变，则长期稳定增长的条件就是经济增长率（$\Delta Y/Y$）与资本存量增长率（$\Delta K/K$）必须相等，即：

$$\Delta Y/Y=\Delta K/K$$

如果 $\Delta Y/Y>\Delta K/K$，这就意味着收入的增长快于资本存量的增长，从而资本生产率提高。这就会刺激厂商用资本代替劳动，使用的资本量的增加，这一方面使资本边际生产率下降，另一方面使资本价格提高，从而最终会减少资本使用量，最后达到 $\Delta Y/Y=\Delta K/K$。可见，通过市场调节，会使经济在长期中保持 $\Delta Y/Y=\Delta K/K$，从而实现稳定增长。

（三）新剑桥增长模型

新剑桥增长模型，是由英国经济学家 J. 罗宾逊、N. 卡尔多等人提出来的。这一模型着重分析了收入分配的变动如何影响储蓄率，进而影响经济增长的。

新剑桥增长模型也是以一些假定条件为前提条件的，该模型假设资本-产量比率保持不变；社会成员只分为利润收入者（资本家或雇主）和工资收入者（工人或雇员），两者的储蓄率都是固定的，而且利润收入者的储蓄率大于工资收入者的储蓄率。

新剑桥增长模型的公式为：

$$G=\frac{S}{C}=\frac{\frac{P}{Y}S_p+\frac{W}{Y}S_w}{C}$$

式中，C 仍然是资本-产量比率。$\frac{P}{Y}$是利润在国民收入中所占的比例，$\frac{W}{Y}$是工资在国民收入中所占的比例，国民收入分为利润与工资两部分，所以$\frac{P}{Y}+\frac{W}{Y}=1$。$S_p$是利润收入者的储蓄倾向（即储蓄在利润中所占的比例）。S_w是工资收入者的储蓄倾向（即储蓄在工资中所占的比例）。根据假设有 $S_p>S_w$，并且 S_p与 S_w都是既定的。

在上式中，我们假定 $S_p=40\%$，$S_w=20\%$，如果$\frac{P}{Y}=30\%$，$\frac{W}{Y}=70\%$，则：

$S=(30\%\times 40\%+70\%\times 20\%)=26\%$

如果将收入分配改变为：$\frac{P}{Y}=70\%$，$\frac{W}{Y}=30\%$，则：

$S=(70\%\times 40\%+30\%\times 20\%)=34\%$

从上面的例子可以看出，在 S_p与 S_w既定时，储蓄率的大小取决于国民收入分配的状况，即利润与工资在国民收入分配中所占的比例。在 $S_p>S_w$的假定之下，利润在国民收入中所占的比例越大，则储蓄率越高；相反，工资在国民收入中所占的比例越大，则储蓄率越低。

在资本-产量比率不变的情况下,增长率取决于储蓄率,储蓄率越高则增长率越高。而要提高储蓄率,就要改变国民收入的分配,使利润在国民收入中占更大的比例。因此,经济增长是以加剧收入分配的不平等为前提的,经济增长的结果,也必然加剧收入分配的不平等。这是新剑桥增长模型的重要结论。

新剑桥增长模型从社会储蓄率的角度探讨了经济长期稳定增长的条件。要使经济按一定的增长率增长下去就必须保持一定的储蓄率,社会储蓄率取决于利润收入者与工资收入者的储蓄倾向,以及他们的收入在国民收入中所占的比率。前者是不变的,因此,要保持一定的储蓄率就必须使国民收入中工资与利润保持一定的比例。

新古典模型和新剑桥模型实际上都是从 $G=\frac{S}{C}$ 这个公式来分析经济长期增长的条件的。新古典模型分析 C 的变动,新剑桥模型分析 S 的变动。

(四)内生增长理论

20 世纪 80 年代以来,以罗默和卢卡斯为代表的经济学家在反思新古典增长理论的基础上,逐渐形成了一种新的增长理论,即内生增长理论。这一理论是经济增长理论的重大突破。以往增长理论中将储蓄率、人口增长和技术进步等经济增长重要因素视作外生变量(即一个给定的量),也就是说这些因素是经济增长的动力而不是经济增长的后果。而现实经济中,储蓄率的变化、人口增长率的变化和技术进步不仅是经济增长的动力,同时也是经济增长的后果,因而不可能是一个外生变量,而是随着经济增长而变化的量。内生增长理论试图避免这一缺陷,将这些重要因素作为内生变量,用规模收益递增和内生技术进步来说明各国经济如何增长,其显著特点是将增长率内生化,故称内生增长理论。

内生增长理论比较集中地讨论了技术进步这一因素在经济增长中的作用,该理论认为一个经济社会的技术进步快慢和路径是由这个经济体系中的家庭、企业在经济增长中的行为决定的。该理论主要代表人物罗默认为,企业通过增加投资的行为,提高了知识水平,知识有正的外部性,从而引起物质资本和劳动等其他要素也具有收益递增的特点。另一代表人物卢卡斯认为,发达国家拥有大量人力资本,经济持续增长是人力资本不断积累的结果。还有的学者强调从事生产过程也是获得知识的过程,即所谓的“干中学”,干中学积累起来的经验使劳动力和固定资产的效率在生产过程中不断提高。总之,一句话,技术进步是经济体系的内生变量。

内生增长理论对现实有着较强的指导意义,依据其观点,政府应当通过各种政策,如对研究和开发提高补贴,对文化教育事业给予支持,用税收等政策鼓励资本积累等,以促进经济增长。

第二节　经济周期理论

经济发展的历史表明,经济的增长方式从来都不是按部就班的、一成不变的。一个国家可以享受好多年令人兴奋的经济繁荣,而接下来的也许就是一场经济衰退,甚至是一场金融危机。于是,经济的总产出下降,利润和实际收入减少,大批工人失业。当经济衰退逐渐落至谷底,便开始复苏。简言之,经济在沿着经济发展的总体趋势的增长过程中,常常伴随着经济活动的上下波动,且呈现出周期性变动的特征。因此,在完成对经济增长理论的阐述之后,本节将阐述经济周期理论。

一、经济周期的含义

经济周期，又称商业周期或商业循环，是指国民收入及经济活动的周期性波动。对于经济周期有两种不同的理解，古典经济学的经济周期是指实际GDP或总产量绝对量上升和下降的交替过程。但是，现代经济发展的实际情况告诉我们，实际GDP或总产量的绝对量下降的情况是很少见的，所以现代宏观经济学中认为经济周期是经济增长率上升或下降的交替过程。根据这一定义，衰退不一定表现为GDP绝对量的下降，而主要是GDP增长率的下降，即使其值不是负值，也可以称之为衰退，经济学中称之为增长性衰退。

在理解经济周期内涵时需要注意以下三点：

第一，经济周期的中心是国民收入的波动，由于这种波动而引起了失业率、一般物价水平、利率以及对外贸易活动的波动，所以研究经济周期的关键是研究国民收入波动的规律与根源；

第二，经济发展的周期性波动是客观存在的经济现象，任何国家的经济发展都无法避免；

第三，虽然每次经济周期并不完全相同，但它们却有共同之处，即每个周期都是繁荣与萧条的交替。

二、经济周期的阶段

（一）两阶段法

一个完整的经济周期可以分为两个大的阶段：扩张阶段和收缩阶段。

经济周期波动的扩张阶段，是宏观经济环境和市场环境日益活跃的时期。在这个阶段，厂商市场需求旺盛，订单充足，商品畅销，生产趋升，资金周转灵便。企业的供、产、销和人、财、物都比较好安排，企业处于较为宽松有利的外部环境中。在此阶段的最高点称为顶峰，这时就业与产量水平达到最高，但股票与商品的价格开始下跌，存货水平高，公众的情绪正由乐观转为悲观。这是扩张阶段的极盛时期，也是由扩张阶段转向收缩阶段的开始。

经济周期波动的收缩阶段，是宏观经济环境和市场环境日趋紧缩的时期。在这个阶段，市场需求疲软，订单不足，商品滞销，生产下降，资金周转不畅。企业在供、产、销和人、财、物方面会遇到很多困难，企业处于较恶劣的外部环境中。经济的衰退既有破坏作用，又有“自动调节”作用。在经济衰退中，一些企业破产，退出商海；一些企业亏损，陷入困境，寻求新的出路；一些企业顶住恶劣的气候，在逆境中站稳了脚跟，并求得新的生存和发展，这就是市场经济下“优胜劣汰”的企业生存法则。此阶段的最低点称为谷底，这时就业与产量跌至最低，但股票与商品的价格开始回升，存货减少，公众的情绪正由悲观转为乐观。这是收缩阶段的最严重时期，也是由收缩阶段转向扩张阶段的开始。

（二）四阶段法

对上述两个阶段又可进一步细分，扩张阶段可以分为复苏和繁荣两个阶段，收缩阶段可以分为衰退和萧条两个阶段。在四个阶段中繁荣与萧条是两个主要阶段，衰退与复苏是两个过渡性阶段，如图12－2所示。

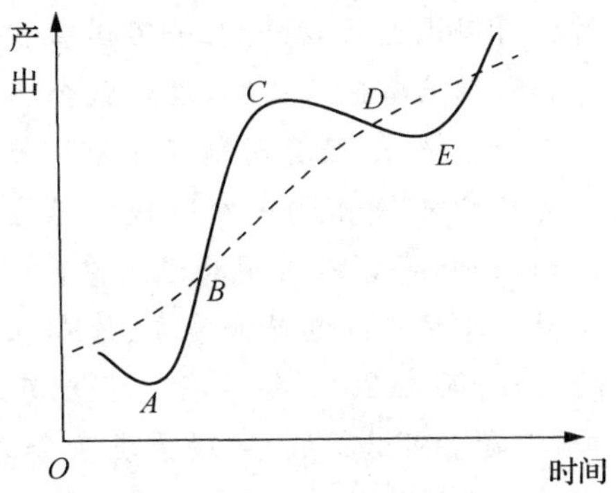

图12－2　经济周期

在图12-2中,向右上方倾斜的虚线代表经济的长期稳定增长趋势,实曲线部分则用来表示经济活动围绕"长期趋势"上下波动的实际水平,图中$A \sim E$部分代表了一个完整的经济周期,其中$A \sim B$为复苏阶段,$B \sim C$为繁荣阶段,$C \sim D$为衰退阶段,$D \sim E$为萧条阶段。A点为收缩阶段到扩张阶段的转折点,是整个经济周期的谷底。C点为扩张阶段到收缩阶段的转折点,是整个经济周期的峰顶。

理解经济周期的阶段应注意这样几点:

第一,每一个经济周期都包括了扩张和收缩两个阶段,细分下来是复苏、繁荣、衰退、萧条四个阶段。扩张和衰退是相互交替的,在交替中有两个不同的转折点,如果经济是由扩张阶段转向收缩阶段,则转折点是峰顶;如果经济是从收缩阶段转向扩张阶段,则转折点是谷底。由于扩张和收缩是相互交替的,因此,谷底和峰顶也是相互交替的。

第二,虽然经济周期的四个阶段从逻辑上肯定这个顺序排列,但它们在每次经济周期中的长度和实际形态将有很大的差异。例如,一个周期的谷底或峰顶可能仅仅持续几周,也可能持续几个月甚至是几年。

第三,在一定时期内,存在着生产能力的增长趋势,所以在某一谷底阶段中,其实际的生产和就业水平有可能出现比以前周期的峰顶时期还要高的状况,这是正常的。

第四,在"二战"之后,经济周期仍然存在,但有一些与以往不同的特点。例如,经济中的波动仍存在,但更没有规律性;经济周期的繁荣阶段更长了,而衰退阶段缩短了,并且没有出现过像20世纪30年代那样严重的萧条。总体上说,尽管有周期性波动,但波动程度小了,经济以繁荣为主。

[相关链接12-6]

理财要顺应经济周期

对于普通投资者来说,在"牛市"里只要大方向没错,就会赚个钵满盆满;可到了"熊市"或是震荡期,就会显得手足无措,甚至会赔得很惨。大家不禁会问:"咱散户怎么才能走出'大赔大赚'的投资怪圈呢?"

其实,任何事物都有其自身发展的规律,经济发展和股市运行也一样,只有顺应"规律"办事,才会获得较好的结果,这跟天冷加衣才不容易感冒是一个道理。就此,有理财专家指出,很多投资人经常会坐上"大赔大赚"的"过山车",主要是不了解经济周期的运行规律,结果使得理财变得捉襟见肘,投资人苦不堪言。其实投资理财很简单,只要把握住经济发展的脉络,用经济的周期策略武装头脑,理财就会变得游刃有余。

一般来说,经济周期可分为复苏、繁荣、衰退、萧条四个阶段,每一个阶段都有其独特的经济运行特征,并且每一个阶段都对应着该阶段表现最优的投资品种,包括股票、债券、现金等。例如,2008年经济呈现衰退现象,在"熊市"环境中,最适宜的投资对象就是固定收益类产品,投资者此时可以选择如债券、债券基金、货币基金等投资产品,避险的同时又可以获得较稳定的收益;而在2009年经济逐步复苏过程中,市场环境开始好转,此时股票就是最好的投资品种,投资者可选择股票、股票类基金进行投资。同样的道理,经济所处的周期不同,各行业上市公司的投资价值也不同,把握住行业轮动特征,也是获得较好投资收益的关键。

(资料来源:北京商报,2009-11-27)

三、经济周期的成因

经济理论分析的目的不仅存在于对人们经济行为和经济现象的描述，更重要的是对人们的经济行为和经济现象提出合理的解释与说明。对于经济周期这一个现代经济生活中的常见现象，经济学家们提出了多种解释，但大体上可以分为内生经济周期理论和外生经济周期理论两类。

[**相关链接 12 - 7**]

美国 20 世纪 30 年代萧条与 40 年代繁荣的原因

20 世纪 30 年代初的经济灾难称为大萧条，而且是美国历史上最大的经济下降。从 1929 年到 1933 年，实际 GDP 减少了 27%，失业从 3%增加到 25%。同时，在这四年中物价水平下降了 22%。在这一时期，许多其他国家也经历了类似的产量与物价下降。经济史学家一直在争论大萧条的原因，但大多数解释集中在总需求的大幅度减少上。

许多经济学家主要抱怨货币供给的减少：从 1929 年到 1933 年，货币供给减少了 28%。

另一些经济学家提出了总需求崩溃的其他理由。例如，在这一时期股票价格下降了 90% 左右，减少了家庭财富，从而也减少了消费者支出。此外，银行的问题也阻止了一些企业获得它们想为投资项目进行筹资机会，这就压抑了投资支出。当然，在大萧条时期，所有这些因素共同发生作用紧缩了总需求。

第二个重大时期 40 年代初的经济繁荣是容易解释的。这次事件显而易见的原因是“二战”。随着美国在海外进行战争，联邦政府不得不把更多资源用于军事。从 1939 年到 1944 年，政府的物品与劳务购买几乎增加了 5 倍。总需求的这种巨大扩张几乎使经济中物品与劳务的生产翻了一番，并使物价水平上升了 20%。失业从 1939 年的 17%下降到 1944 年的 1%，这是美国历史上最低的失业水平。

[资料来源：西方经济学(宏观部分)案例分析. 黄德林整理]

(一) 内生经济周期理论

内生经济周期理论认为是经济体系的内部因素导致了经济的周期性波动。这类理论并不否认经济体系外部因素对经济的冲击作用，但它强调经济中这种周期性波动是经济体系内的因素引起的。内生经济周期理论包括许多理论。下面首先介绍最具有代表性的内生经济周期理论，即乘数-加速数模型；然后简单介绍其他理论，即纯货币理论、投资过度理论和消费不足理论。

1. 乘数-加速数模型

1) 乘数-加速数模型的基本思想

乘数-加速数模型的代表人物是美国经济学家萨缪尔森。该模型在试图把外部因素和内部因素结合在一起对经济周期做出解释的同时，特别强调投资变动的因素。假设由于新发明的出现使投资的数量增长，投资数量增长会通过乘数作用使收入增加。当人们的收入增加时，他们会购买更多的产品和劳务，从而整个社会的产品和劳务销售数量增加。销售量的增长会促进投资以更快的速度增长，而投资的增长又使国民收入增长，从而销售数量再次上升。如此循环往返,国民收入不断增大,于是社会便处于经济周期的扩张阶段。

然而,社会的资源总是有限的,收入的增长迟早会达到资源所能容许的峰顶。一旦经济达到经济周期的峰顶,收入不再增长,从而销售量也不再增长。销售量增长的停止意味着投资量的下降。由于投资的下降,收入减少,从而销售量也因之而减少。又根据加速原理,销售量的减少使得投资进一步地减少,而投资的下降又使国民收入进一步下降。如此循环往复,国民收入会持续下降。这样,社会便处于经济周期的衰退阶段。收入的持续下降使社会最终达到经济周期的谷底。这时,由于衰退阶段的长时期负投资,生产设备的逐年减少,所以仍在营业的一部分企业会感到有必要更新设备。这样,投资开始增加,收入开始上升,上升的国民收入通过加速原理又一次使经济进入扩张阶段,于是,一次新的经济周期又开始了。

2) 加速原理

在宏观经济学中,**产量水平的变动和投资支出数量之间的关系被称为加速原理**。一般说来,要生产更多的产量需要更多的资本,进而需要用投资来扩大资本存量。在一定限度内,企业有可能用现有的资本通过集约的使用来生产更多的产品,但对于企业来说,总有一个最优的资本-产量比率。不同企业的资本-产量比率是不同的,并且资本-产量比率会随着社会技术和生产环境的变动而发生变动,为了简单起见,假定这个比率在一段时间内保持不变。以 K 代表资本,Y 代表产量水平,v 代表资本/产出比率,即一定时期内每生产单位产量所需要的资本存量,则有:

$$K_t = vY_t$$

式中,K_t是 t 期的资本存量,而 Y_t是 t 期的产出水平,是一个流量。由此式可知,资本存量的增加可以导致产出水平的增加,而资本存量的增加取决于一段时间内的净投资。

设 I_t是 t 时期的净投资,则有:

$$I_t = K_t - K_{t-1}$$

将 $K_t = vY_t$ 代入上式中,可得:

$$I_t = K_t - K_{t-1} = vY_t - vY_{t-1} = v(Y_t - Y_{t-1})$$

式中,如果 Y_t大于 Y_{t-1},则在 t 时期内有正的净投资。也就是说,净投资取决于产量水平的变动,变动的幅度大小取决于资本-产量比率的数量,资本-产量比率 v 通常被称为加速数。

由于总投资是由净投资与重置投资(即折旧)构成,因而有:

$$t\text{ 时期总投资} = v(Y_t - Y_{t-1}) + t\text{ 时期的折旧}$$

由上两式所表示的加速原理说明,如果加速数为大于 1 的常数,资本存量所需要的增加必须超过产量的增加。应当指出,加速原理发生作用是以资本存量得到了充分利用,且生产技术不变,从而资本-产量比率固定不变为前提的。

3) 乘数-加速数模型

乘数-加速数模型将乘数原理与加速原理结合起来,以说明经济周期产生的原因,这一模型的基本表达式如下:

$$\begin{cases} Y_t = C_t + I_t + G_t & (1) \\ C_t = cY_{t-1}, 0 < c < 1 & (2) \\ I_t = v(C_t - C_{t-1}), c > 0 & (3) \end{cases}$$

(1) 式为产品市场均衡公式,即收入恒等式,为简便起见,假定政府购买 $G_t = G$(常数)。(2) 式为简单的消费函数,其中 c 是消费倾向,该式表明本期消费是上期收入的线性函数。

(3) 式表明本期投资是本期消费与上期消费的差与加速数的乘积(在前文关于加速原理的说明中,是把投资作为本期和上一期的收入之差的函数来论述的。由于在一般情况下,消费量和收入大致会保持固定的比率,所以加速原理也可以用本期与前期消费的改变量来表示)。将(1) 式和(2) 式代入(3)式,可得:

$$Y_t = cY_{t-1} + c \cdot v(Y_{t-1} - Y_{t-2}) + G \tag{4}$$

现假设消费倾向 $c=0.7$,加速数 $v=1.3$,政府每期开支 $G=0.8$ 亿元,若不考虑第 1 期以前的情况,则可根据(4) 式做出表 12-2。

表 12-2　乘数和加速数的相互作用

t	G_t	C_t	I_t	Y_t	t	G_t	C_t	I_t	Y_t
1	1.5	0.000	0.000	1.500	14	1.5	2.029	0.927	3.756
2	1.5	1.050	1.365	3.215	15	1.5	2.629	0.780	4.209
3	1.5	2.251	1.561	4.611	16	1.5	2.947	0.412	4.159
4	1.5	3.228	1.270	5.298	17	1.5	2.911	−0.046	3.665
5	1.5	3.709	0.625	5.134	18	1.5	2.566	−0.449	2.916
6	1.5	3.594	−0.149	4.244	19	1.5	2.041	−0.681	2.160
7	1.5	2.971	−0.810	2.962	20	1.5	1.512	−0.688	1.624
8	1.5	2.073	−1.167	1.706	21	1.5	1.137	−0.488	1.449
9	1.5	1.194	−1.143	0.851	22	1.5	1.014	−0.159	1.655
10	1.5	0.596	−0.778	0.618	23	1.5	1.158	0.187	2.146
11	1.5	0.433	−0.212	1.021	24	1.5	1.502	0.447	2.749
12	1.5	0.714	0.366	1.881	25	1.5	1.924	0.549	3.273
13	1.5	1.317	0.783	2.899	26	1.5	2.291	0.477	3.568

根据表 12-2 可以做出图 12-3。图 12-3 正是经济周期波动的图形。

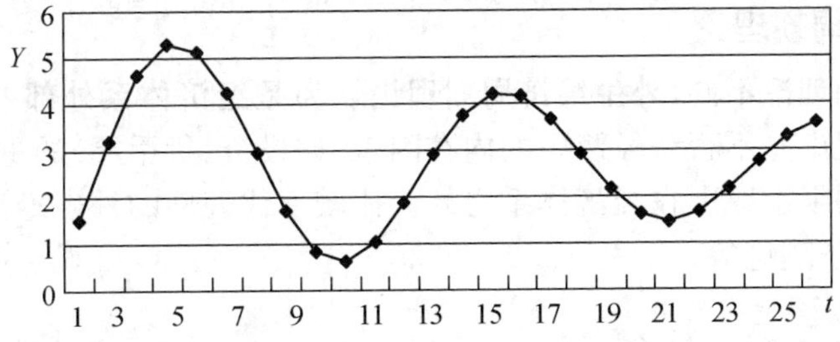

图 12-3　乘数-加速数模型解释经济周期图

总之,乘数-加速数模型说明了在社会经济生活中,投资、收入和消费相互影响、相互调节。通过加速数,上升的收入和消费会引致新的投资;通过乘数,投资又使收入进一步增长。假定政府支出为一固定的量,则靠经济本身的力量自行调节,就会自发形成经济周期(见图12-3)。经济周期中的阶段正是乘数与加速数交互作用而形成的:投资影响收入和消费(乘数作用);反过来,收入和消费又影响投资(加速数作用)。两种作用相互影响,形成累积性的经济扩张或收缩的局面,这是西方学者对经济波动做出的一种解释。根据这种解释,只要政府对经济干预,就可改变或缓和经济波动。例如,采取适当政策刺激投资,鼓励提高劳动生产率以提高加速数,鼓励消费等措施,就可以克服或缓和经济萧条。

2. 纯货币理论

该理论认为,经济周期是一种纯粹的货币现象。经济中周期性的波动完全是由于银行体系交替地扩大和紧缩信用所造成的。在发达的市场体系中,流通工具主要是各种银行的信用工具,商人运用的资本主要来自银行信用。当银行体系降低利率、扩大信用时,商人就会向银行增加借款,从而增加向生产者的订货。这样就引起了生产的扩张和收入的增加,而收入的增加又引起对商品需求的增加和物价上升,经济活动继续扩大,经济进入繁荣阶段。但是,银行扩大信用的能力并不是无限的,当银行体系被迫停止信用扩张,转而收缩信用时,商人得不到贷款,就会减少订货,由此出现了生产过剩的危机,经济进入了萧条阶段。在萧条时期,资金逐渐回到银行,银行可以通过某些途径来扩大信用,促进经济复苏。根据这一理论,其他非货币因素也会引起局部的萧条,但只有货币因素才能引起普遍的萧条。

3. 投资过度理论

该理论认为,由于各种原因的存在,导致了投资的增加,这种增加会引起经济的繁荣,繁荣首先表现在对投资品(即生产资料)需求的增加以及投资品价格的上升上。这就更加刺激了对资本品的投资,资本品的生产过度发展引起了消费品生产的减少,从而形成结构的失衡。而资本品生产过多必将引起资本品过剩,于是出现了生产过剩的危机,经济进入了萧条。也就是说,过度增加投资引发了经济的周期性波动。

4. 消费不足理论

该理论认为,经济中出现萧条与危机是因为社会对消费品的需求赶不上消费品的增长,而消费需求不足又引起对资本品需求不足,进而使整个经济出现生产过剩危机。消费不足的根源主要是由于国民收入分配不平等所造成的穷困人口购买力不足和富裕人口的过度储蓄。这是一种历史悠久的理论,主要用于解释经济周期中危机阶段的出现以及生产过剩的原因,并没有形成为解释经济周期整个过程的理论。这种理论的早期代表人物是英国的经济学家马尔萨斯和法国经济学家西斯蒙第,近期的代表人物是英国的经济学家霍布森。

(二)外生经济周期理论

与内生经济周期理论不同,**外生经济周期理论认为是经济体系外部的因素导致了经济的周期性波动**。这种理论并不否认经济中的内在因素(如投资、货币等)的重要性,但它们强调引起经济周期性波动的根本原因在经济体系之外。比较有代表性的外生经济周期理论有创新经济周期理论、太阳黑子理论等。

1. 创新经济周期理论

创新经济周期理论源于著名经济学家约瑟夫·阿洛伊斯·熊彼特。熊彼特认为创新就是建立一种新的生产函数,是企业家实行对生产要素的新的组合,即把一种从未有过的关于生产要素和生产条件的"新组合"引入生产流转。那么如何才能实现生产要素的新的结合呢?有两条途径:一是进行技术创新,引发生产要素比例变化,如机器生产代替手工生产;二是进行制度创新,通过制度创新来激发生产要素更大的生产潜力,如实施员工持股计划或者实行年功工资制度等。

这种理论首先用创新来解释繁荣和衰退，这就是，创新提高了生产效率，为创新者带来了盈利，引起其他企业仿效，形成创新浪潮。创新浪潮使银行信用扩张，对资本品的需求增加，引起经济繁荣。随着创新的普及和盈利机会的消失，银行信用紧缩，对资本品的需求减少，这就引起了经济衰退，直到另一次创新出现，经济再次繁荣。

但经济周期实际上包括繁荣、衰退、萧条和复苏四个阶段，创新理论用创新引起的“第二次浪潮”来解释这一点。在第一次浪潮中，创新引起了对资本品需求的扩大和银行信用的扩张，这就促进了生产资本品的部门扩张，进而又促进了生产消费品的部门扩张。这种扩张引起物价普遍上升，投资机会增加，也出现了投机活动，这就是第二次浪潮。它是第一次浪潮的反应。然而，这两次浪潮有重大的区别，即第二次浪潮中许多投资机会与本部门的创新无关。这样，在第二次浪潮中包含了失误和过度投资行为，这就在衰退之后出现了另一个失衡的阶段——萧条。萧条发生后，第二次浪潮的反应逐渐消除，经济转向复苏。要使经济从复苏进入繁荣还有待于创新的出现。

熊彼特根据这种理论解释了长周期、中周期和短周期，他认为重大的技术创新（如蒸汽机、炼钢和汽车制造等）对经济增长有长期的影响，这些创新引起的繁荣时间长，繁荣之后衰退期也长，从而所引起的经济周期就长，形成了长周期。中等创新所引起的经济繁荣及随之而来的衰退则形成了中周期，那些属于不很重要的小创新则只能引起短周期。

2. 太阳黑子理论

太阳黑子理论是利用太阳黑子的活动来解释经济周期，由英国经济学家杰文斯父子提出并加以论证。该理论认为，太阳黑子的活动对农业生产影响很大，而农业生产的状况又会影响工业生产和整个经济。太阳黑子活动的周期性决定了经济活动的周期性。具体来说，太阳黑子活动频繁就使农业生产减产，农业的减产影响到工业、商业、工资、货币的购买力和投资等诸多方面，从而引起整个经济萧条。相反，当太阳黑子活动减少时，农业会丰收，整个经济会达到繁荣。他们用中长期中太阳黑子活动周期与经济周期基本吻合的资料来证明这种理论，这种理论把经济周期的根本原因归结为太阳黑子的活动，是典型的外生经济周期理论。现代经济学家认为，太阳黑子对农业生产的影响是非常有限的，而农业生产对整个经济的影响更是有限的，因此，在现代工业社会中，这种理论没有多大的说服力。

增值阅读

本章小结

长期国民收入的决定包括两方面的问题，即国民收入长期增长趋势问题和实际国民收入围绕长期趋势而做出周期性波动的问题。本章就这两方面问题进行了阐述，主要内容包括：

（1）一般说来，经济增长通常被定义为产量的增长，即一个国家（或地区）生产商品和提供劳务能力的提高。影响经济增长的因素主要有资源（即投入生产的各种生产要素，包括劳动力、资本、自然资源等）制度安排和技术水平等。

2. 哈罗德-多马增长模型的基本公式为 $G=\dfrac{S}{C}$。在该模型中假设资本-产量比率 c 不变，这样，经济增长率实际就取决于储蓄率。根据上述公式，分别提出实际增长率、有保证的增长率与自然增长率这三个概念，并用来分析经济长期稳定增长的条件与波动的原因。哈罗德-多马模型认为，长期中实现经济稳定的增长条件是实际增长率、均衡增长率与自然增长率相一致，如果这三种增长率不一致，则会引起经济中的波动。

3. 新古典增长模型公式是 $G=\alpha\dfrac{\Delta K}{K}+\beta\dfrac{\Delta L}{L}+\dfrac{\Delta A}{A}$。该模型认为决定经济增长的因素是资本的增加、劳动的增加和技术进步。在长期中实现均衡的条件是储蓄全部转化为投资，即对凯恩斯储蓄等于投资这一短期均衡条件的长期化。这种情况下，如果储蓄倾向不变，劳动增长率不变，则长期稳定增长的条件就是经济增长率($\Delta Y/Y$)与资本存量增长率($\Delta K/K$)必须相等，即 $\Delta Y/Y=\Delta K/K$。

4. 新剑桥增长模型的公式为 $G=\dfrac{S}{C}=\dfrac{\dfrac{P}{Y}S_p+\dfrac{W}{Y}S_w}{C}$。要使经济按一定的增长率增长下去就必须保持一定的储蓄率。社会储蓄率取决于利润收入者与工资收入者的储蓄倾向，以及他们的收入在国民收入中所占的比率。前者是不变的，因此，要保持一定的储蓄率就必须使国民收入中工资与利润保持一定的比例。

5. 内生增长理论将储蓄率、人口增长和技术进步等经济增长的重要因素视作内生变量，用规模收益递增和内生技术进步来说明各国经济如何增长，其显著特点是将增长率内生化。

6. 经济周期是指国民收入及经济活动的周期性波动。一个完整的经济周期可以分为两个大的阶段:扩张阶段和收缩阶段。对上述两个阶段又可进一步细分，扩张阶段可以分为复苏和繁荣两个阶段，收缩阶段可以分为衰退和萧条阶段。

7. 对于经济周期的成因，经济学家们提出了多种解释，但大体上可以分为内生经济周期理论和外生经济周期理论两类。内生经济周期理论认为是经济体系的内部因素导致了经济的周期性波动，主要有乘数-加速数模型、纯货币理论、投资过度理论、消费不足理论等。与内生经济周期理论不同，外生经济周期理论认为是经济体系外部的因素导致了经济的周期性波动。这种理论并不否认经济中的内在因素(如投资、货币等)的重要性，但它们强调引起经济周期性波动的根本原因在经济体系之外。

思考与练习

一、选择题

1. 经济增长的必要条件是(　　)。

A. 技术进步　　B. 国内生产总值的增加

C. 制度与意识的相应调整　　D. 社会福利和个人幸福的增进

2. 在经济增长中起着最大作用的因素是(　　)。

A. 资本　　B. 劳动　　C. 技术　　D. 制度

3. 根据哈罗德-多马经济增长模型，当有保证的增长率大于实际增长率时，经济会出现(　　)。

A. 长期停滞　　B. 长期繁荣　　C. 累积性收缩　　D. 累积性扩张

4. 认为资本-产量比率可以改变的经济增长模型是(　　)。

A. 哈罗德-多马经济增长模型

B. 新剑桥经济增长模型

C. 新古典型经济增长模型

D. 零增长理论

5. 下面论断不正确的是(　　)。

A. 新古典增长模型表明,决定经济增长的因素是资本的增加、劳动的增加和技术的进步

B. 新古典增长模型强调了经济增长会加剧收入分配不平等

C. 新古典增长模型可以考虑到技术进步的情况

D. 新古典增长模型假定资本-劳动比率是可变的

6. 根据新剑桥经济增长模型,在利润收入者的储蓄倾向大于工资收入者的储蓄倾向时,利润在国民收入中所占比例越大,则储蓄率(　　)。

A. 越高　　B. 越低　　C. 不变　　D. 无法确定

7. 经济周期的中心是(　　)。

A. 价格的波动　　B. 利率的波动

C. 国内生产总值的波动　　D. 失业率的波动

8. 下面不是扩张阶段的表现的是(　　)。

A. 厂商市场需求旺盛

B. 企业的人、财、物都比较好安排

C. 企业处于较为宽松有利的外部环境中

D. 企业亏损,陷入困境

9. 乘数原理和加速原理的关系是(　　)。

A. 乘数原理说明国内生产总值的决定,加速原理说明投资的决定

B. 乘数原理和加速原理都说明投资的决定

C. 乘数原理解释经济如何走向繁荣,加速原理说明经济如何陷入萧条

D. 乘数原理说明投资的决定,加速原理说明国内生产总值的决定

10. 根据乘数-加速数模型,引起经济周期的原因是(　　)。

A. 政府支出的变动　　B. 消费倾向的变动

C. 加速系数的变动　　D. 投资的变动

二、判断题

1. 经济增长的充分条件是技术进步。(　　)

2. 每一次经济周期都是完全相同的。(　　)

3. 经济增长的源泉是资源的增加。(　　)

4. 只要有技术进步,经济就可以实现持续增长。(　　)

5. 繁荣的最高点是顶峰。(　　)

6. 乘数-加速数模型在试图把外部因素和内部因素结合在一起对经济周期做出解释的同时,特别强调投资变动的因素。(　　)

7. 在哈罗德-多马经济增长模型中,实际增长率、有保证的增长率和自然增长率总是一致的。(　　)

8. 新古典经济增长模型认为,在长期中实现均衡增长的条件是储蓄全部转化为投资。 (　　)

9. 根据新古典经济增长模型,决定经济增长的因素是资本的增加、劳动的增加和技术的进步。 (　　)

10. 新剑桥经济增长模型认为,经济增长是以加剧收入分配的不平等为前提,经济增长的结果,也必然加剧收入分配的不平等。 (　　)

三、思考题

1. 说明经济增长与经济发展的关系。
2. 影响经济增长的因素有哪些?
3. 简述新古典增长模型的经济含义。
4. 如果将一个完整的经济周期分为扩张和收缩两个阶段,那么在扩张阶段社会经济一般会有哪些表现?
5. 简述乘数-加速数模型的基本思想。

案例分析

实践与操作

一、实践题

通过各种途径(如上网查阅、实地调查等)了解国内有代表性企业的经营状况,结合政府部门公布的有关宏观经济数据,分析当前我国处于经济周期的哪个阶段。

二、综合实训

实践名称:××省(或市、镇)的经济增长潜力分析。

1. 目的任务

通过本部分实训,能够进一步理解影响经济发展的因素,提高分析问题和解决问题的能力。

2. 实践内容

(1) 查阅有关经济增长理论的书籍或文章。

(2) 搜集××省(或市、镇)的有关信息,分析该城市(或地区)经济增长的潜力,并试探性地对其发展提出一些建议。

3. 实训方式

小组讨论。

第五篇　宏观调控

第十三章　失业与通货膨胀

请扫描二维码
观看视频

学习目标

1. 知识目标：失业、失业率、自然失业率；失业的类型、失业的影响；通货膨胀的含义与通货膨胀的分类；衡量通货膨胀的指标；通货膨胀产生的原因与通货膨胀的影响；菲利普斯曲线。

2. 能力目标：分析失业与通货膨胀的原因；充分认识失业及通货膨胀对经济的影响；理解失业与通货膨胀之间的变动关系；运用奥肯定理分析失业与经济产出的关系。

趣味阅读

物价飞涨　津巴布韦男子抱现金购物

津巴布韦男子抱现金购物

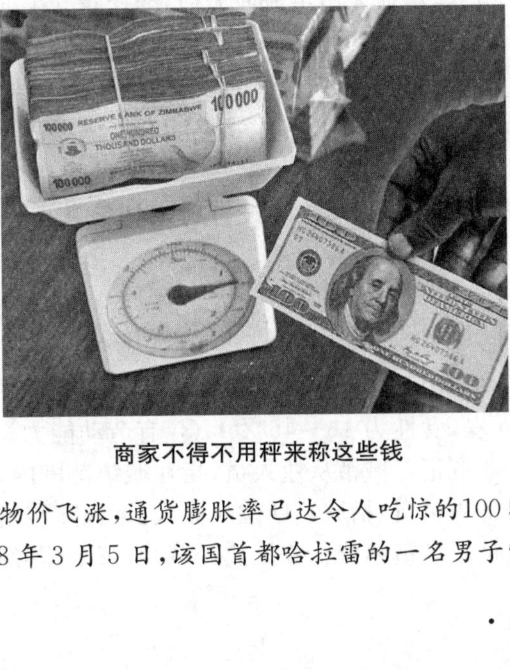

商家不得不用秤来称这些钱

据英国媒体报道，非洲国家津巴布韦近来物价飞涨，通货膨胀率已达令人吃惊的100 500%，当地货币的纸面价值已经低于纸的价值。2008 年 3 月 5 日，该国首都哈拉雷的一名男子费力地抱着一摞纸币出门采购日用品。只看照片，你会以为他刚刚中了彩票或是一名亿万富豪，但是不幸的是，他手里的货币价值都不及制造这些货币的纸。2 500 万津巴布韦元只相当于1美元。

(资料来源：http://news.xinhuanet.com/photo/2008-03/07/content_7736947.htm)

经济学启示：津巴布韦的货币为什么这么“不值钱”？如果用经济学的原理来分析，主要是因为该国货币发行过多，造成“过多的货币追逐过少的商品”，从而使该国物价上涨、货币贬值，购买力下降。严重的通货膨胀使津巴布韦的经济社会遭到了极大的破坏。

通货膨胀与失业会对一个国家(或地区)的国民经济和居民生活造成巨大影响，同时，也是现代经济社会发展的两大顽症，任何国家(或地区)的经济社会发展都无法避免这两大问题的冲击，因此，通货膨胀与失业这两大经济现象比其他任何经济社会问题更引起经济学家、政策制定者和普通居民的关注。

第一节　失业理论

失业，对个人来说，意味着失去收入，生活水平下降；对社会经济来说，造成人力资源浪费，国民收入减少。因此，失业是现代社会的一个主要问题。

一、失业及失业率

劳动就业是每个人的权利，也是绝大多数人获得收入、维持生存的主要手段，但是在现实生活中，总是有一部分人无法就业，即处于失业状态。所谓**失业**(Unemployment)**是指在一定年龄阶段有劳动能力的人，愿意接受现行工资水平但仍然找不到工作时所处的状态**。根据失业的定义，并不是所有没有工作的人都是失业者，如年龄规定以外的无工作者、丧失工作能力者、在校学习的人以及由于某种原因不愿工作或不积极寻找工作的人等都不计入失业者。

衡量社会经济中失业状况的最基本指标是失业率。所谓**失业率是指失业人口占劳动人口(劳动人口＝失业人口＋就业人口)的比重**。失业是经济社会的一个主要问题，当失业率很高时，资源浪费，经济增速减缓，甚至下滑，人们的收入下降，进而影响到人们的情绪和家庭生活。因此，失业率统计是现代社会重要的统计内容，准确进行这项内容统计具有重要的社会意义，它将为国家政策决策层提供重要的参考依据。

我国是用城镇登记失业率来反映城镇劳动人口的失业情况。**城镇登记失业率指报告期末城镇登记失业人数同报告期末城镇从业人数与城镇登记失业人数之和的比**。计算公式为：

$$\text{城镇登记失业率}=\frac{\text{城镇登记失业人数}}{\text{城镇从业人数}+\text{城镇登记失业人数}}\times 100\%$$

式中，城镇登记失业人员必须符合以下条件：① 非农业户口；② 在一定年龄内(男性为16～50岁，女性为16～45岁)；③ 有劳动能力；④ 无业而要求就业，并在当地就业服务机构进行求职登记。城镇从业人员，指在城镇范围内，从事一定社会劳动并取得劳动报酬或经营收入的全部人员，包括城镇单位从业人员(扣除使用的农村劳动力、聘用的离退休人员、港澳台及外方人员)、城镇私营企业从业人员、城镇个体劳动者、其他社会劳动者。

［相关链接 13－1］

城镇登记失业率

我国的城镇登记失业率始于20世纪70年代末，当时由于我国还处于计划经济体制下，所有城镇无业者都必须首先到政府劳动部门去登记，处于等待期的劳动者即登记为“待业”，也就是进行“待业登记”。对劳动部门而言，早期的失业登记是直接为劳动力的安置和分配工作岗位服务的，待业登记者是为了获得工作。1992年党的十四大提出要从计划经济转向市场经济，我国劳动用工制度也发生了重大变化，政府不再统一分配和安置就业，企业和劳动者开始进行双向选择。于是，政府部门1994年将“待业登记”更名为“失业登记”，“城镇登记失业率”也由此开始发布并作为国家宏观调控的重要指标。

从历年的城镇登记失业率指标看，我国的失业率数据基本都在5%以下，与国际上主要发达国家的失业率相比非但不高，还比世界上许多国家的就业状况都好。但由于这一数字不是用与国际接轨的调查方法得到的，因此很难说明中国城镇的真实失业状况，也与大多数人所预期的情形不尽相符。

从城镇登记失业率的计算口径可以看出，城镇登记失业率存在的最大问题就是它低估了真实失业程度。首先，虽然名为城镇登记失业率，但在统计口径上其并非属地统计而是身份统计，失业人数仅包括城镇本地非农户口的失业人员；其次，城镇登记失业率仅仅把那些到当地就业服务机构求职登记的无工作者视为失业人员，而那些没有去登记的失业人员被排除在失业者统计之外(通过媒体、熟人、亲身去企业求职以及网络等方式的也都不计算在内)。

2009年年初人力资源和社会保障部就“如何看待我国失业率统计”公开表示“登记失业率在一定时间内，反映总体失业状况的敏感程度不是很强。此外，有一部分失业人员没有进行登记，这就可能不是很全面地反映状况”，这也可以看作是官方对登记失业率的不足之处首次进行的公开表态。显然，要制定行之有效的扩大就业对策，就必须对失业的现状和真实水平有正确的了解。因此，尽快进行规范的失业率调查并发布一个与现实相符的、国际接轨的失业率数字，已经成为我国制定积极就业政策的当务之急。

(资料来源：http://www.ceh.com.cn/ceh/llpd/2010/5/20/63666.shtml)

二、失业的分类

根据主观愿意就业与否，失业分为自愿失业与非自愿失业。所谓**自愿失业是指工人不愿意接受现行的工作条件和收入水平而未被雇用造成的失业**。由于这种失业是劳动人口主观不愿意就业造成的，所以称为自愿失业。这种失业无法通过经济手段和政策来消除，因此不是经济学所研究的范围。非自愿失业，是指有劳动能力、愿意接受现行工资水平但仍然找不到工作的现象。这种失业是客观原因造成的，因而可以通过经济手段和政策来消除。

宏观经济学通常将失业分为三种类型：摩擦性失业、结构性失业以及周期性失业。

(一) 摩擦性失业

摩擦性失业是指生产过程中难以避免的、由于转换职业等原因而造成的短期、局部失业。这种失业的性质是过渡性的或短期性的，它通常起源于劳动力的供给方，因此被看作是一种求职性失业,即一方面存在职位空缺,另一方面存在着与此数量对应的寻找工作的失业者。这是因为劳动力市场信息的不完备,厂商找到所需雇员和失业者找到合适工作都需要花费一定的时间。摩擦性失业在任何时候都存在,并将随着经济结构变化而有增大的趋势,但从经济和社会发展的角度来看,这种失业的存在是正常的。

(二) 结构性失业

结构性失业是指劳动力的供给和需求不匹配所造成的失业,其特点是既有失业,也有职位空缺,失业者或者没有合适的技能,或者居住地点不当,因此无法填补现有的职位空缺。结构性失业在性质上是长期的,而且通常起源于劳动力的需求方。结构性失业是由经济变化导致的,这些经济变化引起特定市场和区域中的特定类型劳动力的需求相对低于其供给。劳动力的需求相对较低可能由以下原因导致:第一是技术变化,原有劳动者不能适应新技术的要求,或者是技术进步使得劳动力需求下降;第二是消费者偏好的变化,消费者对产品和劳务的偏好的改变,使得某些行业扩大而另一些行业缩小,处于规模缩小行业的劳动力因此而失去工作岗位;第三是劳动力的不流动性,流动成本的存在制约着失业者从一个地方或一个行业流动到另一个地方或另一个行业,从而使得结构性失业长期存在。

(三) 周期性失业

周期性失业是指经济周期中的衰退或萧条时,因社会总需求下降而造成的失业。当经济发展处于一个周期中的衰退期时,社会总需求不足,因而厂商的生产规模也缩小,从而导致较为普遍的失业现象。周期性失业对于不同行业的影响是不同的,一般来说,需求的收入弹性越大的行业,周期性失业的影响越严重。也就是说,人们收入下降,产品需求大幅度下降的行业,周期性失业情况比较严重。

除了上面三种失业类型外,经济学中常说的失业类型还包括隐性失业。所谓隐性失业是指表面上有工作,但实际上对产出并没有做出贡献的人,即有“职”无“工”的人,也就是说,这些工作人员的边际生产力为零。当经济中减少就业人员而产出水平没有下降时,即存在着隐性失业。美国著名经济学家阿瑟·刘易斯曾指出,发展中国家的农业部门存在着严重的隐性失业。

三、失业的影响

高失业率不仅是个经济问题而且是个社会问题。之所以是经济问题,是因为它意味着要浪费有价值的资源;之所以成为重要的社会问题,是因为它会使失业人员面对收入减少的困境。失业会产生诸多影响,一般可以将其概括为两方面,即经济影响和社会影响。

(一) 经济影响

失业的经济影响,可以从对个人和社会经济两方面的影响来理解,对个人来说,失业就意味着失去收入,从而生活水平下降;对社会经济来说,造成人力资源浪费,国民收入减少。可以用机会成本的概念来理解。当失业率上升时,经济中本可由失业工人生产出来的产品和提供的劳务就损失了。衰退期间的损失,就好像是将众多的汽车、房屋、衣物和其他物品都销毁掉了。从产出核算的角度看,失业者的收入总损失等于生产的损失,因此,丧失的产量是计量周期性失业损失的主要尺度。

20世纪60年代,美国经济学家阿瑟·奥肯(Arthur M. Okun)根据美国的数据提出了经济周期中失业变动与产出变动的经验关系,被称为奥肯定律。

奥肯定律的内容是：失业率每高于自然失业率 1 个百分点，实际 GDP 将低于潜在 GDP 2 个百分点。换一种方式说，相对于潜在 GDP，实际 GDP 每下降 2 个百分点，实际失业率就会比自然失业率上升 1 个百分点。

奥肯定律可以用下式表示：

$$\frac{Y-Y_f}{Y_f}=\alpha(u-u_0)$$

式中，Y_f 为潜在收入；Y 为实际收入；u 为实际失业率；u_0 为自然失业率；α 为参数。

西方学者认为，奥肯定律揭示了产品市场与劳动力市场之间极为重要的关系，它描述了实际 GDP 的短期变动与失业率变动的联系。根据这个定律，可以通过失业率的变动推测或估计 GDP 的变动，也可以通过 GDP 的变动预测失业率的变动。例如，实际失业率为 8%，高于 6% 的自然失业率 2 个百分点，则实际 GDP 就将比潜在 GDP 低 4%左右。

奥肯定律是根据美国 20 世纪 60 年代的统计资料得出的，是一个经验统计公式，不一定适用于其他国家，也不一定适用于美国的其他时期。但它指出的失业率与实际 GDP 增长率反方向变动的关系是普遍存在的。在实际运用这一原理时，我们要根据实际统计资料调节这种比例关系。

（二）社会影响

失业的社会影响虽然难以估计和衡量，但它最易为人们所感受到。首先，失业威胁着家庭的稳定。失业意味着失去收入，从而家庭的要求和需要得不到满足，户主起不到应有的作用，家庭关系将因此而受到损害。其次，如果是非自愿失业，失业会给人们的心灵带来创伤。西方有关的心理学研究表明，解雇造成的创伤不亚于亲友的去世或学业上的失败。此外，家庭之外的人际关系也受到失业的严重影响。一个失业者在就业的人员当中失去了自尊和影响力，面临着被同事拒绝的可能性，并且可能要失去自尊和自信。

四、充分就业和自然失业率

充分就业是政府宏观调控的主要目标之一。那么如何才算得上是充分就业呢？社会经济当中能不能实现充分就业呢？从前文中，我们认识到现实生活中永远达到不百分之百就业，因为即使有足够的职业空缺，失业率也不会等于零，也仍然会存在摩擦性失业和结构性失业，所以，总有少部分人会处于失业的状态。因此，现代经济学认为，**当一个社会中的周期性失业被消灭，只剩下摩擦性失业和结构性失业等失业类型时，这个经济社会就实现了充分就业。**

充分就业时的失业率称为自然失业率，或者说**自然失业率就是指社会经济中消灭了周期性失业以后的失业率，即摩擦性失业和结构失业占劳动人口的比重。**自然失业率并不是一个固定不变的值，它随着经济社会的发展而变化，一般由政府根据有关调研数据来确定，如美国在一个较长的时期内确认其自然失业率为 5%，也就是说当美国的失业率在 5%或以下时，政府就不会采取有关措施来干预劳动市场的运行。因此，如何确定一个符合本国国情的自然失业率，是各国政府面临的一个较大的课题。

[**相关链接 13－2**]

2020 年全国就业形势总体稳定，城镇登记失业率为 4.24%

据统计局最新信息，2020 年全年城镇新增就业 1 186 万人，明显高于 900 万人以上的预期目标,完成全年目标的131.8%。从失业率来看,2020年12月份,全国城镇调查失业率为5.2%,与上年同期持平。2020年年均城镇调查失业率为5.6%,低于6%左右的预期目标。12月份,25～59岁人口调查失业率为4.7%,与上年同期持平。12月份,31个大城市城镇调查失业率为5.1%,为全年最低水平。2020年年末,城镇登记失业率为4.24%,低于5.5%左右的预期目标。全年农民工总量28 560万人,比上年减少517万人,下降1.8%。其中,本地农民工11 601万人,下降0.4%;外出农民工16 959万人,下降2.7%。农民工月均收入水平4 072元,比上年增长2.8%。

(资料来源:根据统计局网站数据整理得到)

第二节　通货膨胀理论

说到通货膨胀,也许人们还记得曾经发生的抢购风潮,很多人连食盐都是上百斤地抢购,更不要说是其他日用品了。通货膨胀与社会生产生活息息相关,是社会经济中另一个重要问题。

一、通货膨胀的含义及衡量指标

(一) 通货膨胀的含义

从理论上来说,**通货膨胀(Inflation)是指在纸币流通的条件下,流通的货币超过实际需要量而引起的货币贬值、物价持续而普遍上涨的经济现象,其实质是社会总需求大于社会总供给的现象**。从经济表现来看,**通货膨胀是指一般商品和服务项目价格水平在一定时期内全面、持续、大幅度上涨的一种经济状态**。理解通货膨胀要注意四点:一是一般商品和服务项目价格的上涨,而不是指股票、债券和其他金融资产价格的上涨;二是价格水平全面的上涨,即商品和服务项目价格水平全面上涨,而非具体商品和服务项目价格或部分地区价格水平的上涨;三是价格水平的持续性上涨,而非偶然、短期的价格上涨;四是看货币供应量是否过大。通货膨胀表现为物价上涨,但起因是货币供给过多,没有货币供给过多的物价上涨也不应属于通货膨胀。

(二) 通货膨胀的衡量指标

衡量通货膨胀的指标是物价指数。物价指数是表明商品价格从一个时期到下一个时期变动程度的指数。物价指数一般采用加权平均的方式,即根据某种商品在总支出中所占的比重来确定其价格的加权数的大小。物价指数的计算公式如下:

$$物价指数=\frac{一组固定商品按当期价格计算的价值}{一组固定商品按基期价格计算的价值}\times 100$$

根据计算物价指数时包括的产品和劳务种类的不同,可以计算出下面三种物价指数。

1. 消费者物价指数

消费者物价指数(Consumer Price Index, CPI),在我国一般称之为“居民消费价格指数”。该指标是**用来度量一组有代表性消费商品和服务项目的价格水平随时间而变动的相对数,反映了居民购买消费品和服务价格水平的变动情况**。利用该指标可以观察和分析消费品零售价格和服务价格变动对城乡居民实际生活费支出的影响程度。例如,在2013年我国CPI上升2.6%,则表示我国城乡居民2013年的生活成本比2012年平均上升2.6%,或者说我国城乡居民所拥有的货币资产的实际购买力水平下降了 2.53%，如果 2012 年收到的一张 100 元纸币，2013 就只能买到 97.47 元的消费品和服务(按 2012 年的价格水平衡量的消费品和服务的价值)。所以，CPI 最能衡量居民所拥有的货币的实际购买力水平的变化，是与居民个人生活最为密切的物价指数。

CPI 有同比价格指数和环比价格指数之分。同比价格指数就是为剔除季节性因素，本年某月(季)与上年同月(季)对比的价格指数。例如，某地 2012 年 1 月份与上年同月比，CPI 为104.5。即说明与 2011 年 1 月份相比较，2012 年 1 月份 CPI 是上涨的，涨幅为 4.5%。环比价格指数指在一个价格指数数列中，每个指数都以计算期的前期为基期(对比期)而计算的价格指数。其特点是基期随计算期的变动而有规律的变动。编制环比价格指数的目的在于观察物价的逐期变动趋势和程度。常用的月环比价格指数，就是以上月价格水平为 100 的价格指数。月度环比指数反映了一个较短时期内(一个月)的价格变动，由于时间较短，老百姓印象更深刻，感受更强烈。但环比价格指数受季节、气候和突发事件的影响较大。例如，8 月份猪肉每千克 20 元，9 月份为 22 元，那么 9 月份猪肉价格的月环比指数为 110，即上涨了 10%；如果 8 月份猪肉每千克价格为 20 元，9 月份为 16 元，则 9 月份猪肉价格的月环比指数为 80，即下降了 20%。

全国 CPI 数据由国家统计局统一对外发布，每月一次。发布内容包括 CPI 总指数、城市 CPI、农村 CPI、八个大类类别指数的环比、同比数据。

[**相关链接 13－3**]

CPI 的编制

价格指数的编制由国家统计局城市社会经济调查司组织实施，由各省、自治区、直辖市及抽选出的市、县调查队依据国家统计局统一制定的价格统计调查制度向基层采集原始数据汇总后上报。

编制居民消费、商品零售价格指数的资料采用抽样调查和重点调查相结合的方法取得，即在全国选择不同经济区域和分布合理的地区，以及有代表性的商品作为样本，对其市场价格进行定期调查，以样本推断总体。目前，参加国家级数据汇总的调查市、县 500 个。编制过程按下列几个步骤进行。

1. 选择调查地区和调查点

调查地区按照经济区域和地区分布合理等原则，选出具有代表性的大、中、小城市和县作为国家的调查地区，在此基础上选定经营规模大、商品种类多的商场(包括集市和服务网点)作为调查点。

2. 选择代表商品和代表规格品

代表商品是选择那些消费量大、价格变动有代表性的商品；代表规格品的确定是根据商品零售资料和 5.9 万户城市居民、6.8 万户农村居民的消费支出记账资料，按照有关规定筛选的。筛选原则：① 与社会生产和人民生活关系密切；② 消费(销售)数量(金额)大；③ 市场供应稳定；④ 价格变动趋势有代表性；⑤ 所选的代表规格品之间差异大。目前，居民消费价格调查按用途划分为 8 大类，262 个基本分类，各地每月调查 600 种以上规格产品价格；商品零售价格按用途划分为 16 个大类，229 个基本分类，各地每月调查 500 种以上的规格产品价格。

3. 价格调查方式

派员直接到调查点登记调查，同时全国聘请近万名辅助调查员协助登记调查。

4. 权数的确定

商品零售价格指数的计算权数主要根据社会商品零售额资料确定;居民消费价格指数的计算权数根据近13万户城乡居民家庭消费支出构成确定。

(资料来源:http://www.stats.gov.cn)

[**相关链接 13-4**]

什么是"翘尾因素"或"翘尾影响"?

目前,在有关CPI的分析文章和新闻稿件中,经常会出现"翘尾因素"或"翘尾影响"一词。那么,什么是"翘尾因素"或"翘尾影响"呢?"翘尾因素"或"翘尾影响"是指上年价格上涨(下降)对本年同比价格指数的滞后(延伸)影响。也就是在计算同比价格指数过程中,上年商品价格上涨(下降)对下一年价格指数的影响。

一般说来,上年价格上涨(下降)的时间早,则对下年指数的翘尾影响小;而上年价格上涨(下降)的时间晚,则对下年指数的翘尾影响大。上年调价幅度愈大,时间愈晚,翘尾影响就会愈加明显。因此在CPI的分析预测中,"翘尾因素"是一个不可忽视的问题。举个简单的例子:如某一商品2013年前6个月价格均为每千克1元,7月份上涨到2元,然后一直到2014年12月份都保持在2元。那么,虽然2014年全年价格保持稳定,但如计算2014年前6个月与2013年前6月比的价格指数则为200,表明价格上涨一倍,这就是2013年7月份价格上涨对下一年前6个月价格指数的滞后影响,简称"翘尾因素"。

(资料来源:http://www.stats.gov.cn)

2. 生产者物价指数

生产者物价指数(Producer Price Index, PPI),是工业生产产品出厂价格和购进价格在某个时期内变动的相对数,反映全部工业生产者出厂和购进价格变化趋势和变动幅度。生产者物价指数由工业生产者出厂价格指数和工业生产者购进价格指数两部分组成。工业生产者出厂价格指数反映工业企业产品第一次出售时出厂价格的变化趋势和变动幅度;工业生产者购进价格指数反映工业企业作为中间投入产品的购进价格的变化趋势和变动幅度。

全国PPI数据由国家统计局统一对外发布,每月一次。发布内容包括工业生产者出厂价格总指数、工业生产者购进价格总指数、各主要类别指数的环比、同比数据。

[**相关链接 13-5**]

工业生产者出厂价格指数和工业生产者购进价格指数的编制

工业生产者出厂价格指数是反映一定时期内全部工业产品出厂价格总水平的变动趋势和程度的相对数,包括工业企业售给本企业以外所有单位的各种产品和直接售给居民用于生活消费的产品。该指数可以观察出厂价格变动对工业总产值及增加值的影响。该指数调查采用重点调查与典型调查相结合的调查方法。重点调查对象为年主营业务收入2 000万元及以上的工业法人企业;典型的调查对象为年主营业务收入2 000万元以下的工业法人企业。

(1) 选择代表企业的原则:① 按工业行业选择调查企业,各中类行业原则上都要有调查企业;② 大型企业应尽量都选上(或占相当大比重);③ 选择生产正常、稳定的企业作为调查对象。

(2) 选择代表产品的原则:① 按工业行业选择代表产品;② 选择对国计民生影响大的产品;③ 选择生产较为稳定的产品;④ 选择有发展前景的产品;⑤ 选择具有地方特色的产品。

目前《工业生产者出厂价格调查目录》包括 11 000 多种产品,并将其划分为 1 702 个基本分类;《工业生产者购进价格调查目录》包括 6 000 多种产品,并划分为 900 多个基本分类。

(3) 价格调查方式。采用企业报表形式,每月近 6 万家工业企业上报数据资料。

(4) 权数的确定。工业生产者出厂价格统计中,工业小类及小类以上的权数资料来源于工业统计中分行业工业销售产值数据资料;基本分类的权数资料来源于独立的工业企业产品权数调查。权数一般五年更换一次。

工业生产者购进价格指数是反映工业企业作为生产投入,而从物资交易市场和能源、原材料生产企业购买原材料、燃料和动力产品时,所支付的价格水平变动趋势和程度的统计指标,是扣除工业企业物质消耗成本中价格变动影响的重要依据。目前,我国编制的工业生产者购进价格指数所调查的产品包括燃料动力、黑色金属、有色金属、化工、建材等九大类。通过调查收集部分代表企业的代表产品的价格变动资料,采用国际通行的链式拉式公式计算求出。

(资料来源:http://www.stats.gov.cn)

这里要注意的是:通常情况下,人们对于 CPI 和 PPI 这两个经济数据,更加关心的是它的变动幅度,即一个百分比,这就让并不十分了解经济学的人们误以为 CPI 和 PPI 就是一个变动率。但实际上,CPI 在通常情况下是一个大于 100 的数,即一系列参考商品的价格相对于基期时价格的一个相对数,而不是一个变动率。

[相关链接 13 - 6]

PPI 向 CPI 的传导

PPI 是生产者物价指数,反映生产环节价格水平;CPI 是消费者物价指数,反映消费环节的价格水平。一般而言,根据价格传导规律,PPI 对 CPI 有一定的影响。整体价格水平的波动一般首先出现在生产领域,然后通过产业链向下游产业扩散,最后波及消费品。

产业链可以分为两条:一是以工业品为原材料的生产,存在"原材料→生产资料→生活资料"的传导;另一条是以农产品为原料的生产,存在"农业生产资料→农产品→食品"的传导。不同的市场条件会使 PPI 在向 CPI 传导时存在差异。在卖方市场条件下,成本上涨引起工业品价格(如电力、水、煤炭等能源、原材料价格)上涨,最终会顺利传导到消费品价格上;在买方市场条件下,由于供大于求,工业品价格很难传递到消费品价格上,企业需要通过压缩利润对上涨的成本予以消化,其结果表现为中下游产品价格稳定,甚至可能继续走低,企业盈利减少。对于部分难以消化成本上涨的企业,可能会面临破产。

3. 国内生产总值平减指数

国内生产总值平减指数(GDP Deflator)所选的"一篮子"固定物品包括经济中所有的物品与劳务,是某一年的名义国内生产总值与实际国内生产总值之比。其计算公式是:

$$国内生产总值平减指数 = \frac{某年名义国内生产总值}{某年实际国内生产总值} \times 100$$

例如,2018 年某国名义国内生产总值为 6 万亿元,实际国内生产总值为 5 万亿元,则国内生产总值平减指数为:

$$国内生产总值平减指数 = \frac{6\,万亿元}{5\,万亿元} \times 100 = 120$$

这就是说 2018 年的物价水平比基年上升了 20%,即这些年间的通货膨胀率为 20%。

消费者物价指数、生产者物价指数和国内生产总值平减指数都反映了物价水平变动的情况,它们所反映的物价水平变动趋势(上升或下降)是相同的。但是,由于"一篮子"物品中所包含的物品和劳务不同,而各种物品与劳务的价格变动又不同,所以通过这三个指数计算出的物价指数并不同。而国内生产总值平减指数包括所有的物品和劳务,最全面地反映了经济中物价水平的变动。

有了物价指数这一概念,可以根据其计算出一定期限内物价上升或下降的精确幅度,也就是通常所说的通货膨胀率。所谓通货膨胀率是指从一个时期到另一个时期价格变动的百分比。其计算公式为:

$$通货膨胀率 = \frac{P_t - P_{t-1}}{P_{t-1}} \times 100\%$$

式中,P_t 和 P_{t-1} 分别为 t 时期和 $(t-1)$ 时期的价格水平。

例如,把 2020 年作为基期,物价指数为 100,中国 2021 年物价指数为 105.4,则 2021 年通货膨胀率为:

$$通货膨胀率 = \frac{105.4 - 100}{100} \times 100\% = 5.4\%$$

消费者物价指数与人们的生活最为密切,为人们所关心,也是政府调整政策、企业调整工资的依据,所以现在一般用消费者物价指数的变动来表示通货膨胀率。

二、通货膨胀的分类

对于通货膨胀,可以从不同的角度进行分类。

(一) 按价格上升的速度分类

按照价格上升的速度,可以将通货膨胀分为三种类型,即温和的通货膨胀、奔腾的通货膨胀和超级通货膨胀。

温和的通货膨胀,指每年物价上升的比例在 10%以内。一般认为这种温和的通货膨胀不会对经济造成巨大的恶性影响,甚至还有经济学家认为这种缓慢而持续的价格上升能对经济和收入的增长产生积极的刺激作用。

奔腾的通货膨胀,指年通货膨胀率在 10%以上和在 100%以下。这时,货币流通速度提高而货币的实际购买力下降。这种通货膨胀对于经济具有较大的破坏作用,因为当这种通货膨胀发生以后,由于价格上涨速度快、上涨幅度大,公众预期价格还会进一步上涨,因而会采取各种手段来保持自己,如将货币换成房产、汽车、黄金和珠宝等保值商品,或者大量囤积商品,从而使得产品市场和劳动市场的均衡遭到破坏,正常的经济运行秩序被破坏,经济体系受损。

超级通货膨胀，指通货膨胀率在100%以上。发生这种通货膨胀时，价格持续猛涨，人们都尽快地使货币脱手，从而大大加快了货币流通速度。其结果是货币完全失去了人们的信任，货币的购买力大幅下降，各种正常的经济联系遭到破坏，致使货币体系和价格体系最后完全崩溃，在严重的情况下，还会出现社会动乱。

（二）按人们的预期程度分类

按照人们的预期程度，可以将通货膨胀分成两种类型，即未预期到的通货膨胀和预期到的通货膨胀。

未预期到的通货膨胀，指人们没有预料到价格会上涨，或者是价格上涨的速度超过了人们的预计。

预期到的通货膨胀，指人们预料到价格会上涨。

（三）按对不同商品的价格影响的大小分类

按照对不同商品的价格影响的大小，可以将通货膨胀分成两种类型，即平衡的通货膨胀和非平衡的通货膨胀。

平衡的通货膨胀，指每种商品的价格都按相同的比例上升。这里所指的商品价格包括生产要素和各种劳动的价格，如工资率、租金、利率等。

非平衡的通货膨胀，指各种商品价格上升的比例并不完全相同。

三、通货膨胀产生的原因

关于通货膨胀产生的原因，西方经济学家提出了种种解释，可以归纳为三个方面：第一个方面为货币数量论的解释，其基本思想是每一次通货膨胀背后都有货币供给的迅速增长，也就是说货币供给的增长是通货膨胀的基本原因；第二个方面是用总需求与总供给来解释，包括从需求的角度和供给的角度的解释；第三个方面是从经济结构因素变动的角度来说明通货膨胀的原因，也就是结构性通货膨胀，即在没有需求拉动和成本推动的情况下，只是由于经济结构因素的变动，也会出现一般价格水平的持续上涨。

下面就从总需求与总供给的角度来探讨通货膨胀产生的原因。

（一）需求拉动型通货膨胀

需求拉动型通货膨胀又称超额需求型通货膨胀，是指总需求超过总供给所引的一般物价水平普遍而持续的上涨。通俗地说，这种通货膨胀是“过多的货币追逐过少的商品”，因而物价上涨。下面用图13－1来说明总需求是如何拉动物价上涨的。

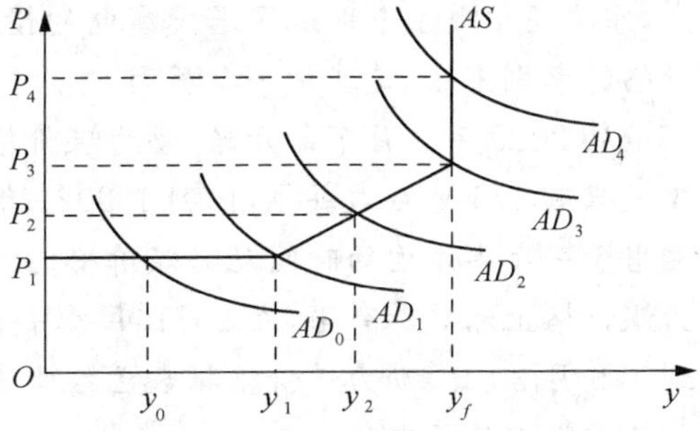

图13－1　需求拉动的通货膨胀

在图13－1中，横轴 y 表示总产量，纵轴 P 表示一般物价水平，AS 为总供给曲线，AD 为总需求曲线。总供给曲线 AS 起初为水平状态，此时，当总需求从 AD_0 增加到 AD_1，总产量也从 y_0 的水平上升到 y_1，但价格水平仍保持在 P_1 水平，这表示在总产量水平较低时，经济体系中有大量资源闲置，总需求的增加不会引起物价上涨，只会导致总产量增加。当总产量增加到 y_1 后，总需求继续增加，即图中总需求从 AD_1 增加到 AD_2 时，总

产量从 y_1 增加到 y_2 的水平,价格从 P_1 上升到 P_2 的水平。也就是说,在这个阶段,总需求的增加,在提高总产量的同时也拉升了一般价格水平。当总产量增加到潜在的总产量水平即 y_f 后,若总需求继续增加,即图中总需求从 AD_3 上升到 AD_4,总产量仍然保持在 y_f 水平,但物价从 P_3 上升到 P_4 水平。这表示当经济体系中的资源利用达到充分就业状态时,总需求的增加不会使总产量增加,而只会拉动一般价格水平上升。

(二) 成本推动型通货膨胀

成本推动型通货膨胀,又称成本通货膨胀或供给通货膨胀,是指在没有超额需求的情况下由于供给方面成本的提高所引起的一般价格水平持续和显著的上涨。下面用图 13-2 来说明成本提高是如何推动物价上涨的。

在图 13-2 中,总需求是既定的,不发生变动,变动只出现在供给方面。原来的总供给曲线 AS_0 与总需求曲线 AD 决定了总产量水平为 y_0,价格水平为 P_0。当成本增加后,总供给曲线向左上方移动到 AS_1,从而决定了新的总产量为 y_1,价格水平为 P_1,这时,总产量比以前下降,而价格水平比以前上涨了。价格水平由 P_0 上升到 P_1 是由于成本的增加所引起的,即通常所说的成本推动的通货膨胀。

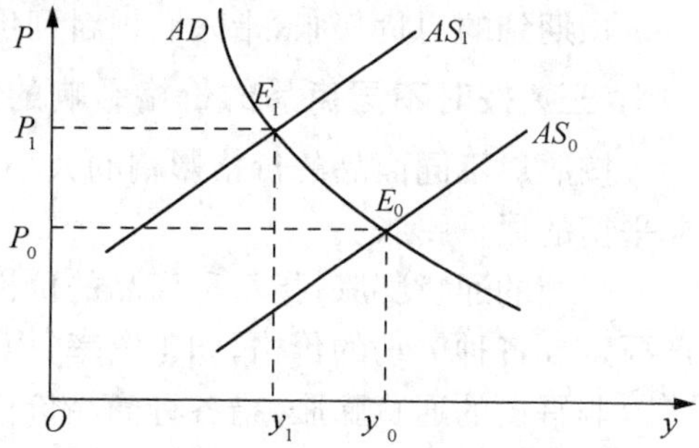

图 13-2　成本推动的通货膨胀

引起成本增加的原因并不完全相同,因此,成本推动的通货膨胀又可以根据其原因的不同而分为以下几种。

1. 原材料成本推动的通货膨胀

这是指厂商生产中所需要的原材料价格上升推动产品的价格上升而形成的通货膨胀。在现代经济中,某些能源或关键的原材料,如煤、石油、铁矿石等供给不足,会导致其价格上升,引起厂商成本上升,厂商为获得适当利润或尽可能少亏损就只有提高其产品的价格。

[案例研究 13-1]

多地拉闸限电,原因何在?

2021 年 9—10 月,全国已经有约 20 个省份出现拉闸限电,很多企业都处于停电停工状态,东北还出现了个别地区居民断电的情况。为何要拉闸限电?火力发电的原材料——煤炭价格的急剧上涨,是其中一个原因。

从 2020 年 3 月下旬开始,动力煤价格就开始一路上涨,在 2020 年 3 月下旬的时候,动力煤还只有 476 元左右每吨,但到了 2021 年 9 月 30 日,动力煤价格已经上涨到 1 376.8 元每吨,相当于一年半左右的时间动力煤价格已经上涨了 189%。特别是进入 2021 年 8 月份以来,动力煤价格上涨更加夸张,在 2021 年 8 月 17 日的时候,动力煤价格指数还只有 770 元左右,但到了 9 月 30 日,动力煤价格指数已经上涨到 1 376.8 元,相当于一个半月左右的时间动力煤价格就上涨了 78%。

动力煤价格迅速上涨,导致火电厂的发电成本快速上升,但是火电厂的入网价格是相对比较固定的,目前火电厂的价格并不由市场说了算,而是国家实行指导价,电力厂只能在指导价的基础上上浮一定空间,但涨幅不会超过 10%。在这种背景下出现了火电发电厂价格倒挂的情况，企业上网电价比发电成本还低，结果很多企业都处于亏损状态。

（资料来源：节选自 https://new.qq.com/omn/20211001/20211001A07ZCF00.html）

2. 工资成本推动的通货膨胀

工资是厂商成本中的主要构成部分之一，工资水平的上升会导致厂商成本增加，厂商因此而提高产品和劳务的价格，从而导致通货膨胀。在劳动市场存在工会卖方垄断的情况下，工会利用其垄断地位要求提高工资，雇主迫于压力提高了工资之后，就会把提高的工资加入成本，提高产品的价格，从而引起通货膨胀。工资的增加往往是从个别部门开始的，但由于各部门之间工资的攀比行为，个别部门工资的增加往往会导致整个社会的工资水平上升，从而引起普遍的通货膨胀。而且，这种通货膨胀一旦开始，还会形成“工资—物价螺旋式上升”，即工资上升引起物价上升，物价上升又引起工资上升。这样，工资与物价不断互相推动，形成严重的通货膨胀。

3. 利润推动的通货膨胀

也称价格推动的通货膨胀，指市场上具有垄断地位的厂商为了增加利润而提高产品价格所引起的通货膨胀。在不完全竞争的市场中，具有垄断地位的厂商控制了产品的销售价格，从而可以提高价格以提高利润。这种通货膨胀是由于利润的推动而产生的，尤其是在工资增加时，垄断厂商以工资的增加为借口，更大幅度地提高物价，使物价的上升幅度大于工资的上升幅度，其差额就是利润的增加，这种利润的增加使物价上升，形成通货膨胀。

西方的经济学者认为，工资推动和利润推动实际上都是操纵价格上升，其根源在于经济中的垄断，即工会的垄断形成工资推动，厂商的垄断引起利润推动。

但许多经济学家认为，单纯地用需求拉动或成本推动都不足以说明一般价格水平持续上涨，而应当同时从需求和供给两个方面以及两者的相互影响上来说明通货膨胀。于是又有人提出了**从需求和供给两个方面及其相互影响上来说明通货膨胀的理论，即混合通货膨胀理论**。

四、通货膨胀对经济生活的影响

在有通货膨胀的情况下，必将对社会经济生活产生影响。如果通货膨胀率是稳定的，人们可以完全预期，那么通货膨胀率对社会经济生活的影响很小。因为在这种可预期的通货膨胀之下，各种名义变量（如名义工资、名义利息率等）都可以根据通货膨胀率进行调整，从而使实际变量（如实际工资、实际利息率等）不变。但是，在通货膨胀率不能完全预期的情况下，通货膨胀将会影响社会收入分配及经济活动，主要表现在以下几个方面：

第一，通货膨胀不利于靠固定货币收入维持生活的人。对于固定收入阶层来说，其收入一般是固定的货币数额，收入的增长速度落后于物价的上涨速度，也就是说他们的货币收入的实际购买力在下降，其实际收入因通货膨胀而减少，如果他们的收入不能随通货膨胀率变动的话，他们的生活水平必然降低。在现实生活中，靠政府救济金维持生活的人比较容易受到通货膨胀的冲击，因为政府的救济金发放水平的调整相对较慢。此外，工薪阶层、公务员以及其他靠福利和转移支付维持生活的人，都比较容易受到这种冲击。

第二，在债务人与债权人之间，通货膨胀将有利于债务人而不利于债权人。在通常情况下，借贷的债务契约都是根据签约时的通货膨胀率来确定名义利息率，所以当发生了未预期的通货膨胀之后，债务契约无法更改，从而就使实际利息率下降，债务人受益，而债权人受损。例如,借贷的名义利率为10%,而通货膨胀率是15%,则实际利率为−5%,从而使债权人受损。

第三,在雇主与工人之间,通货膨胀将有利于雇主而不利于工人。这是因为,在不可预期的通货膨胀之下,工资增长率不能迅速地根据通货膨胀率来调整,从而在名义工资不变或略有增长的情况下,实际工资下降。实际工资下降会使利润增加,利润的增加有利于刺激投资,这正是一些经济学家主张以温和的通货膨胀来刺激经济发展的理由。

第四,在政府与公众之间,通货膨胀将有利于政府而不利于公众。在不可预期的通货膨胀之下,名义工资总会有所增加(尽管并不一定能保持原有的实际工资水平),随着名义工资的提高,达到纳税起征点的人增加了,有许多人进入了更高的纳税等级,这样就使得政府的税收增加。但公众的纳税数额增加,实际收入却减少了。政府由这种通货膨胀中所得到的税收称为"通货膨胀税"。一些经济学家认为,这实际上是政府对公众的掠夺。这种通货膨胀税的存在,既不利于储蓄的增加,也影响了私人与企业投资的积极性。

第五,需求拉动型通货膨胀刺激产出水平提高,扩大就业;而成本推动型通货膨胀抑制产出水平增加,引致失业。许多经济学家长期以来都坚持这样的看法,即认为需求拉动的温和通货膨胀对就业和产出将有扩大的效应。假设总需求增加,经济复苏,造成一定程度的需求拉动的通货膨胀。在这种情况下,产品的价格会跑到工资和其他资源的价格前面,由此而增加了企业的利润。利润的增加就会刺激企业扩大生产,从而产生增加就业、提高国民收入的效果。与之相反,成本推动型通货膨胀会抑制产出水平增加,引致失业。因为在这种情况下,企业为了把所生产的产品和提供的服务销售出去,其价格上涨的幅度往往会小于工资和其他生产要素的价格上涨幅度,从而企业的利润会减少,甚至发生亏损。这样,就会抑制企业的生产积极性,使得企业不会扩大生产,甚至会减产或关闭,最终也会导致失业率的上升。

第三节 失业与通货膨胀的关系

失业与通货膨胀是短期宏观经济运行中存在的两个主要问题,经济决策者在解决这两个问题的时候,往往会碰到这样一个矛盾,即降低通货膨胀与降低失业率这两个目标是互相冲突的。当政府希望通过财政政策或货币政策来扩大总需求来增加就业的时候,客观上得到的结果是产出增加、就业增加、一般价格水平上升,也就是说就业的增加是以物价的上升为代价的。相反,如果政府紧缩总需求的话,则会使得通货膨胀下降了,而失业却又增加了。那么,失业与通货膨胀之间满足什么关系呢?20世纪50年代中期,新西兰经济学家菲利普斯提出了解释失业与通货膨胀关系的菲利普斯曲线(Phillips Curve)。

一、菲利普斯曲线的提出及所表示的经济意义

1958年,在英国任教的新西兰经济学家威廉·菲利普斯(Alban William Phillips)在研究了1861—1957年的英国失业率和货币工资增长率的统计资料后,提出了一条用以研究失业率和货币工资增长率之间替代关系的曲线,**在以横轴表示失业率,纵轴表示货币工资增长率的坐标系中,画出一条向右下方倾斜的曲线,这就是最初的菲利普斯曲线**。该曲线表明:当失业率较低时,货币工资增长率较高;反之,当失业率较高时,货币工资增长率较低,甚至为负数。

美国新古典综合派经济学家保罗·萨缪尔森(Paul A Samuelson)和罗伯特·默顿·索洛

(Robert Merton Solow)在1960年发表文章，用美国的统计资料证明了菲利普斯曲线所表示的关系是存在的，并进一步把菲利普斯曲线解释为失业和通货膨胀之间的关系。这是因为工资是成本的主要构成部分，从而也是产品价格的主要构成部分，因此，可以用通货膨胀率来代替货币工资增长率。这样一来，菲利普斯曲线就变成了一条用来描述失业率与通货膨胀率之间替代关系的曲线了。当失业率高时，通货膨胀率就低；当失业率低时，通货膨胀率就高。

菲利普斯曲线如图13-3所示。向右下方倾斜的菲利普斯曲线 PC 说明了失业率与通货膨胀率之间存在着替代关系。在图中，横轴代表失业率 u，纵轴代表通货膨胀率 π，PC 代表价格调整曲线，u_0 代表充分就业条件下的失业率，该值一般不为0，许多经济学家认为它是由制度决定的自然失业率。失业率高于 u_0，则价格或货币工资下降，而失业率小于 u_0，则价格或货币工资上升。

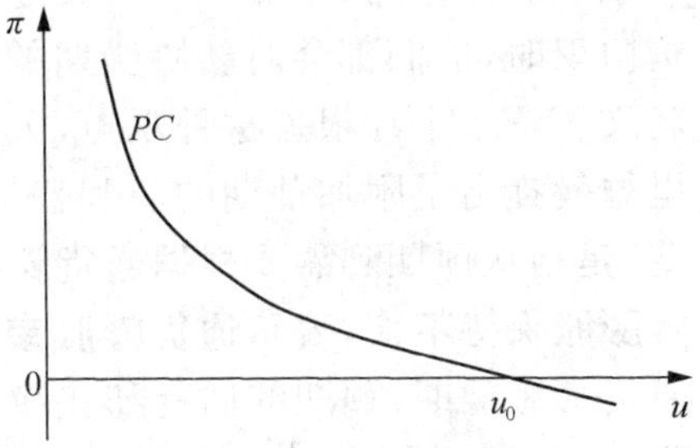

图13-3　菲利普斯曲线

二、菲利普斯曲线的应用

菲利普斯曲线被修订后，迅速成为宏观经济政策分析的基石。它表明，政策制定者可以选择不同的失业率和通货膨胀率的组合，即可以用较高的通货膨胀率为代价，来降低失业率或实现充分就业；而要降低通货膨胀率和稳定物价，就要以较高的失业率为代价。也就是说，失业率与通货膨胀率之间存在着一种“替换关系”，想要降低其中的一个，就要以增加另一个为代价。

具体而言，一个经济社会首先要确定一个临界点，由此确定一个失业与通货膨胀的组合区域。如果实际的失业率和通货膨胀率组合在组合区域内，则政策的制定者不采用调节措施，如果在区域之外，则可根据菲利普斯曲线所表示的关系进行调节。可以用图13-4说明这种调节的过程。

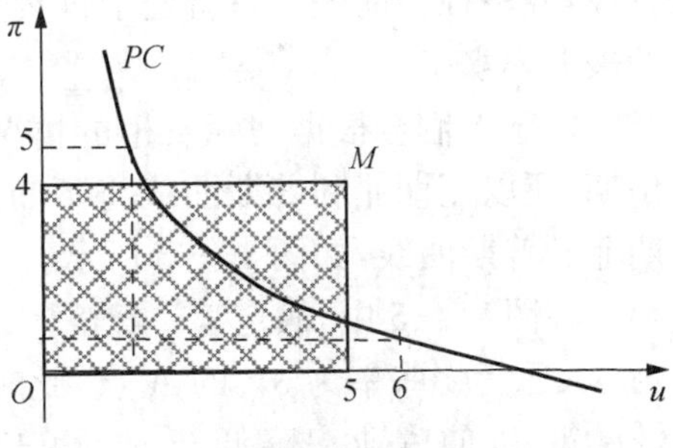

图13-4　菲利普斯曲线的应用

图13-4中，假定当时失业率在5%、通货膨胀率在4%以内时，经济社会被认为是安全的或可以容忍的，这时在图中就得到了一个临界点，即 M 点，由此形成的一个四边形的区域，称为安全区域，即图中阴影部分所示。如果该经济社会的实际失业率与通货膨胀率组合落在安全区域内，则政策制定者无须采取任何措施(政策)调节。如果实际的失业率高于5%时，如为6%，这时根据菲利普斯曲线，政策制定者可采取扩张性政策，以提高通货膨胀率为代价降低失业率。如果实际的通货膨胀率高于4%，如达到了5%，该经济社会的失业率仍在可接受的范围内，经济政策制定者可以采取紧缩性政策，以提高失业率为代价降低通货膨胀率。

菲利普斯曲线所揭示的失业与通货膨胀的替换关系与美国等西方发达国家20世纪五六十年代的通货膨胀率和失业率的数据较为吻合，但到20世纪70年代末期，由于滞胀的出现，失业与通货膨胀之间的这种替换关系不存在了，于是对失业与通货膨胀之间的关系又有了新的解释。

三、短期菲利普斯曲线与长期菲利普斯曲线

1968 年,美国货币学派代表人物米尔顿·弗里德曼(Milton Friedman)指出了菲利普斯曲线分析的一个严重缺陷,即它忽略了影响工资变动的一个重要因素——工人对通货膨胀的预期。他认为,企业和工人关注的不是名义工资,而是实际工资。当劳资双方谈判新工资协议时,他们都会对新协议期的通货膨胀进行预期,并根据预期的通货膨胀相应地调整名义工资水平。根据这种观点,人们预期通货膨胀率越高,名义工资增加就越快,由此,弗里德曼提出了附加预期的菲利普斯曲线的概念,又称短期菲利普斯曲线。这里所说的"短期"是指从预期到需要根据通货膨胀做出调整的时间间隔。**短期菲利普斯曲线就是预期通货膨胀保持不变,表示通货膨胀率与失业率之间关系的曲线**。在短期中,工人来不及调整通货膨胀预期,预期的通货膨胀率可能低于以后实际发生的通货膨胀率。这样,工人所得到的实际工资可能小于先前预期的实际工资,从而实际利润增加,刺激了投资,就业增加,失业率下降。在这个前提下,通货膨胀率与失业率之间存在的交替关系。也就是说向右下方倾斜的菲利普斯曲线在短期内是可以成立的,因此,在短期中引起通货膨胀率上升的扩张性财政政策与扩张性货币政策是可以起到减少失业的作用的。这就是通常所说的宏观经济政策的短期有效性。

在长期中,工人将根据实际发生的情况不断调整自己的预期,工人预期的通货膨胀率与实际发生的通货膨胀率迟早会一致。这时工人会要求增加名义工资,使实际工资不变,从而通货膨胀就不会起到减少失业的作用。也就是说,在长期中,失业率与通货膨胀率之间并不存在替换关系,因此,长期菲利普斯曲线是一条垂直于横轴的线。并且,在长期中,经济总能实现充分就业,经济社会的失业率将处于自然失业率的水平,因此,通货膨胀率的变化不会影响长期中的失业率水平。

由于人们会根据实际发生的情况不断调整自己的预期,所以短期菲利普斯曲线将不断移动,从而形成长期菲利普斯曲线,如图 13-5 所示。

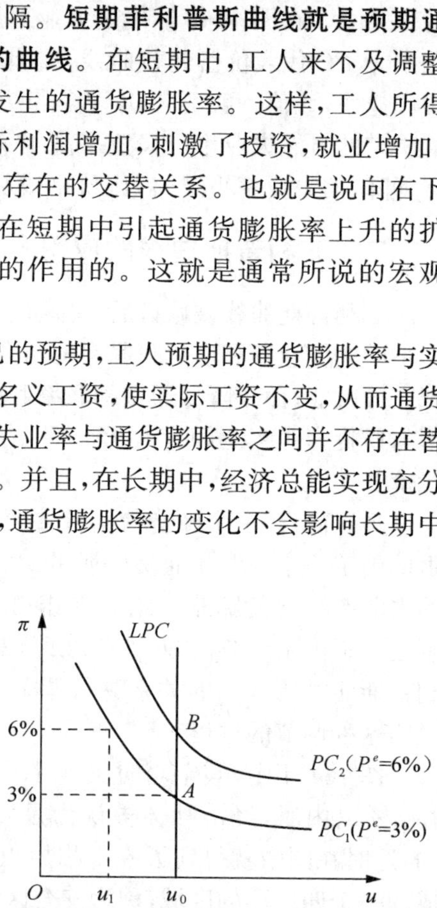

图 13-5　从短期 PC 到长期 PC

在图 13-5 中,假定某一经济体系处于自然失业率为 u_0、通货膨胀率为 3%的 A 点,此时若政府采取扩张性政策,以使失业率降低至 u_1,由于扩张性政策的实施,总需求增加,导致价格水平上升,通货膨胀率上升至 6%。由于在 A 点处,工人预期的通货膨胀率为 3%,而现在实际的通货膨胀率为 6%,高于其预期的通货膨胀率,从而工人的实际工资下降,导致厂商生产积极性提高,产出水平和就业率增加,于是失业率下降到 u_1。于是就会发生图中短期菲利普斯曲线 $PC_1(P^e=3\%)$所示的情况,失业率由 u_0 下降到 u_1,而通货膨胀率则从 3%上升到 6%。

当然,这种情况只是短期的,经过一段时间,工人们会发现价格水平的上升和实际工资的下降,这时他们便要求提高货币工资。与此同时,工人们会相应地调整其预期,即从原来的 3%调整到现在的 6%。伴随着这种调整,实际工资回落于原有的水平,相应地,企业生产和就业也都回到了原有的水平,失业率又回到了原来的 u_0,但此时,经济已经处于具有较高通货膨胀率预期(即 6%)的 B 点。

以上过程重复下去，在短期内，由于工人不能及时改变预期，存在着失业和通货膨胀之间的替换关系，表现在图形上，便有诸如 PC_1、PC_2……的各条短期菲利普斯曲线。随着工人预期通货膨胀率的上升，短期菲利普斯曲线也不断地上升。

从长期来看，工人预期的通货膨胀与实际的通货膨胀是一致的，因此，企业不会增加生产和就业，失业率也就不会下降，从而便形成了一条与自然失业率重合的长期菲利普斯曲线 LPC。图 13－5 中，垂直于自然失业率水平的长期菲利普斯曲线表明，在长期中，不存在失业与通货膨胀的替换关系。换句话说，长期菲利普斯曲线告诉我们，从长期来看，政府运用扩张性政策不但不能降低失业率，还会使通货膨胀率不断上升，这也就是通常所说的宏观经济政策的长期无效性。

增值阅读

本章小结

失业与通货膨胀是现代经济发展的两大顽症，任何国家或地区的经济发展都无法避免这两大问题的冲击。由于这两大经济现象会对一国或地区的国民经济和居民生活造成巨大影响，本章就这两方面问题进行了阐述，主要内容包括：

(1) 失业是指在一定年龄阶段有劳动能力的人，愿意接受现行工资水平但仍然找不到工作时所处的状态。衡量经济社会失业状况的最基本指标是失业率。所谓失业率是指失业人口占劳动人口的比重。

(2) 宏观经济学通常将失业分为三种类型：摩擦性失业、结构性失业以及周期性失业。摩擦性失业是指生产过程中难以避免的、由于转换职业等原因而造成的短期、局部失业。结构性失业是指劳动力的供给和需求不匹配所造成的失业，其特点是既有失业，也有职位空缺，失业者或者没有合适的技能，或者居住地点不当，因此无法填补现有的职位空缺。周期性失业是指经济周期中的衰退或萧条时，因社会总需求下降而造成的失业。

(3) 失业会产生诸多影响，一般可以将其分成两种：社会影响和经济影响。20 世纪 60 年代，美国经济学家阿瑟·奥肯根据美国的数据提出了经济周期中失业变动与产出变动的经验关系，被称为奥肯定律。奥肯定律的内容是：失业率每高于自然失业率 1 个百分点，实际 GDP 将低于潜在 GDP 2 个百分点。

(4) 自然失业率就是指经济中消灭了周期性失业以后的失业率，即摩擦性失业和结构性失业占劳动人口的比重。

(5) 从理论上来说，通货膨胀是指在纸币流通的条件下，流通的货币超过实际需要量而引起的货币贬值、物价持续而普遍上涨的经济现象。从经济表现来看，通货膨胀是指一般商品和服务项目价格水平在一定时期内全面、持续、大幅度上涨的一种经济状态。通常用 CPI 和 PPI 的涨跌幅度来衡量通货膨胀的程度。

(6) 根据通货膨胀的严重程度不同,可以将其分为三种类型,即温和的通货膨胀、奔腾的通货膨胀和超级通货膨胀。

(7) 从总需求与总供给的角度来看,通货膨胀产生的原因主要有下列两种情况:一是需求拉动型通货膨胀;二是成本推动型通货膨胀。在通货膨胀率不能完全预期的情况下,通货膨胀将会影响社会收入分配及经济活动。

(8) 失业与通货膨胀是短期宏观经济运行中存在的两个主要问题,它们之间的关系可以用菲利普斯曲线来表示。

思考与练习

一、选择题

1. 设某国的总人数 3 000 万人,就业者为 2 500 万人,失业者 500 万人,则该国失业率为(　　)。

A. 17%　　B. 24%　　C. 25%　　D. 20%

2. 充分就业意味着(　　)。

A. 人人都有工作,没有失业者　　B. 消灭了自然失业时的就业状态

C. 消灭了周期性失业时的就业状态　　D. 消灭了摩擦性失业时的就业状态

3. 引起摩擦性失业的原因是(　　)。

A. 工资能升不能降的刚性　　B. 总需求不足

C. 技术进步　　D. 经济中劳动力的正常流动

4. 由于经济衰退而引起的失业属于(　　)。

A. 摩擦性失业　　B. 结构性失业　　C. 周期性失业　　D. 自然失业

5. 奥肯定理是说明(　　)。

A. 失业率与通货膨胀率关系的经验统计规律

B. 通货膨胀与国民收入之间关系的规律

C. 失业率与实际国民收入增长率之间关系的经济统计规律

D. 人口增长率与失业率之间关系的统计规律

6. 以下情况,可称为通货膨胀的是(　　)。

A. 物价总水平上升持续一个星期后又下降了

B. 物价总水平上升而且持续一年

C. 一种物品或几种物品的价格水平上升且持续了一年

D. 物价总水平下降而且持续了一年

7. 按西方学者的说法,利润推动的通货膨胀的根源在于(　　)。

A. 工会的垄断　　B. 市场的完全竞争

C. 厂商的垄断　　D. 进口原材料价格上升

8. 今年的物价指数是 180,通货膨胀率为 20%,去年的物价指数是(　　)。

A. 144　　B. 150　　C. 160　　D. 216

9. 可以称为爬行的(或温和的)通货膨胀的情况是指(　　)。

A. 通货膨胀率在 10%以上,并且有加剧的趋势

B. 在数年之内，通货膨胀率一直保持在2%～3%水平

C. 通货膨胀率每月都在50%以上

D. 通货膨胀率每月都在30%以上

10. 菲利浦斯曲线表示(　　)。

A. 失业与就业之间关系的曲线　　B. 工资与就业之间关系的曲线

C. 工资与利润之间关系的曲线　　D. 失业与通货膨胀之间交替关系的曲线

二、判断题

1. 无论什么人，只要没有找到工作就属于失业。(　　)

2. 充分就业与任何失业的存在都是矛盾的，因此，只要经济中有一个失业者存在，就不能说实现了充分就业。(　　)

3. 周期性失业就是总需求不足所引起的失业。(　　)

4. 在一个国家中，自然失业率是一个固定不变的数。(　　)

5. 由于经济结构变动造成的失业是摩擦性失业。(　　)

6. 物价上涨就是通货膨胀。(　　)

7. 一般认为，比较温和的通货膨胀有利于经济的发展。(　　)

8. 如果通货膨胀率相当稳定，而且人们可以完全预期，那么通货膨胀对经济的影响就很小。(　　)

9. 没有预料到的通货膨胀有利于债务人，而不利于债权人。(　　)

10. 短期菲利普斯曲线是一条向右下方倾斜的曲线。(　　)

三、思考题

1. 摩擦性失业与结构性失业相比，哪一种失业更严重些？

2. 简要说明通货膨胀的指标及其通货膨胀的分类。

3. 试述通货膨胀对经济的影响。

4. 作图说明需求拉动的通货膨胀是如何产生的。

5. 说明短期菲利普斯曲线与长期菲利普斯曲线的关系。

案例分析

实践与操作

一、实践题

上网查阅最近一年我国的失业率、CPI和PPI的月度数据，并分析其对我国经济社会的影响。

二、综合实训

实践名称：失业与通货膨胀之间的关系。

1. 目的任务

通过本部分实训,能够进一步理解失业、通货膨胀以及两者的关系(菲利普斯曲线),提高分析问题和解决问题的能力。

2. 实践内容

(1) 上网查阅近五年我国的城镇登记失业率以及 CPI 的变动情况。

(2) 做出菲利普斯曲线,并分析我国通货膨胀和失业率之间的关系。

3. 实训方式

小组讨论。

第十四章　宏观经济政策

请扫描二维码
观看视频

学习目标

1. 知识目标:财政政策的主要思想和内容;拉弗曲线;财政政策的挤出效应;货币职能;货币需求;凯恩斯主义的货币政策目标;供给管理政策的内容。

2. 能力目标:财政政策工具运用的背景、措施与效果分析;货币政策工具运用的背景、措施与效果分析;供给管理政策的实践与评价;财政政策与货币政策的混合运用。

趣味阅读

美联储下调美国经济的增长预期

2021 年 9 月 22 日,美联储结束了为期两天的议息会并发声明宣布,将维持当前接近零的利率水平,同时表示,联储可能很快就开始缩减资产回购。

据《国会山报》、美联社等消息,美联储宣布本月不会加息,同时投票同意保持 0～0.25%的联邦基金利率水平到年底,但利率预期的点阵图显示,半数成员预计 2022 年将开始加息。对于当前每个月 1 200 亿美元的债券资产回购,美联储主席鲍威尔表示如果经济如预期取得进展,很可能在下次联储会(11 月 2—3 日)就会开始收缩。

此外,美联储下调了对今年美国经济的增长预期。美联储将今年的 GDP 增长预期从 7%下调至 5.9%,长期 GDP 增长预期仍维持在 1.8%。失业率方面,联储今年的预期从 4.5%提高到 4.8%。通胀方面,联储将今年的个人消费支出指数(PCE)增长预期从 3.4%上调至 4.2%,核心 PCE 预期也从增长 3%上调至 3.7%。

(资料来源:节选自第一黄金网,2021 年 9 月 23 日,http://www.dyhjw.com/gold/20210923-37590.html)

经济学启示:由于新冠疫情的影响,美国不断出台刺激经济的相关政策,通过降低利率水平、增加货币投放、加大转移支付、实施贸易保护主义等方式刺激投资、消费、出口等,试图拉动经济的增长。

第一节　宏观经济政策的目标与工具

[相关链接 14-1]

2021 年 8 月主要宏观经济数据简评

国家统计局公布的 2020 年 8 月份主要宏观经济数据显示:8 月份,规模以上工业增加值同比实际增长5.3%，不及市场预期的5.8%，前值6.4%。8月份，社会消费品零售总额34 395亿元，同比增长2.5%，预期7.4%，前值8.5%。1～8月全国固定资产投资同比增长8.9%，预期9.1%，前值10.3%。8月份，全国城镇调查失业率为5.1%，与7月份持平。8月当月商品房销售面积和销售金额同比分别下降15.55%和18.71%。

（资料来源：节选自新浪财经，http://stock. finance. sina. com. cn/stock/go. php/vReport_Show/kind/lastest/rptid/685057239170/index. phtml）

宏观经济政策指国家或政府为了增进整个社会经济福利、改进国民经济的运行状况、达到一定的政策目标而有意识和有计划地运用一定的政策工具而制定的解决经济问题的指导原则和措施。它是政府为了达到一定的经济目的而对经济活动有意识地干预。从西方国家战后的实践来看，国家宏观调控的政策目标一般包括充分就业、经济增长、物价稳定和国际收支平衡等。

一、宏观经济政策的目标

一般认为，宏观经济政策的主要目标有四个：经济增长、充分就业、物价稳定、国际收支平衡。

（一）经济增长

经济增长是指在一个特定时期内经济社会所生产的人均产量和人均收入的持续增长。它包括两个方面：一是维持一个高经济增长率；二是培育一个经济持续增长的能力。一般认为，经济增长与就业目标是一致的。经济增长通常用一定时期内实际国民生产总值年均增长率来衡量。经济增长会增加社会福利，但并不是增长率越高越好。这是因为一方面经济增长要受到各种资源条件的限制，不可能无限地增长，尤其是对于经济已相当发达的国家来说更是如此；另一方面，经济增长也要付出代价，如造成环境污染、引起各种社会问题等。因此，经济增长就是实现与本国具体情况相符的适度增长率。

（二）充分就业

充分就业是指包含劳动在内的一切生产要素都以愿意接受的价格参与生产活动的状态。充分就业包含两种含义：一是指除了摩擦性失业和自愿失业之外，所有愿意接受各种现行工资的人都能找到工作的一种经济状态，即消除了非自愿失业就是充分就业。二是指包括劳动在内的各种生产要素，都按其愿意接受的价格，全部用于生产的一种经济状态，即所有资源都得到充分利用。失业意味着稀缺资源的浪费或闲置，从而使经济总产出下降，社会总福利受损。因此，失业的成本是巨大的。降低失业率，实现充分就业常常成为西方宏观经济政策的首要目标。

（三）物价稳定

物价稳定是指物价总水平的稳定。一般用价格指数来衡量一般价格水平的变化。价格稳定不是指每种商品价格固定不变，也不是指价格总水平固定不变，而是指价格指数相对稳定。价格指数又分为消费物价指数、批发物价指数和国民生产总值折算指数三种。物价稳定并不是通货膨胀率为零，而是允许保持一个低而稳定的通货膨胀率。所谓低，就是通货膨胀率在1%～3%之间；所谓稳定，就是指在相当时期内能使通货膨胀率维持在大致相等的水平上。这种通货膨胀率能为社会所接受，对经济也不会产生不利的影响。

（四）国际收支平衡

国际收支平衡具体分为静态平衡与动态平衡、自主平衡与被动平衡。静态平衡，是指一国在一年的年末，国际收支不存在顺差也不存在逆差；动态平衡，不强调一年的国际收支平衡，而是以经济实际运行可能实现的计划期为平衡周期，保持计划期内的国际收支均衡；自主平衡，是指由自主性交易即基于商业动机，为追求利润或其他利益而独立发生的交易实现的收支平衡；被动平衡，是指通过补偿性交易即一国货币当局为弥补自主性交易的不平衡而采取调节性交易而达到的收支平衡。国际收支平衡的目标要求做到汇率稳定，外汇储备有所增加，进出口平衡。国际收支平衡不是消极地使一国在国际收支账户上经常收支和资本收支相抵，也不是消极地防止汇率变动、外汇储备变动，而是使一国外汇储备有所增加。适度增加外汇储备被看作是改善国际收支的基本标志。同时一国国际收支状况不仅反映了这个国家的对外经济交往情况，还反映出该国经济的稳定程度。

以上四大目标相互之间既存在互补关系，也有交替关系。互补关系是指一个目标的实现对另一个目标的实现有促进作用，如为了实现充分就业水平，就要维护必要的经济增长；交替关系是指一个目标的实现对另一个目标的实现有排斥作用，如物价稳定与充分就业之间就存在两难选择。为了实现充分就业，必须刺激总需求，扩大就业量，这一般要实施扩张性的财政和货币政策，由此就会引起物价水平的上升。而为了抑制通货膨胀，就必须紧缩财政和货币，由此又会引起失业率的上升。经济增长与物价稳定之间也存在着相互排斥的关系。因为在经济增长过程中，通货膨胀是难以避免的。国内均衡与国际均衡之间存在着交替关系。这里的国内均衡是指充分就业和物价稳定，而国际均衡是指国际收支平衡。为了实现国内均衡，就可能降低本国产品在国际市场上的竞争力，从而不利于国际收支平衡；为了实现国际收支平衡，又可能不利于实现充分就业和稳定物价的目标。

因此，在制定经济政策时，必须对经济政策目标进行价值判断，权衡轻重缓急和利弊得失，确定目标的实现顺序和目标指数高低，同时使各个目标能有最佳的匹配组合，使所选择和确定的目标体系成为一个和谐的、有机的整体。

二、宏观经济政策工具

宏观经济政策工具是用来达到政策目标的手段。在宏观经济政策工具中，常用的有需求管理政策、供给管理政策和国际经济政策。

（一）需求管理政策

需求管理政策是指通过调节总需求来达到一定政策目标的宏观经济政策工具。它包括财政政策和货币政策。需求管理政策是以凯恩斯的总需求分析理论为基础制定的，是凯恩斯主义所重视的政策工具。需求管理是要通过对总需求的调节，实现总需求等于总供给，达到既无失业又无通货膨胀的目标。它的基本政策有实现充分就业政策和保证物价稳定政策两个方面。在有效需求不足的情况下，也就是总需求小于总供给时，政府应采取扩张性的政策措施，刺激总需求增长，克服经济萧条，实现充分就业；在有效需求过度增长的情况下，也就是总需求大于总供给时，政府应采取紧缩性的政策措施，抑制总需求，以克服因需求过度扩张而造成的通货膨胀。

(二)供给管理政策

供给学派理论的核心是把注意力从需求转向供给。供给管理政策是通过对总供给的调节来达到一定的政策目标。在短期内影响供给的主要因素是生产成本,特别是生产成本中的工资成本。在长期内,影响供给的主要因素是生产能力,即经济潜力的增长。供给管理政策具体包括经济增长政策、居民收入政策、指数化政策和促进就业政策。

(三)国际经济政策

国际经济政策是对国际经济关系的调节。现实中每一个国家的经济都是开放的,各国经济之间存在着日益密切的往来与相互影响。一国的宏观经济政策目标中有国际经济关系的内容(即国际收支平衡),其他目标的实现不但有赖于国内经济政策,而且有赖于国际经济政策。因此,在宏观经济政策中也应该包括国际经济政策。

第二节　财政政策

[**相关链接 14-2**]

奥巴马财政预算将全面扭转财政紧缩政策

奥巴马总统2015年2月2日向国会递交了2016年财年政府预算,总额近4万亿美元,总体思路就是从2016年开始,全面扭转财政紧缩政策,加大对基础设施和教育的投入,以打造他所倡导的21世纪中产阶级经济。他指出美国已经走出了美国危机的泥淖,财政减持也取得了巨大的成就。奥巴马希望携手国会用能增强美国实力的投资来取代愚蠢的紧缩政策,相信有能力坚守美国的财政责任。奥巴马强调财政紧缩政策对美国的国防安全和经济增长都是有害的,并提议要拨出近5 000亿美元用于修缮和建设各种基础设施。此外为了让美国民众切实感受到经济复苏,他还提议给中低收入人群减税近3 000亿美元,包括给双职工再减500美元的税款,还有带薪病假等。与此同时,为保持政府财政开支平衡,他建议对富人和大企业提高税负,其中就包括要求对美国公司海外盈利一次性征收14%的税。

(资料来源:英国路透社,2015-02-03)

财政政策是指政府为了达到既定的经济目标,或者说国家其他目标而对财政收入和财政支出以及公债的发行、公债的偿还做出的决策。财政政策具有遏制或刺激国民经济发展、调控宏观经济、调整经济结构、平衡地区经济、调节社会产品合理分配、防治环境污染等作用。早期的财政政策主要是满足财政本身收支的需要,后来逐步发展为调节国民经济总收入与总支出以实现国家经济目标的手段。可以说,财政政策的内容和措施是不断地丰富和发展的。

一、财政政策的基本内容和工具

在凯恩斯主义之前,财政政策的目的是为政府的各项开支筹集资金以实现财政收支平衡。在凯恩斯主义之后,财政政策作为国家职能部门进行需求管理的重要工具,以实现既定的政策目标。西方国家的财政政策包含了三个相互关联的选择:

第一,财政收入政策,主要是税收。包括税收的形式、手段、税种、税率、起征点、征收范围、征收对象以及财政收入政策的实施应达到的目的等。

第二,财政支出政策,即财政支出比例、数量、方向、用途以及财政支出政策的实施应达到的目的等。

第三,赤字政策,即确定赤字的规模和分配。世界各国的财政政策运行规则有其共同的地方,如中央政府和地方政府按照各自收支体系,编制年度财政预算并向立法机构汇报其执行情况,各自为弥补财政赤字发行公债和偿还公债等。

(一) 财政收入政策

财政收入基本来自各种税收,大体可分为三类,即财产税、所得税和货物税。

财产税是对不动产、房地产即土地和土地上的建筑物等所征收的税。

所得税是指对个人或公司的收入征收的税,如个人的工薪收入和股票债券存款等资产的收入。公司的利润税、财产税和所得税又称直接税,是由纳税人负担不能转嫁给别人的税。

上述两种税收一般属于累进税,即财产和收入越多,边际税率累进地提高。

货物税是对生产流通和消费等各个环节的货物征税,如营业税、消费税。货物税又称间接税,因为原来的纳税人即生产商和销售商可以采取提高售价的形式,将一部分税收的负担转嫁给最终消费者。这种税通常是按固定不变的税率征税,故称比例税。比例税具有累退税的性质,因为从纳税的负担来看,富人收入中纳税的份额与穷人收入中纳税的份额相等,但是,相对累进税而言,富人的纳税比例实际上却是在下降。

(二) 财政支出政策

按照国民收入核算体系分类,财政支出大体可分为政府购买和政府转移支付两大类。

政府购买作为计入 GNP 的四大需求项目(消费、投资、政府购买和出口余额)之一,根据政府对商品和劳务的购买,包括购买军需品、警察装备用品、机关办公用品以及支付给政府雇员的工资薪金。

政府转移支付包括社会保障社会福利支出、政府对农业的补贴以及公债利息支出等。财政对某个领域增加税收,该领域的发展就会受到遏制;而增加对某个领域的支出,则这个领域就会得到更好的发展。财政将这种收支的效果运用于不同的社会阶层,运用于有污染或没有污染的经济领域,从而实现调整产业结构、平均财富分配以及缓解环境污染的目的等。

二、财政政策的主要思想

(一) 补偿性财政政策

20 世纪 30 年代世界经济危机和“凯恩斯革命”,使人们意识到在经济衰退期间保持预算平衡,会加深经济的衰退。但是,预算平衡的思想依然是当时的主流,只不过把原来争取年度预算平衡拓展成实现每个经济周期的平衡。这就是说,**萧条时期可以留下预算赤字,但需要繁荣时期的预算盈余来弥补,实现经济周期中的政府收支平衡的做法,称为补偿性财政政策。**1962 年美国肯尼迪政府总统经济顾问委员会提出,不仅年度预算的平衡是不必要的,甚至经济周期中的预算平衡也是不必要的。财政政策的目标应该是既要提供足够的有效需求,又要防止出现需求拉动型通货膨胀,同时还要实现和保持充分就业。这种观点的提出,是补偿性财政政策之后财政政策思想的一大发展,“充分就业预算”和充分就业的财政盈余和赤字等概念都是这一思想的具体内容。

(二) 内在稳定器

某些财政政策由于其本身的特点,具有自动调节经济以使经济稳定的机制,被称为内在稳定器,或者自动稳定器。具有内在稳定器作用的财政政策,主要是个人所得税、公司所得税,以及各种转移支付。其中,个人所得税与公司所得税有其固定的起征点和税率。

当经济萧条时,由于收入减少,税收也会自动减少,从而抑制了消费与投资的减少,有助于减轻萧条的程度。

当经济繁荣时,由于收入增加,税收也会自动增加,从而就抑制了消费与投资的增加,有助于减轻由于需求过大而引起的通货膨胀。

失业补助与其他福利支出这类转移支付,有其固定的发放标准。

当经济萧条时,由于失业人数和需要其他补助的人数增加,这类转移支付会自动增加,从而抑制了消费与投资的减少,有助于减轻经济萧条的程度。

当经济繁荣时,由于失业人数和需要其他补助的人数减少,这类转移支付会自动减少,从而抑制了消费与投资的增加,有助于减轻由于需求过大而引起的通货膨胀。

虽然财政政策内在稳定器能自动地发生作用,调节经济,但是,这种内在稳定器调节经济的作用是有限的。它只能减轻萧条或通货膨胀的程度,并不能改变萧条或通货膨胀的总趋势;只能对财政政策起到自动配合的作用,并不能代替财政政策。

(三) 拉弗曲线

一般来说,税率越高政府税收越多,提高税率可以增加政府税收。但是,如果税率越过一定的限度,企业的经营成本提高,企业就会减少或退出投资,从而造成政府征税范围缩小,政府税收的总量因而减少。**描绘这种税收与税率关系的曲线称为拉弗曲线**,如图 14-1 所示。

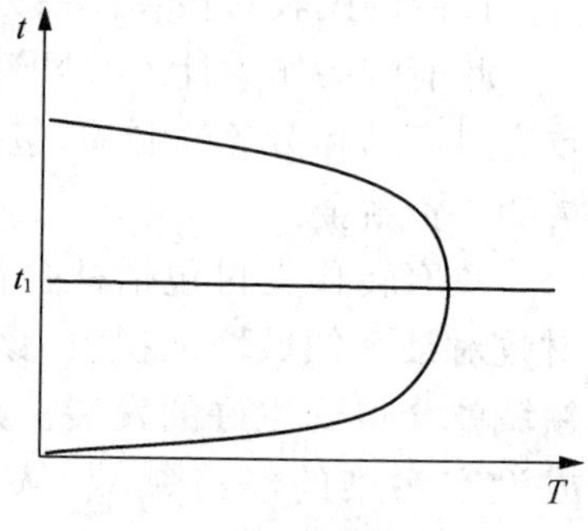

图 14-1 拉弗曲线

图 14-1 中,纵坐标 t 为税率,横坐标 T 为税收,税收随税率的提高而增加,但税率提高到 t_1 以后,税收随税率的提高而减少。拉弗曲线表明了税率应当保持在适当的水平上。美国里根政府时期采取减税政策,就是因为当时供给学派认为当时美国的税率已超过了 t_1,减税率能刺激投资。事实上,美国当时的减税政策确实取得了积极的效果。

[**相关链接 14-3**]

税收不是越高越好

拉弗曲线的产生是在1974年某一天,经济学家阿瑟·拉弗和一些著名的记者与政治家在华盛顿的一家餐馆里吃饭。他拿来一块餐巾并在上面画上了一个图来说明税率如何影响税收收入。然后拉弗提出,美国已处于这条曲线向下的一边上。他认为,税率如此之高,以至于降低税率实际上会增加税收收入。很少有经济学家认真地考虑拉弗的建议。就经济理论而言,降低税率可以增加税收收入的思想可能是正确的,但值得怀疑的是实际上并非这样。还没有证据可以证明拉弗的观点。当里根1980年当选总统时，他进行的减税就是这个政纲的一部分。他总是说："第二次世界大战期间我拍过电影赚过大钱。"在那时，战时的附加所得税达90%。"你只能拍四部电影就达到最高税率那一档了。"他继续说。"因此，我们拍完四部电影就停止工作，并到乡下度假。"高税率引起少工作，低税率引起多工作。他的经历证明了拉弗曲线是正确的。里根认为，税收如此之高，以至于不鼓励人们努力工作。他认为，减税将给人们适当的工作激励，这种激励又会提高经济福利，或许甚至可以增加税收。由于降低税率是要鼓励人们增加他们供给的劳动数量，所以拉弗和里根的观点就以供给学派经济学而闻名。

[资料来源：曾显龙，黄玲，陈亚惠. 西方经济学(宏观部分)案例集. 科学出版社，2015]

(四) 财政政策的挤出效应

财政政策的挤出效应，是指政府开支增加所引起的私人支出减少，即以政府开支代替了私人开支。这样，扩张性财政政策刺激经济的作用就被减弱。财政政策挤出效应存在的最重要原因就是政府支出增加引起利率上升，而利率上升会引起私人投资与消费减少。

财政政策挤出效应的大小取决于多种因素。在实现了充分就业的情况下，挤出效应最大，即挤出效应为1，也就是政府支出的增加等于私人支出的减少，扩张性财政政策对经济没有任何刺激作用。

在没有实现充分就业的情况下，挤出效应一般大于0而小于1，其大小主要取决于政府支出增加所引起的利率上升的大小。利率上升高，则挤出效应大；反之，利率上升低，则挤出效应小。

各经济学派对财政政策挤出效应的大小看法不同。凯恩斯主义者认为，财政政策挤出效应不大，财政政策有刺激经济的作用。他们认为，货币需求会对利率变动做出反应。由于货币投机需求存在，所以，利率上升时，货币需求会减少。在货币供给不变的情况下，当财政政策引起利率上升时，货币需求减少。这就会抑制利率的进一步上升，甚至会使利率有所下降，从而利率上升有限，挤出效应小。

货币主义者认为，财政政策挤出效应大，甚至是1，所以财政政策效用不大，甚至无用。他们认为，货币需求只取决于收入，而不取决于利率，即货币需求对利率变动没有什么反应。这样，利率上升并不会使货币需求减少，从而利率的上升就会引起挤出效应，使财政政策起不到刺激经济的作用。

三、财政政策的运用

财政政策就是运用政府开支与税收来调节经济。

具体来说，在经济萧条时期，总需求小于总供给，经济中存在失业，政府就要通过扩张性的财政政策来刺激总需求，以实现充分就业。**扩张性财政政策是通过政府增加支出和减少税收来刺激经济的政策**。政府公共工程支出与购买的增加有利于刺激私人投资，转移支付的增加可以增加个人消费，这样就会刺激总需求。减少个人所得税(主要是降低税率)可以使个人可支配收入增加，从而消费增加；减少公司所得税可以使公司收入增加，从而投资增加，这样也会刺激总需求。

在经济繁荣时期，总需求大于总供给，经济中存在通货膨胀，政府则要通过紧缩性的财政政策来压抑总需求，以实现物价稳定。**紧缩性财政政策是通过减少政府支出与增加税收来抑**

制经济的政策。政府公共工程支出与购买的减少有利于抑制投资,转移支付的减少可以减少个人消费,这样就压抑了总需求。增加个人所得税(主要是提高税率)可以使个人可支配收入减少,从而消费减少;增加公司所得税可以使公司收入减少,从而投资减少,这样也会压抑总需求。

[**相关链接 14-4**]

美国财政政策陷入两难境地

据《经济日报》2012年7月17日报道,随着美国大选的临近,民主、共和两党围绕财政政策调整的博弈也日趋白热化。有分析人士指出,美国"财政悬崖"问题如果得不到妥善解决,将对美国经济复苏造成强大冲击,2013年上半年美国经济甚至很可能重陷衰退。

所谓"财政悬崖",主要是指美国国会如果不修改相关法律,布什政府时期的减税政策将于今年年底到期;同时,根据去年夏天美国民主、共和两党围绕债务上限谈判达成的协议,在减赤"超级委员会"未能达成一致的情况下,自动减赤机制将于2013年启动,预计将在10年内削减联邦政府开支合计1.2万亿美元。

面对"财政悬崖"问题,美国财政政策现已陷入两难境地。一方面,如果为刺激短期经济增长而继续延期现有减税政策,而不在未来几年实施相当规模的财政整顿措施,美国政府的财政收入将远远低于开支,由此造成的财政状况显然是不可持续的;另一方面,如果为缓和财政赤字压力而执行削减开支和增税的政策,本就脆弱的经济复苏无疑将受到打压。目前,"财政悬崖"问题已同持续发酵的欧债危机一起,被视为危及美国经济复苏和增长的两大下行风险。美国国会预算局日前发表报告说,一旦跌落"财政悬崖",2013年上半年美国经济将萎缩1.3%,即再度陷入衰退。

"财政悬崖"对美国经济复苏的潜在威胁已引发广泛忧虑。国际货币基金组织总裁拉加德3日警告说,围绕预算和债务上限可能引发的政治对决会撼动全世界的信心,美国决策者应避免今年年底出现"财政悬崖"。美联储主席伯南克近期也多次警告,"财政悬崖"可能对美国经济增长造成冲击。他说,如果美国国会和联邦政府继续对"财政悬崖"采取不作为立场,就可能打压经济增长,美联储也绝对没有能力来抵御如此巨大的经济冲击。

然而,迄今为止,民主、共和两党就如何妥善解决这一问题仍各执一词。民主党阵营倾向于只将中产阶级的减税政策延期,并中止富豪阶层的减税政策延期,以显示社会公平。美国总统奥巴马9日表示,希望国会能将个人年收入在25万美元以下的中产阶级享受的减税政策延期一年,同时中止富豪阶层所享受的减税政策,以增加政府财政收入并拉动经济增长。奥巴马说,美国很多家庭依旧面临金融危机之后高失业率的经济困境,决策者当前的首要任务是加快创造就业步伐,并重塑中产阶级的经济安全感,中产阶级的生活和消费状况对美国经济复苏至关重要。

而共和党阵营以在经济复苏乏力时期不宜加税为由,倾向于将减税政策全盘延续,以此促进经济复苏。美国国会众议长、共和党议员博纳指出,为实现更强劲的经济增长,需要降低税率、减少政府监管并削减政府开支。

虽然跌落"财政悬崖"是美国民主、共和两党都想要避免的局面,但两党观念上的分歧预示着围绕这一问题的斗争将非常激烈。特别是在大选年的背景下,两党互不合作、互不妥协,更是造成政策"难产"。分析人士普遍认为,在11月大选之前,两党将很难在税收改革、减少财政赤字和提高公共债务上限等议题上取得实质性突破。有分析人士因此建议，如果美国经济复苏前景恶化，美联储应当考虑推出新一轮量化宽松货币政策，以对冲“财政悬崖”的消极影响。

（资料来源：http://views.ce.cn/view/ent/201207/17/t20120717_23496421.shtml）

第三节　货币政策

［**相关链接 14－5**］

2021 年 8 月份 CPI 总体平稳 PPI 涨幅扩大

国家统计局数据显示，2021 年 8 月份，全国居民消费价格（CPI）同比上涨 0.8%，环比上涨 0.1%。1 至 8 月平均 CPI 比去年同期上涨 0.6%。全国工业生产者出厂价格（PPI）同比上涨 9.5%，环比上涨 0.7%；工业生产者购进价格同比上涨 13.6%，环比上涨 0.8%。1 至 8 月平均 PPI 较去年同期上涨 6.2%，工业生产者购进价格上涨 8.6%。

自年初以来，PPI 几乎一路上扬。8 月份 PPI 创近期新高，主要受煤炭、化工和钢材等产品价格上涨影响。PPI 中，生产资料价格同比上涨 12.7%，是主要拉动因素。目前我国已出台一系列保供稳价措施，但由于全球大宗商品价格持续冲高，上游生产资料价格继续上涨，进而推动 PPI 反弹。由于去年 9 月、10 月基数较低，预计未来两个月 PPI 或将惯性冲高，到年底将见顶回落。

猪肉价格下行拉低 CPI 涨幅

与 PPI 持续上涨相比，今年以来，CPI 表现温和，价格平稳运行。从环比看，8 月份 CPI 上涨 0.1%，涨幅比上月回落 0.2 个百分点。其中，非食品价格为拖累项，由上月上涨 0.5%转为下降 0.1%，影响 CPI 下降约 0.05 个百分点。从同比看，8 月份 CPI 上涨 0.8%，涨幅比上月回落 0.2 个百分点。其中，食品价格下降 4.1%，降幅比上月扩大 0.4 个百分点，成为主要拖累项，影响 CPI 下降约 0.77 个百分点。

今年以来，猪肉价格持续下降，重回“10 元时代”。8 月份，猪肉价格同比下降 44.9%，降幅比上月扩大 1.4 个百分点。后续猪肉价格走势备受关注。

PPI 涨幅继续扩大

8 月份，受煤炭、化工和钢材等产品价格上涨影响，工业品价格环比和同比涨幅均有所扩大。

从环比看，8 月份 PPI 上涨 0.7%，涨幅比上月扩大 0.2 个百分点。从同比看，8 月份 PPI 上涨 9.5%，涨幅比上月扩大 0.5 个百分点。主要行业中，煤炭开采和洗选业、黑色金属矿采选业等八个行业价格涨幅在 21.8%至 57.1%之间，合计影响 PPI 上涨约 7.9 个百分点，超过总涨幅的八成。其中，煤炭开采和洗选业、化学原料和化学制品制造业、黑色金属冶炼和压延加工业价格涨幅分别扩大 11.4 个、2.7 个和 1.1 个百分点，是 PPI 同比涨幅扩大的主要原因。

（资料来源：节选整理自金融时报—中国金融新闻网，2021 年 9 月 10 日，https://www.financialnews.com.cn/hg/202109/t20210910_228204.html）

一、货币职能

讨论货币政策和货币需求问题,必须先认识货币的职能,因为货币有其独特的功能,才会引起人们对货币的需求。那么,货币有哪些职能呢?

第一,价值尺度。货币可以作为一种价值尺度用以衡量一切商品和服务的价值,也就是价格。既可以用来衡量现行的价格,又可以衡量将来的价格,有了货币,各种商品的单位价格和总价格都可以确定,从而可以确定一种商品与其他商品的比值。

第二,流通手段。货币作为一种流通手段也就是经常说的交换媒介,它可以使整个社会摆脱"物物交换"的累赘和不便。

第三,贮藏手段。货币可以代表财富,被人无限制地贮藏起来,并可随时变换成货币持有者所需的商品。贮藏不仅仅反映了企业和消费者的收大于支,而且是为了应付一些意外的开支或者对付将来入不敷出的情况。这里的贮藏是指个人把货币存在自己身边而不存放在银行里,这是一种习惯,各人保存货币的动机也不尽相同。我国的个体户赚了钱,很大部分用私人保险箱保藏,与其说是出于安全,不如说是为了避免露财。凯恩斯则特别强调利率与人们持有货币量之间有关系,认为在特定时期,货币的贮藏还相当严重。

第四,支付手段。这里的支付,实质上是指延期支付,即买者向卖者购买物品,手头一时没有钱,采用赊购的办法,先得到物品,后支付货款。这样,货币不再立即充当流通手段,人与人之间的债务可以相互抵消。

第五,世界货币。由于货币发行权在于各国政府,因此在国际贸易中,商品交换一般就不再采取铸币或者纸币的形态,而直接以通行的贵金属形态出现,或者将各国货币折算成一定的兑换比率,彼此流通。但这不是无限制的,如果比率维持不下去,则用一国的货币升值或者贬值来加以调整。

我们只有充分认识上述货币的职能,才会深刻理解人们为什么非要在手中持有一定量货币的道理。

[案例研究 14-1]

黄金货币金融属性的变迁

中国是最早将黄金作为货币的国家之一,最早在公元前22世纪的夏代就将黄金作为货币使用了。欧洲最早的金币奥古斯塔铸造于1231年,1252年佛罗伦萨铸造了著名的金币弗罗林。以中国为例:殷商及西周时期,黄金作为制造装饰品的贵金属很早就为人们所喜爱。根据《春秋》《管子》等文献记载,到了春秋战国时期,黄金已经具备了以下功能:第一,交换手段;第二,价值尺度;第三,国际货币("国际"是指当时的诸侯国之间);第四,大量用于赏赐、馈赠、贿赂。到了秦朝至西汉时期,黄金货币开始盛行。秦始皇统一六国以后,颁布了中国最早的货币立法,规定黄金为"上币"。西汉交易中盛行使用黄金,小宗买卖都使用铜钱,价值大的均以黄金计算,关系重大的活动都使用黄金。在此阶段,黄金充分履行着赏赐、贮藏财富以及价值尺度的职能。东汉至隋朝时期,黄金的流通作用减退,黄金愈加贵重,黄金的用途有了很大改变。用于大额支付和商品交易的情况锐减。黄金主要用于贮藏和装饰。第一,黄金充分发挥了价值保值的作用。第二,奢侈的黄金饰品成为时尚。南北朝时,黄金制的钱币开始出现。唐宋时期黄金货币作用上升,唐代金银仍被视为财富宝藏,用于赏赐和馈赠、贿赂等。元朝以后黄金货币作用消失，元朝以后，纸币逐渐流行，黄金进一步退出流通领域。尤其是明朝，曾明令禁止民间用金银交易，黄金的货币地位正式被取消，黄金主要起贮藏作用。

在近代统一的国际货币体系形成之前，各资本主义国家普遍实行金银复本位货币制度。在金银复本位制度下，政府规定金银之间的价值比率并按这一比率无限买卖金银。此时，黄金的金融属性充分体现在流通手段、价值尺度、贮藏手段、支付手段和时间货币的职能上。历史上第一个金币本位制国际货币体系以黄金为核心本位货币。到 1914 年已有 59 个国家实行了金本位制。黄金是货币历史上第一个国际性也是最后一个本身拥有价值而又固定充当一般等价物与价值尺度的实质性货币。黄金是本位货币，是国际硬通货，可自由进出口，可支付贸易赤字，可作国内货币流通。黄金可以自由铸造、自由兑换、自由输出。“一战”对金本位带来冲击，1933 年世界性经济危机时，黄金紧缺并且受到官方控制，“金本位制”彻底崩溃。各国纷纷加强了贸易管制，禁止黄金自由买卖和进出口，公开的黄金市场失去了存在的基础，伦敦黄金市场关闭。

在布雷顿森林体系中黄金的金融属性主要体现在其货币职能方面：第一，美元与黄金直接挂钩。第二，其他会员国货币与美元挂钩，即同美元保持固定汇率关系。随着美元的逆差、黄金储备的减少以及美元过剩等原因，布雷顿森林体系暴露了其致命弱点，即“特里芬难题”。美国于 1971 年宣布实行“新经济政策”，停止各国政府用美元向美国兑换黄金。

1978 年 4 月 1 日，“牙买加协议”生效，协议规定黄金非货币化，黄金既不再是各国货币的评价基础，也不能用于官方之间的国际清算。牙买加协议使黄金失去了其最直接的金融属性——货币职能。尽管黄金不再在货币体系中发挥作用，黄金仍可作为一种能突破地域限制和时空阻隔的国际公认资产，黄金具有其独特的流通性和变现性，仍是重要的国家储备资产和战备资源。作为投资载体，黄金仍与金融活动保持着关系，信用货币缺乏的情况下，变现黄金是最后支付手段。

尽管黄金逐渐被非货币化，但黄金的金融属性仍然在多次事件中凸显，如 1997 年亚洲金融风暴中亚洲东南亚多国货币汇价急跌、2001 年的美国“9・11”事件全球金融市场一片混乱中、2002 年全球反恐和印巴紧张局势以及 2003 年 4 月一意孤行的美国对伊拉克战局中，黄金价格上升，成为瞩目的焦点。

在当代，黄金仍然是各国外汇储备的重要组成部分。欧洲央行认为，不管黄金的价格如何变化，它仍然是全球货币的重要组成部分，欧洲央行目前拥有黄金储备 875.6 吨，占外汇储备总量的 50%。近年来，虽然一些发达国家央行试图减少部分黄金储备，也有发展中国家在增加外汇储备，但是总体情况来看，黄金储备地位仍然非常重要。

（资料来源：http://www.docin.com/p-353077854.html）

二、货币需求

人们之所以需求货币，是因为日常生活离不开它，人们对货币究竟有哪几种需求呢？在一些国外宏观经济学教科学书中比较流行的货币需求理论，出自凯恩斯的提法。凯恩斯在其《就业、利息和货币通论》中提出人们对货币需求有三种类型：交易需求、预防需求和投机需求，现分别说明之。

(一) 交易需求

货币的交易需求即为了支付生产或生活日常开支所必需的货币量,比如张三每月领一次工资,他手中必须保留一部分现金,以购买日常生活用的物品。他既不可能 1 分钱不用,全部存入银行作为定期存款,也不可能 1 分钱不剩,当天就把所有钱全部花完。他必须保留一定量现金或者存款,用于周转。假如张三每月工资是 990 元,当月工资花完,一个月有 30 天,每天开支 33 元,到 30 天时全部用完,因此他月初的货币持有量为 990 元,月末的货币持有量为 0,那么他平均闲置的货币应当为 495 元(=990÷2)。可见,如果一个人有 Y 元的收入,那么他平均闲置的货币就为($Y/2$)元,这笔货币就称为货币的交易需求。如果人们的收入增加,支出也会相应增加,那么货币的交易需求也会因此增加。可以说货币的交易需求是货币收入的函数,货币的交易需求总是占货币收入的一定的比例。同时,货币的交易需求与利率水平也有着一定的关系。

(二) 预防需求

货币的预防需求就是备用之意。人们出于多种原因,总是要保留一部分货币,以便应急之用。我国有"穷家富路"之说,人们出差在外,就要预备足够的现金,用于支付车旅费和一些预想不到的开支。人们持有一定量的货币,有时完全是为了谨慎。人们不愿意购买有息债务,宁可把现金放在家中的箱子里,随用随拿,认为此举最方便、最保险。货币的预防需求与收入水平也有密切的关系。人们的活动次数增加和价格水平上升,货币的预防需求也会随之增加。一个人外出次数多了,商品和服务的价格提高了,他所带的备用金势必因此而提高。货币的预防需求与利率也存在着一定的关系,利息率升高,人们手中的现金趋向于变少。

(三) 投机需求

货币的投机需求不只是指投机家出于投机的目的而需持有的货币量,不是投机家也有这方面的货币需求。货币的投机需求与收入并没有多大的关系,但与金融市场中通行的利率有着十分密切的关系。货币的投机需求就是持有货币的目的既不是为了交易之用,也不是为了预防之需,而是为了别的目的——期望将来得到较大的收益。这种货币需求也称流动偏好需求。它与利率一般也成反比关系,也就是说,利率高,使人们不愿把货币放在手里,而要换成有息资产以获取利息。所以,利率高到一定的程度,货币的投机需求是会消失的。如果利率很低,低到货币持有者认为贮藏货币与掌握有息资产没有什么区别,甚至认为把钱握在自己的手中更为有利,那么货币的投机需求会大大增强。不过,利率与货币投机需求的反比关系是在一定的范围内的。

货币需求既与国民收入有密切的关系,又与利率有密切的关系。一般来说,货币需求是国民收入的递增函数,是利率的递减函数,为方便分析,人们把货币的交易需求和预防需求统一称为货币交易需求。

三、凯恩斯主义货币政策工具

货币政策是中央银行借改变货币供给量以影响国民收入的利息政策。中央银行实施货币政策的主要工具有公开市场业务、贴现政策以及准备率政策等。

(一) 公开市场业务

公开市场业务是中央银行在金融市场上买进或卖出有价证券以调节货币供给量。有价证券主要有国库券、其他联邦政府债券、联邦机构债务和银行承兑汇票。买进或卖出有价证券是为了调节货币供给量。买进有价证券实际上就是发行货币，从而增加货币供给量；卖出有价证券实际就是中央银行回笼货币，减少市场货币流通量。公开市场业务能够灵活而有效地调节货币量，进而影响利率的变动。因此，公开市场业务成为最重要的货币政策工具。

（二）贴现

贴现是商业银行向中央银行贷款的方式。当商业银行资金不足时，可以用客户借款时提供的票据到中央银行要求再贴现，或者以政府债务和中央银行同意接受的其他“合格证券”作为担保来贷款。再贴现与抵押贷款都称为贴现，目前以后一种方式为主。贴现的期限一般较短，为一天到两周。**商业银行向中央银行进行这种贴现时所付的利息率就称为贴现率**。贴现政策包括变动贴现率与贴现条件，其中最主要的是变动贴现率。中央银行降低贴现率或放松贴现条件，使商业银行得到更多的资金，这样可以增加它对客户的放款；放款的增加又可以通过银行创造货币机制，增加流通中的货币供给量，降低利息率。相反，中央银行提高贴现率或严格贴现条件，使商业银行资金短缺，这样就不得不减少对客户的放款或收回贷款；贷款的减少也可以通过银行创造货币的机制减少流通中的货币供给量，提高利率。此外，贴现率作为官方利息率，它的变动也会影响到一般利息水平，使一般利率与之同方向变动。

（三）准备率

准备率是商业银行吸收的存款中用作准备金的比率。准备金包括库存现金和在中央银行的存款。中央银行变动准备率则可以通过准备金的影响来调节货币供给量。假定商业银行的准备率正好达到了法定要求，这时，中央银行降低准备率就会使商业银行产生超额准备金，这部分超额准备金可以作为贷款放出，从而又通过银行创造货币的机制增加货币供给量，降低利率。相反，中央银行提高准备率就会使商业银行原有的准备金低于法定要求，于是商业银行不得不收回贷款，从而又通过银行创造货币的机制减少货币供给量，提高利率。

[**相关链接 14-6**]

央行调整市场利率定价自律机制，促进有序竞争

2021 年 6 月 21 日，市场利率定价自律机制（以下简称“利率自律机制”）优化了存款利率自律上限的确定方式，将原由存款基准利率一定倍数形成的存款利率自律上限，改为在存款基准利率基础上加上一定基点确定。

2015 年 10 月，人民银行放开了对存款利率的行政性管制，金融机构可在存款基准利率基础上自主确定存款实际执行利率。为确保利率市场化改革的平稳有序推进，人民银行指导成立了利率自律机制。利率自律机制是由金融机构组成的市场利率定价自律和协调机制，旨在对金融机构利率定价行为开展行业自律管理，维护市场竞争秩序，为推进利率市场化改革营造良好环境。

此前，为有效维护存款市场利率定价秩序，在利率自律机制协调下，金融机构经过自主协商，形成了按存款基准利率倍数确定的存款利率自律约定上限。在此范围之内，各金融机构可与存款人自主协商确定存款实际执行利率。这样既能确保银行充分自主定价，又能有效维护市场竞争秩序,避免个别银行非理性定价,广大人民群众的切身利益也得到了有效保障。但是,按照存款基准利率倍数确定的利率上限,存在明显杠杆效应。由于长期存款基准利率较高,执行利率也明显偏高,扭曲了存款的期限结构。特别是个别金融机构利用长期存款利率较高的问题,通过多种不规范的所谓"创新"产品吸收长期存款。其他银行为稳定存款来源,被动抬高存款利率揽储,推升整体负债成本,出现了存款市场由"坏"银行定价的问题,不利于存款市场有序竞争。

为维护存款市场竞争秩序,避免无序竞争等问题,利率自律机制在充分征求并吸收了各核心成员意见后,经利率自律机制工作会议审议通过,决定将存款利率自律上限的确定方式改为在存款基准利率基础上加点确定。优化存款利率自律上限确定方式是金融机构的行业自律行为,也是金融机构自主定价能力提高的体现。新的存款利率自律上限实施后,存款利率自律上限"有升有降",半年及以内的短端定期存款和大额存单利率的自律上限有所上升,一年以上的长端利率自律上限有所下降。同时,各金融机构仍可在自律上限之内,与存款人自主协商确定存款实际执行利率,存款实际执行利率并不一定会有大的变化。目前,各金融机构存款利率定价总体平稳,有关调整正有序推进。

随着贷款市场报价利率(LPR)改革的深入推进,金融机构自主定价能力不断增强。优化存款利率自律上限确定方式有利于提高商业银行存款利率自主定价的自由度和精准度,促进行业有序竞争,推动存款利率定价市场化。新方案实施后,金融机构无须大幅调整所有期限的存款利率,而且一年以上的存款占比也较小,总体看对金融机构和存款人的影响都不大。同时,新方案消除了杠杆效应,长短期存款利率之间的利差将有所缩窄,有利于引导银行存款回归合理的期限结构。此外,新方案同步调整了中小银行和国有银行的存款利率自律上限,二者之间仍存在合理利差,有利于维持目前相对均衡的市场竞争环境。

(资料来源:观察者网,2021 年 6 月 21 日,https://www.toutiao.com/i6976150371714466317? wid=1633347906964)

(四) 其他的货币政策

如道义上的劝告,即中央银行对商业银行的贷款、投资业务进行指导,要求商业银行采取与其一致的做法。这种劝告没有法律上的约束力,但也有其作用,如规定购买有价证券必须付出的现金比例;利息率上限,即规定商业银行和其他储蓄机构对定期存款和储蓄存款的利息上限;控制分期付款与抵押贷款条件等。

货币政策在宏观经济政策中的作用是不断加强的。凯恩斯认为,由于人们心理上对货币的偏好,利率的下降是有一定限度的,依靠降低利率来刺激私人投资的货币政策的效果是有限的。

四、凯恩斯主义的货币政策目标

货币供给量的变动影响利率,利率的变动通过对投资和总需求的影响而影响国内生产总值,这是凯恩斯主义货币政策的理论基础。由此出发,货币政策的直接目标是利率。

(一) 货币政策的作用机制

凯恩斯主义货币政策是要通过对货币供给量的调节来调节利率,再通过利率的变动来影响总需求。这样，凯恩斯主义货币政策的机制如图 14－2 所示。

图 14－2

在这种货币政策中，政策的直接目标是利率，利率的变动通过货币量调节来实现，所以调节货币量是手段。调节利率的目的是要调节总需求，总需求变动是政策的最终目标。

那么，货币量是如何影响利率的呢？而利率又是如何影响总需求的呢？

凯恩斯主义以人们的财富只有货币与债券这两种形式的假设作为货币量可以调节利率的前提。在这一假设与前提之下，债券是货币的替代物，人们在保存财富时只能在货币与债券之间做出选择。持有货币无风险也没有收益；持有债券有收益也有风险。人们在保存财富时总要使货币与债券之间保持一定的比例。如果货币供给量增加，人们就要以货币购买债券，债券的价格就会上升；反之，如果货币供给量减少，人们就要抛出债券以换取货币，债券的价格就会下降。

$$\text{债券价格}=\frac{\text{债券收益}}{\text{利率}}$$

上式说明：债券价格与债券收益的大小成正比，与利率的高低成反比。因此，货币量增加，债券价格上升，利率下降；反之，货币量减少，债券价格下降，利率上升。

利率的变动影响投资。投资是总需求中重要的一部分，因此，就会影响到总需求和国内生产总值。

（二）货币政策的实施

中央银行运用货币政策直接调控的是货币供给量。控制货币供给量的工具就是公开市场活动、改变贴现率和改变准备率。最常用的是公开市场活动。在不同的经济形势下，中央银行要运用不同的货币政策来调节总需求和国民经济。

在萧条时期，总需求小于总供给，为了刺激总需求，就运用扩张性货币政策，如增加货币供应量、降低利率、刺激总需求的货币政策。其中包括在公开市场上买进有价证券、降低贴现率并放松贴现条件、降低准备率，等等。这些政策和措施可以增加货币供给量，降低利率，刺激总需求等。

在繁荣时期，总需求大于总供给，为了抑制总需求，就要运用紧缩性货币政策，即减少货币供应量、提高利率、抑制总需求的货币政策。其中包括在公开市场上卖出有价证券、提高贴现率并严格贴现条件、提高准备率，等等。这些政策措施可以减少货币供给量，提高利率，抑制总需求等。

五、货币主义的货币政策思想

货币主义货币政策在传递机制上与凯恩斯主义的货币政策不同。货币主义的基础理论是现代货币数量论，即认为影响国内生产总值与价格水平的不是利率而是货币量。货币量直接影响国内生产总值与价格水平这一机制的前提是：人们的财富具有多种形式，如货币、债券、股票、住宅、珠宝、耐用消费品等。这样，人们在保存财富时就不仅是在货币与债券中做出选择，而且是在各种财富形式中进行选择。在这一前提下，货币供给量的变动主要并不仅是影响利率，而是影响到各种形式的资产的相对价格。在货币供给量增加后，各种资产的价格上升，从而直接刺激生产，在短期内使国内生产总值增加，以后又会使整个价格水平上升。

货币主义者反对把利率作为货币政策的目标。他们认为货币供给量的增加只会在短期内降低利率,其主要影响还是提高利率。因为货币供给量的增加使总需求增加,总需求增加一方面增加了货币需求量,另一方面提高了价格水平,从而减少了货币的实际供给量,这两种作用的结果就会使利率提高。同时利率还要受到人们对通货膨胀预期的影响。因此,名义利率等于实际利率加预期的通货膨胀率。货币供给量增加提高了预期的通货膨胀率,从而也就提高了名义利率。所以,货币政策不能限定利率,利率是一个会把人们引入歧途的指示器。

货币主义者还认为,货币政策不应该是一项刺激总需求的政策,而应该作为防止货币本身成为经济失调的根源的政策,为经济提供一个稳定的环境,并抵消其他因素所引起的波动。货币政策不应该是多变的,应该以控制货币供给量为中心,以制止通货膨胀,为经济的发展创造一个良好的环境。

第四节 供给管理政策

[**相关链接 14-7**]

里根的经济政策

20世纪70年代末期,美国经济出现了前所未有的滞胀,也就是通胀率与失业率同时居高。凯恩斯主义经济学家束手无策,因为按照凯恩斯主义理论,尤其是当时盛行的"菲利普曲线"版本,失业率和通胀率应该具有替代关系,此消彼长,不会同时出现。也正是根据这套理论,这些经济学家甚至主张,通过制造通胀来解决失业问题。

而里根完全否定了这套学说及其背后的信念。他欣赏一些与之对立的经济学家,采纳了两套全新的经济理论,其一是弗里德曼的货币理论,其二是以拉弗为代表的供应学派理论。

弗里德曼的货币理论认为,通货膨胀的唯一原因就是货币发行量过大,而不是其他五花八门的理由。虽然控制通胀是中央银行的工作,与行政无关,但里根并非无事情可做,里根上任当天,就签署法令,立即解除了全国的汽油价格管制。加油站外排了十年的长队,一个礼拜就消失了。

供应学派理论认为,政府要增加收入,边际税率并非越高越好。只有适当调节税率,政府才能取得最大的收入。当时美国的边际税率高达70%,已经接近后一个极端。因此,里根主张减税,从而鼓励企业增加生产,把经济带出困境。为了给民主党人控制的国会施加压力,他在黄金时间发表电视演说,要求国民给他们选区的国会议员写信或打电话,表达减税的心愿。这一招果然奏效,国会通过了里根大刀阔斧的减税计划,边际税率两年后减至50%,而美国经济也开始复苏。

(资料来源:巴特利特.新美国经济——里根经济学的失败与未来之路.钟晓玲,等译.中国金融出版社,2011)

20世纪70年代以后,西方经济学家开始重视总供给对经济运行的影响和作用,并着重研究和分析了总供给对通货膨胀的影响以及对劳动市场结构与失业的影响。根据此项研究的结果,提出了供给管理政策,其内容主要包括经济增长政策、居民收入政策、指数化政策、促进就业政策,其中最主要的是经济增长政策。

一、经济增长政策

从长期来看,影响总供给的关键因素是经济发展潜力或生产能力。因此,提升经济发展潜力或生产能力的经济增长政策就成为供给管理政策的重要内容。促进经济增长的政策是多方面的,其中主要有以下几点。

(一)增加劳动力数量和提高劳动者质量

人口是社会经济活动的主体和决定性力量,增加劳动力的数量就是提供和注入经济活力。因为劳动力既是生产者,同时又是消费者。作为生产者的劳动力,是物质财富的制造者和供给者;而作为消费者的劳动力,是消费市场上的主体和动力。因此,不管是作为生产者的劳动力还是作为消费者的劳动力,都是经济增长的动力和活力,是经济增长的主体因素。增加劳动力的方法有提高人口出生率,鼓励移民入境等。例如,多年来,德国、俄国、澳大利亚等国家都是实行鼓励生育政策,新加坡则实行鼓励青壮年劳动力移民入境政策。提高劳动力质量的方法则有增加人力资本投资,从各个方面开发人力资源、造就人才,包括加强与改革中小学基础教育、发展各种职业教育、发展与改革高等教育、加强对劳动者的继续教育等。对于我国来说,在今后较长时间内都不存在缺乏劳动力问题,而是应致力于提高劳动者素质、解决劳动者质量偏低的问题。

(二)努力提高资本积累

资本的增加可以提高资本—劳动比率,即提高每个劳动力的资本装备率,有利于发展资本密集型和技术密集型产业,有利于更新设备,以提高劳动生产率。资本积累主要源于储蓄,因此,应该通过积极的减税政策、提高利息率的货币政策等途径来鼓励人们储蓄以增加资本积累。从西方国家的经验看,大凡国民储蓄率较高的国家,经济增长率也高。例如,德国、日本等经济发展迅速的国家,其国民储蓄率都是比较高的。

(三)积极推进技术进步

技术进步在现代经济增长中起着越来越重要的作用,因此,促进技术进步成为各国经济政策的重点。其中的主要措施有以下几点:

(1) 国家对全国的科学技术发展进行规划与协调。例如,美国在1976年成立的科学技术政策办公室,就是在总统领导下进行这一工作的。

(2) 国家直接投资于重点科学技术研究工作。例如,美国的原子弹、阿波罗登月等都是直接由政府投资进行的。

(3) 政府采取鼓励科学技术发展的政策措施。诸如重点支持工业企业的科学研究,支持大学与工业企业从事合作研究,促进科研与生产的结合,实行技术转让,加速科技成果的推广等。

(4) 加强科技人才的培养以及从国外引进技术人才等。

(四)计划化与平衡增长

一些西方经济学家认为,政府对社会经济进行管理是工业化发展的必然要求,也是一项强调和保障全体社会成员利益的宏观经济政策,这种强调计划经济的思想影响了美国和西欧发达国家政府的国民经济政策。英国、意大利、比利时等国近年来也转向国家计划经济与管理工作,作为应付技术化社会经济以及社会问题的重要手段,以保障全体国民的共同利益。

在现代经济中,社会各个经济部门之间是相互关联的,各部门之间经济的协调增长是经济本身发展的内在要求。在以私有制为基础的资本主义经济或市场经济中,这种各部门之间经济的平衡增长和发展,要求通过国家经济计划化政策或指导才能实现。而这种国家的计划化与协调性是通过间接性或市场化的方式来实现,并非是政府对企业或经济部门直接干预的结果。因此,各国政府都积极制订本国经济增长的短期、中期与长期计划,并通过各种经济政策来促进其经济增长计划的实施和实现。在西方国家的经济增长计划中,法国与日本的此项工作是比较成功的。

二、居民收入政策

收入政策是指政府通过某种行政措施强制性或非强制性地限制工资和价格,以制止通货膨胀和调控经济的一种政策,因为控制的重点是工资,故称收入政策。成本推动型通货膨胀理论认为,通货膨胀是由于成本增加特别是由于工资成本的增加而引起的,要制止通货膨胀就必须控制工资增长,而要有效地控制工资增长,还要同时控制价格水平。

国家之所以要采取收入政策,是由于战后西方国家的通货膨胀达到了不可忍受的程度。如果此时政府采取压缩总需求的紧缩措施,可以轻易地遏制通货膨胀,但国家必须蒙受失业增加、经济乘数效应累积性滑坡的严重损失,而收入政策正好是旨在既防止失业又能有效遏制通货膨胀的有效措施。西方发达国家,如荷兰、瑞典、英国、意大利、加拿大和美国等,在"二战"后的和平时期曾普遍采用过这一经济政策。居民收入政策一般有三种形式。

(一) 工资-物价冻结

工资-物价冻结,即政府用法律手段或行政手段禁止在一定时期内提高工资与物价,或者规定工资与物价的提高必须通过负责工资和价格管理的政府部门批准。在市场经济国家,这种措施一般只是在战争和自然灾害背景或是通货膨胀相当严重时才能采用。例如,1971 年 8 月,尼克松政府为了控制当时两位数的通货膨胀,宣布工资与物价冻结 3 个月,并由政府专门成立的生活费用委员会强制实行。这种方法虽然能有效且迅速地制止通货膨胀,但同时也严重破坏了市场机制的正常作用,所以不能经常或长期使用。因为在市场经济中,如果价格起不到调节经济的作用,将会导致资源配置的失调,从而给经济的发展带来更多的困难,所以,一般不宜采用这种措施。

(二) 工资-物价指导线

工资-物价指导线,即政府根据劳动生产率的增长和其他因素制定一个与经济增长相适应的工资增长和价格增长率,规定出工资与物价上涨的限度,其中主要是规定工资增长率,所以又称"工资指导线"。然后政府运用经济方法或劝说与宣传的策略去指导工会与企业领导人执行。工会和企业要根据这一指导线来确定工资增长率,企业也要根据这一规定确定物价上涨率。如果工会或企业违反这一规定,使工资增长率和物价上涨率超过了这一指导线,政府就会以税收或法律形式对工会或企业进行惩罚。这种做法比较灵活和有效,在 1970 年以后被西方国家广泛采用。

工资-物价指导线还规定货币工资增长率不得快于劳动生产率增长率。例如,1962 年美国肯尼迪政府规定全国的平均货币工资增长率必须与劳动生产率的增长率保持相同水平。当时美国的劳动生产率年平均增长率为 3.4%,即货币工资的年增长率不得超过 3.4%。现在这种做法已被西方国家广泛运用,并对控制通货膨胀起了一定的作用。但是,由于经济中各部门的劳动生产率增长是不一致的，有的经济部门发展迅速，劳动生产率高，需要用较高的工资来吸引更多的工人，工资增长率的限制就不利于这些部门的发展了。对那些生产率较低的部门，工资的增加会引起成本增加与物价上升，反而不利于制止通货膨胀。

（三）税收刺激计划

税收刺激计划就是以税收为手段来控制工资增长的一项经济政策。具体做法是政府规定货币工资增长率即工资指导线，并在实施过程中以税收为手段进行调节。如果企业的工资增长率超过这一指导线，政府就课以重税；如果企业的工资增长率低于这一指导线，政府就给以减税。美国卡特政府在1978年曾提出过这一政策，但遭到企业与工会反对，也被议会否决，从未付诸实施。

三、指数化政策

通货膨胀会引起收入分配的变动，使一些人受害，另一些人得益。例如，通货膨胀会使人们的实际工资下降，使利润增加和实际纳税额增加，从而对经济产生不利的影响。**指数化政策就是为了消除这种不利影响，以对付通货膨胀的一项政策**。其具体做法是，定期地根据通货膨胀率来调整各种收入的名义价格，使其实际价值保持不变，以利于保持总供给和整个经济的稳定。主要的指数化措施有以下两种。

（一）工资指数化

按通货膨胀率指数来调整名义工资，可以在发生通货膨胀时保持实际工资水平不变。在发生通货膨胀时，如果人们的名义工资没有提高，实际工资就下降了，这就实际上是对资本家有利而对工人不利的一种收入再分配。为了消除这一不公平的现象，保障工人的利益，政府规定在一定时期内按照物价指数来相应调整名义工资，这项规定也称为“自动调整条款”。此外，也可以通过其他措施按通货膨胀率来调整工资增长率。工资指数化可以使实际工资不下降，从而维护社会的稳定和安全。在美国，最早是1948年通用汽车公司与工会之间达成这一协议，以后逐渐被广泛采用。在现实中，这种调整有完全性调整即完全按通货膨胀率调整货币工资和部分调整货币工资两种。部分调整又有两种形式：一种称为“阀”，即政府对通货膨胀规定一个临界点，超过这一临界点才能调整货币工资；另一种形式称为“顶”，即政府对货币工资调整的幅度也设定一个上限，也就是无论通货膨胀率多高，每年货币工资的增加幅度不得超过这一个“顶”。

工资指数化的确能够在短期内解决工人的实际收入下降问题。但如果政府要求所有企业推行工资指数化，那就意味着通货膨胀时人工成本将大大增加，企业也因此面临巨大的成本压力，进而使得企业破产的可能性大增。因此，对工资指数化政策要持谨慎的态度。

（二）税收指数化

税收指数化指按通货膨胀率来调整纳税的起征点和税率等级。例如，假定原来起征点为1 000元，当通货膨胀率为10%时，就可以把起征点改为1 100元。税率等级也可以按通货膨胀率相应地进行调整。当经济中发生了通货膨胀时，人们的实际收入不变而名义收入增加了。在累进税制下，纳税者名义收入的提高，使原来的实际收入进入了更高的税率等级，从而使缴纳的实际税金增加。如果不实行税收指数化，就会使收入分配发生不利于公众而有利于政府的变化，成为政府加剧通货膨胀的动力。而根据通货膨胀率来调整税收，即提高起征点并调整税率等级，可以避免这样的结果。

四、促进就业政策

促进就业政策是一种旨在改善劳动市场结构,以减少失业的政策,主要有以下几方面内容。

(一) 人力资本投资

人力资本投资是人力资源开发和新经济增长点分析的基本问题,它所关注的是在人力资源开发过程中人力资本的最优投资决策。其实质是投资与效率问题。传统人力资本投资观主要从微观层面对个体投资决策进行分析,而现代人力资本投资理论则从微观与宏观相结合的维度对个体动态投资行为进行竞争性均衡的社会福利比较,包括了对人的投资、人的行为能力、投资收益等方面。对人力资本的投资,和物质资本投资一样重要。改善和提高劳动者的资本、技术或技能,完全取决于对劳动者的教育水平、训练水平和劳动者个人的专业技术水平的投资。如果没有通过对人力资本的投资来提高劳动者的技术或技能,而仅仅希冀依靠物质投资促进经济增长的力度和效度是有限的。同时 在宏观上应由政府向劳动者提供投资,以提高劳动者的文化技术水平与素质,适应劳动力市场的需求,也是一个国家人力资源开发和提高国民素质的重要内容。从长期来看,人力资本投资的主要内容是增加教育投资、普及教育、提高教育层次与国民终身教育。从短期来看,应对劳动者进行职业培训、技能培训,以及对失业的劳动者进行再就业培训和增训,增强他们的转岗和就业能力。

(二) 完善劳动市场

产生失业的一个重要原因是劳动市场的不完善。例如,劳动供求的信息不完全,就业介绍机构的缺乏,等等。对此,政府职能部门应该不断完善劳动市场,积极增加各类就业介绍机构,为劳动的供求双方提供迅速、准确且完全的市场信息,使劳动者找到满意的工作,企业也能得到其所需要的劳动者。对于我国来说,应切实维护劳动者合法权益,以适时出台《促进就业法》《社会保险法》为重点,全面充实我国劳动力市场的法律框架,使之逐步完善。有必要建立企业劳动就业诚信评价制度,促进劳动力市场主体自觉守法,强化用人单位的社会责任。

(三) 协助人才流动

人才流动是市场经济发展与市场竞争的必然结果。劳动者在地区、行业和部门之间的流动,有利于人力资源的合理配置与劳动者人尽其才,也有利于减少由于行业结构与劳动力的地区结构等原因而造成的就业难与失业人数。因此,应对劳动者的市场流动提供协助和帮忙,包括提供充分的信息,以及必要的物质帮助与鼓励等支持服务,并形成劳动者流动的制度化、市场化和规范化。

(四) 其他方面的措施

(1) 加大政府对基础建设的投资力度。这样能吸收更多的劳动力就业,提高就业水平。政府对基础建设的追加投资,又增加了对私有企业边际产品的需求,这又从另一个领域增加劳动力的需求,在更大的领域和范围内增加就业机会。

(2) 进一步对内对外开放国内市场、促进国内市场良性竞争,提高国内市场化程度。这样有利于提高产品需求价格弹性,降低垄断程度,也有利于增加劳动力的边际产品,扩大就业渠道,为劳动者提供更宽广的就业平台。

此外,应努力完善社会保障机制。

［案例研究 14－2］

香港特区国庆节发放第二期消费券市面消费氛围热烈

中新社香港 10 月 3 日电　香港特区政府财政司司长陈茂波 2021 年 10 月 3 日发表随笔表示，“十一”国庆节当天，也是香港消费券计划迈进另一阶段的日子，500 多万名香港市民收到第二期消费券，市面上消费氛围热烈，商场人流络绎不绝。

他说，外出购物时，有不少市民告诉他，已使用消费券购物，有人买了新的厨具，有年轻朋友买了心仪已久的模型，也有市民约了亲朋准备到餐厅庆祝。

陈茂波表示，在近月疫情持续受控、经济稳步改善之际，希望电子消费券能为市场带来乐观的气氛，让市民和企业对未来经济持正面预期，这也是经济可持续复苏的动力之一。

（资料来源：节选自中国新闻网，http://www.chinanews.com/ga/2021/10—03/9579292.shtml）

增值阅读

本章小结

经济政策问题在宏观经济学中占有十分重要的地位，本章主要介绍了宏观经济政策，包括财政政策与货币政策的措施与运用等问题。

（1）财政政策是指政府为了达到既定的经济目标或者说国家其他目标而对财政收入和财政支出以及公债的发行、公债的偿还做出的决策。西方国家的财政政策包含了三个相互关联的选择——财政收入政策、财政支出政策、赤字政策。

第一，财政收入政策，主要是税收。包括税收的形式、手段、税种、税率、起征点、征收范围、征收对象以及财政收入政策的实施应达到的目的等。

第二，财政支出政策，即财政支出比例、数量、方向、用途以及财政支出政策的实施应达到的目的等。

第三，赤字政策，即确定赤字的规模和分配。

（2）财政政策就是要运用政府开支与税收来调节经济。具体来说，在经济萧条时期，总需求小于总供给，经济中存在失业，政府就要通过扩张性的财政政策来刺激总需求，以实现充分就业。扩张性财政政策是通过政府增加支出和减少税收来刺激经济的政策。在经济繁荣时期，总需求大于总供给，经济中存在通货膨胀，政府则要通过紧缩性的财政政策来压抑总需求，以实现物价稳定。

（3）在 20 世纪 70 年代后期，由于通货膨胀严重，西方各国又采用了货币主义经济学家所主张的控制货币供给量的政策。货币政策是中央银行借改变货币供给量以影响国民收入的利息政策。中央银行实施货币政策的主要工具有公开市场业务、贴现政策以及准备率政策。

（4）20 世纪 70 年代以后，西方经济学家开始重视总供给对经济的影响，分析了供给对通货膨胀的影响以及劳动市场结构失业的影响，根据这种分析和理论，提出了供给管理政策，其内容主要包括经济增长政策、居民收入政策、指数化政策、人力政策，其中最主要的是经济增长政策。

思考与练习

一、选择题

1. 在凯恩斯主义之前,财政政策的目的是(　　)。

A. 为政府的各项开支筹集资金,实现财政收支平衡

B. 扩大就业和增加出口

C. 扩大社会再生产,提高国民福利

D. 增加银行存款

2. 当经济中存在通货膨胀时,应该采取的财政政策工具是(　　)

A. 增加政府支出和减少税收　　B. 减少政府支出和减少税收

C. 减少政府支出和增加税收　　D. 增加政府支出和增加税收

3. 政府支出中转移支付的增加可以(　　)

A. 增加投资　　B. 减少投资　　C. 增加消费　　D. 减少消费

4. 财政政策挤出效应存在的最重要原因就是政府支出增加引起(　　)

A. 税率上升　　B. 税率下降　　C. 利率上升　　D. 利率下降

5. 下列能自动调节经济的财政政策的是(　　)。

A. 内在稳定器　　B. 利息率政策　　C. 市场供求调节器　　D. 价格调节器

6. 货币供给量增加,债券价格和利率的变动分别为(　　)

A. 上升　上升　　B. 上升　下降　　C. 下降　上升　　D. 下降　下降

7. 下列不属于中央银行的职能的是(　　)。

A. 运用货币政策调节经济　　B. 对银行体系监督与提供优质服务

C. 为银行提供货款　　D. 为企业和个人提供贷款

8. 中央银行在公开市场上买进或卖出有价证券的目的是(　　)。

A. 调节债券价格　　B. 调节货币供给量

C. 实现银行利润最大化　　D. 增加财政收入

9. 紧缩性货币政策的运用导致(　　)

A. 货币供给量减少,利率降低　　B. 货币供给量增加,利率提高

C. 货币供给量减少,利率提高　　D. 货币供给量增加,利率降低

10. 货币主义货币政策的政策工具是(　　)

A. 控制利率　　B. 控制货币供给量

C. 两者并重　　D. 控制物价水平

二、判断题

1. 物价稳定就是通货膨胀率为零。(　　)

2. 需求管理包括财政政策和货币政策。(　　)

3. 个人所得税和公司所得税都具有内在稳定器的作用。(　　)

4. 凯恩斯在其《通论》中提出人们对货币需求有三种类型,即交易需求、预防需求和消费需求。(　　)

5. 在经济萧条时期,总需求小于总供给,为了刺激总需求,应运用扩张性货币政策。(　　)

6. 在繁荣时期，为了扩大总需求，就应运用扩张的经济政策。（　）

7. 在没有充分就业的情况下，挤出效应的大小主要取决于政府支出增加所引起的利率上升的高低。（　）

8. 紧缩性财政政策是通过减少政府支出与增加税收来抑制经济的政策。（　）

9. 税收指数化是指按通货膨胀率来调整纳税的起征点和税率等级。（　）

10. 货币主义认为，货币政策应该是一项刺激总需求的政策。（　）

三、思考题

1. 货币政策的目标是什么？

2. 为什么仅仅有自动稳定器是不够的，而还要运用积极的财政政策？

3. 什么是财政政策的挤出效应？凯恩斯主义和货币主义如何看待挤出效应？

4. 中央银行的货币政策工具主要有哪些？

5. 在经济繁荣时期和在经济萧条时期应如何运用不同的财政政策和货币政策？

案例分析

实践与操作

一、实践题

1. 存款准备金率近十次调整一览表如下：

时　间	调整前	调整后	调整幅度
2015 年 2 月 5 日	（大型金融机构）	19.50%	−0.5
	（中小金融机构）	16.00%	−0.5
2014 年 6 月 16 日	对符合审慎经营要求且“三农”和小微企业贷款达到一定比例的商业银行下调人民币存款准备金率 0.5 个百分点		
2014 年 4 月 25 日	下调县域农村商业银行人民币存款准备金率 2 个百分点，下调县域农村合作银行人民币存款准备金率 0.5 个百分点		
2012 年 7 月 18 日	（大型金融机构）20.50%	20.00%	−0.5
	（中小金融机构）17.00%	16.50%	−0.5
2012 年 5 月 18 日	（大型金融机构）20.50%	20.00%	−0.5
	（中小金融机构）17.00%	16.50%	−0.5
2012 年 2 月 24 日	（大型金融机构）21.00%	20.50%	−0.5
	（中小金融机构）17.50%	17.00%	−0.5

续 表

时　间	调整前	调整后	调整幅度
2011 年 12 月 5 日	(大型金融机构)21.50%	21.00%	−0.5
	(中小金融机构)18.00%	17.50%	−0.5
2011 年 6 月 20 日	(大型金融机构)21.00%	21.50%	0.5
	(中小金融机构)17.50%	18.00%	0.5
2011 年 5 月 18 日	(大型金融机构)20.50%	21.00%	0.5
	(中小金融机构)17.00%	17.50%	0.5
2011 年 4 月 21 日	(大型金融机构)20.00%	20.50%	0.5
	(中小金融机构)16.50%	17.00%	0.5

根据上面资料分析并回答问题：

(1) 我国政府实施的是什么经济政策，传递了什么信息？

(2) 实施这一政策的背景和目的是什么？

(3) 对于投资者来说应采取哪些措施？

(4) 以学习小组为单位，通过各种形式和途径进行调研，了解近年我国央行调整准备金率的政策实施效果，并以学习小组为单位写出调研报告，同时提出货币政策建议。

2. 以学习小组为单位，以各种形式和途径进行调研，调研题为“我国就业状况与政策建议”。并以学习小组为单位编写调研报告，同时提出促进就业政策建议。

二、综合实训

实践名称：2011 年以来我国央行准备金率调整过程及其效果分析。

1. 目的和任务

通过本部分的实训，从宏观经济政策理论之货币政策理论的认知性上升到货币政策的实践性认识，巩固基本知识的学习效果，加深基本知识的理解和认识，以提高学习者的理论水平、思想水平和实践应用能力。

2. 实践内容

(1) 以宏观经济政策理论，特别是货币政策理论为本次实践和调研活动的指导基础。

(2) 调研 2011 年 1 月以来，央行各次准备率调整的背景和实施效果。

(3) 在调研分析的基础上写出调研报告，要求对央行每次调整准备率背景及其实施效果进行评论。

3. 实训方式和要求

(1) 学习小组以分工合作的形式，通过互联网搜集和查找有关资料。

(2) 学习小组分解实训任务，分头深入社会，到企业、到居民户、到市场中调研，到社会实践中了解和掌握第一手资料。

(3) 通过学习小组讨论。

(4) 对经济案例、数据的纵向和横向分析。

(5) 综合总结，写出报告，提出政策性建议和企业的投资策略。

第十五章 开放经济与对外经济政策

请扫描二维码
观看视频

学习目标

1. 知识目标:自由贸易原理;保护贸易理论;关税壁垒和非关税壁垒;国际贸易发展趋势;国际贸易理论基础;要素禀赋说;国际贸易对国民经济的影响;国际金融对一国宏观经济的影响;汇率理论与外汇管理。

2. 能力目标:绝对优势分析与实施;相对优势分析与实施;鼓励出口政策及其效果评析;对外贸易政策及其运用;对外贸易乘数及其运用;对外金融政策与国际收支平衡要求;调节国际收支的措施及其运用。

趣味阅读

小麦与钢铁

有一天,某位艾索兰德国发明家发现了一种以极低成本炼钢的新方法。但是生产过程是神秘的,而且发明家坚持保密。奇怪的是,发明家并不需要任何工人或铁矿来炼钢,他需要的唯一投入是小麦。

发明家被誉为天才。因为钢铁用于如此多的产品中,这项发明降低了许多产品的成本,并使所有的艾索兰人都能享受更高的生活水平。当工厂关门以后那些原先炼钢的工人蒙受了痛苦,但最终他们在其他行业找到了工作。一些人成为农民,种植发明家用来变成钢的小麦。另一些人进入由于艾索兰人生活水平提高而出现的新行业。每一个人都懂得,这些工人被代替是进步不可避免的一部分。

几年以后,一位报社记者决定调查这个神秘的炼钢过程。他偷偷潜入发明家的工厂,了解到这个发明家是一个骗子。发明家根本没有炼钢。他只是把小麦运到国外并从其他国家进口钢铁。发明家所发现的唯一事情是从国际贸易中获益。

当真相最终披露时,政府停止了发明家发明的经营。钢铁价格上升了,工人回到了钢铁厂的工作岗位。艾索兰德国的生活水平退回到以前的水平。

(资料来源:曼昆.经济学原理)

经济学启示:上述发明家所发现的唯一事情是从国际贸易中获得利益,也说明了一个国家应积极参与国际分工,以发挥本国的绝对优势和相对优势。而绝对优势和相对优势理论正是国际贸易理论的基础,也是国别商品交易的基础。一个国家不论处于哪一经济发展阶段,不论其自然资源是丰富或贫瘠,国家是富强或贫弱,总能找到在国际分工中的优势产品,并据此开展国际贸易,以获得利益。

第一节　国际贸易理论

开放经济是指一国与国外有着经济往来,如存在国际贸易、国际金融往来,也就是对外有进出口和货币、资本的往来,本国经济与外国经济之间存在着密切的关系。

国际贸易的深度和广度,是衡量一个国家开放经济程度的标志。对于国际贸易,经济学家对其原理做出了各种阐述,主要有以下几种。

一、自由贸易理论

自由贸易理论又有以下几种。

(一) 绝对优势理论

如果一国生产一种产品的效率比另一国高,该国在这种产品的生产上就有绝对优势。绝对优势理论由英国古典经济学家亚当·斯密提出,他认为分工能提高生产率,这一原则不仅适用于国内,而且适用于各国之间。各国由于自然资源赋予或后天的条件,生产同一种商品所用的成本并不一样。各国生产自己生产成本最低的产品,然后与其他国家交换其他产品,这样对各国都是有利的。例如,英国和葡萄牙生产呢绒和葡萄酒的成本情况如表 15 - 1 所示。

表 15 - 1　英国和葡萄牙生产呢绒和葡萄酒的成本情况(一)

国　别	呢　绒	葡萄酒
英国	30	40
葡萄牙	40	30

注:成本用每单位产品用工时数计算。

英国生产呢绒的成本低于葡萄牙,而葡萄牙生产葡萄酒的成本低于英国。英国只生产呢绒,葡萄牙只生产葡萄酒,英国进口葡萄酒出口呢绒,葡萄牙进口呢绒出口葡萄酒,双方进行国际贸易,都是有利的。根据这一理论,斯密提出了自由贸易的主张。

(二) 比较优势理论

如果一国生产一种产品的机会成本比另一国低,该国在这种产品的生产上就有比较优势。斯密的理论建立在两国绝对成本比较的基础之上,但实际上,往往是一国无论生产什么绝对成本都低于另一国。在这种情况下,国际贸易还有利于双方吗?李嘉图提出比较优势理论解决了这一问题。

这种理论认为,一国生产自己相对成本低的产品,即有比较优势的产品,与别国进行交换,对双方都是有利的。例如,英国与葡萄牙生产呢绒与葡萄酒的成本情况如表 15 - 2 所示。

表 15 - 2　英国和葡萄牙生产呢绒和葡萄酒的成本情况(二)

国　别	呢　绒	葡萄酒
英国	40	30
葡萄牙	30	20

注:成本用每单位产品用工时数计算。

这就是说，葡萄牙生产这两种产品都比英国有利。此时，葡萄牙和英国还有贸易的必要吗？由表15-2可知，此时英国生产1单位的呢绒的工时，可以用来生产1.33单位的葡萄酒；而葡萄牙生产1单位呢绒的工时却可以生产出约1.5单位的葡萄酒。由此可知，在目前的情况下，葡萄牙生产呢绒的机会成本高过英国，如果英国集中生产要素生产呢绒，仍然可以在贸易中获利。假设英国和葡萄牙每月均有6 000工时用来生产呢绒和葡萄酒，如果不存在贸易，英国和葡萄牙都用一半的工时来生产每种产品，那么英国和葡萄牙每月呢绒和葡萄酒的产量如表15-3所示。

表15-3　无贸易时，英国和葡萄牙每月呢绒和葡萄酒的产量

国　别	呢　绒	葡萄酒
英国	75单位	100单位
葡萄牙	100单位	150单位

如果进行贸易，则英国可以全力集中生产呢绒，不生产葡萄酒；葡萄牙倾向于生产葡萄酒，少生产呢绒，然后两国进行贸易。此时英国和葡萄牙每月呢绒和葡萄酒的产量如表15-4所示。

表15-4　有贸易时，英国和葡萄牙每月呢绒和葡萄酒的产量

国　别	呢　绒	葡萄酒
英国	150单位	0单位
葡萄牙	30单位	255单位

假设英国出口73单位的呢绒给葡萄牙，然后从葡萄牙进口102单位的葡萄酒，此时英国和葡萄牙每月可以消费的呢绒和葡萄酒的产量如表15-5所示。

表15-5　有贸易时，英国和葡萄牙每月可消费的呢绒和葡萄酒的产量

国　别	呢　绒	葡萄酒
英国	77单位	102单位
葡萄牙	103单位	253单位

可以看到，存在贸易时，两国均能获利。在这种情况下，双方贸易的基础就不是绝对成本而是相对成本。

以后的经济学家继承了李嘉图比较优势的思想，并用机会成本来解释比较优势。如果一国生产某种产品的机会成本低于另一国，那么，该国在生产这种产品上就有比较优势。任何一个国家无论生产率（绝对优势）如何，一定有自己的比较优势，因此，各国之间的交易就是双赢的。这种以比较优势为基础的国际贸易理论一直是自由贸易理论的中心，也是自由贸易政策的基础。

（三）俄林—赫克歇尔定理

俄林—赫克歇尔定理，即要素禀赋说，这一定理强调的是各国自然资源赋予的差异。这一理论的基本内容是：**各种商品生产中所使用的各种生产要素的比例是不相同的，各国所拥有的资源不同使各国的贸易是互利的**。具体来说，使用劳动力多的是劳动密集型产品，使用资本多的是资本密集型产品。各国由于资源赋予的不同，各种生产要素的多少与价格就不同，有些国家劳动力资源丰富，劳动力的价格低；有些国家资本丰富，资本的价格低。在国际间，生产要素的流动要受到一定的限制。这样,各国就生产自己具有资源优势的产品与他国的产品进行交换。具体来说,劳动力丰富而价格低的国家生产劳动密集型产品,资本丰富而价格低的国家生产资本密集型产品,然后进行交换。因为各自都是出口自己生产要素价格低的产品,进口自己生产要素价格高的产品,其结果对双方都有利。

(四)新国际贸易理论

20 世纪 80 年代后,美国经济学家克鲁格曼等人提出了新国际贸易理论,这种理论的依据是世界市场竞争的不完全性和规模经济的存在。

新贸易理论从需求出发来解释国际贸易。认为由于收入和偏好不同,消费者的需求千差万别。即使是同一种产品,如汽车,消费者也有不同的需求,有的喜欢豪华型的,有的喜欢节油型的,也有的喜欢不同的颜色等。这种不同的需求就使企业要生产出有差别的产品。产品差别引起垄断,这样,像汽车这种制成品的市场是不完全竞争市场。在这种市场上,企业只有具有一定的规模才有创造产品的能力,也才能实现低成本生产。在这种市场上规模经济十分重要。如果企业以本国需求为目标来生产有差别的产品(如不同的汽车),国内市场有限,难以实现规模经济。只有以全世界的需求为目标才能实现规模经济。这样,各国生产有细微差别的不同制成品,然后交易,各国都实现了规模经济,无论是企业还是消费者都受益。这就是国际贸易的利益所在。各种自由贸易理论都证明了国际贸易的好处,也推动了国际贸易的发展。

二、保护贸易理论

尽管国际贸易发展总的趋势是贸易自由化,但在不同时期和不同国家,保护贸易仍然相当严重。历史上最早的保护贸易理论是欧洲 16—17 世纪的重商主义。重商主义是近代资本主义历史上第一个经济学派,其中心观点是:只有以金银为形式的货币才是一国真正的财富。增加一国财富的唯一方法是只出口不进口,或者多出口少进口。当一国有贸易顺差时其他国家的金银流入,这时本国财富就增加了。由此得出贸易限制政策有利于一国经济的结论。重商主义的这种理论是贸易保护主义的鼻祖。

19 世纪德国历史学派经济学家李斯特等人根据当时德国经济发展的要求提出了贸易保护主义。他们认为,面对英国经济的强大,德国这样落后的国家只有靠保护国内市场才能发展起来,在发展起来之后才可以自由贸易。这种以保护求发展,通过限制进口才能保护国内工业的观点也有相当大的影响。现代许多保护贸易理论都是这种理论的发展。

[相关链接 15-1]

根据 1930 年 6 月 17 日生效的《斯穆特-霍利关税法》,美国对 20 000 多种进口商品征收的关税提高到空前的水平,希望以此消除前一年经济下滑造成的影响。其他国家的政府随之宣布抵制美国产品,同时相继提高各自的关税。美国和欧洲的保护主义不断升级,国际贸易因此大幅度下降。

(资料来源:互联网,美国参考)

而在现代经济中仍有一定影响的保护贸易理论主要有下面一些观点。

（一）加剧失业论

这种观点认为，与其他国家之间的贸易会减少国内的工作岗位，从而加剧失业。当一国向他国进口纺织品时，该国的纺织行业失业就会增加。尽管增加出口也会创造一些工作岗位，但原来纺织行业的人由于年龄、技术等限制，无法进入新行业，这就加剧了失业。

（二）国家安全论

有些行业影响到国家安全，如钢铁，如果实行自由贸易，这些行业消失，完全依靠进口。一旦出口国与进口国成为敌对国，进口国的国家安全就会受到威胁，或者出口国会把这些出口品作为威胁对方的武器。因此，从国家安全出发，也应该对某些行业进行保护。

（三）民族产业论

民族产业论是为了使国内尚不具备国际竞争力的行业得以发展而进行保护的保护贸易理论。落后国家的新兴行业无法与发达国家竞争。为了使落后国家的这些行业得到保护，就应该实行保护，最少是暂时的保护，等这些行业发展起来，能与发达国家抗争之后再放开。

（四）战略性保护论

战略性保护论是为了建立国内有竞争力的行业而进行保护的保护贸易理论。这就是说，比较优势不一定自然存在，可以人为地创造，建立战略性行业正是创造自己的比较优势。要建立这种行业，并使之具有规模经济，一是要靠国家支持，二是要保护国内市场。这种理论颇为流行，其实与幼稚产业论颇为相似，不过强调了不是保护一些幼稚产业，而是重点保护未来有竞争力的战略性产业。

各种理论都要说明保护贸易政策的有利性与合理性。这些理论至今仍有相当影响，这正是保护贸易主义经常抬头，国际贸易中纷争与贸易战从未停止过的原因。

三、国际贸易发展的基本趋势

世贸组织发布的《2013 年世界贸易报告》称，世界贸易和多边体系的未来将受经济、政治和社会等多重因素影响，包括技术创新、生产和消费格局转变以及人口变化。

（一）工业革命是现代国际贸易体系发展的主要推动力

交通和通信领域的显著技术进步，以及人口及投资的增加，使国际贸易在 19 世纪和 20 世纪获得了持续性增长。在第一次全球化浪潮中，贸易自由化对于扩大国际贸易的作用是有限的，但在大萧条和第二次世界大战后，各国在政治和经济领域加强合作减少贸易壁垒，对于贸易在第二次全球化浪潮中实现持续增长发挥了关键作用。

（二）目前全球贸易发展特点

首先，1980—2011 年间，全球贸易总量和总值均显著增长，其中大部分来自制造业产品贸易的增长。但是，如果以附加值来计算，服务发挥了更大的作用。在过去的 30 年中，全球贸易增速远快于 GDP 增速，这在一定程度上可以被解释为国际供应链在全球经济中的作用日益突出。从生产水平看，这一时期全球贸易增长更多是由于贸易的集约边际（即现有产品被用于贸易的多或少）发生了变化，当然，贸易的拓展边际（即开展新产品贸易）也做出了重要贡献。

第二,近几年,国际贸易市场的新主角不断出现。随着时间的推移,中国、印度、泰国等发展中国家在全球贸易(无论是制成品贸易还是服务贸易)中所占比重显著提升。特别是中国,已成为世界最大出口国。与此相反,1980—2011年间,美国和日本等发达国家在全球出口中的比重下降。那些自然资源出口国和地区在全球贸易中的比重,随着初级产品价格的波动而变化,在20世纪90年代末和21世纪初表现疲弱,当前则处于高点。因此,非洲2011年在全球出口中的比重,与1990年时几乎相同。巴西则既是初级产品出口国,也是制成品出口国,尽管自1980年来,该国在全球出口和进口中所占比重均有提升,但其在全球出口和进口中的排名却相对保持不变。

第三,无论是发达国家和发展中国家,出口都更加多元化。那些自然资源丰富的经济体,其出口集中程度往往更高。

第四,发展中国家的贸易更加区域化,亚洲尤其如此。与此相反,近年来,发达地区区域内贸易所占比重或停滞不前(如欧洲),或出现下降(如北美)。产生上述现象的原因,均与中国在国际贸易中的地位上升有关。中国在全球贸易中比重的增长,不仅繁荣了亚洲区域内贸易,也促进了与世界其他地区的贸易。全球贸易由少数大型跨国贸易公司主导,这些出口"超级巨星"在决定全球贸易模式方面发挥了重要作用。

最后,一国之内或国家之间生产活动的分工细化给传统贸易统计方式带来问题,催生出以附加值为主要计算手段的新贸易体系计算方法。这种计算方法可以更加精确地显示贸易和经济活动之间的关系。

(三)展望未来的贸易发展趋势

一是发展中国家必将继续崛起,这些国家之间的贸易会增长。据世界贸易组织披露,自2000年至2013年,发展中国家占全球贸易的份额从33%提高至48%。相比发达国家,发展中国家从充满活力的全球经济和开放的国际贸易环境中获益更多。发展中国家通过全球价值链以较低成本融入世界经济,并从大宗商品价格攀升中获益,经济发展成果显著。但与发达国家仍有很大差距,主要因为很多发展中国家目前处于全球价值链下游,从事技术含量较低的活动,竞争优势容易流失,而价值链上游攀升需要很大的努力。以农产品为例,发展中国家占全球农产品出口市场份额从十多年前的27%提高至36%左右,但关税、补贴等市场准入障碍仍然影响这些国家农产品出口,而农产品价格提高也给净进口国带来压力。同样,当宏观经济不振、贸易冲突增多时,发展中国家的损失也更大。二是对各国而言,服务将在全球贸易中发挥更加重要的作用。三是尽管区域性贸易安排是当前趋势,但多边贸易的重要性不会丧失,并具有显著提升的潜力。

四、当前国际贸易领域面临的问题

(一)全方位的市场争夺日趋激烈

国际贸易领域已经成为各国进行竞争的最前线,并成为国家竞争力的重要表现形式。能否在国际市场上实现价值已成为衡量一国经济发展水平和政策效果的重要标准,而近年来蓬勃兴起的服务贸易更是直接为本国创造价值。为此,美、欧、日等国都从国家经济安全的角度制定本国的贸易战略,投资、金融、生产、服务等体制和政策无不围绕着贸易来展开,同时国际斗争的焦点日益扩大,投资、知识产权、竞争政策等领域都成为竞争热点。从效果看,国际资本大量流入，进出口贸易同步增长，服务贸易迅猛发展，这种大进大出的整体贸易格局使发达国家充分吸收了经济全球化的积极面。

各贸易大国努力扩大自己的世界市场份额。美国在20世纪90年代提出的国家出口战略和新兴市场战略已见成效，成为“新经济”增长周期的最大赢家。美国一直以贸易自由化的领导者自居，企图打破各个区域性协定的优惠政策界限，以达到“利益均沾”、为自己建立全球性市场的目的。欧盟在集中力量进行内部整合，同时加紧执行东扩和南下战略，并通过欧亚会议和欧盟—拉美会议等渠道试图挤进东亚和拉美市场，又提出对最不发达国家“除武器以外的一切商品”出口在关税和配额上给予优惠，借以开拓非洲和南亚市场。日本的重点则由多边转入区域合作，全力经营东亚地区，同时加强与新加坡等国的双边关系。

不同发展层次国家间的区域与双边联系日趋频繁，与贸易大国形成明显的竞争态势。一些在多边谈判中引起争论的议题，往往在双边谈判中较容易形成突破。发展中国家重点加强区域合作，联合自强，组成多个区域性贸易集团，像东盟、南方共同市场等已成为本地区贸易自由化的“排头兵”。

（二）贸易保护主义层出不穷

发达国家仍以高关税和配额对进口设限。目前高关税主要集中在农业、粮食产品和服装等发展中国家具有比较优势的出口产品上，如肉类、糖、牛奶等的关税税率往往超过100%，欧盟对超出限额的香蕉征收180%的关税。新贸易保护主义花样迭出。发达国家设置了许多技术性出口限制，如美国把计算机产品的出口国分为4类，对第4类“无赖国家”完全禁运，对包括中国在内的第3类国家实行许可证限制。欧盟以“绿色指标”对进口产品设置贸易壁垒，美国大力推销劳工标准。据估计，各种形式的贸易保护主义给发展中国家造成的外贸损失每年达1 000亿美元，相当于发达国家每年给发展中国家官方援助额的2倍。在恶劣的国际环境中，一些原本依靠出口已经脱贫的发展中国家甚至又出现“返贫”的现象。此外，在区域化和双边协议中，参与方互相给以优惠，有可能产生变相的保护主义。目前各区域贸易协议的标准和规则差异很大，这种差异可能会取代关税成为全球化进程的最大障碍。

［相关链接15－2］

欧盟欲推碳边境税引争议

温室气体排放是造成地球暖化的主因，并已成为国际共识；而在各类温室气体中，二氧化碳又是主要的排放类型。随着国际社会对低碳减排和绿色经济的关注度日益攀升，各国强化减排和气候变化监管举措也在升级。2021年3月，欧盟议会投票通过设立“碳边境调节机制”(CBAM，Carbon Border Adjustment Mechanism)（以下简称“碳边境税”）的议案，决定自2023年起，与欧盟有贸易往来的国家若不遵守碳排放相关规定，其出口至欧盟的商品将面临碳关税。

欧盟此举引发许多国家尤其是发展中国家的担忧。来自巴西、南非、印度等多国专家警告称，欧盟在其边境征收碳边境税的计划对发展中国家而言，是“歧视性的”和不公平的。尽管欧盟碳边境税的具体方案还未出台，但一旦落地可能会对国际贸易和发展中国家带来新的挑战。一方面，这可能会给发展中国家出口欧盟带来新的“绿色壁垒”；另一方面，欧盟单方面强行征收碳边境税是否符合世界贸易组织(WTO)等国际规则也存在疑问。

综合来看,欧盟实施碳计价交易制度已经超过15年,领先全球。但同时也因为其他国家未跟上脚步,内部一直有呼声要求给予来自没有实施碳定价的国家货物课征“碳关税”,以进一步落实防治碳泄漏效果,同时,还给欧盟企业公平竞争的地位,这些都是欧盟酝酿碳边境税的主要原因。欧盟委员会副主席弗朗斯·蒂莫曼斯表示,如果其他国家开始对出口征收碳税,那么“对进口征收碳税的理由就消失了”。如果出口国没有碳税,他将“毫不犹豫地”推进该计划。预计欧盟在6月的气候政策一揽子计划中公布其提议。欧盟认为,碳边境税是工业“生存的问题”。欧盟气候政策负责人还表示,欧盟提出的碳边境税——对其本国工业的生存至关重要,欧盟将对非欧盟竞争对手征收这项税,除非他们承诺减少排放。

批评者认为,欧盟此举是伪装成气候行动的保护主义,将损害比欧盟更贫穷国家的经济,而这些国家正艰难应对新冠疫情带来的经济冲击。欧洲气候变化与可持续转型圆桌会议的一份报告发现,受欧盟提议影响最大的行业包括哥伦比亚的水泥行业、中国的塑料行业、北非化肥和南美纸浆出口。

虽然目前只有欧盟单独表达了碳边境税的制度设想,但许多经济学家担忧,如若欧盟此举在国际社会效仿,各个国家和地区随意采取对各自产业有力的措施,有可能会引发反对国采取对抗措施、借助“去碳化”名义的贸易壁垒。如果各个国家和地区各自制定这种事实上的关税制度,则存在触发贸易战的风险。因此,全球各国有必要在WTO的框架下展开谈论和协商,试图制定全球基准的碳交易和低碳减排等相关贸易制度。

(资料来源:节选整理自金融时报—中国金融新闻网,https://www.financialnews.com.cn/hq/cj/202104/t20210414_216458.html)

五、国际贸易对国民经济的影响

国际贸易通过以下几个途径作用于国民经济。

(一)通过国际贸易,发现并发展本国的优势产业进而确立和拓展经济增长点

一个国家参与到国际贸易活动中,可以发现自己的比较优势,并围绕比较优势发展自己的产业,促进经济的长期稳定增长。一方面,通过贸易发现的比较优势部门,往往是资源使用效率较高的部门,贸易的发展会促进这个部门产量的增加,也就意味着效率较高的生产部门所占比重上升,社会生产资源向效率较高的部门集中,社会生产向专业化方向发展;另一方面,在“规模经济”和“垄断竞争”的条件下,企业的长期平均成本随着产量的增加而下降,而企业面临的市场需求量却会随着价格下降而上升,当企业处于规模经济阶段时,参与国际贸易,产品所面对的市场比国内市场容量大得多,需求增加,企业的产量必须相应增加以满足市场需求,同时产品的平均成本降低,从而在国际市场上提高了竞争力,进而促进一国经济增长。

(二)通过国际贸易传导,促进国内产业结构优化

出口面对的是国际市场的竞争,这会促使出口商品的生产企业努力降低成本,提高质量。竞争的结果,会使生产资源不断地流向效率高的出口部门,而效率低的出口部门很容易遭到淘汰,从而会使整个国家的出口结构不断优化。

(三)通过出口创汇缓解经济增长的外汇约束,增强国内进口能力

通过出口创汇缓解经济增长的外汇约束,增强国内进口能力,特别是对高新技术的引进。

随着经济规模的扩大，会使一国供给紧张的资源日益显得相对稀缺，而经济发展有赖于投入的不断增加，特别是资本资源与技术要素的投入，这就有必要通过进口来缓解资源供给矛盾。通过出口创汇，积累资金，补充本国相对稀缺的生产资源，引进国外先进的高新技术。

（四）贸易扩张对国内相关产业发挥关联效应，进而影响就业

一个国家的进口状况对于其国内的就业数量和结构有着重要的影响。出口增长，会刺激相关行业的发展，与此相应，此类行业的就业数量就会上升，而与之竞争的行业就会出现劳动力的失业，改变国家的劳动就业结构。从整体而言，出口的增长会降低失业率、扩大就业。国际贸易对经济增长有着不可忽视的促进作用，同样，经济增长对国际贸易也有重要的影响和作用，主要体现在经济增长影响贸易条件，经济增长影响贸易格局，经济增长影响贸易增长率和贸易量等方面。

六、我国出口贸易商品结构和市场选择

（一）我国出口贸易的物质商品结构变化

改革开放以来，我国出口贸易的物质商品结构得到了很大的改善，发生了两个明显的转变：一是由以初级产品为主向以工业制成品为主的转变，二是工业制成品中由粗加工型为主向精加工型为主的转变。过去我国出口的工业制成品多属于附加值低的劳动密集型产品。近年来附加值高、科技含量高的产品逐渐增多。目前我国出口的几大类产品中，高科技产品仅次于机电、轻纺，排在第三位，而且还有明显上升的趋势。

但是，目前我国出口商品结构中仍然存在着一些问题：一是总体上讲劳动密集型产品为主的状况仍未根本改变。随着科学技术的进步，国际市场的激烈竞争和我国国内原材料价格、劳动工资的上升，我国劳动密集型产品的优势也正在减弱。二是具有自主知识产权的品牌产品较少，市场竞争力不强。

对于今后如何进一步优化我国的出口产品结构，应根据我国传统的比较优势和国际市场的发展趋向，坚持走以轻纺类产品为基础、以机电类产品为重点、以高新科技产品为发展目标的出口战略，即以轻纺产品为基础，以机电产品为重点，以高新科技产品为发展目标。

（二）我国出口贸易的市场选择

一是欧、美、日等西方发达国家和包括我国港、澳在内的东亚、东南亚市场，当属于以创汇为主要目标的市场。这些国家和地区市场容量大、消费水平高、需求稳定，我国产品在这里享有一定信誉。长期以来，这里一直是我国的主要出口市场，年出口额一般要占全国出口总额的85％左右。

二是以促进进口、服务进口为主要目标的出口市场。这类市场包括俄罗斯、中亚的哈萨克斯坦、西亚的沙特、科威特、卡塔尔、北非的埃及、利比亚、阿尔及利亚、西非的尼日利亚、拉美的委内瑞拉、巴西等国家和地区。

三是亚、非、拉其他广大的发展中国家和地区，经济发展起步比较晚，工业制成品比较短缺，人民生活水平相对较低，购买力不高，我国出口的中低档为主的轻纺类产品，价格低廉，非常适合这些国家的消费需求；我国的机械设备操作技术要求不高，价格合理，与这些国家的产业结构、生产力水平相配套。因此，这些地区理所当然应是我国，特别是众多中小企业产品的出口市场。

［相关链接 15－3］

2021 年 1—7 月我国服务外包发展情况

2021 年 1—7 月,我国企业承接服务外包合同额 9 760 亿元人民币(币种下同),执行额 6 500 亿元,同比分别增长 27.8%和 26.6%。其中,承接离岸服务外包合同额 5 511 亿元,执行额 3 791 亿元,同比分别增长 21.9%和 23.4%。(以美元计算,1—7 月承接服务外包合同额 1 460 亿美元,执行额 973 亿美元,同比分别增长 32.1%和 30.7%。其中承接离岸服务外包合同额 827 亿美元,执行额 568 亿美元,同比分别增长 26.4%和 27.2%。)

从业务结构看,2021 年 1—7 月,我国企业承接离岸信息技术外包(ITO)、业务流程外包(BPO)和知识流程外包(KPO)执行额分别为 1 686 亿元、637 亿元和 1 468 亿元,同比分别增长 21.3%、21.1%和 27.0%。

从区域分布看,2021 年 1—7 月,全国 31 个服务外包示范城市总计承接离岸服务外包合同额 4 535 亿元,执行额 3 180 亿元,同比分别增长 17.4%和 19.5%,占全国总额的 82.3%和 83.9%。长三角地区承接离岸服务外包合同额 2 531 亿元,执行额 1 878 亿元,同比分别增长 7.2%和 13.5%,分别占全国总额的 45.9%和 49.5%。

从国际市场看,2021 年 1—7 月,我国承接美国、中国香港、欧盟离岸服务外包执行额分别为 780 亿元、725 亿元和 482 亿元,合计占我离岸服务外包执行额的 52.4%,同比分别增长 21.0%、31.4%和 13.3%。我国承接"一带一路"沿线国家离岸外包合同额 1 096 亿元,执行额 722 亿元,同比分别增长 46.1%和 29.7%。

从企业性质看,2021 年 1—7 月,民营企业承接离岸服务外包合同额 1 423 亿元,同比增长 36.5%,执行额 983 亿元,同比增长 33.4%。外商投资企业承接离岸服务外包合同额 2 658 亿元,执行额 1 711 亿元,同比分别增长 12.4%和 19.1%,分别占全国的 48.2%和 45.1%。

从吸纳就业看,截至 2021 年 7 月底,我国服务外包累计吸纳从业人员 1 339 万人,其中大学及以上学历 850 万人,占 63.5%。2021 年 1—7 月,服务外包新增从业人员 48 万人,同比增长 12.6%,其中大学及以上学历 31 万人,占 63.6%。

[资料来源:节选自商务部召开例行新闻发布会(2021 年 8 月 26 日)]

第二节　国际收支与外汇市场

国与国之间的交往,很少不涉及货币的往来。**每个国都有自己的主权货币,一个国家与其他国家发生货币往来,称为国际收支**。

一、国际收支平衡要求

只要一个国家有国际收支的业务,都可以编制出一张国际收支平衡表。按照现行的做法,国际收支平衡表是按复式簿记原理——借贷法记载的。因此,不管一个国家在一定时期内实际的国际收支情况如何,就表式来说,是必须要做到绝对平衡的。从国外收入的款项,称为"贷方项目";对外国支付的款项称为"借方项目"。国际收支平衡表是一国在一定时期内与所有其他国家或地区的经济交往收支状况的统计报表。通常国际收支平衡表由以下各项组成。

（一）经常账户

经常账户，又称商品和劳务项目，是国际收支中最基本的一项内容。其中又包括以下项目：

（1）货物：商品贸易或有形贸易。IMF 规定：进出口均采用 FOB 价格，以 CIF 成交的将 I 与 F 另列入服务与收入。

（2）服务贸易：劳务进出口，包括运输、旅游、通信服务、建筑服务、保险服务，以及咨询、广告等商业服务等，又称为无形贸易。

（3）收入：包括职工报酬和投资收入两类。中国人在国外获得的工资、奖金、股票红利、债券利息等作为收益项目的贷方，外国人在中国获得的工资、奖金、红利、利息等作为收益项目的借方。

（4）经常转移：包括各级政府转移和其他转移。

（二）资本和金融账户

资本和金融账户，是指对资产所有权在国际间流动行为进行记录的账户。

（1）资本账户，包括资本转移和非生产和非金融性资产的收买或放弃。

① 资本转移包括固定资产所有权的资产转移；同固定资产收买/放弃相联系的或以其为条件的资产转移；债权人不索取任何回报而取消债务。

② 非生产资产是指货物与服务的生产所必需的，但不是生产创造出来的有形资产，如土地和地下资产。

③ 非金融性资产是指各种无形资产，如专利、版权、商标、经销权以及租赁和其他可转让合同的交易。

（2）金融账户，包括引起一个经济体对外资产和负债所有权变更的所有交易，包含直接投资、证券投资、其他投资与储备资产四类项目。

① 直接投资：投资者在国外开设企业或购买国外企业一定比例以上的股票并直接参与企业的经营管理。

② 证券投资：本国居民对外国债券和不包括在直接投资内的股票和外国居民对本国债券和股票的购买和售卖。

③ 其他投资：以上未包括的所有投资，主要指货币当局、地方政府、银行和其他部门的投资。

（三）平衡账户

平衡账户，是为保持国际收支平衡表账面上的平衡而设的，包括官方储备、错误与遗漏。一国在一定时期出现国际收支的赤字或盈余，就要通过官方储备的变化来进行调整，以弥补其“缺口”。官方储备一般包括黄金、可兑换的外国货币、在国际货币基金的储备和特别提款权等。由于国际收支平衡表的数据来源于各个不同方面，以及统计的不完全和其他一些特殊原因，就不可避免地出现一些错误与遗漏。因此，国际收支平衡表不得不设立此项目。

官方储备项目是国家货币当局对外交易净额，包括黄金、外汇储备等的变动。如果一国贷方大于借方，则这一项会增加；反之，如果一国借方大于贷方，则这一项会减少。最后的误差项是在借方与贷方最后不平衡时，通过这一项调整使之平衡。

在不考虑官方储备项目的情况下，国际收支有平衡与不平衡两种情况，不平衡又分为国际收支顺差与逆差两种情况。

当经常项目与资本项目的借方与贷方相等时，也就是在国际经济活动中一国的总支出与总收入相等时，就称为国际收支平衡。这里要注意的是，**国际收支平衡指经常项目与资本项目**

的总和平衡。这就是说,如果经常项目的顺差(或逆差)与资本项目的逆差(或顺差)相等,则国际收支就还是平衡的。

当经常项目与资本项目的借方与贷方不相等时,就是国际收支不平衡。**如果是贷方大于借方,即总收入大于总支出,则国际收支顺差**,或者说国际收支有盈余。**如果是借方大于贷方,即总支出大于总收入,则国际收支逆差**,或者说国际收支有赤字。就经常项目与资本项目来说,如果经常项目和资本项目都有盈余,则国际收支有盈余;如果经常项目和资本项目都为赤字,则国际收支为赤字。如果经常项目的盈余大于资本项目的赤字,则国际收支有盈余;如果经常项目的盈余小于资本项目的赤字,则国际收支有赤字。如果经常项目的赤字大于资本项目的盈余,则国际收支为赤字;如果经常项目的赤字小于资本项目的盈余,则国际收支有盈余。

当国际收支顺差,即有盈余时,会有黄金或外汇流入,官方储备项增加;当国际收支逆差,即有赤字时,会有黄金或外汇流出,官方储备项减少。这也就是说,当国际收支中的经常项目与资本项目之和不相等,即国际收支不平衡时,要通过官方储备项目的调整来实现平衡。

美国的经常账户有物品与劳务进口、物品与劳务出口、净利息收入、净转移支付、经常账户余额、资本账户、外国在美国的投资、美国在外国的投资、资本账户余额、官方结算账户、美国官方储备等。国际收支平衡表简表如表 15 - 6 所示。

表 15 - 6　国际收支平衡表简表

	贷方(+)	贷方(—)
一、经常账户	(经常账户收入)	经常账户支出
1. 商品(FOB 计价)		
2. 服务		
3. 收益		
(1) 雇员报酬		
(2) 投资报酬		
4. 经常转移		
二、资本和金融账户	(资本流入)	(资本流出)
1. 资本账户		
2. 金融账户		
(1) 直接投资		
(3) 证券投资		
(3) 其他投资		
三、储备资产变动	(储备资产减少)	(储备资产增加)
(1) 货币性黄金		
(2) 特别提款权		
(3) 在 IMF 的储备头寸		
(4) 外汇储备		
(5) 其他债权		
四、误差与遗漏		

［案例研究 15－1］

全球国际收支失衡

近年来，世界经济的一大显著特征是全球国际收支失衡。全球国际收支失衡集中表现为美国的经常项目账户赤字、亚洲发展中国家（尤其是中国）和石油输出国的经常项目账户盈余。以 2006 年为例，美国的经常项目账户赤字金额为 8 567 亿美元，占国内生产总值（GDP）的比率为 6.5%；亚洲发展中国家的经常项目账户盈余金额为 2 531 亿美元（中国为 2 385 亿美元），占 GDP 的比率为 5.4%（中国为 9.1%）；中东国家的经常项目账户盈余金额为 2 124 亿美元，占 GDP 的比率为 18.1%。从经常项目账户余额的相对水平来看，经常项目账户失衡按严重程度排序分别为中东国家、中国、美国、亚洲其他发展中国家、日本和欧元区国家。中东国家的经常项目账户盈余从 2002 年开始迅速上升，这应该归因于全球的原油价格从 2001 年以来的一路飙升。在三大发达经济体中，美国存在显著的经常项目账户赤字、日本存在显著的经常项目账户盈余、欧元区的经常项目账户基本保持平衡。从经常项目账户余额的绝对水平来看，经常项目账户失衡按严重程度排序分别为美国、石油输出国、其他发达国家、中国和其他发展中国家。美国的经常项目账户赤字接近全球 GDP 的 1.8%，美国的经常项目账户赤字占全球经常项目账户盈余的 75%以上。石油输出国的经常项目账户盈余接近全球 GDP 的 1%。中国的经常项目账户盈余接近全球 GDP 的 0.3%。可以看出，无论是相对水平还是绝对水平，中国的经常项目账户失衡程度都远低于石油输出国。

二、汇率理论

外汇是指外国货币，或者对外国货币的索取权，如在外国的存款和外国的支付承诺等。

汇率又称“外汇行市”或“汇价”，**是一国货币单位同他国货币单位的兑换比率**。它是由于国际结算中本币与外币折合兑换的需要而产生的。在现行的货币制度下，汇率以两国货币实际所代表的价值量为依据。汇率是国际间汇兑得以顺利进行的条件，也是国际间经济往来的必要前提，汇率的变动对各国国内经济与国际间经济关系都有重大的影响。

每个国家的货币只能在本国流通。所以，在国际经济交易和国际支付中，必须用本国货币同外国货币交换。利用汇率，各国间的商品、劳务和金融资产的价值可以进行比较，从而使国际经济交易和国际支付得以实现。国际经济交易和国际支付要求建立各国货币相互兑换制度。在历史发展的各个不同时期，实行过多种汇率制度，大体上可以分为固定汇率制和浮动汇率制两大类。

（一）固定汇率制

固定汇率制，是指把各国货币的兑换比率稳定在一定幅度之内的一种制度。固定汇率制度起源于金本位制时代。在金本位制下，货币的含金量是决定其汇率的基础，因而汇率的变化幅度小而相对固定。金本位制崩溃以后，各国为了确定其纸币的价值量，通过国家立法的方式来规定每一单位纸币含金量，然后再根据各国纸币含金量的对比来确定汇率。**由各国纸币含金量的对比所得出的汇率是中心汇率，即黄金平价**。市场汇率只能在规定的幅度内围绕黄金平价上下波动。

(二) 浮动汇率制

浮动汇率制度,是指一国政府对汇率不予固定,听任外汇市场上本国货币的兑换比率浮动的一种制度。浮动汇率制度又分为自由浮动和管理浮动两种,前者指政府不采取任何干预汇率的措施,听任外汇市场供求状况来决定本国货币和外国货币的兑换比率;后者指政府采取一定程度干预汇率的措施,以便使市场汇率朝着有利于本国的方向浮动。

20 世纪 70 年代初,以美元为中心的固定汇率制度在世界上占据主导地位。随着美元危机的爆发和美元信用的不断下降,自 1973 年 3 月以后,世界各主要发达国家先后与美元脱钩,实行浮动汇率制度。

外汇汇率有两种标价法,即直接标价法和间接标价法。

直接标价法是以 1 单位或 100 单位外国货币作为标准,折算为一定数额的本国货币,这种标价法又称付出报价。

间接标价法是以 1 单位或 100 单位本国货币作为标准,折算为一定数额的外国货币,这种标价法又称收进报价。现在的外汇市场一般用直接标价法,我国所用的也是直接标价法。伦敦外汇市场与纽约外汇市场用间接标价法。

在外汇买卖时,银行卖出外汇的价格叫银行卖价,银行买进外汇的价格叫银行买价,卖价高于买价,两者的差额一般为 1‰至 5‰。

[**相关链接 15-4**]

国际汇率制度运作与发展

战后近 60 多年中,国际汇率制度发生了重大变动。这种变动反映了国际经济的变化。

1944 年 7 月,美、英、法、中、苏等 44 国代表在美国布雷顿森林举行了联合国货币金融会议,这一会议通过了《国际货币基金协定》。由此而形成了以美元为中心的国际货币体系,又称"布雷顿森林体系"。

在这一体系下,西方各国实行了黄金美元本位制(又称国际黄金汇兑本位制)。这一制度的基本内容如下:

第一,美元与黄金挂钩,国际货币基金组织各国确认美国在 1934 年 1 月所规定的美元与黄金比价即 35 美元等于一盎司黄金。各国有义务协助美国维持美元官价,美国承担准许各国中央银行按官价向美国兑换黄金的义务。

第二,其他各国货币与美元挂钩,即其他国家的货币与美元保持固定汇率。只有在一国国际收支出现"根本不平衡"时才能调整汇率。市场汇率波动超过 1%时,各国政府有义务干预,而汇率调整超过 10%时,须经国际货币基金组织同意。这就是 20 世纪 70 年代之前西方各国所实施的固定汇率制度。

20 世纪 60 年代之后,由于多次发生美元危机,这一货币体系动摇。1971 年 8 月 15 日,美国宣布停止美元兑换黄金,同年 12 月,根据西方"十国集团"达成的史密森协定,美元贬值 7.89%,即从每盎司黄金 35 美元,改为 38 美元,并将汇率波动幅度从 1%扩大为 2.25%。1973 年 2 月,美元再度贬值 10%,即每盎司黄金升为 42.22 美元,由此起,西方各国相继放弃了固定汇率制而采用了浮动汇率制。目前,各国主要是采用浮动汇率制。

浮动汇率制取代固定汇率制标志着以美元为中心的国际货币体制的崩溃。这种体制崩溃的另一表现则是美元再不是唯一的国际通货。应该说，在目前的国际货币体制中，美元仍有重要的地位，但这一地位已不是独占的了，马克、日元、瑞士法郎等市值稳定的通货也与美元分享国际通货的作用。这种国际通货的多元化，有利于世界经济的稳定。

（资料来源：张淑云.西方经济学教程，2004）

三、国际金融对一国宏观经济的影响

（一）各国汇率的变动会影响一国的宏观经济状况

汇率变动对一国经济有重要的影响，主要是影响进出口贸易。我们可以用一个例子来说明这个道理。

假定美国生产并出口雪佛兰牌小汽车，每辆售价为 8 000 美元。德国生产并出口大众牌小汽车，每辆售价为 16 000 马克。如果美元与马克的汇率为 0.4∶1，那么，每辆雪佛兰牌小汽车在出口到德国时，按马克计价应为 20 000 马克（$=8\,000\times2.5$）（每美元等于 2.5 马克）；每辆大众牌小汽车出口到美国时，按美元计价应为 6 400 美元（$=16\,000\times0.4$）（每马克等于 0.4 美元）。

如果美元汇率贬值 50%，即美元与马克的汇率为 0.6∶1，那么，每辆雪佛兰牌小汽车在出口到德国时，按马克计价为 13 333 马克（$=8\,000\times1\frac{2}{3}$）（每美元等于 $1\frac{2}{3}$ 马克）；每辆大众牌小汽车出口到美国时，按美元计价应为 9 600 美元（$=16\,000\times0.6$）（每马克等于 0.6 美元）。

这样，在美元汇率贬值之后，美国出口到德国的雪佛兰牌小汽车，尽管按美元计算价格没变，但按马克计算时价格却下降了，从而美国出口的雪佛兰牌小汽车一定会增加。美元汇率贬值，相对来说就是马克汇率升值了。这时，德国出口到美国的大众牌小汽车，尽管按马克计算价格没变，但按美元计算时价格却上升了，从而美国进口的大众牌小汽车一定会减少。

从这个例子可以看出，汇率贬值有增加出口、减少进口的作用；相反，汇率升值则有减少出口、增加进口的作用。这样，汇率贬值就可以使国内生产总值增加。同时，因为边际出口倾向小于 1，所以尽管国内生产总值增加会使进口增加，但进口的增加一定小于出口的增加，从而也可以使贸易收支状况改善；相反，汇率升值会使国内生产总值减少，贸易收支状况恶化。

（二）国际资本的流动也会影响一国宏观经济

如前所述，利率不仅影响国内总需求，从而影响国内生产总值，而且还影响国际资本流动，并通过资本流动影响国内生产总值和贸易余额。因为各国间资本的流动取决于利率的差异，如果国内利率高于国际利率，则资本流入国内；如果国内利率低于国际利率，则资本流往国外。资本流入有利于增加总需求，并改善国际收支状况，而资本流出会减少需求，并使国际收支状况恶化。

这样，如果利率上升，在国内会使国内生产总值减少，这种减少会减少进口，改善贸易收支状况。当国际利率水平不变时，国内利率水平上升会使资本流入。这样，利率的上升就使国内生产总值减少，国际收支状况改善；相反，如果利率下降，在国内会使国内生产总值增加，这种增加会增加进口，使贸易收支状况恶化。当国际利率水平不变时，国内利率水平下降又会使资本流出。这样，利率的下降就会使国内生产总值增加，国际收支状况恶化。无论国际贸易，还是国际金融，都是通过对总需求和总供给的影响来影响国内生产总值和国际收支的。

[相关链接 15-5]

未来可能推动人民币贬值的四大因素不能忽视

近期,人民币汇率有所升值。往前看,既有支持人民币升值的因素,也有支持人民币贬值的因素。未来可能推动人民币贬值的四大因素不能忽视。

一是美联储退出量化宽松货币政策。今年一季度,市场对美国通胀回升、美联储货币政策收紧的预期较高,10 年期美国国债收益率一度触及 1.78%的疫情以来高点,美元指数也升至 93.4。二季度以来,美国经济数据总体仍较为强劲,通胀数据远超预期。4 月,美国消费者物价指数(CPI)同比升 4.2%,高于 3.6%的市场预期,创 2008 年 9 月以来新高;环比升 0.8%,高于预期的 0.2%,创近 10 年来新高。美 4 月份工业品价格指数(PPI)同比涨幅更是达到 6.2%。以 5 年期通胀保护债券(TIPS)收益率衡量的通胀预期超过 2.8%,创下 2005 年以来最高点。若未来通胀持续超预期,美联储很可能收紧货币政策,资金从新兴市场大幅回流美国,包括中国在内的新兴市场货币将面临明显贬值压力,需要警惕。

二是美国经济强劲复苏带动美元走强。一方面,美国疫苗接种较为迅速,市场普遍预期美国疫情将在年内得到有效控制,部分州已宣布将于近期完全解除疫情期间的防疫措施,重新开放经济,这支持一季度以来美经济指标不断走强。另一方面,拜登政府上台后,已推动国会通过了 1.9 万亿美元的刺激法案,近日又宣布了 6 万亿美元的经济刺激计划,这将对美国本已较为强劲的疫后经济复苏提供新的催化剂,带动美元指数走强,对包括人民币在内的新兴经济体货币带来贬值压力。

三是全球疫情逐渐得到控制和供给能力恢复。2020 年新冠肺炎疫情暴发后,全球供给能力受损。中国率先控制住疫情并实现复工复产,经济快速恢复,出口表现强劲,今年以来延续了恢复发展态势。一季度 GDP 同比增长 18.3%,1 至 4 月,出口同比增速为 44%,贸易顺差 1 579 亿美元,同比增长 174%。目前,欧美等经济体疫苗接种进度较快,正在计划解除国内禁令并重启开放。前期一度失控的印度疫情也得到控制,新增病例数从高位回落。未来,随着疫苗接种率进一步提升,各国可能会先后形成有效免疫屏障,这将推动全球经济快速恢复,供给能力明显增强,形成对中国出口和人民币汇率贬值的压力。

四是美国资产泡沫可能破裂,全球避险情绪升温。受美国大规模量化宽松政策、疫苗接种、经济复苏等因素影响,美股疫情后表现反而亮眼,道琼斯、纳斯达克、标普三大股指较疫情暴发以来的低点反弹超 70%以上,屡创历史新高,市盈率已远远高于历史平均中位数。股市繁荣过分依赖宽松货币政策,明显超过经济表现,缺少坚实的经济基本面支撑。未来,美联储退出宽松货币政策,有可能刺破资产泡沫,引发美资产价格大幅调整,刺激全球市场避险情绪升温,资金回流美国救市,推升美元指数,拉低非美货币。

(资料来源:金融时报—中国金融新闻网,2021-05-31,https://www.financialnews.com.cn/pl/sl/202105/t20210531_219874.html)

第三节 开放经济中的国民收入均衡

在开放经济中,国民收入的均衡仍然是由总需求与总供给决定。这里我们主要分析总需求在开放经济中如何决定一国的国民收入与国际收支状况。

一、开放经济中的总需求

开放经济中的总需求与封闭经济中是不同的，在开放经济中一部分国内产品要卖给外国人（即出口），国内居民一部分支出主要用于购买外国产品（即进口）。因此，在开放经济中，要区分国内支出（即封闭经济的总需求）与对国内产品支出（即开放经济的总需求）这两个概念。国内支出指国内居民户、厂商与政府的支出，其中部分用于国内产品，部分用于进口品。对国内产品的支出包括了本国对国内产品的支出与国外对本国产品的支出。国内支出中减去进口，是本国对国内产品的支出，国外对本国产品的支出就是出口。所以：

$$\text{对国内产品的支出}=\text{国内支出}-\text{进口}+\text{出口}=\text{国内支出}+(\text{出口}-\text{进口})$$
$$=\text{国内支出}+\text{净出口}$$

这时决定国内国民收入水平的总需求不是封闭经济中的总需求，而是对国内产品的总需求。在分析中开放经济中国民收放均衡时，我们仍然用 *IS*－*LM* 模型。

二、*IS*－*LM* 模型与国民收入均衡

在运用 *IS*－*LM* 模型分析开放经济中的均衡时有这样几点假设：

第一，不考虑价格变动对均衡的影响，即假设价格是不变的。

第二，不考虑资本项目对均衡的影响，即只分析经常项目对均衡的影响，而且用贸易收支状况来代表外在均衡。

第三，假定出口不变，进口取决于国民收入，与国民收入同方向变动，即进口随国民收入同方向变动，进口随国民收入增加而增加，随国民收入减少而减少。

可用图 15－1 来说明开放经济中的国民收入均衡。

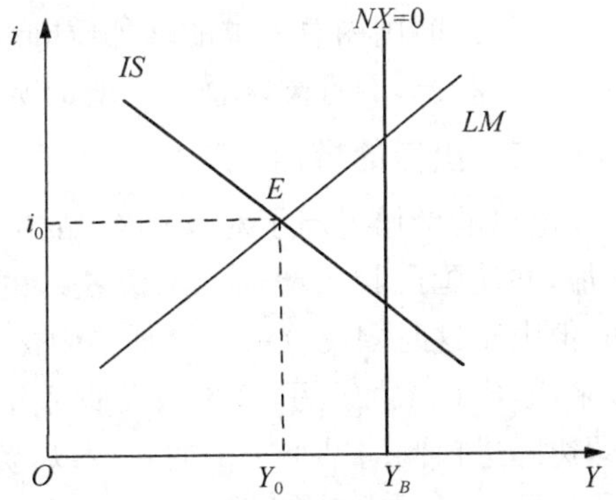

图 15－1　开放经济中的一国宏观经济均衡

在图 15－1 中，*IS* 曲线与 *LM* 曲线相交于 *E* 点，决定了利息率为 i_0，国民收入为 Y_0。$NX=0$ 代表了外在均衡，即贸易收支均衡。假定出口不变，进口由国民收入决定，当国民收入为 Y_B 时，进口与出口相等，从而贸易收支均衡，即净出口为零（$NX=0$）。

如果国民收入小于 Y_B（在图上 Y_B 之左），这时进口小于 Y_B 时的进口，出口大于进口，贸易收支有盈余（即 $NX>0$）。

如果国民收入大于 Y_B（在图上 Y_B 之右），这时进口大于 Y_B 时的进口，出口小于进口，贸易收支有赤字（$NX<0$）。图 15－1 中的情况是 $Y_0<Y_B$，贸易收支有盈余。

三、国民收入均衡的变动

这是运用 *IS*－*LM* 模型分析总需求（即对国内产品总需求）变动对内在均衡与外在均衡的影响。

(一) 国内总需求的增加

国内总需求的增加会使 IS 曲线向右上方移动，这就会使均衡的国民收入增加，同时也会使贸易收支状况恶化(即贸易收支盈余减少或赤字增加)。可用图如 15－2 来说明这一点。

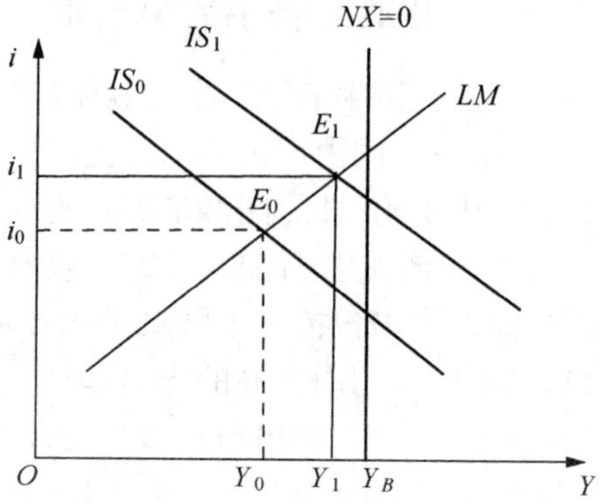

图 15－2　国内总需求的增加与开放经济中的一国宏观经济均衡

在图 15－2 中，由于国内总需求增加，使 IS 曲线从 IS_0 移动到 IS_1，这时 IS_1 与 LM 曲线相交于 E_1 点，决定了国民收入为 Y_1，即国民收入从 Y_0 增加到了 Y_1。由于国收入增加，进口增加，因此就会使贸易收支盈余减少，即贸易收支状况恶化。

应注意的是，这时国内总需求增加对国民收入影响的大小，即国内总需求增加所引起的国民收入增加量取决于乘数的大小。但开放经济中的乘数要考虑到进口增加在国民收入增加中所占的比例。**进口增加在国民收入增加中所占的比例，称为边际进口倾向。开放经济中的乘数称为对外贸易乘数**。对外贸易乘数的公式为：

$$对外贸易乘数=\frac{1}{1-边际消费倾向+边际进口倾向}$$

这一乘数小于封闭经济中的乘数。根据上述论述同样可以推出：国内总需求的减少，会使国民收入减少，并使贸易收支状况改善(贸易收支盈余增加或赤字减少)。

可见这时国内总需求的增加(如政府支出的增加)，不仅会影响国内的国民收入，还会影响贸易收支状况，而且国内总需求增加所引起的国民收入增加量也与封闭经济时不一样。

(二) 出口的增加

出口的增加提高了对国内产品的需求，从而总需求增加，并使国民收入增加。国民收入的增加会使进口增加，但由于这时国民收入的增加是由出口增加引起的，一般来说，出口增加所引起的国民收入增加不会用于进口(即边际进口倾向是小于 1 的)，所以，贸易收支状况改善(贸易盈余增加或赤字减少)，可用图 15－3 来说明一点。

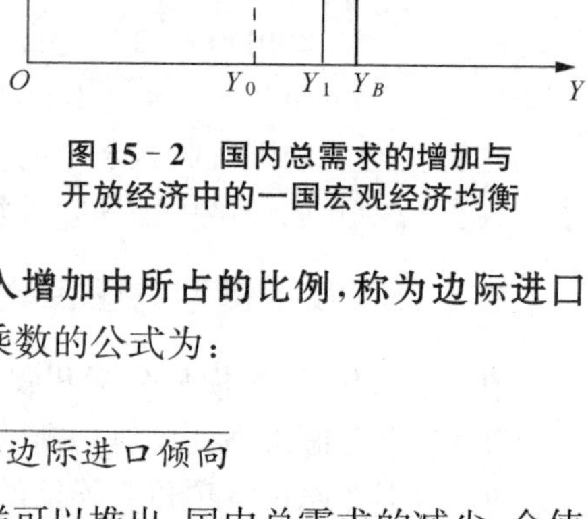

图 15－3　出口的增加与开放经济中的一国宏观经济均衡

在图 15－3 中，出口增加使总需求增加，从而 IS 曲线从 IS_0 移动到 IS_1，IS_1 与 LM 曲线相交于 E_1 点，决定了国民收入为 Y_1，即国民收入从 Y_0 增加到 Y_1，由于出口增加，贸易收支达到均衡水平，并且出口大于进口，国际贸易状况改善。

第四节　对外经济政策

国际贸易和国际金融离不开世界经济组织的协调，但二者又涉及主权国家之间的经济交往。因此，各国制定的对外贸易政策和对外金融政策成为规范一国对外贸易和资金流动的主要政策，构成对外经济政策的主要内容。

一、对外贸易政策

对外贸易政策是指一国一定时期内影响其进出口贸易的政策措施总和，是一国政府在经济发展战略指导下，运用经济法律和行政手段对国际贸易活动的方向、数量、规模、结构和效益所进行的一系列干预和调节行为。对外贸易政策主要通过关税、非关税壁垒以及鼓励出口等措施来实施。

（一）关税

它是进出口商品经过一国关境时，由政府所设置的专门执行国家有关进出口政策法令和规章的行政管理机构——海关对进出口商品所征收的税收。在未加入关税同盟的条件下，一国的国境除其特殊规定的自由区和自由港外，都属于关境。

（二）非关税壁垒

它是指除关税以外的一切限制进口的措施。随着新贸易保护主义的抬头，非关税壁垒以其隐蔽性强、灵活性强、歧视性强而得到日益盛行。其趋势表现为：非关税壁垒的项目有增多的趋势，据统计，20 世纪 60 年代仅 850 项，现在达到 2 500 多项；适用的商品进口范围日益扩大；歧视性加深，许多国家根据其与不同国家或地区经济贸易关系的性质和规模，采取了不同的非关税壁垒措施；受非关税壁垒损害的国家日趋增多。

（三）鼓励出口政策

鼓励出口政策包括以下措施：

（1）出口信贷，是一国为鼓励出口而由本国银行对本国出口商、外国进口商或外国进口方银行提供的贷款，包括卖方信贷、买方信贷。

（2）出口信贷国家担保制，这是由国家设立专门机构出面对本国出口商或商业银行向外国进口商或银行提供的信贷进行担保，需要确定担保项目与金额、担保对象、担保期限和费用等内容。

（3）出口补贴，是一国政府对出口商品现金补贴或财政上的优惠待遇，又称为出口津贴，可以分为直接补贴（直接对出口商现金补贴）、间接补贴（退税、减免税、优惠汇率）。

二、对外金融政策

一国的对外贸易政策必须与对外金融政策相互配合，包括外汇管理政策、国际收支调节政策。

（一）外汇管理政策

很多发展中国家更多地采用外汇管制的方法直接调整国际收支的平衡和保持汇率的稳定。**外汇管制（Foreign Exchange Control）是指一国政府通过法令对国际结算和外汇买卖来限制以平衡国际收支和维持本国货币汇价的一种制度。**

外汇管理的对象为人和物两方面。前者分自然人（居民、非居民）、法人管理，对于居民管理较严；后者是对外币、外汇支付工具、外汇有价证券和黄金进行管理。由央行设立的外汇管理局进行外汇管理，并指定专门的银行经营外汇业务。

对于贸易外汇收支，出口商必须把出口所得外汇收入按照官定汇率卖给外汇管理机关，进口方也必须在外汇管制机关按照官方汇率申请购买外汇。外汇管制方式又分数量性外汇管制(对外汇买卖直接进行限制和分配)、成本性外汇管制(不同的商品实行不同的汇率)、混合性外汇管制。

对于非贸易外汇收支,采用直接限制(按期结汇给国家指定银行)、最高限额(对非贸易支出规定最高限额)、登记制度(对一定数额的外汇收入支出登记)、特别批准方式管理。对于资本输出、输入的管理,发达国家比较宽松,发展中国家则量入限出。

在汇率管制方面,实行间接管制和直接管制。

间接控制主要是指政府利用外汇平准基金干预汇市,以维持汇率稳定。

直接管制主要是通过选择具备管理性的汇率制度实现。这包括管理浮动、钉住单一货币、钉住"一篮子"货币、实行复汇率制。复汇率制包括双重汇率制(如规定贸易汇率与资本项目汇率)、多重汇率、官方汇率与市场汇率混合使用、外汇转移证制度(出口商缴汇后得到外汇转移证。该证可转卖,凭之按官价购汇)。

对于货币输出、输入的管制是限制现钞输出、输入,超过限额需申报批准,严禁黄金输出。

(二) 调节国际收支的措施

国际收支调节政策主要包括外汇缓冲政策(用融资手段弥补)、财政和货币政策、汇率政策和直接管理的手段,具体调节措施因国际收支不平衡的因素而定。对于国际收支的短期不平衡通常采用央行对外借贷和外汇平衡基金干预进行调节;对于国际收支因产业结构调整而产生的长期不平衡则要采用必要的财政和货币政策、货币升值、贬值甚至外汇管制进行调节,调节必须有助于产业结构改善。通常在短期逆差时采用央行对外联络借款、减少外汇平衡基金的方法调整;在长期逆差时采用紧缩财政和货币政策进行调整,在一国实行固定汇率制时,还可宣布货币贬值调节。在国际收支发生短期顺差时,采用央行对外贷款、增加外汇平衡基金的方法调整;在长期顺差时采用松动财政和货币政策调整,在一国实行固定汇率制时宣布货币升值调整。

[案例研究 15-2]

克林顿政府的对外经济政策

(1) 强调经济安全。对外战略从军事优先转为以经济为中心。在"冷战"时期,为对付苏联的战略威胁,美国政府强调对外经济政策为政治和军备竞赛服务。苏联的解体对美国的军事威胁大为减弱。由于克林顿政府政策的焦点在国内而不在国外,在对外政策方面往往采取被动应付的方式,因而遭受越来越多的国内外批评。但是,这些都没能抹杀克林顿政府在解决国内经济问题上的功绩。

(2) 参与、策划和推动多边经济合作组织,并继续谋求在这些组织中的霸权地位。克林顿为美国提出今后将近50年内的"最雄心勃勃的国际经济议程",把精力集中于"批准乌拉圭回合协议和在拉美与亚洲开拓新市场的计划"。由于美国的现代服务业(高科技、信息等)在国际竞争中处于领先地位,美国在国际贸易从有形商品竞争扩大到无形商品(服务)竞争的过程中自然把知识产权和与之相关的服务业纳入世界贸易组织的势力范围。美国的竞争战略就是逐步放弃"夕阳产业",把竞争优势转向"朝阳产业"。强调知识产权和服务业在国际贸易中的地位和作用,恰恰适应了美国对外经济战略转变的需要。

(3) 组织区域性经济集团,在世界经济三元结构中加强以美国为核心的这一元的经济实力，对付以日本为核心以及以德国为核心的另外两元的经济挑战。

（4）向其他区域性经济集团渗透，扩大美国经济影响力。成立于1989年的亚太经合组织(APEC)原是亚洲太平洋地区的小组织，该组织每年轮流在成员国国内举办一次外交部长和外贸部长联席会议，商讨本地区的经济发展问题。亚太地区经济的高速发展引起美国的关注，并要求加入这一组织。美国加入亚太经合组织一方面可以利用亚太国家不大愿意成立共同体的心态而控制这些国家，另一方面又可以利用该组织抗衡欧共体，可谓“一箭双雕”。

（5）在双边经贸关系中，贸易自由主义和贸易保护主义交替实行。美日贸易逆差每年达400多亿美元，美日两国政府就此进行不同层次的双边会谈，美国动用“特别301条款”，以经济制裁相威胁，压制日本开放市场。日本并不示弱，除做有限让步外，在原则性问题上“敢说不字”，同美国针锋相对。

（6）采取措施防止美元继续下跌。

增值阅读

本章小结

经济学意义的开放经济是指一国与国外有着经济往来，如存在国际贸易、国际金融往来，也就是对外有进出口和货币、资本的往来，本国经济与外国经济之间存在着密切的关系。而国际贸易的深度和广度，是衡量一个国家开放经济程度的标志。对于国际贸易，经济学家对其原理做出了各种阐述，主要有自由贸易理论、保护贸易理论等。

（1）国与国之间的交往，涉及货币的往来。一个国家与其他国家发生货币往来，称为国际收支。

（2）国际收支平衡表是一国在一定时期内，与所有其他国家或地区的经济交往收支状况的统计报表。按照现行的做法，国际收支平衡表是按复式簿记原理——借贷法记载。通常国际收支平衡表由经常账户、资本账户、平衡账户组成。

（3）外汇是外国货币，或者对外国货币的索取权，如在外国的存款和外国的支付承诺等。汇率又称“外汇行市”或“汇价”，是一国货币单位同他国货币单位的兑换比率。它是由于国际结算中本币与外币折合兑换的需要而产生的。

（4）在开放经济中，国民收入的均衡仍然是由总需求与总供给决定。各国的国内生产总值决定与变动是相互影响的。一国的失业和通货膨胀会通过不同的渠道传递到其他国家。各国经济的这种相互依赖性，是我们分析开放经济中一国经济调节的出发点。各国经济通过国际贸易和国际金融联为一体，这就是全球经济一体化。

（5）在开放经济中，各国国内生产总值的决定与变动是相互影响的。一国国内总需求与国内生产总值的增加会通过进口的增加而影响对国外产品的需求，进行经济调节时，一方面要考虑到各国经济的相互关系，另一方面又要同时实现内在均衡与外在均衡，各国制定的对外贸易政策和国际金融政策成为规范一国对外贸易和资金流动的主要政策。

思考与练习

一、选择题

1. 以下不属于自由贸易理论的是(　　)。

A. 绝对优势理论　　B. 相对优势理论

C. 俄林—赫克歇尔定理　　D. 国家安全论

2. 假定A国在X和Y两种商品的生产上都具有绝对优势,但在X商品的生产上具有相对优势;B国在X和Y两种商品的生产上都处于绝对劣势,但在Y商品的生产上相对有优势。那么(　　)。

A. A国应该专门生产X商品,B国应该专门生产Y商品

B. A国应该专门生产Y商品,B国应该专门生产X商品

C. A、B两国各自生产X、Y商品

D. B国不用进行生产,只要A国生产就可以了

3. 在开放经济中,决定国内生产总值水平的总需求是指(　　)。

A. 国内总需求　　B. 对国内产品的总需求

C. 国内支出　　D. 消费与投资之和

4. 边际进口倾向是指(　　)。

A. 当进口增加1单位时收入增加的数量

B. 要使进口增加1单位,国内生产总值必须增加的数量

C. 进口品占国内生产总值的比重

D. 当国内生产总值增加1单位时,进口增加的数量

5. 在开放经济中,出口增加将引起(　　)。

A. 国内生产总值增加,贸易收支状况改善

B. 国内生产总值增加,贸易收支状况恶化

C. 国内生产总值增加,贸易收支状况不变

D. 国内生产总值不变,贸易收支状况改善

6. 人民币汇率升值是指(　　)。

A. 人民币与美元的比率由1∶0.2变为1∶0.25

B. 人民币与美元的比例由1∶0.2变1∶0.18

C. 人民币与美元的比例由5∶1变2∶0.4

D. 人民币与美元的比例由1∶0.2变2∶0.4

7. 在固定汇率制下,一国货币对他国货币的汇率(　　)。

A. 绝对固定

B. 基本固定,在一定范围内波动

C. 由外汇市场的供求关系决定

D. 由外汇市场和中央银行共同决定

8. 实施浮动汇率(　　)。

A. 必然出现外汇黑市

B. 不利于国内经济和国际经济关系的稳定，会加剧经济波动
C. 减少国际贸易与国际投资的风险
D. 意味着汇率由中央银行确定
9. 如果本国货币的汇率升值（ ）。
A. 本国进口、出口都增加
B. 本国进口、出口都减少
C. 本国出口增加，进口减少
D. 提高出口减少，进口增加
10. 开放经济中的乘数（ ）。
A. 大于封闭经济中的乘数
B. 等于封闭经济中的乘数
C. 小于封闭经济中的乘数
D. 或大于或等于封闭经济中的乘数

二、判断题

1. 如果一国生产一种产品的效率比另一国高，该国在这种产品的生产上就拥有绝对优势。（ ）
2. 如果一国无论生产什么产品，其绝对成本都低于另一国。在这种情况下，国际贸易就不会发生。（ ）
3. 开放经济中的总需求和封闭经济中的总需求是完全相同的。（ ）
4. 在固定汇率制度下，汇率不可能有任何变动。（ ）
5. 在开放经济中，各国的国内生产总值决定与变动是相互影响的。（ ）
6. 进行经济调节时，要同时实现内在均衡与外在均衡。（ ）
7. 汇率贬值就是指用本国货币表示的外国货币的价格下跌了。（ ）
8. 一国的对外贸易政策必须与对外金融政策相互配合，包括外汇管理政策、国际收支调节政策。（ ）
9. 国际金融市场上的资本流动为各国融资提供了方便，有利于各国经济的发展。（ ）
10. 开放经济中的乘数等同于封闭经济中的乘数。（ ）

三、思考题

1. 自由贸易理论和保护贸易理论有哪些？
2. 简述汇率理论。
3. 汇率变动对一国宏观经济有哪些影响？
4. 简述对外贸易政策。
5. 简述对外金融政策。

案例分析

实践与操作

一、实践题

1. 在深入调研的基础上,分析在开放经济中我国有哪些绝对优势与相对优势?应如何把握和操作?

(1) 调查我国行业和产品的绝对优势,并做进一步的分析。

(2) 调查我国行业和产品的相对优势,并做进一步的分析。

(3) 根据我国行业和产品的绝对优势和相对优势提出我国出口贸易工作的思路。

2. 以学习小组为单位,深入外贸企业调研,并根据调研结果为其中的一家外贸企业拟定一个产品出口贸易方案,提供给该外贸企业参考。

二、综合实训

实践名称:新冠疫情对我国出口贸易的影响与对策。

1. 目的和任务

通过本部分的实训学习,对国际贸易原理和国际贸易活动有更深刻的认识。同时,巩固本章基本知识的学习效果,加深基本知识的理解和认识,以提高学习者的专业理论水平、思想水平和国际贸易实践能力。要求以学习小组集体完成本次学习任务。

2. 实践内容

(1) 以国际贸易原理为本次实践和调研活动的指导基础。

(2) 调研 2019 年以来,在新冠疫情背景下我国进出口贸易的变化趋势。

(3) 在充分调研和分析的基础上写出调研报告。

3. 实训方式和要求

(1) 学习小组以分工合作的形式,通过互联网或其他途径搜集新冠疫情对我国进出口贸易的影响资料。

(2) 通过学习小组讨论,对我国进出口经济案例、数据进行深度分析。

(3) 综合总结,写出报告,为我国进出口贸易和外贸企业提出可行性建议及其投资策略。

参考文献

[1] 樊纲. 市场机制与经济效率[M]. 上海:上海三联书店,1995.
[2] 斯蒂格利茨. 经济学小品和案例[M]. 北京:中国人民大学出版社,1998.
[3] 曼昆. 经济学原理[M]. 北京:北京大学出版社,1999.
[4] 苏东水. 产业经济学[M]. 北京:高等教育出版社,2000.
[5] 平狄克,鲁宾费尔德. 微观经济学[M]. 北京:中国人民大学出版社,2000.
[6] 梁小民. 西方经济学[M]. 北京:中央广播电视大学出版社,2002.
[7] 周惠中. 微观经济学[M]. 上海:上海人民大学出版社,2003.
[8] 高鸿业. 西方经济学[M]. 北京:中国人民大学出版社,2004.
[9] 保罗·萨缪尔森. 经济学[M]. 17 版. 北京:人民邮电出版社,2004.
[10] 张劲松. 经济学基础[M]. 北京:科学出版社,2005.
[11] 方欣,崔海潮. 西方经济学[M]. 北京:科学出版社,2005.
[12] 张淑云,李文和. 西方经济学教程[M]. 北京:化学工业出版社,2005.
[13] 戴维·弗里德曼. 弗里德曼的生活经济学[M]. 北京:中信出版社,2006.
[14] 哈尔·R. 范里安. 微观经济学:现代观点[M]. 上海:上海三联出版社,2006.
[15] 李国政. 经济学原理与实务[M]. 北京:清华大学出版社,北京交通大学出版社,2006.
[16] 苏中义,周宏伟,钟燕. 经济学基础[M]. 上海:立信会计出版社,2007.
[17] 安春梅. 经济学基础[M]. 上海:上海人民出版社,2007.
[18] 唐树伶. 经济学基础[M]. 北京:清华大学出版社,2008.
[19] 吴冰. 经济学基础教程[M]. 北京:北京大学出版社,2008.
[20] 保罗·海恩,等. 经济学的思维方式[M]. 北京:世界图书出版公司,2008.
[21] 陈玉清. 经济学基础[M]. 北京:中国人民大学出版社,2009.
[22] 李明泉. 经济学基础[M]. 大连:东北财经大学出版社,2010.
[23] 胡田田. 经济学基础与应用[M]. 上海:复旦大学出版社,2010.
[24] 许开录. 经济学应用基础[M]. 北京:北京大学出版社,2011.
[25] 童宏祥. 经济学基础[M]. 上海:上海财经大学出版社,2011.
[26] 马歇尔. 经济学原理[M]. 湖南:湖南文艺出版社,2012.
[27] 张旭祥,邬晓鸥. 经济学基础[M]. 重庆:西南师范大学出版社,2013.
[28] 潘连析,徐艳兰. 经济学基础[M]. 上海:上海财经大学出版社,2013.
[29] 张琳. 经济学基础[M]. 北京:化学工业出版社,2013.
[30] 罗卫东,范良聪. 经济学基础文献导读[M]. 北京:中国人民大学出版社,2014.
[31] 李世杰. 经济学基础[M]. 北京:清华大学出版社,2015.
[32] 薛兆丰. 经济学通识(第二版)[M]. 北京:北京大学出版社,2015.
[33] 保罗·海恩,等. 经济学的思维方式[M]. 北京:机械工业出版社,2015.
[34] 陈薇. 经济学基础[M]. 厦门:厦门大学出版社,2016.

[35] 高鸿业.经济学基础(第二版)[M].北京:中国人民大学出版社,2016.
[36] 约翰·塔姆尼.让经济学回归常识[M].陈然,译.武汉:湖北教育出版社,2016.
[37] 罗伯特·弗兰克.牛奶可乐经济学[M].北京:北京联合出版公司,2017.
[38] 曼昆.经济学基础[M].第7版.梁小民,译.北京:北京大学出版社,2017.
[39] 林毅夫.林毅夫文集经济学著作套装[M].北京:北京大学出版社,2017.
[40] 吴汉洪.经济学基础[M].第五版.北京:中国人民大学出版社,2017.
[41] 徐高.宏观经济学二十五讲:中国视角[M].北京:中国人民大学出版社,2019.
[42] 马歇尔.经济学原理(精装)[M].朱志泰,陈良璧,译.北京:商务印书馆,2019.
[43] 奥利维尔·布兰查德.宏观经济学[M].原书第7版.楼永,孔爱国,译.北京:机械工业出版社,2019.
[44] 林毅夫.新结构经济学[M].北京:北京大学出版社,2019.
[45] 阿比吉特·班纳吉,埃斯特·迪弗洛.贫穷的本质[M].北京:中信出版社,2020.
[46] 阿比吉特·班纳吉,埃斯特·迪弗洛.好的经济学[M].北京:中信出版社,2020.
[47] 林毅夫.经济学第一课[M].北京:中信出版社,2021.
[48] 林毅夫.论中国经济:挑战、底气与后劲[M].北京:中信出版社,2021.
[49] 鲁迪格·多恩布什.宏观经济学[M].北京:中国人民大学出版社,2021.